# 종교개혁과 성령

**종교개혁과 성령**

**초판발행** 2020.6.15.
**발행인** 안 민
**편집인** 이신열
**발행처** 고신대학교 출판부
고신대학교 개혁주의학술원
kirs@kosin.ac.kr / www.kirs.kr
부산시 영도구 와치로 194 051) 990-2267
**판권** 고신대학교 개혁주의학술원 - 개혁주의 신학과 신앙 총서 14
**제목** 종교개혁과 성령
**저자** 김용주, 김선권, 황대우, 김진국, 김진흥, 류성민, 양신혜, 이남규, 우병훈, 권경철, 이신열, 박재은
이 도서의 국립중앙도서관 출판예정도서목록(CIP)은 서지정보유통지원시스템 홈페이지(http://seoji.nl.go.kr)와 국가자료종합목록 구축시스템(http://kolis-net.nl.go.kr)에서 이용하실 수 있습니다. (CIP제어번호 : CIP2020023140)

# 종교개혁과 성령

## 개혁주의 신학과 신앙 총서 14권을 펴내며

올해는 코로나19로 인해 모든 것이 움츠러드는 가운데 많은 사람들이 경제적 어려움에 직면해 있습니다. 전 세계적으로 코로나 바이러스가 맹위를 떨치고 있지만 우리 하나님의 섭리는 변함없이 오늘도 우리에게 주어집니다. 성령 하나님의 인도하심과 보호하심 아래 우리 삶이 놓여 있음을 깨닫게 될 때 우리는 주님 안에서 평안과 만족을 누릴 수 있습니다.

재작년에는 '종교개혁과 하나님'이라는 제목으로 16세기 종교개혁자들과 17세기 개혁신학자들의 신론에 대한 고찰로 총서 12권을 발간했으며, 작년에는 '종교개혁과 그리스도'라는 제목으로 이들의 기독론에 대해서 총서 13권을 내놓았습니다. 올해는 이들의 성령론에 대해서 '종교개혁과 성령'라는 제목으로 개혁주의 신학과 신앙 총서 14권을 발간하게 된 것을 기쁘게 생각합니다.

이렇게 3년에 걸쳐 삼위일체 하나님에 대한 종교개혁자들과 이들의 후예인 17세기 개혁신학자들의 사고를 고찰하게 된 것은 상당한 의미를 지닌 일이라고 볼 수 있습니다. 종교개혁의 개신교 전통은 언제나 정통적인 교리를 추구했으며 이는 삼위일체 하나님에 대한 신뢰와 사랑으로 나타났습니다. 성부, 성자 그리고 성령의 삼위로 존재하시지만 그 본질에 있어서 하나이신 성경의 하나님을 우리 개신교, 특히 개혁주의 전통의 교회들은 항상 섬김과 찬양의 대상으로 삼아왔습니다.

'종교개혁과 성령'이라는 제목으로 발간되는 이 책을 위하여 열 두분의 국내 개혁신학자들이 귀한 옥고를 작성해 주셨습니다. 저를 포함하여 김용주, 김선권, 황대우, 김진국, 김진흥, 류성민, 양신혜, 이남규, 우병훈, 권경철, 그리고 박재은 박사님들께 진심으로 감사의 말씀을 드립니다. 독일 비텐베르크의 종교개혁자 루터에서 시작하여 네덜란드 위트레흐트의 정통주의 신학자 헤르만 비치우스에 이르기까지 유럽 대륙의 다양한 개혁주의 신학자들의 성령론을 신선하면서도 깊이 있는 시각으로 조명해 주셔서 성령 하나님의 인격과 사역에 대한 우리 이해의 지평이 더욱 확장되고 심화됨을 경험할 수 있습니다.

이 책을 통해서 삼위일체 제 3위 하나님 되시는 성령 하나님의 살아 있는 능력이 우리 삶 가운데 풍성하게 역사하심을 더욱 깊이 체험하시게 되기를 바라는 마음으로 발간사를 대신하고자 합니다.

**개혁주의학술원장 이신열**

# 차 례

# Spiritus Creator iustificat!
## -루터의 칭의론에 있어서 성령의 역할에 관한 고찰-

**김용주**

(안양대학교 겸임교수, 분당 두레교회 담임목사)

Martin Luther(1483-1546)

전남대학교 사범대학 독어교육과를 졸업하고 총신대 신대원에서 목회학 석사(M.div)과정을 졸업한 후 독일로 건너가 베를린 소재 훔볼트대학교에서 교회사 루터 전공으로 박사 학위(Dr.theol.)를 받았다. 현재 안양대 신대원 겸임교수로 가르치고 있고 분당두레교회 담임목사로 섬기고 있다. 저서로는 『루터, 혼돈의 숲에서 길을 찾다』(익투스, 2012)와 『칭의, 루터에게 묻다』(좋은 씨앗, 2017), 『자유주의 신학이란 무엇인가?』(좋은씨앗, 2018)과 『신정통주의 신학이란 무엇인가』(좋은씨앗, 2019)가 있다.

**김용주**

# I. 서론

루터의 신학에서 성령에 관한 가르침이 너무 적다는 지적이 줄곧 있어왔다. 이런 지적을 하는 신학자들은 대개 루터는 성령의 사역에 대하여 무지했거나 무시해서 그리스도의 구속의 풍성함을 충분히 드러내지 못했다는 생각을 하고 있는 것이다. 여기에 대해서 반론을 제기하는 신학자들도 적지 않지만 이런 지적은 여전히 계속되고 있다.[1]

루터가 과연 성령에 관한 가르침을 소홀히 했는가? 결코 소홀히 하지 않았다. 그를 성령의 신학자라고도 말할 수 있을 정도로 그의 성령에 관한 가르침은 풍성하고 견고한 체계를 가지고 있다. 그럼에도 루터가 그의 연구가들뿐만 아니라 다른 가톨릭과 개신교 교파들 그리고 오순절 진영으로부터 그렇게 보이게 된 데에는 무엇보다 그의 신학이 가진 독특성 때문이라고 말할 수 있다.

루터는 삼위일체론, 기독론, 성령론 등에 있어서 정통교회의 입장을 충실히 따르고 있다. 그는 정통교회가 역사적으로 계승해온 기존의 교리를 뒤집는 어떤 새로운 교리를 발견해서 종교개혁을 시작한 것이 아니라, 도리어 당시의 로마 가톨릭 교회가 초대 교회로부터 전승되어 온 교리로부터 탈선하는 것을 주목하고 그것을 바로 잡고자 했다고 말할 수도 있다. 그는 초대교회로부터 중세교회로 이어지는 주요 에큐메니칼 공의회에서 결정된 내용을 대개 존중하였고, 성경의 가르침을 거슬리는 일부의 내용만을 수정하려 했다.

하지만 그럼에도 불구하고 우리는 성령에 관한 그의 이해가 기존의 여러 신학자들과 다른 독특한 점은 없었는가라는 질문은 던져 볼 수 있다. 그런

1 Bernhard Lohse, *Luthers Theologie* (Göttigen:Vandenhoeck & Ruprecht, 1995), 248-256.

점들이 분명히 있다. 하지만 그런 점들은 지금까지 연구가 미미해서 눈에 띄지 않았을 뿐이다. 이 점을 특히 루터의 설교를 분석하여 그의 신학을 재구성하려고 시도했던 아센도르프(Ulrich Asendorf)가 잘 지적하고 있다. 그는 칭의론에 있어서 기존의 연구가들이 성령의 역할을 너무 약하게만 언급했음에 유감을 표하고 다음과 같이 말하고 있다.

> "루터는 그의 신학의 본질적인 가르침들을 성령이라는 표제어 하에 요약하고 있다. ... 칭의 사건의 지속적인 과정에 있어서 성령의 중요성이 너무 약하게 강조되고 있다"[2]

아센도르프의 이 말을 좀 더 깊이 생각해보면, 성령론은 그의 신학의 언저리가 아니고 중심이고 성령을 이해해야만 그의 칭의론도 올바로 이해할 수 있다는 말이 된다. 적어도 루터의 강의나 소책자들이 아니라 그의 설교를 살펴보면 이렇게 말할 수밖에 없다는 뜻이다.

실제로 루터의 일반 신학 저술들을 살펴보면, 그는 대개 당시의 영파들의 그릇된 성령론을 비판하는데 전념하고 있다. 그는 특히 뮌처(Thomas Müntzer)를 비롯한 열광주의자들(Schwärmer)의 성령론을 비판하면서 말씀과 성령의 관계에 대하여 집중적으로 논하고 있다. 이런 책들을 통하여 그는 성령과 말씀을 분리시켜 이해하려는 그들의 그릇된 성령론을 비판하면서 성령은 말씀을 통하지 않고서는(per verbum) 역사하지 않으신다는 점을 특히 강조한다. 주로 루터의 이런 저술들을 중심으로 루터의 성령에 대한 이해를 찾으려 했던 여러 루터 연구가들은 당연히 주로 성령과 말씀의 관계에 대해서

**2** Ulrich Asendorf, *Die Theologie Martin Luthers nach seinen Predigten* (Göttigen: Vandenhoeck und Ruprecht, 1988), 217.

주목하였다. 그리하여 일부의 신학자들은 루터는 "말씀을 통해서(Per verbum)"를 강조함으로 인해서 성령의 역할을 축소시켰지만, 칼빈은 "말씀과 함께(Cum verbo)"를 말함으로 성령의 역할을 바로 정의했다는 주장들도 하게 되었다. 그 결과로 그들은 루터 자신이 성령을 어떻게 이해하였는지에 대하여 다각도로 집중적으로 연구하지를 못하게 되었다. 하지만 루터의 성령론을 그의 다른 책들 속에서나 혹은 설교들 속에서 찾아보려는 연구가들에 의하여 그의 성령론의 감추어졌던 측면들이 알려지고 있다.

## II. 성령님은 창조하시는 영(spiritus creator)으로서 죄인을 의롭게 하신다.

루터의 신학에 있어서 칭의론이 얼마나 중요한지에 대하여는 굳이 언급할 필요가 없다.[3] 그는 칭의 교리는 모든 교리의 해요 왕자 교리라고 말했기 때문이다. 우리는 그가 죄인은 "행위 없이 오직 믿음을 통하여(sola fide sine operibus)", "오직 하나님의 전가에 의해서만(solo reputatio Dei)" 의롭게 될 수 있다는 사실을 시종일관 강조했다는 사실에 대하여 잘 알고 있다. 하지만 그가 이런 칭의의 과정에 있어서 성령의 역할 역시 강조하고 있다는 사실을 자주 놓치고 있다. 칭의의 과정에 있어서 성령께서는 창조하시는 영(Spiritus creator)으로서 적극적으로 참여하신다.

우리는 이러한 사실을 루터가 그의 인생의 후반기에 집중했던 창세기 강의(1535-45)를 통해서 확인할 수 있다. 루터는 특히 창조에 관한 구절들의 석의

3 필자도 졸저 『칭의 루터에게 묻다』(좋은 씨앗, 2017)에서 이 점을 강조했다.

에서 "아버지께서(Pater) 무로부터(ex nihilio) 성령과 함께(cum spirito sancto) 말씀을 통하여(per verbum) 창조했다"는 창조공식을 말하고 있다.

그는 창 1:1-5절의 해석에서, 정통교회는 이 구절을 전통적으로 삼위일체의 신비로 해석했다는 점을 상기시키면서, "아버지께서 모세가 말씀이라고 부르는 아들을 통하여 하늘과 땅을 무로부터 창조하신다(Pater per Filium, quem verbum Mose vocat, creat coelum et terram ex nihilo.)"고 창조를 요약하고 있다. 그는 이러한 창조사역에 있어서 성령이 하신 일에 대하여서도 언급한다. 성령께서는 하늘과 땅을 새끼가 알을 품듯이 품어 피조세계가 터져 나오게 하고 살게 하는 일을 했다고 말한다. 그러면서 그는 성령의 직분은 살리는 것(Nam Spiritus sancti officium est vivicere)이라고 말한다.[4] 성령은 아버지께서 아들을 통하여 이루시고자 하시는 세계를 살게 하시는 일을 하시면서 참여하신다. 그는 계속하여 하나님께서 자신을 말씀과 자신의 일들 속에서가 아닌 다른 수단들로 알리시지 않는다는 사실을 강조한다.[5]

그런데 우리가 이 창세기에 대한 루터의 해석을 쫓아가다보면, 루터는 하나님께서 처음 천지를 창조할 때의 상황을 상세히 설명하려하기 보다, 하나님의 새 창조 혹은 재창조에 초점을 맞추어서, "Pater cum spirito sancto per verbum"의 창조 법칙을 적용 하는 데에 더 많은 양을 할애하고 있음을 볼 수 있다.

루터는 하나님께서 하시는 재창조 사역은 "죄를 용서하고 죄를 억제하고 살리는 것(remittere peccata, retinere peccata, vivificare)"인데, 이런 선물들은 인간들에게 말씀을 통하여(per verbum) 주어진다고 말한다.[6] 그는

4 Martin Luther, *Vorlesung über 1. Mose von 1535-45*, *WA* 42, 8.
5 *WA* 42, 9: "Deus quoque se non manifestat nisi in operibus et verbo."
6 *WA* 42, 10.

이러한 중재 없이, 즉 말씀 없이, 싸개 없이(sine verbo et involucro) 하나님과 그의 본성에 대하여 토론하는 것은 광신적이라고 주장한다.[7] 그는 이런 형태들(figurae)을 가지고 하나님의 일을 하시는 것을 성령께서 기뻐하신다고 말하면서, 하나님께서 성령과 함께 말씀을 통하여 역사한다는 법칙을 강조하고 있다. 성령께서 하나님을 이해하게 하시는 방법도 이 방법이다. 하나님은 오직 이러한 방법을 통해서, 하늘과 땅을 창조하셨고 아들을 보내셨고 아들을 통하여 말하시고 세례를 주시고 말씀을 통하여 죄로부터 풀어주셨다고 말한다.[8]

하나님께서는 무로부터 창조하실 때 말씀을 통하여 창조하셨다. 하지만 성령과 함께하심을 통해서이다. 즉 하나님은 성령과 함께 말씀을 통하여 무로부터 천지를 창조하셨다. 루터는 하나님께서 천지창조 때 성령을 통하여 빛이 있으라고 말씀하셨던 바와 똑 같은 방식으로 우리 마음을 새롭게 창조하실 때도 똑같은 방식으로 창조한다는 점을 강조한다. 슈방케(Johannes Schwanke)는 그의 책 『무로부터의 창조』(*creatio ex nihilio*)라는 책을 통하여 이점을 잘 지적하고 있다.

> "마음이 하나님을 통하여 성령을 통하여 새롭게 창조된다면, 그의 전 존재는 그에 의하여 규정된다. 즉 하나님은 이 마음속에 말씀을 통하여 그리고 성령을 통하여 거하신다. 성령은 열성적으로 그리고 효과적으로(officiosus et effifax) 창조하신다. 이러한 성령의 활동은 고립될 수 있는 일회성으로 일어나지 않는다. 즉 하나님은 그의 영과 함께 약한 자들을 교육하시고 계몽시키시고 강화시키신다. 이렇게 새롭게 창조된 세계의 새벽별들은 은혜의 표지들로서

7 *WA* 42, 11.

8 *WA* 42, 12-13: "Ideo tales figurae Spiritui sancto placent et opera Dei proponuntur, quae apprehendamus. Talia sunt, quod condidit coelum et terram, quod misit Filium, quod per Filium loquitur, quod baptisat, quod per verbum a peccatis absolvit."

하나님의 말씀과 세례와 성찬이다."[9]

그는 루터의 창세기 강의의 말씀들에 근거해서 이렇게 요약하고 있는데, 이런 말씀들 속에 루터의 재창조의 방법에 대한 이해 즉 그의 칭의론의 방식이 잘 나타나 있다.

하나님은 죄인을 성령과 함께 말씀과 성례를 수단으로 하여 창조하신다는 것이다. 우리가 흔히 말하는 은혜의 수단 만으로만 재창조가 일어나지 않는다는 것이다. 죄인의 마음이 새롭게 창조되려면 반드시 성령께서 은혜의 방편들을 가지고 역사하셔야만 한다는 것이다. 하나님은 spiritus creator이신 성령과의 동역을 통해서만 재창조 즉 죄인을 의롭게 만드시는 일을 하신다는 것이다.

루터가 자신의 칭의론을 가장 잘 요약해 놓은 곳이 창 15:6절에 관한 주해이다. 그는 여기에서 "하나님의 말씀을 믿는 모든 사람은 의롭다", "오직 말씀만이 의롭게 하신다.", "믿음이란 신적인 약속들에 동의하는 것이다." 등등의 그의 칭의론의 기본법칙들을 요약하고 있다. 그런데 그는 이런 기본법칙들을 말할 때 성령의 역할 역시 빠뜨리지 않는다.

그는 아브라함이 언제부터 의롭게 되었는지에 대하여 질문하고, 창 15장 이전에도 "그가 하나님을 믿었기 때문에 그는 의로웠었다(Fuit iustus, quia credidit Deo)."라고 분명히 말한다. 그런데 루터는 이 문장에 바로 이어서 "하지만 여기에서 성령은 이것을 분명히 시험하시기를 원하셨다 (Hic autem diserte id Spiritus sanctus testari voluit)"라고 말함으로써 성령의 역할은 아브라함의 믿음이 참된 믿음인지를 시험하시는 역할을 하신다고 말한다. 그의 이 말은 아브라함이 하나님께서 그에게 하신 약속의 말씀을 믿었기 때문

9 Johannes Schwanke, *creatio ex nihilio* (Berlin, New York:Walter de Gruyter, 2004), 234-235.

에 의롭게 되었다는 점은 분명하지만, 같은 하나님께서 성령을 보내셔서 그의 믿음이 참다운 믿음인지에 대하여 시험하게 하셨다는 것이다. 즉 하나님의 칭의의 과정에서 성령의 역할은, 내적 조명 사역을 통하여 아브라함으로 약속의 말씀을 믿게 하실 뿐만 아니라,10 아브라함이 가진 믿음이 참된 믿음이었다는 것을 확증시켜 주는 일이다. 이는 마치 우리가 가진 믿음이 참된 믿음이라는 것을 우리 안에 계신 성령께서 확증시켜주시는 것과 같다.

바로 이어지는 문장들에서도, 루터는 "아브라함과 함께 이 약속을 믿는 자들은 참으로 의롭다"고 천명하면서 역시 성령께서 아브라함의 이 믿음을 시험하기를 원했다고 말한다: "성령께서는 약속하시는 하나님을 믿지 않는 의가 아무것도 아니라는 사실을 명확하고 분명하게 제시하고자 하셨다."11 이후의 이어지는 문장들 속에서도, 즉 그가 자신의 칭의 이해를 가장 잘 요약했다고 볼 수 있는 다음의 문장들에서도, 그는 성령의 믿음을 시험하는 역할에 대하여 강조하고 있다.12

아브라함은 자신이 믿은 그 믿음이 참된 믿음인지에 대하여 의심할 수도 있었을 것이다. 하지만 그의 약속을 믿은 그를 의롭다고 칭해주신 하나님께서는 성령을 보내주심을 통해서 그의 믿음이 참된 믿음이라는 것을 확증시켜주셨다. 성령은 하나님의 칭의에 있어서 바로 이와 같은 증거의 역할을 하면서 참여하신다. 다른 말로 하면 우리는 우리 안에 있는 믿음이 참된 믿음인지를 성령의 확인 사역 없이는 알 수가 없다는 것이다.

우리가 루터 칭의론을 이해하는데 있어서, "하나님께서 성령과 함께 말씀을 통하여서라는 원칙"을 사용하셨다는 사실을 아는 것은 결정적으로 중요한 점

---

10 여기에서는 성령의 내적 조명 사역이 언급되지 않고 있지만 이미 전제되어있다고 볼 수 있다. 왜냐하면 그는 이점을 자신의 여러 저술들을 통하여 여기에 대하여 충분히 강조했기 때문이다.

11 *WA* 42, 563.

12 *WA* 42, 563.

이다. 그 동안 루터의 칭의론을 성령의 활동을 언급하지 않은 채, "말씀에 대한 신앙을 통한 칭의"라는 공식을 만들어 칭의를 하나의 공식을 받아들이는 것으로 설명했거나 받아들였던 것은 그의 칭의론을 전체적으로 올바로 이해하지 못한 것이다. 하나님께서 죄인을 성령과 함께 말씀을 통하여 무로부터 죄인을 의롭게 창조하신다고 말해야 올바로 표현한 것이다. 그리고 한 번 의인이 되었으면 그것으로 끝나는 것이 아니라, 하나님께서 성령과 함께 말씀을 통하여 계속하여 인간 안에 의롭게 만드는 일을 해나간다는 것이다. 성령의 창조사역은 단회적이면서도 연속적임을 잊지 말아야 한다.

성령님은 Spiritus Creator로서 창조 때와 마찬가지 방법으로 죄인을 의롭게 만드는 일에 참여하고 계시는 분이시라는 점에 대하여서는 슈방케가 앞에서 언급한 책을 통하여 충분히 잘 드러내주고 있다. 그는 루터의 신학에서 창조신학과 칭의신학이 긴밀하게 연결되어 있다는 사실을 강변한다: "루터가 창조를 칭의 신학적 용어들로 서술하고 있는 것처럼, 그는 죄인의 칭의를 기술할 때 창조신학적 개념들을 사용한다."13

루터는 의롭게 된 신자에게 행하시는 Spiritus Creator로서의 성령의 사역에 대하여도 강조하고 있다.

## III. 성령님은 하나님을 알게 하시고(notitio Dei), 시험 중에 있는 성도들을 위로(consolatio)하시고 거룩하게(sanctificatio) 해나가신다.

---

13 Schwanke, *creatio ex nihilio*, 221. 그는 같은 책 74쪽에서도 이 사실을 말하고 있다: "루터는 창조신학적 정황들을 칭의 신학적 용어들로 칭한다. 이는 그가 창조신학적 용어들을 가지고 칭의 신학 정황들을 표시하는 것과 같다."

성령님이 하시는 일들 중 가장 중요한 사역은 칭의의 사역이다. 그리고 칭의 사역의 맥락에서 자기 백성들에게 하나님을 알려주시는 일 그리고 시험 중에 있는 성도들을 위로하시고 성도들을 거룩하게 해 나가는 일을 계속해 나가신다. 성령은 하나님을 알게 하신다. 성령은 신자를 위로하신다. 그는 특히 성령의 위로 사역을 강조하고 있다.

> "특히 낙담한 양심의 위로는 루터에게 있어서 무로부터로 인한 죽은 자들을 일으키는 일과 새로운 창조이다. ... 양심을 일으킨다는 것은 죽은 자들을 일으킨다는 것과 다름없다. 이러한 슬퍼하는 양심을 위로하는 것은 죽은 자들을 일으키는 것을 능가한다. 인간의 마음에 확신을 주시는 분, 그리고 절망하고 무로 이끌려진 자를 그리고 하나님께 소망을 두게 하고 이러한 무로부터 빠져 나오게 하는 창조자의 권세를 소망하게 하시는 분은 성령님 자신이시다."[14]

루터는 성령님의 성화사역에 대하여서도 강조하고 있다. 루터의 성령론에서 성령의 성화 사역에 대한 언급이 적다는 지적이 많이 있어왔다. 하지만 우리는 그가 성령의 성화사역을 충분히 강조했다는 점을 잊지 말아야 한다. 그는 당시의 스콜라신학이 철학의 용어들을 가지고 교리들을 세분화시키고 파편화시켜서 너무 어렵게 만들었다는 점을 알게 되었음으로 가능한 용어들을 구분해 쓰려고 하지 않았다. 즉 그는 칭의와 성화를 구분하는 일에 크게 관심이 없었다. 그는 성화를 칭의론의 맥락에서 하나님께서 의롭게 된 신자를 계속하여 의롭게 해나가시는 일로 이해한다. 그는 이미 초기 강의인 로마서 강의(1515-16)에서 이 사실을 분명히 피력하고 있다.

---

**14** Schwanke, *creatio ex nihilio*, 235-236.

특히 그가 로마서 5:1-5절의 주해에서 보여준 십자가 신학(theologia crucis)적 관점에서의 성화 이해이다.[15] 하나님은 구원받은 신자를 안주(securitas)에 빠지게 내버려두지 않으시고 환난을 통하여 그를 연단하여 소망에 이르게 하신다. 이러한 십자가 신학에 대한 강조는 마지막 강의인 창세기 강의에서도 여전히 나타나고 있다. 슈방케는 블라우마이저(Hubert Blaumeiser)를 인용하면서 이점을 강조하고 있다: "이것이 십자가의 신학(theologia crucis)이다. 이 십자가 신학에 의하면 인간은 그를 십자가에 못 박는 말씀을 통하여 그의 자기와 관계된 존재방식으로부터 끄집어낸다. ... 즉 육체로서 죽게 하고 이제는 신앙 안에서 영으로서 사물들을 꼬부라지지 않는 방식으로 고찰한다. ... 이러한 죽임은 분명히 유익하다. 왜냐하면 이를 통하여 신자는, 멸망으로가 아니라, 생명으로 축복으로 훈련되어지기 때문이다."[16]

하나님께서는 의롭다고 인정받은 신자들을 성령과 함께 말씀을 통하여 시험과 연단을 통하여 계속하여 의롭고 거룩하게 만들어나가시는 일을 해나가신다. 에벨링(Gerhard Ebelling) 역시 "십자가 신학은 바울에게 있어서 성령론 이해를 위한 열쇠이다"(Die theologia crucis ist für Paulus der Schlüssel zur Pneumatologie)라고 말하면서,[17] 성화를 위한 성령의 역할을 강조하고 있다. 루터는 자신의 신앙고백과 같은 성격을 지닌 1528년의 소요리 문답 해설에서도 성령님의 성화사역을 분명히 한다.

---

15 십자가 신학에 대하여서는 필자의 졸저: 루터 혼돈의 숲에서 길을 찾다(좋은 씨앗, 2011)에 잘 설명되어 있다.

16 Schwanke, *creatio ex nihilio*, 205-206.

17 Gerhard Ebelling, *Dogmatik des Glaubens, Bd. III, 4. Auflage* (Mohr Siebeck Tübingen, 2012), 103ff.

“성령님은 나를 복음을 통하여 부르셨다. 그의 은사들로 빛을 비추셨고 올바른 믿음 안에서 거룩하게 하셨고 보존하셨다. 이는 마친 땅위의 전체 기독교를 부르시고 모으시고 거룩하게 하심과 같다.”[18]

우리가 주목해 볼 점은, 루터가 오순절 성령 강림에 대해서도 칭의론의 맥락에서 성령 강림을 해석하고 있다는 점이다.

## Ⅳ. 루터의 오순절 성령강림에 대한 이해

루터의 성령에 대한 새로운 이해는 그의 강의나 책들보다 주로 그의 설교에 집중하는 연구가들에 의하여 알려지게 되었다.[19] 루터는 성령강림절에 행한 사도행전 2:1-13절의 설교에서 그의 오순절에 대한 이해를 피력하고 있다. 그는 성경에는 두 번의 성령강림절이 있었다고 말한다.

그는 먼저 구약의 성령강림절을 소개하면서 모세가 시내산에서 율법을 받을 때 시작되었다고 말한다. 모세는 거기에서 율법을 받았다. 그런데 그 율법이 들어올 때 백성들에게 하나님의 심판이 임했고 큰 두려움이 임했다. 그들은 율법을 통하여 죄를 인식하게 되고 그 결과로 그들이 심판에 대한 두려움을 갖게 되었다는 것이다.

---

18 Lohse, *Luthers Theologie*, 256.

19 위에서 말한 아센도르프는 이런 흐름을 대변하는 대표적인 신학자이다. 그런데 그의 설교들이 학문적 전집인 바이마르 전집(Weimar Ausgabe) 보다는 알란드(Kurt Aland) 같은 교회사가가 편집한 설교들 속에 더 많이 나타나고 있다. 필자는 알란트가 편집한 설교집속에 나오는 성령강림에 관한 설교를 통하여 그가 성령님을 어떻게 이해했는지에 대하여 살펴보고자 한다.

그는 이 첫 번째 성령강림을 그의 칭의론과 연결시켜서 해석한다. 첫 번째 오순절에서 하나님께서는 율법을 통하여 그들의 죄를 드러내고 심판을 행하여 그들을 두려움에 빠뜨리게 하셨다는 것이다. 우리가 주목해 보아야할 점은, 그는 율법도 성령의 손을 거쳐서 들어오게 되었다고 말하고 있다는 것이다. 말하자면 성령의 역사 없이는 율법은 죽은 문자에 불과하다는 것이다. 성령은 복음 안에서만 역사하는 것이 아니라 율법을 통해서도 역사하신다는 사실이다. 성령께서 율법을 통하여 죄를 인식하게 하신다는 것이다.[20]

루터는 이어서 두 번째 성령강림절에 대하여서 말한다. 두 번째 강림절은 바로 사도행전 2:1-13절에 나오는 성령강림사건이다. 그런데 이 두 번째 성령강림절에 대하여, 그는 "사랑스러운 성령강림절이고, 위로가 되고 기쁨이 되는 성령강림절 설교로 머무르고 우리에게 임했다"[21]라고 말한다. 그는 이 성령강림절 설교는 법과 율법의 설교가 아니라 은혜의 설교라고 분명히 말하며 이 두 설교를 구분하라고 권면한다. 그는 옛 시내산에서 일어났던 첫 번째 성령강림에서는 율법이 주어졌지만, 두 번째 새로운 성령강림에서는 성령을 통하여 복음이 계시되었다고 분명히 말하면서, 이 새로운 성령강림절을 기쁨의 축제, 위로와 생명의 축제로 규정한다.

그는 우리 그리스도인들의 오순절 성령 강림설교는 죄와 죽음의 모든 끔찍함에 거슬러 설교되어야하며, 우리가 기뻐할수록 그리고 우리 마음속에 신앙이

---

20 이런 사실을 루터는 1530년대 이후에 썼던 칭의에 관한 토론등에서 매우 강조했다. 본회퍼가 이런 토론들을 중심으로 루터의 성령론을 썼는데 여기에서 이 사실을 지적하고 있다. *Der Heilige Geist bei Luther, D. B. Werke, Bd. 9: Jugend und Studium*, 355-409: "율법은 인간에 대한 성령의 절대적인 요구이다. ... 성령은 율법안에 그 어떤 본질적인 방법으로 존재하는 것이 아니라, 활동하는 힘이고 (바람같이) 그가 원하는 대로 불어 그가 원하는 자들의 마음을 움직이신다. 물론 율법이 움직여지는 곳에는 그 율법이 성령에 의하여 움직여진다. 율법이 이해가 되는 곳에는 신적 의지가 인간의 의지를 터치하신다."(363) "통회는 죄인식으로부터, 죄인식은 율법을 통해서만, 율법은 성령을 통해서만 일어난다"(367).

21 Asendorf, *Die Theologie Martin Luthers nach seinen Predigten*, 246.

안전하고 견고할수록 성령은 우리에게 더 가깝고 새로운 성령강림절로부터 더 많은 것들을 가지게 된다고 말한다. 반대로 우리 마음속에 슬픔이 더 많이 지배할수록, 그리고 우리가 더 많이 놀라고 더 많이 낙담할수록 모세가 우리에게 가깝고 우리는 옛 시내산 성령강림절로부터 더 많은 것들을 가지게 된다고 말한다.[22] 그는 우리 그리스도인은 옛 성령강림절과 새 성령강림절을 반드시 구분해야만 한다고 거듭 강조 한다: "우리는 모세의 옛 성령강림을 옛 악동들 때문에, 길들여지지 않고 안주하고 있는 인간들 때문에, 또한 뻔뻔스러운 거룩으로 인하여, 가져야만 한다. 하지만 우리는 낙담하고 깜짝 놀라고 있는 양심으로 인하여 새로운 성령강림을 가져야만 한다. 새로운 성령강림으로부터 그리고 성령의 설교로부터 기쁨이 넘치는 그리스도인, 용기 있고 명석한 그리스도인이 된다."[23] 더 나아가 루터는 새로운 성령강림절로부터 성령의 사역이 본격적으로 시작되었다고 말한다: "이렇게 성령은 오늘날의 신약의 성령강림절로부터, 그리스도께서 그를 위로자와 진리의 영으로 부르신 바처럼, 그의 직분과 사역을 실행하기 시작했다."[24]

루터는 이 설교에서 특히 성령의 위로 사역을 강조하고 있다. 그는 설교자들이 복음을 전할 때 복음으로 인한 핍박이 분명히 따를 것이고, 이로 인하여 성령의 위로 사역이 반드시 필요하다고 강조하고 있다. 이는 어리석고 화나게 하는 설교가 되는 것이 복음의 방식이고 속성이기 때문이므로, 복음을 전하면 세상에서 항상 버림을 받고 정죄가 되기 때문이라고 말한다. 그는 만일 복음이 어떤 시민들, 농부들 그리고 감독들과 영주들을 화나게 하지 않는다면, 그것은 듣기 좋은 세련된 달콤한 설교가 될 것이고, 사람들은 이런 설교들을 즐겁게

---

**22** Asendorf, *Die Theologie Martin Luthers nach seinen Predigten*, 246ff.
**23** Asendorf, *Die Theologie Martin Luthers nach seinen Predigten*, 247.
**24** Asendorf, *Die Theologie Martin Luthers nach seinen Predigten*, 247.

듣고 기쁨으로 받아들일 것이라고 말한다. 그는 하지만 복음은 인간을 화나게 하는 그런 설교이기 때문에, 그리고 세상 안에서 복음을 반대하는 자들이 높은 지위와 권세를 가지고 있고 지혜로운 사람들이기 때문에 복음을 전하는 자들은 용기를 가져야하고 성령의 위로를 받아야만 한다고 말한다.[25]

우리는 루터의 이 성령강림절 설교를 통하여 그가 두 종류의 성령강림절을 구분하여 말하고, 그것들을 율법과 복음과 관계 지어 적용을 시키고 있음을 볼 수 있다. 율법은 죄의 인식을 가져다주고 복음은 구원을 가져다준다는 이 도식에서 반드시 들어가야 할 요소는 성령의 역할이다. 성령의 역사 없는 율법 인식 그리고 성령 없는 복음인식 이 둘 다 잘못된 것이다. 루터의 칭의론을 성령의 역사와 관계시켜 이해해야 바로 이해해야 하는 것이다. 성령은 칭의를 시작하고 이루어가고 완성시키신다고 말할 수 있다. 이런 맥락에서 아센도르프가 〈십자가-부활-성령강림〉을 하나님의 나라의 큰 흐름에서 한 분리될 수 없는 하나로 이해해야 한다고 지적하는 지적은 옳다.

> "루터의 성령강림설교에 있어서, 전체의 성경적인 필법(Duktus)이 특징적인데, 그는 십자가로부터 부활을 넘어서 성령의 부으심으로 이끄는 선(Linie)을 특별히 강조하고 있다"[26]

그는 이런 하나님 나라의 큰 흐름에서 특히 십자가와 부활과 성령의 부으심이라는 흐름 안에서만 성령의 사역을 이해해야 바로 이해할 수 있다고 말하고 있다. 우리는 자주 토론되는 루터의 말씀과 성령과의 관계에 대한 논의를 이런 맥락 안에서만 바로 이해할 수 있을 것이다.

---

**25** Asendorf, *Die Theologie Martin Luthers nach seinen Predigten*, 248.
**26** Asendorf, *Die Theologie Martin Luthers nach seinen Predigten*, 211.

## V. 성령은 말씀을 통하여(per verbum) 죄인을 의롭게 하신다.

루터는 1525년에 당시의 열광주의자들에 대하여 반박하는 소책자를 쓰는데, 이 책이 바로 『성상들과 성례에 관하여, 천상의 예언자들을 반박함』[27]이다. 이 글은 당시의 토마스 뮌처와 같은 열광주의자들이 성령은 외적 말씀에 매이지 아니하고 직접적으로 하나님의 뜻을 계시한다는 주장에 대하여 정면으로 반박하는 내용이다.

> "하나님께서는 그의 거룩한 복음을 다음과 같이 나아가게 하셨다. 즉 그는 우리와 두 가지 방법으로 관계하신다. 먼저 외적으로 이고 다음으로는 내적으로 이다. 외적으로 그는 복음이라는 구두의 말씀을 통하여 그리고 세례와 성찬과 같은 육체적인 표식들을 통하여 우리와 관계하신다. 내적으로 그는 성령과 다른 선물들을 포함한 신앙을 통하여 우리와 관계하신다. 하지만 이 모든 관계는 다음과 같은 척도와 질서 속에서 행해진다. 즉 외적인 것들이 먼저 가야하고 그 다음에 내적인 것들이 외적인 것들을 통하여 와야만 한다, 하나님께서는 어떤 인간에게도 외적인 것들을 통하지 않고서는 내적인 것들을 주시지 않기로 정하셨다. 이는 그가 어떤 사람에게도 외적인 말씀과 그가 말씀을 위하여 정하셨던 표식들을 통하지 않고서는 영도 신앙도 주시기 않기를 원하시기 때문이다."[28]

루터의 이 말은 열광주의자들의 지도자격인 뮌처의 말씀과 성령에 대한 이해를 정면으로 비판한 내용이다. 뮌처의 주장은 이렇다.

---

**27** Luther, *Wider die himmlichen Propheten von den Bildern und Sakrament; 1525, WA* 18.

**28** Luther, *WA* 18, 136, 9-18.

"성령은 구원의 수단으로서의 성경에 결코 매어있지 않다. 성령은 중재 없이 (unvermittelt) 직접적으로(unmittelbar) 인간 안에 구원을 일으킨다. 여기에서는 말씀과 성령의 구분이 철저하다. 이를 통하여, 성령과 성경의 관계가 서로 분리되어지게 되어야하며, 신앙과 삶을 위하여 오직 성령만을 요구해야하고, 성경은 완전히 던져 버려야 한다는 열광주의적인 전제가 만들어졌다."[29]

루터의 주장은 뮌처와 정반대이다: 성령은 구원의 수단으로서 성경에 매여 있다. 또한 성령은 성경이라는 중재 없이는 직접적으로 인간 안에 구원을 일으킬 수 없다. 말씀과 성령은 결코 구분되거나 분리되어 갈 수 없다. 신앙과 삶을 위하여 오직 성령만이 아니라 말씀도 요구되어야하고, 성경은 결코 던져 버려지지 말아야 한다.

괴르츠는 뮌처가 다른 열광주의자들처럼 말씀도 성령도 버리지 않았다고 주장하지만, 그가 말씀에 매이지 않고 역사하는 성령에 대하여 강조하고 있다는 점은 변함이 없다.[30] 뮌처는 성령은 말씀과 관계없이 자유롭게 성령이 역사한다고 말하면서 루터의 성경주의를 비판하고 있다. 하지만 그는 성령이 구원을 일으킬 때 아무런 조건 없이 일으킨다고 말하는가? 아니다. 그는 신적 선물을 받기 위해서 인간 편에서 조건을 갖추어야 한다고 말한다. 그는 칭의를 위한 전제로서, 성령을 받기 위한 전제로서 자기죽임(Abtötung)과 십자가에

---

29 H.-J. Goerz, *Innere und Äussere Ordnung in der Theologie Thomas Münzers* (Leiden: E. J. Brill, 1967), 90.

30 Goerz, *Innere und Äussere Ordnung in der Theologie Thomas Münzers* (Leiden:E. J. Brill, 1967), 91: "성령은 중재 없이(unvermittelt) 직접적으로(unmittelbar) 인간 안에 구원을 일으킨다. 성경은 구원의 수단(medium salutis)이 아니며 아마 성령의 도구 (instrumentum spiritus sancti)일 것이다. 뮌처가 성경을 성령의 도구로 붙잡으면서 그는 성령과 그의 영향들에 자유롭게 행하는 주권과 직접성을 허용하고 동시에 그의 성령론을 열광주의적인 변종으로부터 방어한다."

못박히신 그리스도와의 일치성(Konformität)을 주장한다. 결국 죄인은 복음의 말씀에 대한 신앙이 아니라 십자가를 지는 자기 행위를 통하여 성령을 받게 된다는 주장이다. 그는 루터가 쓰디쓴 십자가 없이 달콤한 성경주의를 택했다고 비판하고 있는 것이다.

하지만 루터 역시 신자가 십자가를 지고 주님을 좇아가야함을 강조하면서 비텐베르그 신학의 특징을 신앙, 사랑, 십자가라고 말할 정도이다. 하지만 그는 십자가를 칭의의 조건으로 성령을 받는 조건으로 제시하지 않는다. 그는 우리 죄인들은 말씀에 대한 신앙을 통하여 의롭게 되고 성령을 받는다고 말한다.[31] 루터가 말씀에 대한 신앙을 통하여 성령을 받는다고 말할 때 우리는 당시의 상황을 염두에 두고 이해해야한다.

루터는 이런 열광주의자들에 대해서 성령은 귀로 듣고 눈에 보이는 외적 수단들을 통해서만 역사하신다는 점을 강변한다. 하나님의 은혜의 외적 수단은 말씀과 성례이다. 하지만 이것들 자체가 우리 안에 죄용서와 같은 효력을 일으키지 못한다. 반드시 성령께서 이것들을 가지고 우리 안에 역사하셔야만 한다. 외적 수단들과 성령은 불가분의 관계에 있다. 하지만 성령께서 말씀을 가지고 역사하시는 것이지 외적 말씀에 마술적으로 매달려 있는 분이 아니시다. 이 점이 루터가 말하고자 하는 의도였다. 가톨릭은 객관적 은혜의 수단만 주어지면 성령은 자동적으로 역사한다고 말했고, 영파들은 성령은 은혜의 수단과 관계없이 독자적으로 역사하신다고 말했다. 루터는 이 양편을 비판하고 있는 것이다.[32]

루터는 먼저 설교자를 통하여 말씀이 선포되고 성례가 시행이 될 때 성령께서 말씀과 성령으로 우리 마음을 열어서 죄를 보이고 예수 그리스도의 복음을

---

31 Martin Brecht, *Martin Luther, Bd. 2* (Sttutgart:Calver Verlag), 148ff.
32 Oswald Bayer, *Martin Luthers Theologie* (Tübingen:Mohr Siebeck, 2004), 222ff.

보여주어서 죄사함을 받게 하신다는 것이다. 그러므로 말씀을 통하여(per verbum) 성령께서 역사한다고 표현하는 대신, 성령께서 말씀을 통하여(per verbum) 역사하신다로 표현하는 것이 루터의 의도를 더 잘 드려내었다고 볼 수 있다. 루터에게 있어서 성령은 삼위중의 한 분으로서 전적으로 자유하시며 홀로 존재하시는 분이시다. 하지만 그는 인간의 약함으로 인하여 귀로 듣는 말씀과 눈으로 보는 성례의 외적수단을 통하여 인간 안에 구원의 역사를 일으키시는 것이다. 그는 창조 때부터 지금까지 여전히 창조하시는 성령(spiritus creator)이시다.

루터는 성령의 자유로운 주도권을 인정하지 않았는가? 바로 이점이 말씀과 성령의 관계에 있어서 자주 잘못 이해되고 있는 부분이다. 루터 역시 성령의 자유로운 주도권을 인정한다. 하지만 그는 뮌처와 다르게 성령께서는 외적 수단인 말씀과 성례라는 수단을 통하여 역사하신다고 주장한다. 즉 말씀의 직분을 위임받은 자가 말씀을 선포하고 성례를 시행할 때 성령이 내적으로 역사하여 그 말씀과 성례라는 수단을 통하여 그 사람 안에서 내적으로 작용하여 하나님의 은혜를 전달한다는 것이다. 필자가 볼 때는, 루터는 성령은 말씀과 성례라는 외적 수단에 매이며 내적으로 역사한다는 주장을 통하여 결코 성령의 자유로운 주권행사를 박탈하거나 제한하지 않았다는 것이다.

말씀과 성례라는 외적인 간접적인 수단 없이 성령이 내적으로 직접적으로 계시한다는 뮌처와 열광주의자들의 주장을 반박하기 위해 때로는 성령이 말씀에 매달려 사는 분으로 묘사되는 것으로 오해가 되게끔 하는 부분들이 있으나 그는 구원을 일으키는데 있어서 하나님께서 성령과 함께 말씀을 통하여 죄인을 의롭게 한다는 법칙을 결코 깨지 않았다는 것이다.

구원은 삼위 하나님이 창조하신다. 성부 하나님께서 성령과 함께 말씀을 통하여 무로부터 죄인을 창조하신다. 성령이 말씀의 수단이 아니라 말씀이 성령의 수단이다. 성령께서 죄인을 말씀을 통하여 무로부터 창조하신다 (Spiritus creator iustificat per verbum peccatorem ex nihilio)!

## VI. 결론

지금까지의 고찰을 통해서 볼 때 루터는 성령의 신학자라고도 말할 수 있다. 그는 모든 창조사역에 있어서 성령의 활동이 필수적인 요소임을 강조하고 있다. 성령은 Spiritus Creator로서 창조사역에 참여하신다. 또한 같은 자격으로서 죄인의 칭의 사역에 동역하신다. 또한 성령은 의롭게 된 신자들의 삶에 계속 간섭하시어 그들에게 하나님을 알게 하시고 위로하시고 거룩하게 하시는 일을 계속 해나가신다. 이런 일을 하시기 위하여 성령은 이 땅에 강림하셨다. 그는 율법과 복음을 가지고 효과적으로 신자들을 그리스도를 닮은 사람들로 만들어 가신다.

자주 비판의 대상이 되는 "말씀을 통해서"(per verbum)는 성령이 말씀에 마술적으로 매달려 사신다는 뜻이 아니라, 성령은 삼위 하나님의 한 분으로서 자유로운 주권을 가지시고 하늘과 땅을 창조하실 때처럼 말씀을 통하여(per verbum) 죄인을 의롭게 창조하신다는 뜻이다.

Spiritus Creator iustificat peccatorem per verbum ex nihilio!

# 츠빙글리의 성령론

**김선권**

(장로회신학대학교 객원교수, 서울 당산동교회 청년부 담당목사)

Ulrich Zwingli(1484-1531)

호남신학대학교에서 신학(Th. B.)을 전남대학교 대학원에서 철학(M.A.)을 공부하고 장로회 신학대학교에서 목회학 석사와 신학석사(M. Div., Th. M.) 학위를 취득했다. 프랑스 스트라스부르대학교 개신교신학부에서 조직신학 전공으로 신학석사와 신학박사(Th. M. Th. D.) 학위를 받았다. 박사논문은 "Union avec Christ chez Calvin: être sauvé et vivre en Christ"이다. 호남신학대학교에서 조직신학 조교수를 역임하였고 현재는 장로회신학대학교 객원교수 및 한남대학교 강사로 조직신학 과목을 강의하고 있다. 서울 당산동교회에서 청년부 담당 목사로 사역한다.

**김선권**

# I. 들어가는 말

스위스 취리히에서 종교개혁을 일으킨 츠빙글리는 개혁교회의 아버지로 여겨진다. 츠빙글리의 신학은 제네바에서 개혁교회의 신학을 완성한 칼빈의 신학과 많은 부분에서 연속성을 가진다. 이러한 연속성은 하나님의 절대주권, 섭리와 예정, 하나님 영광의 신학[1], 창조주와 피조물의 전적인 차이, 성령, 언약, 하나님의 지식과 인간의 지식의 상관성, 성경의 연속적 읽기, 교회 정치 등에서 나타난다.[2]

츠빙글리의 신학 사상의 형성에는 다양한 원천들이 존재한다. 성서와 교부, 스콜라주의와 인문주의, 당대 기독교 사상가인 에라스무스, 루터 등이다.[3] 가장 큰 영향과 사유의 원천은 성경이다. 츠빙글리는 그의 신학 사상을 위해 성서를 결정적 근거로 사용한다. 하지만 그렇다고 해서 성서만을 가지고 설교를 하거나 신학을 했던 것은 아니다. 그리스, 로마 철학 문헌도 사용했다. 이러한 이유는 모든 진리는 하나님에서 온다는 그의 생각 때문이다.[4]

츠빙글리는 조직적으로 그의 사유를 표현하는 방식보다는 역사적 상황에

---

* 본 논문은 「한국기독교신학논총」 제116권 (2020.4), 267-302에 게재된 논문이다.

1 훌드리히 츠빙글리, "자유로운 음식 선택에 관하여", 『츠빙글리 저작 선집 1』, 임걸 역 (서울: 연세대학교 대학출판문화원, 2014), 83.

2 André Gounelle et Bernard Reymond, "Zwingli," in *Encyclopédie du protestantisme*, sous la direction de Pierre Gisel (Genève: Labor et Fides, 2006), 1551-52.

3 츠빙글리는 인문주의 학교에서 교육을 받았다. 그는 신학을 접근하는 방식이나, 전개하는 내용에 있어서 인문주의적 경향인 원천에로의 복귀와 지적인 엄격성을 나타냈다. 자끄 꾸르브와지에, 『개혁신학자 츠빙글리』, 이수영 역 (서울: 한국장로교출판사, 2002), 19.

4 비기독교인 작가들이 진리를 말한다면, 이것이 그 저자에게서 온 것이 아니라 하나님에게서 온 것이다. W. P. Stephens, *The Theology of Huldrych Zwingli* (Oxford: Oxford University Press, 1986), 55; J. V. Pollet, *Huldrych Zwingli et le zwinglianisme : essai de synthèse historique et théologique mis à jour d'après les recherches récentes* (Paris: Librairie philosophique J. Vrin, 1988), 43, 346.

대처하면서 글을 쓰거나 설교를 했다. 츠빙글리의 초기 작품이자 영향력 있는 종교개혁 작품인 『자유로운 음식 선택에 관하여』는 사순절 기간에 소시지를 먹은 사건에 대한 설교였다. 그에 따르면 사순절 기간에 소시지를 먹은 것이 하나님 말씀이 정한 금식 규정을 어긴 것도 하나님 앞에서 죄를 짓는 것도 아니었다.[5]

루터는 1526년 3월에 3주간의 설교에서 츠빙글리를 열광주의자들의 범주에 넣는 설교를 하였고 이 설교는 후에 출판됐다. 츠빙글리도 루터의 설교문을 읽었다. 이에 대한 응답으로서 루터의 오류를 지적하기 위해서 『열광주의라고 비판하는 루터의 설교에 대한 답변』이라는 소책자를 썼다.[6] 이렇듯 츠빙글리는 어떤 역사적 사건 때문에, 설교를 하거나 글을 쓰면서 그의 사상을 피력했다. 츠빙글리의 사상은 역사적 과정을 겪으면서 진보했고 특히 그가 대면했던 반대자들에 대처하면서 풍성하고 깊어졌다.

이러한 츠빙글리의 저술 방식은 그의 신학이 현실성을 가지게 했다. 하지만 자신의 사상을 조직적으로 제시할 의도가 없었다는 점에서 그 사상을 파악하기는 쉽지 않다. 츠빙글리 사상을 파악하기 위해서는 그의 글을 전체적으로 읽고 종합해야 한다. 츠빙글리의 성령론 연구도 마찬가지이다. 그는 성령에 대해서 직접적으로 글을 쓴 적이 없다. 하지만 여러 논쟁에 참여하며 그의 신학 사상을 표현하는 과정에서 성령을 계속해서 강조했다.[7] 츠빙글리는 성령을 강조한 성령의 신학자였다. 하만(Gofffried Hammann)에 따르면 츠빙글리는 기독론보다는 성령론을 중심으로 하는 신학을 전개했다.[8] 츠빙글리가 성령을 강조한 것에

---

5 츠빙글리, "자유로운 음식 선택에 관하여", 『츠빙글리 저작 선집 1』, 102.

6 츠빙글리, "열광주의자라고 비판하는 루터의 설교에 대한 답변", 『츠빙글리 저작 선집 4』, 임걸 역 (서울: 연세대학교 대학출판문화원, 2015), 14-41.

7 Pollet, *Huldrych Zwingli et le zwinglianisme : essai de synthèse historique et théologique mis à jour d'après les recherches récentes* (1988), 346.

대해 그를 “신령주의자”(spiritualist) 혹은 “성령주의적”(pneumatological)이라고 불렀다. 전자는 부정적 의미로 그가 강조하는 성령은 말씀과 분리됐다는 것이며 후자는 성령을 강조하면서도 성령이 말씀과 분리되지 않았음을 말한다. 츠빙글리를 성령주의적인 것으로 묘사한 것은 성경의 가르침에 따라 신성의 세 번째 위격인 성령에 대한 이해를 주장한 것이다.[9] 츠빙글리는 말씀과 성령을 분리하지 않았다. 오히려 말씀이 말씀 되게 하는 것을 성령의 역사로 보았다. 스티븐스(W. P. Stephens)는 츠빙글리가 성령이 그리스도와 연관됨을 강조하면서 “츠빙글리의 신학은 성령론적이다”라고 말했다.[10] 부르스 고든(B. Gordon)에 의하면 츠빙글리 신학에서 성령은 중심적 역할을 차지한다. 성령만이 하나님에 대한 지식, 인간에 대한 지식, 그리스도의 인성과 신성에 대한 지식을 제공한다. 성령은 신자들에게 믿음과 믿음의 확실성을 부여한다.[11]

츠빙글리의 성령론 연구는 츠빙글리의 저서를 전체적으로 폭넓게 읽고 그 독서의 결과를 종합시키는 과정을 거쳐야 한다. 필자의 검토에 의하면 츠빙글리의 성령론에 대한 연구는 한국어 논문과 영어권, 불어권 논문에서 단 한 편으로도 다루어지지 않았다. 츠빙글리 신학에서 성령이 차지하는 비중에 비해서 학문적 연구로 발전하지 못했다. 필자는 츠빙글리 성령론을 연구하기 위해서 독일어권에서 총 4권으로 편집한 훌드리히 츠빙글리선집(*Huldrch Zwingli Schriften* I-IV)을 한국어로 번역한 『츠빙글리 저작 선집』 1-4권을 주 텍스트로 삼는다. 비록 츠빙글리의 성령론에 관해 직접적으로 다루지 않은

---

8 Gottfried Hammann, “Zwingli Huldrych,” in *Dictionnaire critique de théologie*, sous la direction de Jean-Yves Lacoste (Paris, Presses Universitaires de France, 1998), 521.

9 Stephens, *The Theology of Huldrych Zwingli*, 137.

10 W. P. 스티븐스, 『츠빙글리의 생애와 사상』, 박경수 역 (서울: 대한기독교서회, 2007), 108.

11 Bruce Gordon, “Huldrych Zwingli,” *The Expository Times* (2014), 9.

연구자들의 2차 문헌도 주제와 연관하여 활용한다. 우리는 츠빙글리의 성령론과 관련해서 먼저는 성령의 인격을 다음으로 성령의 사역을 다룬다. 성령의 인격의 문제에서 성령이 세 번째 위격의 하나님이시기에, 삼위일체 안에서의 성령을 살핀다.

## II. 성령의 인격

츠빙글리에 따르면 하나님은 창조 세계 안에 그의 형상과 흔적을 남겨두었다. 이 점에서 피조물과 하나님 사이에 존재의 유비가 배제되지 않는다. 하지만 그럼에도 불구하고 츠빙글리를 지배하는 근본적 사고는 신적 초월성(transcendance de Dieu)이다.[12] 츠빙글리의 신학이 강조하는 바는 하나님과 피조물 사이의 존재론적 차이이다. 티모디 조지(Timothy George)가 말한 것처럼 츠빙글리 신학의 출발점은 "창조주와 피조물 사이의 절대적인 구별"이다.[13] 이러한 창조주와 피조물의 구별은 당시 하나님 중심성과 초월성을 상실한 종교와 신학에 대한 츠빙글리의 비판이었다. 츠빙글리를 중심으로 한 스위스 종교개혁 운동은 진정한 의미에서 신적 초월성과 주권의 회복 운동이었다. 한편에서 종교는 피조물의 신성화 또는 신의 피조물화를 통해서 창조주와 피조물을 혼합시키며 창조주 대신 피조물을 신뢰하는 오류를 만들어 냈다.[14] 다른

---

12 Pollet, *Huldrych Zwingli et le zwinglianisme : essai de synthèse historique et théologique mis à jour d'après les recherches récentes*, 43.

13 티모디 조지, 『개혁자들의 신학』, 이은선, 피영민 역 (서울: 요단출판사, 1988), 145.

14 "피조물에게 영광을 돌리는 자는 하나님의 영광을 빼앗는 자이고, 하나님이 아닌 존재에게 영광을 돌리는 것이다. 그것이 바로 본질적인 우상 숭배이다." 츠빙글리, "67개 논제에 대한 해제", 『츠빙글리 저작 선집 2』, 임걸 역 (서울: 연세대학교 대학출판문화원, 2015), 453.

한편에서 신학은 하나님 말씀보다는 교회의 전통이나 관습에 결정적 권한을 주었다.[15] 츠빙글리의 글을 읽어보자.

> "하나님이 무엇인지를 우리는 딱정벌레가 인간이 무엇인지를 아는 만큼이나 아는 바가 많지 않다. 무한하고 영원한 신적인 것이 인간과 차이가 나는 것은 사람이 딱정벌레와 차이 나는 것보다 훨씬 더 하다. 왜냐하면 피조물 서로를 비교하는 것이 피조물과 창조주를 비교하는 것보다 합당하기 때문이다. 무상한 모든 사물은 영원하고 무한한 신적인 것과 가지는 관계보다 서로 간에 더 가깝고 닮았다.(...) 우리 힘으로는 절대로 하나님이 무엇인지 깨닫지 못한다."[16]

이 인용문에 따르면 첫째, 딱정벌레가 인간을 아는 것은 너무도 미비하다. 딱정벌레와 인간의 차이는 실로 크다. 피조물 간에도 존재론적 차이가 분명히 존재한다. 둘째, 하지만 그것보다 더 큰 존재론적 차이가 하나님과 인간 사이에 나타난다. 왜냐하면 츠빙글리가 말한 것처럼, 딱정벌레와 인간 사이에 차이가 존재하지만 그럼에도 불구하고 이 둘은 결국 피조물이기 때문이다. 하나님과 피조물 사이의 차이가 피조물 간의 차이보다 더 크다. 셋째, 그러므로 피조물인 인간이 스스로 하나님을 깨우치는 일은 불가능하다. 하나님이 인간에게 하나님이 누구이신지를 알릴 때, 인간이 하나님을 알 수 있다. 그러므로 그는 "하나님이 무엇인지는 하나님 자신에게서 배우지 않으면 안 된다"라고 말했다.[17]

게다가 인간은 인간 자기 자신에 대한 이해도 정확하지 않다. 하물며 인간과 우주를 만드신 하나님을 어떻게 바르게 이해할 수 있으며 그와의 존재론적

15 크리스티네 크리스트-폰 베델, "하나님 말씀의 명확성과 확실성"의 서문", 『츠빙글리 저작 선집 1』, 137.

16 츠빙글리, "참된 종교와 거짓 종교에 대한 주해", 『츠빙글리 저작 선집 3』, 공성철 역 (서울: 연세대학교 대학출판문화원, 2017), 62.

17 츠빙글리, "참된 종교와 거짓 종교에 대한 주해", 『츠빙글리 저작 선집 3』, 62.

차이가 없다고 하겠는가? 츠빙글리는 인간이 하나님의 도움 없이 자기 자신을 아는 것을 먹물을 뿌리고 도망하는 오징어를 잡기만큼이나 힘들다고 비유했다.

> "인간이 무엇인지를 인식하는 것은 먹물을 뿌리는 물고기를 잡는 것만큼이나 어렵다. 그 이유는 이 물고기가 먹물 안에 자기를 숨겨서 잡을 수 없게 하듯이 인간은 자신을 사람들이 파악하려고 한다는 것을 알아채는 순간 재빨리 위선의 두꺼운 안개를 만들어내어서 륑케우스도 아르구스도 찾아낼 수 없게 만들기 때문이다.(...) 사람은 사람에 의해서 파악될 수 없다는 것이 분명해진다. 아주 뻔뻔하게 부인하고 재빨리 자기를 바꾸고 위선을 떨어서 당신이 인간을 한 위치에서 붙잡았다고 생각하면 그는 벌써 다른 위치로 피해버리고 만다."[18]

츠빙글리는 인간은 자기 자신에 대해서도 지식의 한계를 가짐을 주장하면서, 인간이 하나님을 아는 것을 하나님께 위탁해야 하는 것처럼 창조주 하나님으로부터 그 자신을 알게 되기를 간구해야 함을 주장했다. "인간의 창조주 하나님으로부터 우리는 인간을 알게 되기를 간구해야 한다. 곧 하나님 인식과 마찬가지로 말이다."[19] 이렇듯 츠빙글리는 하나님과 인간의 인식에 있어서, 이 둘은 서로 연관되어 있고, 무엇보다 창조주 하나님이 알려주시는 것 안에서 하나님에 대한 지식도 인간에 대한 지식도 인식될 수 있음을 분명하게 말했다. "인간의 마음의 비밀을 깨닫는 일을 우리에게 가르치는데 인간을 만드신 하나님이 하시는 것과 달리 가르칠 자는 아무도 없다."[20] 이 두 지식의 결합을 분명하게 인지했던 츠빙글리는 자신의 신학 연구와 성경 연구의 목표를 하나님과 인간을 아는 것으로 정하였다.[21] 페터 오피츠(Peter Opitz)는 칼빈의 『기독

---

18 츠빙글리, "참된 종교와 거짓 종교에 대한 주해", 『츠빙글리 저작 선집 3』, 78.
19 츠빙글리, "참된 종교와 거짓 종교에 대한 주해", 『츠빙글리 저작 선집 3』, 78.
20 츠빙글리, "참된 종교와 거짓 종교에 대한 주해", 『츠빙글리 저작 선집 3』, 79.

교 강요』의 시작에서 강조되는 하나님의 인식과 인간의 자기 인식 사이의 상관성에 대해서 츠빙글리의 영향이 있음을 주장했다.[22] 조용석은 하나님과 인간 인식의 상관성이 칼빈이 츠빙글리를 이어받았지만, 강조점에서 차이가 있다고 주장한다. 츠빙글리는 절대자 하나님을 강조하면서, 칼빈은 죄인인 인간의 비참을 강조하면서 이중 지식을 결합했다는 것이다.[23] 칼빈이 츠빙글리에게서 두 지식의 상관성을 이어받았는지에 대하여는 단정할 수 없고, 단지 신학적 추론을 할 수 있을 것이다.

츠빙글리에 따르면 만물의 실체로서 하나님은 창조되지 않은 창조주요 모든 사물의 원천이다.[24] 하나님은 자존하시면서 만물을 있게 하신다. "하나님은 본성으로 존재하시며, 스스로 존재하시고 다른 것으로부터 존재를 받지 않으신 분이시다."[25] 창조되지 않은 창조주로서의 하나님은 삼위일체이신 하나님이다. 빌라노바(E. Vilanova)에 의하면 츠빙글리는 삼위일체에 대해서 거의 언급하지 않았다. 하지만 그의 삼위일체 교리는 이성, 기억, 의지가 각기 고유한 역할을 하지만 한 영혼 안에 구성된다는 고전적인 어거스틴의 주장을 뒤따른다. 츠빙글리는 한 분이신 하나님과 세 분의 인격적 특성을 영혼과 영혼의 세 가지 기능 사이에 유비가 있음을 인정했다.[26] 그는 삼위일체에 대한 이해를 위해 삼각형 모양으로 된 세 개의 수도관의 물통을 한 예로 든다. 물통은 하나이

21 "우리는 지난 수년간 하나님에 대한 공부와 사람에 대한 공부를 하면서 우리의 목표에 도달하기 위해서 일했습니다." 츠빙글리, "믿음의 내용", 『츠빙글리 저작 선집 4』, 임걸 역 (서울: 연세대학교 대학출판문화원, 2015), 138.

22 페터 오피츠, 『요한네스 칼빈의 생애와 사역』, 정미현 역 (서울: 한들출판사, 2011), 55.

23 조용석, "참된 종교와 거짓 종교에 대한 주해", 『한 권으로 읽는 츠빙글리의 신학』(서울: 세움북스, 2019), 145.

24 츠빙글리, "그리스도교 신앙 선언", 『츠빙글리 저작 선집 4』, 296; 츠빙글리, "참된 종교와 거짓 종교에 대한 주해", 『츠빙글리 저작 선집 3』, 63.

25 츠빙글리, "참된 종교와 거짓 종교에 대한 주해", 65.

26 Evangelista Vilanova, *Histoire des théologies chrétiennes II : Préréforme, Réformes, Contre-Réforme* (Paris: Les Editions du Cerf, 1997), 337.

지만, 세 개의 수도관으로 연결되어 있음을 말하면서 삼위일체 하나님을 이러한 비교를 통한 교육적인 목적으로 이해를 시도했다. 하지만 이러한 인간 안에서의 유비(영혼과 그 기능들)나 세계 안에서의 유비(수도관으로 구성된 물통)도 결국은 피조물 안에 있는 이해를 위한 한 예시이다. 따라서 츠빙글리가 궁극적으로 말하고자 하는 것은 결국 하나님의 신성 자체는 피조물적인 것을 뛰어넘는다는 것이다.[27] 그럼에도 불구하고 츠빙글리는 우리의 이해를 뛰어넘는 삼위일체 하나님을 말하고 신앙해야 한다고 주장한다. 그 이유는 삼위일체는 성서가 증언하는 것이며 이러한 삼위일체에 대한 이해가 없다면, 성서를 정확하게 파악할 수 없기 때문이다.[28] 츠빙글리는 삼위일체에 대한 주장을 다음과 같이 말했다.

> "나는 한 분 하나님이 있다는 사실을 알며 믿고 있습니다. 그는 본성이 선하고 강하고, 정의로우시며 모든 보이는 것과 보이지 않는 것들을 창조하고 보존하는 분입니다. 그는 아버지와 아들이며 그리고 성령 곧 세 가지 인격으로 존재합니다. 그러나 그의 본질은 하나이며 나누어지지 않습니다. 나는 하나님과 그의 이름 또는 인격들에 대해서 오직 개별적으로 생각합니다."[29]

츠빙글리는 한 분 하나님이 계시고 그 하나님은 세 인격으로 존재한다고 주장한다. 한 분 하나님의 본질은 하나이며 나누어지지 않는다. 한 분 하나님이 세 인격으로 존재한다는 것은 세 인격이 그들의 고유성을 가지는 것을 의미한다. 이러한 인격적인 특성은 상호 간에 교환될 수 없지만, 그 특성들은 순수한 신성에 속한다. 츠빙글리는 세 인격의 고유성에 대해서 다음과 같이 기록한다.

---

27 츠빙글리, "두 개의 베른 설교", 『츠빙글리 저작 선집 4』, 57.
28 츠빙글리, "두 개의 베른 설교", 『츠빙글리 저작 선집 4』, 62.
29 츠빙글리, "믿음의 내용", 『츠빙글리 저작 선집 4』, 109.

"아들은 태어나지 않는 것이 아니라 태어났습니다. 그러나 아버지는 태어나지 않았으며 비출생입니다. 성령은 태어나지 않았으며… 아버지와 아들로부터 옵니다."[30] 츠빙글리는 성부의 비출생, 성자의 출생, 성령의 발출(나오심)을 그들의 존재론적 고유성으로 보았다. 이는 내재적 삼위일체에서 성부, 성자, 성령의 고유성을 말한다. 반면 츠빙글리가 경륜적 삼위일체라는 표현을 사용하지 않았지만 경륜적 삼위일체에서 삼위의 고유한 사역을 다음과 같이 구별하여 말했다.

> "전능하신 것은 아버지에게 속한 특성이고 은혜와 선함은 아들에게 속한 것이며 그리고 진리는 성령에게 속한 특성이기 때문이다. 그러나 우리는 그 모든 것이 유일한 하나의 신성과 본질에 속한다는 것을 알고 있습니다. 곧 그들이 가진 권능과 선함과 진리가 각각 자신의 영역과 특징을 통하여 구별되지만, 그들은 모두 하나이고 같은 최상의 선함에 속합니다. 아버지가 전능하며 아들이 공평하고 사랑의 대속물이 되었으며 그리고 성령이 진리의 성령인 것처럼 그들은 본질상 한 분의 하나님에게서 나온 것입니다."[31]

츠빙글리는 이렇듯 경륜 안에서 세 위격의 고유성을 성부에게는 "전능", 성자에게는 "은혜와 선함", 성령에게는 "진리"로 돌렸다. 하지만 세 인격은 한 하나님에게서 나왔기에 특성에서 차이가 있지, 나라와 권능과 영광은 성부, 성자, 성령에게 동등하게 돌려진다.[32]

츠빙글리에게서 성령의 인격성은 삼위일체 하나님 안에서 고려된다. 그는 "아버지와 아들 그리고 성령을 하나의 하나님 그리고 하나의 신성으로 인정한

30 츠빙글리, "두 개의 베른 설교", 『츠빙글리 저작 선집 4』, 61.
31 츠빙글리, "하나님의 섭리", 『츠빙글리 저작 선집 4』, 153.
32 츠빙글리, "참된 종교와 거짓 종교에 대한 주해", 『츠빙글리 저작 선집 3』, 104.

다"고 고백했다.[33] 츠빙글리는 성령을 신적인 힘이나 에너지로 보지 않고, 인격을 가진 신적 존재인 하나님으로 믿었다. 성령에 대한 신앙을 성부와 성자의 하나님이심에 대한 신앙과 동등한 수준으로 간주했다.[34] 그리스도의 신성에 대한 증명을 위해서 성부의 신성과 성령의 신성을 동일한 근거로써 제시했다.[35] 그러므로 신적 초월성과 주권을 강조했던 것과 마찬가지로 츠빙글리는 성령에게도 초월적 특성을 동일하게 부여한다. 성령의 역사는 결코 제한되지 않는 것이다.

삼위 하나님의 신적 초월성과 주권의 주제는 츠빙글리에게서 신적 선택의 문제와 관계해서 더 분명하게 나타난다. 선택은 하나님의 절대 자유이고 오직 그분의 은혜에 근거한다.[36] 그는 선택을 "하나님이 구원하기를 원하는 사람들에 대한 그분의 의지의 자유로운 결정이다"라고 정의했다.[37] 그러므로 사람의 구원은 누군가가 이것, 저것을 행하는 것에 있는 것이 아니라, 하나님의 선택에 근거한다. 츠빙글리는 태어나기 전에 선택되었다는 표현을 사용한다. 구원에 있어서 선택을 우위권에 놓으면서 은총으로서의 선택을 내세운 것이다. 이러한 선택의 문제를 스티븐스는 하나님의 은혜와 주권에 대한 반복되는 츠빙글리 주장의 맥락 안에서 이해돼야 한다고 주장했다.[38] 츠빙글리가 선택을 강조한 것은 구원이 인간의 믿음이나 사랑 또는 인간의 행위 자체에 달린 것이 아니라,

---

33 츠빙글리, "하나님의 섭리", 『츠빙글리 저작 선집 4』, 153. "비록 우리가 아버지와 아들 그리고 성령이라는 말이 나오는 것을 알고 있지만 그들은 그 어떤 피조물이 아니고 또한 다른 신들도 아닙니다. 그 셋은 하나입니다. 또한 그 셋은 하나의 본질, 하나의 우시아(Usia) 곧 하나의 존재, 하나의 힘과 능력, 하나의 지식과 섭리 그리고 하나의 선과 배려입니다. 그들은 세 이름 또는 세 인격입니다. 그러나 모두 각각 똑같은 한 하나님입니다." 츠빙글리, "그리스도교 신앙 선언", 『츠빙글리 저작 선집 4』, 296-97.

34 츠빙글리, "두 개의 베른 설교", 『츠빙글리 저작 선집 4』, 91.

35 츠빙글리, "그리스도교 신앙 선언", 『츠빙글리 저작 선집 4』, 299.

36 츠빙글리, "그리스도교 신앙 선언", 『츠빙글리 저작 선집 4』, 336.

37 츠빙글리, "하나님의 섭리", 『츠빙글리 저작 선집 4』, 218.

38 Stephens, *The Theology of Huldrych Zwingli*, 97.

하나님의 주권적인 의지와 사랑에 근거함을 주장한 것이다.[39] 츠빙글리는 선택과 유기라는 이중 예정을 주장한다. 선택과 유기는 신적 속성의 차원에서 결합한다. 선택은 신적 자비의 속성을 드러내지만 유기는 신적 정의의 속성을 드러낸다. 선택과 유기는 둘 다 궁극적으로는 하나님의 영광을 드러낸다.[40] 이 말은 무엇인가? 선택을 받지 않음을 가지고 신적인 부당함으로 간주해서는 안 됨을 말한다. 그리고 선택받음은 하나님의 의의 행위보다는 자비를 드러낸다. 그러므로 유기된 자들에 대한 심판은 정당하다. 그들 자신의 부패되고 왜곡된 의지를 따라 불신앙을 선택하여 멸망의 길을 가는 것이기 때문이다. 하나님의 의로우신 심판이 있기에 유기에 대한 심판은 하나님의 영광을 드러낸다. 반면 선택된 자들의 구원은 하나님의 주권적 의지에 의한 선택이기에 자비가 나타나고, 거기에는 더더욱 하나님의 영광이 드러난다. 츠빙글리에게서 무엇보다 중요한 것은 성령의 사역과 관계된 선택의 확신이다.

"주님의 성령이 우리 자신의 믿음에 대해서는 그리고 우리가 하나님에게 선택받았는지에 대해서는 우리에게 확신을 준다."[41]
"이 성령은 절대로 속이지 않습니다. 성령은 항상 하나님은 우리 아버지이고 우리는 그를 절대로 신뢰하며 거절하지 않는 아버지로 말할 수 있다. 그리고 확실하게 우리가 영원한 유산을 받을 것이라고 말합니다. 성령이 이렇게 말할 때 하나님의 아들의 성령은 언제나 우리 마음에 부어지게 됩니다(딛3:5-6). 따라서 선택받은 사람들은 그렇게 확신하고 굳건한 믿음 가운데 있게 되는 것입니다. 왜냐하면 믿는 사람은 영원한 생명을 얻을 것이기 때문입니다.(...)

---

39 W. Peter Stephens, "Bullinger and Zwingli on the Salvation of the Heathen," *Reformation and Renaissance Review* 7.2-3 (2005), 287.

40 Pollet, *Huldrych Zwingli et le zwinglianisme : essai de synthèse historique et théologique mis à jour d'après les recherches récentes*, 47.

41 츠빙글리, "그리스도교 신앙 선언", 『츠빙글리 저작 선집 4』, 333.

성령이 그들을 비추기 전까지는 그리고 하나님 아버지가 그리스도로 이끌어 주기(요6:44) 전까지는 이 사실을 몰랐던 것입니다."[42]

츠빙글리에 의하면 선택받은 자들이 영원한 유산을 받을 하나님의 자녀가 된다는 확신에 이르기까지 인도하는 주체는 성령이다. 성도의 선택의 확신은 믿음에 달려 있고 그 믿음은 성령이 주신다.

츠빙글리는 성령의 인격성 자체에 대해서는 거의 말하지 않았다. 성령의 신성에 대한 것은 대부분 삼위일체 하나님에 대한 논의 가운데서 다루어졌다. 츠빙글리가 강조했던 것은 성령의 인격보다는 그의 사역에 관계한다.

## Ⅲ. 성령의 사역

### 1. 창조의 영으로서의 성령의 사역

츠빙글리가 강조하는 성령은 구속의 영이다. 하지만 그에게서 성령은 또한 창조의 영이다. 그는 창조의 영보다는 구속의 영을 훨씬 많이 강조했다. 하지만 그 역시 창조의 영으로서의 성령을 주장하기에, 하나님의 영의 활동 영역은 넓고, 제한되지 않는다. 창조의 영으로서의 성령은 이스라엘만 창조의 영역으로 두지 않고 인간을 포함한 온 우주에까지 미친다.[43]

존재하는 사물들의 원인은 자기 자신에게 있지 않고 최초의 원인자인 창조주에게서 비롯한다. 세상에 존재하는 것들은 자존적 존재가 아닌, 인간에게 먹을

---

42 츠빙글리, "믿음의 내용", 『츠빙글리 저작 선집 4』, 118-19.

43 스티븐스, 『츠빙글리의 생애와 사상』, 110.

것을 제공하고 생존하게 하는 하나님의 통치 도구이다.[44] 츠빙글리는 하나님을 최초의 "운동자"라고 불렀다.[45] 시작이 없는 최초의 운동자 외에는 모든 것은 시작점을 가진다. 다른 모든 존재는 최초의 운동자에 의해서 존재하기 시작한 피조물이다. 츠빙글리는 최초의 운동자만이 신성을 가진 하나님이다고 주장했다. 하나님만이 "창조되지 않은 창조주"이다.[46] 바로 이런 관점에서 츠빙글리는 어거스틴을 따라서, "무로부터의 창조"를 주장한다.

> "자기 창조주의 명령에 복종하려고 무로부터 생겨났던 방식을 보라. 그분이 없는 사물을 부르면 이들이 존재하기 전에 무로부터 생겨나지 않으면 안 되는 데임에도 불구하고 존재하던 것처럼(롬4:17참조) 그분께 복종할 정도로 그분의 능력은 크다."[47]

무로부터 창조된 세계는 존재의 힘과 운동을 창조주에게서 받는다. "땅과 나무와 해 그리고 그 밖의 열매 맺는 줄기와 가지를 주는 것은 바로 사랑 많은 하나님의 힘입니다."[48] "모든 것은 하나님에게서 나옵니다. 모든 것은 하나님의 힘을 통해서 실존하고 살고 움직이는 것입니다. 모든 것은 모든 곳에 있는 그분 안에서 그리고 모든 존재와 실존과 생명 되는 그분에 의해서 존재합니다."[49] 츠빙글리는 만물을 창조하고, 그 창조된 존재에게 힘과 생명을 공급하는 힘을 하나님의 영의 활동으로 본 것이다. "하나님의 영은 하나님의 숨, 공기

---

44 츠빙글리, "하나님의 섭리", 『츠빙글리 저작 선집 4』, 188.
45 츠빙글리, "하나님의 섭리", 『츠빙글리 저작 선집 4』, 161.
46 츠빙글리, "그리스도교 신앙 선언", 『츠빙글리 저작 선집 4』, 296.
47 츠빙글리, "참된 종교와 거짓 종교에 대한 주해", 『츠빙글리 저작 선집 3』, 66. 또한 츠빙글리, "하나님의 섭리", 『츠빙글리 저작 선집 4』, 158-60.
48 츠빙글리, "하나님의 섭리", 『츠빙글리 저작 선집 4』, 183.
49 츠빙글리, "하나님의 섭리", 『츠빙글리 저작 선집 4』, 171.

또는 호흡이라고 이해해야 합니다. 왜냐하면 우리가 호흡으로 사는 것처럼, 하나님의 영이 진정한 생명이기 때문입니다. 모든 것은 하나님의 영 안에서 살고 있으며, 생명은 하나님의 영으로 살아갑니다."[50] 이렇듯 츠빙글리에게서 창조의 영으로서 성령은 생명을 주는 영이다. 모든 생명은 하나님의 영에 의해서 존속한다.

무로부터 창조된 이 세계 안에서 인간은 특별하다. 모든 동물 중에서 인간만이 하나님과 교제할 수 있고 하나님을 닮은 점을 가지고 있기 때문이다.[51] 인간이 하나님의 형상으로 창조되었다는 것은 인간이 영혼을 가지고 있음을 말한다. 그의 영혼의 활동으로 하나님과 교제한다. 츠빙글리에 의하면 영혼은 불멸의 본질이다. 육체는 죽어 사라져 버리지만, 영혼은 죽지 않는다.[52] "영혼은 결코 활동을 멈춘다든지, 꺼진다든지 사라진다든지 또는 잠든다든지 하지 않습니다. 왜냐하면, 영혼은 언제나 살아 있고 깨어 있고 힘이 있기 때문입니다."[53] 츠빙글리는 불멸하는 영혼을 가진 인간을 가리켜 "성령이 머무는 집"이라 부를 정도로 그것의 고유한 특성과 의미를 부여했다.[54]

츠빙글리에 의하면 하나님의 구원 사역은 은혜로운 하나님의 선택에 근거하기에, 이교도에게서도 성령의 역사는 가능하다.[55] 그는 자연법은 우리를 비추는 성령이라고 말하였다. "하나님을 모르는 이방인들은 자신들의 이성으로는 이 자연법을 깨달을 수 없으며, 지금까지 그들이 몰랐던 성령으로만 자연법을 깨달을 수 있습니다."[56] 성령은 비그리스도인들의 마음속에 율법을 새겨놓는

---

50 츠빙글리, "하나님의 말씀의 명확성과 확실성", 『츠빙글리 저작 선집 1』, 147.
51 츠빙글리, "하나님의 섭리", 『츠빙글리 저작 선집 4』, 187.
52 츠빙글리, "하나님의 섭리", 『츠빙글리 저작 선집 4』, 193.
53 츠빙글리, "그리스도교 신앙 선언", 『츠빙글리 저작 선집 4』, 341.
54 츠빙글리, "하나님의 섭리", 『츠빙글리 저작 선집 4』, 188.
55 스티븐스, 『츠빙글리의 생애와 사상』, 110.
56 츠빙글리, "67개 논제에 대한 해제", 『츠빙글리 저작 선집 2』, 391.

다.[57] 이 세상을 창조하고 생명을 계속하여 공급하는 성령은 이스라엘 백성뿐만 아니라 이방인에게도 역사한다. 츠빙글리는 『그리스도교 신앙 선언』(*Fidei expoistio*)에서 재세례파들의 죽음 후 인간 영혼은 잠잔다는 주장을 비판하면서 영혼은 죽지 않고 깨어 있음을 주장했다. 죽음 곧 영혼이 육체와 분리된 후[58], 영혼은 잠을 자지 않고 즉시 하늘로 올라가서 하나님과 함께 영원한 기쁨을 누린다. 츠빙글리는 하늘에서 하나님과 영원한 기쁨을 누리는 자들을 언급할 때, 아담, 아벨, 에녹, 아브라함, 모세, 여호수아, 다윗, 마리아, 베드로, 바울과 같은 성경에 나오는 인물들만 제시하지 않는다. 그는 헤라클레스, 테제우스, 소크라테스, 카밀루스 등 9명의 훌륭한 이교도를 언급한다.[59] 이것은 무엇을 말하는가? 이방인들도 구원에 참여할 수 있는 가능성을 열어둔 것이다. 하지만 경건한 이방인의 구원에 대한 츠빙글리의 사상은 이방인도 그리스도 없이 선행으로 구원을 받을 수 있다는 것을 주장한 것은 아니다. 그는 양심(마음)에 새겨져 있는 자연법 안에서 역사하는 성령에 의한 구원을 주장한 것이다.[60] 한편에서 성령의 역사가 이스라엘 안으로 제한되지 않으며, 성례나 교회와 같은 어떤 외부적인 수단들도 구원을 위해 필수적지 않다. 인간을 구원으로 이끄시는 것에 있어서 성령은 완전히 자유롭게 일하실 수 있기 때문이다.[61] 다른 한편에서 구원은 하나님의 주권과 은혜의 선택에 근거함을 강력하게 내세운 것이다.[62] 그리스도의 삶과 죽음이 하나님의 영원한 선택에 한계를 두게

---

57 스티븐스, 『츠빙글리의 생애와 사상』, 110.
58 츠빙글리는 죽음을 영혼과 육체(몸)의 분리로 이해한다. 칼빈도 동일한 사고를 가진다.
59 츠빙글리, "그리스도교 신앙 선언", 『츠빙글리 저작 선집 4』, 343.
60 Stephens, "Bullinger and Zwingli on the Salvation of the Heathen," 287.
61 카터 린드버그 편집, 『종교개혁과 신학자들』, 조영천 역 (서울: CLC, 2012), 294.
62 "하늘의 성령은 팔레스타인만이 아닌 우주도 창조했다. 그러므로 성령은 그들이 어디에 있든간에 선택한 사람들 중에서 경건함을 배양했다." Zwingli, Z IX 458.24-459.4, Stephens, "Bullinger and Zwingli on the Salvation of the Heathen," 289에서 재인용.

하지 않았다. 츠빙글리는 그리스도의 유일성, 인간의 전적 타락과 죄인 됨, 그리스도의 신앙에 의한 구원, 그리스도의 공로에 의한 죄용서를 부정하지 않는다. 그렇게 하면서도 전 인류에게 영향을 미친 아담의 타락만큼 그리스도의 죽음에 의한 구속의 효과(범위)가 광범위한 것으로 보았다.[63] 여기에 인문주의의 성향과 구원은 하나님의 주권에 속한 것임을 강조한 개혁신학적 특징이 결합하여 나타난 것이다.

## 2. 구속의 영으로서의 성령의 사역

### (1) 하나님 말씀의 삼중성과 성령

츠빙글리에 의하면 인간이 다른 창조물과 달리 하나님의 형상으로 창조됐다는 것은 영적 본질을 가진 존재였음을 말한다. 하나님의 형상은 육적이지 않고 영적이다.[64] 인간이 영적 존재이기에, 하나님이 인간에게 주는 말씀을 이해할 수 있다. 따라서 그에게서 하나님의 형상은 "태어날 때부터 내면적으로 하나님을 찾는 것"[65]이며 "우리 사람이 하나님을 찾고 그의 말씀에 귀를 기울이는 것"으로 작용한다.[66] 그는 하나님의 형상을 하나님의 말씀을 듣는 것과 관계해서 이해했다.

츠빙글리에게서 성령은 하나님의 말씀을 들을 때 생기는 지식과 직접적으로 관계한다. 하나님을 아는 데 있어, 성령의 조명은 필수적이다. "하나님은 성령으로 자신을 나타내십니다. 성령이 아니면 아무도 하나님에 대해서 알 수 없습니다."[67] 하나님의 지식은 하나님의 말씀인 성경에 근거한다. 바르트가 하나님

---

63 Stephens, "Bullinger and Zwingli on the Salvation of the Heathen," 289.

64 William Boekestein, "Ulrich Zwingli on *Sola Scriptura*: The Clarity and Certainty of Scripture in Zwingli's Theology," *Puritan Reformed Journal* 10,1 (2018), 107.

65 츠빙글리, "하나님 말씀의 명확성과 확실성", 『츠빙글리 저작 선집 1』, 145.

66 츠빙글리, "하나님 말씀의 명확성과 확실성", 『츠빙글리 저작 선집 1』, 144.

말씀의 삼중성을 주장한 것처럼, 츠빙글리 역시 이미 하나님의 말씀을 "기록된 말씀", "말씀 자체이신 그리스도", "선포된 말씀" 이렇게 셋으로 분류하여 이해하였으며 이 모두를 성령의 사역과 직접적으로 관련시켰다.

### 1) 기록된 말씀인 성경과 성령

츠빙글리에게서 교회와 신앙의 권위는 하나님의 말씀인 성경에 근거한다. 당시 천주교회는 성경의 권위보다는 교황과 공의회의 결정에 의존했다. 츠빙글리에 의하면 교회 지도자들이 많이 모였다고 해서 공의회가 권위를 가진 것은 아니었다. 성령의 인도를 받아 성서가 규정하는 것을 교회가 결의할 때 권위가 있다.[68] 그러므로 공의회는 성령 안에서, 성서의 지시를 받아야 한다.[69] 츠빙글리는 이러한 공의회를 "성령의 공의회"라 불렀다.[70]

츠빙글리는 하나님 말씀의 능력을 성경 연구를 통해서 깊이 경험했다. 이러한 성서의 세계로의 초대가 그를 인문주의자를 넘어서 종교개혁자로 세웠다. "또 7년 혹은 8년 전에 성경에 완전히 몰두했을 때에는 철학과 신학에 의해 가로막혔다. 하지만 결국 하나님의 말씀과 성령으로 이러한 모든 것을 제쳐놓고 하나님의 가르침을 직접적으로 그분 자신의 말씀에서 배울 필요를 느끼는 그러한 경지에 도달했다. 그다음에 나는 하나님께 빛을 구했고 성경이 내게 보다 명료해졌다."[71] 이러한 말씀의 경험을 근거로 해서 츠빙글리는 성서 읽기는 인간적 지도가 아닌, 성령에 의존해야 함을 천명한다. "우리들이 하나님의 말씀을 인간적인 가르침이나 지시가 없이 완전히 이해할 수 있다는 사실은

67 츠빙글리, "하나님 말씀의 명확성과 확실성", 『츠빙글리 저작 선집 1』, 175.
68 Stephens, *The Theology of Huldrych Zwingli*, 132.
69 츠빙글리, "67개 논제에 대한 해제", 『츠빙글리 저작 선집 2』, 31.
70 츠빙글리, "67개 논제에 대한 해제", 『츠빙글리 저작 선집 2』, 32.
71 츠빙글리, "하나님의 말씀의 명확성과 확실성", 『츠빙글리 저작 선집 1』, 188.

지금까지 구약성서에서 나오는 일곱 개의 예로 충분하다고 생각합니다. 그와 같은 역사는 오직 빛, 또는 말씀을 깨닫게 하고 말씀 속에서 역사하는 성령만이 가능하게 만들기 때문입니다. 우리는 하나님의 가르침 속에 있는 빛을 성령의 빛 속에서 봅니다."[72] 이렇듯 그는 하나님 말씀의 이해는 성령의 조명에 의해서 가능함을 내세웠다. 왜 그러한가? 성령이 "성경의 저자"이기 때문이다. 즉, 아담의 몸(얼굴)에 생기를 불어넣었던 생명의 영이 동일한 영으로서 기록된 하나님의 말씀에 생기를 주기 때문이다.[73]

『자유로운 음식 선택에 관하여』에서 츠빙글리는 금식에 대한 올바른 관점을 유지하기 위해서는 성경이 이 문제를 어떻게 말하고 있는지를 언급한다. 그는 "성령이 우리에게 무엇이라고 말하는지 여러분은 읽고, 이해하며, 마음의 눈과 귀를 열고 듣고, 보십시오!"라고 설교했다.[74] 즉 기록된 말씀인 성경을 성령이 주신 말씀으로 여긴 것이다. 츠빙글리에게서 성경과 성령의 연결은 분명하다. 성령이 성경의 저자라는 것은 모든 올바른 성경의 해석은 "성경의 해석자"인 성령의 도움이 필수적임을 뜻한다.[75] 츠빙글리는 성경의 저자인 성령을 의지하지 않고 성경을 해석하면 오류를 낳는다고 하였다. 자신의 의견을 정당화하는 도구로서 성경이 사용돼서는 안 된다.[76]

츠빙글리에 의하면 귀에 들리면서 사라지는 말씀이 아닌, 믿음을 생성시키는 말씀은 성령에 의해 주어진다. 그는 이를 내적 말씀이라 칭했다.[77] 외적으로

---

72 츠빙글리, "하나님의 말씀의 명확성과 확실성", 『츠빙글리 저작 선집 1』, 169.

73 Boekestein, "Ulrich Zwingli on *Sola Scriptura*: The Clarity and Certainty of Scripture in Zwingli's Theology," 108.

74 츠빙글리, "자유로운 음식 선택에 관하여", 『츠빙글리 저작 선집 1』, 50.

75 츠빙글리, "67개 논제에 대한 해제", 『츠빙글리 저작 선집 2』, 65.

76 츠빙글리, "하나님 말씀의 명확성과 확실성", 『츠빙글리 저작 선집 1』, 191.

77 Klauspeter Blaser, *Dossier Dogmatique : manuel couvrant les principaux lieux de la doctrine chrétinne* (Lausanne: Université de Lausanne, 1997), 335. 칼빈 역시 하나님 말씀의 수납 문제에 있어서, 외적 말씀(밖에서 말씀하는 하나님) 내적 말씀(안에서

는 하나님의 말씀, 내적으로는 성령을 통해서 교육받아야 한다. 츠빙글리의 성경 해석학의 원리는 객관적 말씀을 자기 자신 안에서 먼저 적용하며 그것을 내면화시키는 것에 있었다.

> "만약 당신이 성서에서 어떤 중요한 내용을 알았고, 그것에 대해서 남에게 말하기를 원한다면 먼저 그것을 당신 안에 가지고 있으십시오.(...) 성령이 거기에 대해서 무엇이라고 말하는지 들어보려고 합니다. 여러분도 깊이 묵상하는 가운데 하나님의 은혜를 진심으로 구하십시오. 다시 말하면 당신이 자신의 생각이 아니라 하나님의 생각을 이해할 수 있도록 하나님이 당신에게 자신의 성령을 주며 자신의 뜻을 알려 달라고 하나님께 구하십시오."[78]

츠빙글리가 말씀과 성령을 연결하면서 함께 강조하고자 하는 것은 인간적 전통에 대한 성경의 권위와 신자의 말씀 읽기에 역사하는 성령에 의한 조명의 결합이다. 그는 루터보다 기록된 말씀으로서의 성경이 효과를 가지기 위해서 "성령의 절대적 필요성"(absolute necessity of the Spirit)을 강조했다.[79] "당신들은 테오디닥티(theodidacti), 곧 사람에게서 배운 사람이 아니라 하나님(성령)에게 배운 사람들이어야 합니다."[80] 하지만 여기서 이런 질문이 생긴

---

그 말씀을 인치는 성령)을 결합시킨다. "하나님은 우리가 하나님의 지식을 얻기 위해서 이중적으로 일하시는데, 외적으로는 그의 말씀인 성경을 통해서 말씀하시고, 내적으로는 성령을 통해서 말씀하신다." Calvin, *Institution de la religion chrétienne* 1560. 4 vols. éd., Jean Daniel Benoît (Paris: Vrin, 1957-1963), II. v. 5. 말씀과 성령의 관계는 빛과 눈의 관계로 설명된다. 사람이 어떤 사물을 보기 위해서는 빛과 눈 둘 다 필수적인 것처럼 신자가 하나님의 계시를 보기 위해서는 말씀이라는 외적 비추임과 그에 대한 성령에 의한 내적 조명이 필수적인 것이다.

78 츠빙글리, "하나님 말씀의 명확성과 확실성", 『츠빙글리 저작 선집 1』, 185.

79 Mark D. Thompson, "Reformation Perspective on Scripture, The Written Word of God," in *The Reformed Theological Review* 57/3 (1998), 115.

80 츠빙글리, "하나님 말씀의 명확성과 확실성", 『츠빙글리 저작 선집 1』, 185-86.

다. 자신이 성령의 조명에 의해서 말씀을 내면화시켰다는 것을 어떻게 알 수 있느냐이다. 다들 성령의 조명에 의해서 말씀을 받았다고 말하면 어떻게 해야 하는가? 츠빙글리는 다음과 같이 말한다. "사람을 깨닫게 만드는 하나님은 어떤 사람의 말이 하나님에게서 나온 것임을 당신에게 확신시켜 주십니다."[81] 성령이 사람의 심령 안에서 주관적으로 확신을 주신다는 것이다.

이러한 기준을 위해서 츠빙글리는 성경과 성령을 밀접하게 연결한다. 성경을 스승으로 여기고 높이는 자가 성령을 받은 자이다. 성경을 대하는 자가 스스로 성서보다 높아지지 않고, 성서를 스승으로 대한다면 성령이 계시는 것이며, 성령의 내적 조명을 받은 자인 것이다.[82] 이렇듯 츠빙글리는 칼빈 이전에 성령의 내적 조명을 강조했다. 성경이 하나님의 말씀인 것은 성령이 그 사실을 확증하기 때문이다. 츠빙글리는 성령을 하나님의 말씀인 성경과 결합하면서, 신적 초월성에 참여하고 있는 성령의 초월성을 주장했다.[83]

### 2) 말씀 자체이신 그리스도와 성령

츠빙글리에 의하면 세상을 창조하고 유지하는 성령이 그리스도의 구속 사역에도 직접적으로 관여한다. 성령은 그리스도의 탄생, 사역, 죽음과 부활에서 활동했고 그리스도의 승천 후에는 제자들에게 주어졌다. 츠빙글리에게서 성령은 오순절 날 그리스도를 대신해서 제자들에게 내려왔다. 성령은 그리스도에 대한 신앙을 신자들에게 선사할 뿐만 아니라 그리스도에 대한 신앙을 가진 자에게 성령은 주어진다. 츠빙글리에게 나타나는 성령의 강한 기독론적 특징은

---

**81** 츠빙글리, "하나님 말씀의 명확성과 확실성", 『츠빙글리 저작 선집 1』, 192.

**82** 츠빙글리, "67개 논제에 대한 해제", 『츠빙글리 저작 선집 2』 (2015), 79.

**83** J. V. Pollet, *Huldlych Zwingli: biogrphie et théologie* (Genève: Labor et fides, 1988), 91.

성령에 대한 다양한 발언을 볼 수 있는 적절한 맥락이다.[84] 그는 기독론적 성령론을 주장한다. 그리스도의 승천 후에 그가 보낸 성령은 그리스도의 지식을 제공한다. 성령은 새로운 가르침을 주지 않고 그리스도가 가르친 그 말씀을 제자들에게 그리고 그리스도인에게 기억나게 하며 깨닫게 하며 확증하는 일을 한다. 이러한 의미에서 성령은 밀접하게 그리스도와 연결된다.[85] 츠빙글리는 그리스도에 대한 지식이 성령의 선물이라고 말했다.[86]

> "성령은 그리스도를 아는 모든 지식의 원천이라는 말씀입니다. 사람으로 온 예수 그리스도를 고백하거나 찬양하지 않고, 인정하지 않으며, 예수를 유일한 구원자라고 생각하지 않는 영은 하나님으로부터 온 영이 아닙니다."[87]

그리스도가 보낸 성령은 그리스도 자신의 현존과 활동을 대체한다. 하지만 이 현존과 활동은 그리스도가 하나님 우편에서 인성을 가지고 있는 그것 그대로는 아니다. 츠빙글리에게서 그리스도의 인성은 하나님 우편에 있을 뿐이지 어디에나 현존하지 않는다. "우리 사람들은 하나님처럼 여기저기 모든 곳에 존재할 수 없고 무한할 수 없습니다. 또한, 그리스도의 인성도 이러한 방식으로 하나님 오른쪽에 자신의 자리를 가지고 있습니다. 다시 말하면 그리스도의 인성은 모든 곳에 편재하는 방식으로 존재하는 것이 아닙니다."[88] 츠빙글리는 이렇듯 그리스도의 현존을 성령론적으로 규정하면서, 그리스도의 현존을 신성과 능력과 선함을 통한 현존이라고 주장했다.[89] 그러므로 츠빙글리는 좀 더

84 Stephens, *The Theology of Huldrych Zwingli*, 129.
85 Stephens, *The Theology of Huldrych Zwingli*, 130.
86 Gordon, "Huldrych Zwingli", 8.
87 츠빙글리, "67개 논제에 대한 해제", 『츠빙글리 저작 선집 2』, 32.
88 츠빙글리, "두 개의 베른 설교", 『츠빙글리 저작 선집 4』, 74.
89 츠빙글리, "믿음의 내용", 『츠빙글리 저작 선집 4』, 126.

강한 어조로, 만약 그리스도의 몸이 물리적으로, 육적으로 그곳이 어디든지 지상에 현존한다면, 종말의 심판에 그리스도는 올 필요가 없다고까지 주장했다.[90] 그리스도의 현존은 그리스도의 육체적인 것을 통해서가 아니라, 성령을 통해서 증거된다.[91] 그리스도는 지상에서 성령에 의해서 구원 역사를 성취했다면, 천상에서 성령을 보내셔서 자신의 현존을 대체한다. 그러므로 성령은 그리스도의 영으로서 그리스도를 현재화한다. 전자를 "성령론적 기독론"이라 부를 수 있고, 후자를 "기독론적 성령론"이라고 부를 수 있다. 그리스도와 성령은 이렇게 밀접하게 연결된다.

츠빙글리에게서 성령은 그리스도 사역의 연속선상에서 일하지만, 성령의 사역은 보다 더 큰 차원이 존재한다. 성령은 아담의 타락 이전부터 계셨다. 성령의 사역이 거의 모든 부분에서 그리스도 사역의 연장이지만, 성령은 세상 전체를 창조했기에, 그리스도의 구속 사역에 제한되어 활동하지는 않는다. 이 부분에 대해서 그레고리 밀러(Gregory J. Miller)는 "그리스도를 아는 지식까지 포함하여... 오히려 인간을 구원으로 이끄는 데 있어 성령께서는 완전히 자유롭게 일하신다"라고 말하였다.[92]

### 3) 선포된 말씀과 성령

오피츠에 의하면 성경은 살아 있는 하나님의 말씀을 만나고 그것을 새롭게 만나는 장소이다. 성경은 인간과 하나님을 이어주는 힘을 가진다. 더구나 그 성경이 하나님의 말씀으로서 가지고 있는 힘은 하나님의 영에서 비롯된다.[93]

---

90 츠빙글리, "믿음의 내용", 『츠빙글리 저작 선집 4』, 128.

91 츠빙글리, "믿음의 내용", 『츠빙글리 저작 선집 4』, 129.

92 린드버그 편집, 『종교개혁과 신학자들』, 294.

93 페터 오피츠, 『울리히 츠빙글리』, 정미현 역 (서울: 연세대학교 대학출판문화원, 2017), 38-40.

츠빙글리에 의하면 기록된 말씀으로서의 성경이 힘을 가지고 하나님 말씀 자체이신 그리스도가 현존하는 데 있어서 필수적인 것은 말씀의 선포와 그 안에서 역사하는 성령이다.

츠빙글리는 선포의 직분이 교회의 직분 중 가장 필수적인 직분이라고 주장한다. 목사가 하나님 말씀(복음)을 선포하고 청중이 그것을 들을 때 믿음이 생긴다. 그런데 이 선포를 받아들이게 하는 것은 오직 성령의 역사에 근거한다. 복음에 대한 설교를 듣지만, 성령의 역사가 없다면, 이는 믿음에 수납되지 못한다.[94] 좀 더 논의를 구체화해서, 츠빙글리는 하나님이 천지를 창조하셨다는 말씀을 들었을 때, 그것이 믿어졌다면, 그것은 말씀의 능력이 그런 결과를 만들거나 인간 이성 자체에서 만들어낸 것이 아니라고 주장한다. 왜냐하면 말씀의 능력 그 자체 또는 인간 이성 자체에 그런 수용 능력을 가지고 있다면, 모든 사람이 믿는 자들이 되어야 하기 때문이다. 불신앙은 없어야 한다. 하나님이 존재하며 인간은 그가 만드신 피조물이라는 사실을 말씀의 선포에 근거하여 믿게 된다면, 이것은 하나님이 하신 일, 곧 하나님의 영의 역사 때문이다.[95] 믿음은 성령으로 활성화된 말씀에서 온다.[96]

객관적으로 우리 밖에 있는 하나님의 말씀이 살아 있는 생명의 말씀이 되어 믿음으로 역사하는 과정에는 선포의 사역과 그 선포된 말씀을 듣는 신자들에게 동시에 성령의 역사가 필수적으로 나타나야 한다. "성령은 가르치는 자와 듣는 자의 스승으로서 그 일을 돕는 것입니다."[97]

---

**94** 츠빙글리, "믿음의 내용", 『츠빙글리 저작 선집 4』, 134.

**95** 츠빙글리, "참된 종교와 거짓 종교에 대한 주해", 『츠빙글리 저작 선집 3』, 62.

**96** Boekestein, "Ulrich Zwingli on *Sola Scriptura*: The Clarity and Certainty of Scripture in Zwingli's Theology," 113.

**97** 츠빙글리, "믿음의 내용", 『츠빙글리 저작 선집 4』, 134.

### (2) 성령의 교회론적 사역

#### 1) 교회와 성령

츠빙글리에게서 교회란 한편에서 "하나님의 뜻에 따라서 영원한 생명을 얻게 된 선택받은 사람들"의 모임이다.[98] 그러므로 하나님만이 교회를 아신다. 이러한 관점은 수직적인 관점에서 교회를 본 것이다. 다른 한편에서 교회는 믿음을 통해서 교회의 지체들이 된 자들의 모임이다. 이 관점은 사람이 믿음을 가지는 것이 중요하다.[99] 믿음을 가진 자는 자신이 선택받음을 확신한다. 하나님 편에서는 선택, 사람 편에서는 믿음이다. 믿음은 선택을 앞서지 못하지만, 믿음은 선택의 증거와 열매이기에, 선택과 믿음의 연결은 필수적이다. 츠빙글리는 이 선택과 믿음을 성령의 사역으로 결합한다.[100] 하나님으로서의 성령은 선택의 주체이면서 동시에 신자에게 믿음을 주시면서 선택의 실행자가 된다. "믿는 사람은 (선택을) 확인하는 표시로 성령을 받습니다. 성령을 통해서 헌신되고 인침을 받습니다."[101] 츠빙글리에게서 선택의 표시는 믿음이며 믿음의 표시는 선행이다. 믿음이 선행의 원천이다.[102] "믿음이 자라면 자랄수록, 선한 행동은 점점 늘어나게 됩니다."[103] 선행은 공로가 아닌[104] 믿음의 결과이기에

---

98 츠빙글리, "믿음의 내용", 『츠빙글리 저작 선집 4』, 118.

99 츠빙글리, "믿음의 내용", 『츠빙글리 저작 선집 4』, 118.

100 Ermanno Genre, *La relation d'aide: une pratique communautaire* (Genève: Labor et Fides, 1997), 58.

101 츠빙글리, "믿음의 내용", 『츠빙글리 저작 선집 4』, 118. 츠빙글리는 선택을 받았지만 아직 믿음을 가지지 않은 자들이 있다고 주장한다. 유아들의 경우는 믿음의 부재가 유기(정죄)의 표시가 되는 것은 아니다.

102 츠빙글리, "그리스도교 신앙 선언", 『츠빙글리 저작 선집 4』, 334.

103 츠빙글리, "67개 논제에 대한 해제", 『츠빙글리 저작 선집 2』, 228.

104 "하나님을 경외하는 사람들은 선한 일을 결코 멈추지 않습니다. 왜냐하면 우리는 엄격하게 말해서 우리의 선한 일로 아무것도 보상 받지 않으며 오히려 우리의 신앙이 크면 클수록 더 큰 선한 일을 하게 되어 있습니다." 츠빙글리, "그리스도교 신앙 선언", 『츠빙글리 저작 선집 4』, 337. 츠빙글리는 믿음을 언급함 없이 선택이 열매를 맺게 한다고 주장한다. "하나님이 선택한 사람만이 열매를 거둘 수가 있는 것입니다." 츠빙글리, "67개 논제에 대한 해제",

성령이 자신 안에서 활동하고 있음의 증거이다.105 츠빙글리는 선택-믿음-선행을 순서에 따라 연결하면서 믿음과 선행을 성령의 비밀스러운 작용에 의해 일으켜지는 것으로 보았다.106 "하나님은 성령으로 우리 마음에서 역사하는 것임을 우리에게 가르쳐 줍니다. 결국 믿음이 있는 곳에, 하나님의 영이 있습니다. 하나님의 영이 있는 곳에, 또한 선한 일도 있습니다."107

츠빙글리가 선택의 관점으로 이해한 교회는 원칙적으로 비가시적 교회이다. 비가시적 교회란 하늘에서 내려온 교회이다. 비가시적 교회를 비가시적이라고 표현하는 것은 믿는 사람들을 눈으로 볼 수 없다는 것이 아니라, 누가 참된 믿음을 가졌는지 아닌지를 확인할 수 없다는 뜻이다.108 츠빙글리는 비가시적 교회가 따로 존재하지 않고 가시적 교회 안에 존재한다고 했다. 성령이 주시는 참 믿음을 가진 자(비가시적 교회)와 믿음을 고백하면서도 참 믿음을 가지지 않은 사람은 구별되지만, 가시적 교회는 두 그룹이 함께 모여 있다. 따라서 교회란 그리스도를 고백하는 모든 사람이다. 곧 보이는 교회이며, 여기에 유기된 사람들이 포함된다. "우리가 인식하는 교회는 비록 이 세상에서 완성되지는 않지만 그리고 교회 안에서도 버림받은 사람들이 있지만, 그리스도를 고백하는 모든 사람으로 이루어져 있습니다."109

비가시적 교회와 가시적 교회를 구분하는 츠빙글리는 가시적 교회를 또다시

---

『츠빙글리 저작 선집 2』, 207.

105 "사람을 선하게 만드는 하나님의 영은 그가 선한 행동을 하게 만듭니다. 이때 그 사람의 삶은 하나님의 계속된 영향력이라고 규정할 수 있습니다." 츠빙글리, "67개 논제에 대한 해제", 『츠빙글리 저작 선집 2』, 225.

106 Basil Hall, "Ulrich Zwingli", *A History of Christian Doctrine*, ed. Hubert Cunliffe-Jones (London/New York: T&T Clark, 2006), 362; 츠빙글리, 『츠빙글리와 불링거』, 전체 서문, 41. "하나님의 영이 있는 곳에는 반드시 선한 일이 생기게 됩니다." 츠빙글리, "67개 논제에 대한 해제", 『츠빙글리 저작 선집 2』, 91.

107 츠빙글리, "67개 논제에 대한 해제", 『츠빙글리 저작 선집 2』, 231.

108 츠빙글리, "그리스도교 신앙 선언", 『츠빙글리 저작 선집 4』, 327-28.

109 츠빙글리, "믿음의 내용", 『츠빙글리 저작 선집 4』, 119.

지역교회와 보편교회로 구별한다. 그에 따르면 로마교회는 보편교회가 아닌 하나의 지역교회이다. 지역교회의 정체성을 츠빙글리는 같은 성령을 받은 사람들로 이루어진 하나님의 집의 자녀라고 규정했다.[110] 보편교회 역시 온 세계에 흩어져 있으면서 동시에 성령을 통해 연합된다.[111] 이렇듯 츠빙글리는 지역교회이든, 보편교회이든 교회의 정체성과 그 교회의 하나 됨을 성령의 사역으로 보았다.

츠빙글리에게서 가시적 교회 안에서 참된 교회의 지체가 되는 것은 본질적인 문제이다. 앞서 말한 것처럼, 성령이 참 믿음을 주실 때, 보이지 않는 교회의 지체가 된다. "우리는 이 교회를 성령의 빛으로 인식하고 받아들일 수 있습니다."[112] 그렇다면 성령의 역사는 어떤 방식으로 일어나는가? 츠빙글리는 『그리스도교 신앙 선언』에서 교회를 하나님의 말씀과 연결하여 정의한다. "교회는 하나님의 말씀에 따른 그분에 대한 믿음으로 존재한다."[113] 또한, 그는 자기의 모든 신뢰를 그리스도를 통해 하나님에게 두는 자가 교회에 속한 자라고 하였다.[114] 즉, 성령의 역사로 참된 믿음을 가진 자는 말씀에 의존하는 신앙과 모든 신뢰를 하나님에게 두는 행위 속에서 확인된다.

### 2) 성례와 성령

츠빙글리는 교부의 전통에 따라서 성례를 "거룩한 것에 대한 표시이자 상징이며"[115] "보이지 않는 은혜에 대한 볼 수 있는 형식 또는 형태"라고 정의한

---

**110** 츠빙글리, "믿음의 내용", 『츠빙글리 저작 선집 4』, 120.
**111** 스티븐스, 『츠빙글리의 생애와 사상』, 181.
**112** 츠빙글리, "그리스도교 신앙 선언", 『츠빙글리 저작 선집 4』, 328.
**113** 츠빙글리, "그리스도교 신앙 선언", 『츠빙글리 저작 선집 4』, 325.
**114** 스티븐스, 『츠빙글리의 생애와 사상』, 181.
**115** "성례전도 거룩한 것에 관한 표시와 상징으로서 존중합니다." 츠빙글리, "그리스도교 신앙

다.[116] 츠빙글리는 성례(*sacramentum*)라는 말을 사용하면서도 이 용어 자체를 좋아하지는 않았다. 왜냐하면 이 용어가 성례 자체에 거룩하고 신비로운 것으로서 어떤 능력을 줄 수 있다는 생각을 일으킬 수 있기 때문이다.

츠빙글리에게서 성례와 성령의 문제는 다음과 같은 질문을 유도한다. 은혜와 성례는 어떤 관계인가? 구원과 성례는 어떤 관계인가? 츠빙글리는 성례 자체에 은혜가 있다거나 성례가 은혜를 줄 수 있다는 것에는 반대한다. 은혜와 관계된 성례의 능력을 부인한 것이다. 츠빙글리에게서 성례란 철저하게, 순수하게 상징적인 것으로서 그 자체로 거룩한 어떤 것이 아닌, 실제 일어났던 사건에 대한 증언일 뿐이다.[117]

> "나는 모든 성례가 은혜를 수여하는 것이 아니라고 믿으며 또 그렇게 알고 있습니다. 또한 모든 성례는 단 한 번도 은혜를 가져오거나 지배할 수 없음을 믿고 알고 있습니다.(..) 어떻게 은혜가 성령에 의해서 좌우되고 부어지는가에 대하여 말한다면 오직 그 은혜의 선물은 성령에게서만 온다고 말할 수 있습니다. 성령은 그 어떤 지도자도 그리고 자신과 모든 것을 전달해 줄 어떤 전달 매체도 필요로 하지 않습니다. 우리는 보이는 것 곧 성례전이 성령을 불러온다고 나와 있는 성서 구절을 한 번도 본 적이 없습니다. 만약 보이는 것이 성령과 연관되어 있다면 보이는 것 곧 성례전이 전달자가 아니라, 오히려 성령 자신이 전달자일 뿐입니다."[118]

이 텍스트에 따르면 은혜를 주는 것은 성례가 아니라, 성령이다. 성례에

---

선언", 『츠빙글리 저작 선집 4』, 294.

**116** 츠빙글리, "믿음의 내용", 『츠빙글리 저작 선집 4』, 124.

**117** 츠빙글리, "그리스도교 신앙 선언", 『츠빙글리 저작 선집 4』, 360.

**118** 츠빙글리, "믿음의 내용", 『츠빙글리 저작 선집 4』, 122.

나타난 요소들인 빵과 포도주는 하나님이 자기 아들을 통해서 사람과 화해하고 사귀는 것을 상징하는 것이다.119 츠빙글리에 의하면 성례전에서 은혜의 역사가 일어나기 전에, 이미 성령은 성도의 영혼 안에서 역사를 한다. "외형적인 것이나 또는 상징적인 것들이 밖으로 드러나기 전에 이미 성령이 역사했다."120 그러므로 츠빙글리는 구원하는 것과 은혜를 주는 것은 떡과 포도주가 아닌 십자가에서 희생 제물이 되신 그리스도 자신이며, 떡을 먹는 행위가 아닌 그리스도를 믿는 믿음이다. 그렇다면 성례는 무엇인가? 오직 그리스도와 그의 사역에 대한 기억과 감사의 행위이다.121 "성례전은 그 일을 기억하게 합니다. 성례전은 그 일을 기억하게 하고 우리 눈으로 보게 합니다."122 "기념 예식을 통해 자기 아들을 통해 우리에게 보여 준 하나님 사랑의 행동을 기억하는 것입니다."123

츠빙글리는 성례전을 상징과 기념이라고 주장하면서도, 이 기억 행위 자체에 성령이 역사하여 그리스도의 현존을 경험하게 하고, 느끼게 한다고도 말했다. "우리는 빵과 포도주라는 상징을 통해서 그리스도 자신을 봅니다. 그것은 우리가 듣는 것뿐만 아니라 보는 것과 맛보는 감각을 통해서 그리스도를 보고 느끼도록 하기 위한 것입니다. 이때 성령은 자신이 기뻐하는 그리고 자신이 기억하는 그리스도를 느끼게 합니다."124 빵은 그리스도의 보이는 상징이며, 그리스도의 본질 자체는 영혼에 현존한다.125 하지만 이 현존은 실제 몸의 현존이 아닌, 신성을 통한 현존이다.126 그러므로 츠빙글리가 성례를 상징과

119 츠빙글리, "그리스도교 신앙 선언", 『츠빙글리 저작 선집 4』, 361.
120 츠빙글리, "하나님의 섭리", 『츠빙글리 저작 선집 4』, 226.
121 츠빙글리, "하나님의 섭리", 『츠빙글리 저작 선집 4』, 225.
122 츠빙글리, "그리스도교 신앙 선언", 『츠빙글리 저작 선집 4』, 294.
123 츠빙글리, "그리스도교 신앙 선언", 『츠빙글리 저작 선집 4』, 295.
124 츠빙글리, "그리스도교 신앙 선언", 『츠빙글리 저작 선집 4』, 295.
125 츠빙글리, "하나님의 섭리", 『츠빙글리 저작 선집 4』, 227.

# 우리가 만든 주일학교 교재는 성경적 세계관의 틀과 문화를 도구로 합니다.

## 왜 '성경적 세계관의 틀' 인가?

진리가 하나의 견해로 전락한 시대에, 진리의 관점에서 세상의 견해를 분별하기 위해서

◇ 성경적 세계관의 틀은 성경적 시각으로 우리의 삶을 보게 만드는 원리입니다.

◇ 이 교재는 성경적 세계관의 틀로 현상을 보는 시각을 길러줍니다.

## 왜 '문화를 도구' 로 하는가?

어린이, 청소년, 청년들의 삶에 가장 큰 영향을 끼치는 것이 문화이기 때문에

◇ 문화를 도구로 하는 이유는 우리의 자녀들이 문화 현상 속에 젖어 살고, 그 문화의 기초가 되는 사상(이론)을 자신도 모르게 이미 받아들이고 있기 때문입니다.

◇ 공부하는 학생들의 삶의 현장으로 들어갑니다(이원론 극복).

### ✦ 다른 세대가 아닌 다음 세대 양육

자기 생각에 옳은 대로 하는 포스트모던적인 사고의 틀을 벗어나, 하나님의 말씀에 기초해서 생각하고 행동하는 성경적 세계관(창조, 타락, 구속)의 틀로 시대를 읽고 살아가는 "믿음의 다음 세대"를 세울 구체적인 지침서!

### ✦ 가정에서 실질적인 쉐마 교육 가능

각 부서별(유년, 초등, 중등, 고등)의 눈높이에 맞게 집필하면서 모든 부서가 "동일한 주제의 다른 본문"으로 공부하도록 함으로써, 가정에서 부모와 자녀가 함께 성경에 대한 유대인들의 학습법인 하브루타식의 토론이 가능!

### ✦ 원하는 주제에 따라서 권별로 주제별 성경공부 가능

성경말씀, 조직신학, 예수님의 생애, 제자도 등등

### ✦ 3년 교육 주기로 성경과 교리에 대한 기본적인 이해가 가능하도록 구성(삶이 있는 신앙)

- 1년차 : 성경말씀의 관점으로 본 창조 / 타락 / 구속
- 2년차 : 구속사의 관점으로 본 창조 / 타락 / 구속
- 3년차 : 하나님 나라의 관점으로 본 창조 / 타락 / 구속

**"토론식 공과는 교사용과 학생용이 동일합니다!"** (교사 자료는 "삶이있는신앙" 홈페이지에 있습니다)

부지불식간(不知不識間)에 대중문화와 또래문화에 오염된 어린이들의 생각을 공과교육을 통해서 성경적 세계관으로 전환시킨다. 이를 위해 현실 세계를 분명하게 직시함과 동시에 그 현실을 믿음(성경적 세계관)으로 바라보며, 말씀의 빛을 따라 살아가도록 지도한다(이원론 극복).

쉐 마 분명한 성경적 원리의 전달을 위해서 본문 주해를 비롯한 성경의 핵심 원리를 제공한다(씨앗심기, 열매맺기, 외울말씀).
문 화 지금까지 단순하게 성경적 지식 제공을 중심으로 한 주일학교 교육의 결과 중 하나가 신앙과 삶의 분리, 즉 주일의 삶과 월요일에서 토요일의 삶이 다른 이원론(二元論)이다. 우리 교재는 학생들의 삶 속에서 일어나는 문화를 토론의 주제로 삼아서 신앙과 삶의 하나 됨(일상성의 영성)을 적극적으로 시도한다(터다지기, 꽃피우기, HOT 토론).
세계관 오늘날 자기중심적인 시대정신에 노출된 학생들의 생각과 삶의 방식을 성경적 세계관을 토대로 바라보게 함으로써, 자신을 돌아보고 삶에 적용하는 것을 돕는다.

학생들이 공과의 내용을 잘 이해하고, 공과 공부 시간을 풍성하게 하기 위해서, 부서 사역자가 매주 '동일한 주제의 다른 본문'으로 설교를 한 후에 공과를 진행한다.

| 권별 | 부서별 | 공과 제목 | 비고 |
|---|---|---|---|
| 시리즈 1권 (입문서) | 유 · 초등부 공용 | 성경적으로 세계관을 세우기 | 신간 교재 발행! |
| | 중 · 고등부 공용 | 성경적 세계관 세우기 | |
| 시리즈 2권 | 유년부 | 예수님 손잡고 말씀나라 여행 | 주기별 기존 공과 1년차-1/2분기 |
| | 초등부 | 예수님 걸음따라 말씀대로 살기 | |
| | 중등부 | 말씀과 톡(Talk) | |
| | 고등부 | 말씀 팔로우 | |
| 시리즈 3권 | 유년부 | 예수님과 함께하는 제자나라 여행 | 주기별 기존 공과 1년차-3/4분기 |
| | 초등부 | 제자 STORY | |
| | 중등부 | 나는 예수님 라인(Line) | |
| | 고등부 | Follow Me | |
| 시리즈 4권 | 유년부 | 구속 어드벤처 | 주기별 기존 공과 2년차-1/2분기 |
| | 초등부 | 응답하라 9191 | |
| | 중등부 | 성경 속 구속 Lineup | |
| | 고등부 | 하나님의 Saving Road | |
| 시리즈 5권 | 유년부 | 하나님 백성 만들기 | 주기별 기존 공과 2년차-3/4분기 |
| | 초등부 | 신나고 놀라운 구원의 약속 | |
| | 중등부 | THE BIG CHOICE | |
| | 고등부 | 희망 로드 Road for Hope | |
| 시리즈 6권 | 유년부 | | 2024년 12월 발행 예정! |
| | 초등부 | | |
| | 중등부 | | |
| | 고등부 | | |

- 『삶이있는신앙시리즈』는 "입문서"인 1권을 먼저 공부하고 "성경적 세계관"을 정립합니다.
- 토론식 공과는 순서와 상관없이 관심있는 교재를 선택하여 6개월씩 성경공부를 할 수 있습니다.

기념이라고 했다고 해서 거기에 아무런 효과가 없음을 주장한 것은 아니다. 그리스도의 현존이 있지만, 성례의 요소인 물질에 있는 것이 아니라, 영혼에 있는 것이다. 츠빙글리는 성도의 믿음이 커지면 커질수록 실제 주님의 몸을 먹는 것을 혐오하고 영적인 음식에 만족한다고 말했다.[127]

이 점에서 칼빈은 츠빙글리의 상징설의 입장과 거리를 둔다. 제네바의 종교개혁자에 의하면 상징에 실체가 결합하지 않으면 공허하다. 빵과 포도주라는 물질 자체가 그리스도 자체로 변한다(화체설)는 것과 그리스도가 물질 안에 함께 있다(공재설)는 주장을 거부하면서도, 상징에 아무런 실체가 없다는 주장을 받아들이지 않는다. "실체가 성찬의 효과에 결합하여 있는 것은 필수적이고, 그렇지 않다면 아무것도 확고하거나 확실하지 않다."[128] 칼빈은 츠빙글리와 달리 실체가 상징에 결합하여 있음을 단언한다. 외적인 증거를 통해서 주님의 몸이 제공되는 것이다.[129] 게다가 이러한 역사를 일으키는 분은 성령이다. 츠빙글리나 칼빈이나 성찬에서 성령의 역사를 인정한다. 하지만 칼빈은 성령이 상징을 통해서 그리스도를 현존하게 하면서 또한 그것을 취할 때, 성령이 영적인 양식이 되게 하는 방식으로 역사한다고 주장한다면 츠빙글리는 성령은 상징물 자체가 아닌, 시각적 또는 촉각적인 감각을 활용하여 영혼 안에 현존한다고 주장한다. 츠빙글리가 강조하는 성령은 그의 은혜와 현존에 있어서 주권적 자유를 가진 하나님이다. 그러므로 성례전을 위해서 성례전을 준비하는 곳에는 오히려 성령의 은혜가 가로막힌다. 성령을 성례전에 묶어 두고, 매여있게 하는 곳에는 성령의 은혜 역사가 나타나지 않는다. 하지만 성례전 없이도 성례전적

126 츠빙글리, "믿음의 내용", 『츠빙글리 저작 선집 4』, 125-26.

127 츠빙글리, "그리스도교 신앙 선언", 『츠빙글리 저작 선집 4』, 359.

128 Calvin, *Petit traité de la Sainte Céne*, ed. Marianne Carbonnier-Burkhard et Laurent Gagnebin (Lyon: Olivétan, 2008), 45.

129 Calvin, *Commentaire sur la première épître aux Corinthiens* 11, 24.

인 은혜를 받을 준비를 하는 자에게는 성례전이 진행되기 전이나 성례전이 행해질 때, 성령의 은혜가 함께 한다.[130]

자유로운 성령의 은혜 역사를 의지할 때, 성령은 그리스도와 그의 사역을 성례전의 기억을 통해서 믿음을 강화한다. 츠빙글리에 의하면 성례전은 기억을 통해서 신앙을 만든다.[131] 성례전은 믿음을 지탱하면서 유익을 준다.[132] "성례전은 소나 말의 고삐와 같아서 자기 자신의 욕망으로 치달으려는 사람의 마음을 다시 부르고 다시 잡아 주는 역할을 합니다. 그렇게 해서 성례전은 사람의 영혼과 믿음을 도와줍니다."[133]

더 나아가서 츠빙글리는 성례에 공동체적 관점을 제시한다. "성례전이란 이미 전에 각 개인이 받은 은혜에 대한 공개적인 표시일 뿐입니다."[134] "우리는 유카리스티아, 곧 성만찬이 무엇인지 이해하게 된다. 그것은 감사이며 그리스도의 죽음을 전하고(고전11:26 참조), 곧 그리스도의 죽음을 선포하고 높이고 고백하고 마음을 합하여 찬양하는 사람들이 공동으로 하는 기쁨의 선언이다."[135] 츠빙글리에게서 성례란 교회의 지체가 되는 신앙 고백적 행위이며, 공동체의 하나 됨을 위한 기쁨의 선언이다. 그리스도가 떡을 주신 것은 그것을 공동체가 함께 믿음으로 먹음으로써, 그리스도의 몸인 교회가 한 몸 안에서 연합하기 위함이다. 츠빙글리는 그리스도의 임재를 요소 안에서가 아니라, 성찬에 참여하는 성도 개인으로 보았을 뿐 아니라, 더 나아가서 이것을 공동체 안에서의 실제적 임재 개념으로 확장시켰다.

---

130 츠빙글리, "믿음의 내용", 『츠빙글리 저작 선집 4』, 122-23.
131 츠빙글리, "그리스도교 신앙 선언", 『츠빙글리 저작 선집 4』, 357.
132 츠빙글리, "그리스도교 신앙 선언", 『츠빙글리 저작 선집 4』, 362.
133 츠빙글리, "그리스도교 신앙 선언", 『츠빙글리 저작 선집 4』, 364.
134 츠빙글리, "믿음의 내용", 『츠빙글리 저작 선집 4』, 123.
135 츠빙글리, "참된 종교와 거짓 종교에 대한 주해", 『츠빙글리 저작 선집 3』, 241.

"수많은 곡식을 갈아서 만든 빵처럼, 수많은 포도송이를 짜서 만든 포도주처럼 교회의 몸은 무한히 많은 구성원으로 하나의 몸을 이루고 그리스도를 믿는 믿음으로 하나가 됩니다."[136]

"상징적인 식사를 한 사람들은 하나의 몸과 하나의 빵이 된다. 말하자면 주님의 죽음을 선포하는 목적을 위해서 이 상징적인 빵을 먹고, 그렇게 함으로 자기가 그리스도의 몸, 곧 그분의 교회 지체라는 것을 증거하려고 모인 사람들은 모두 하나의 몸과 하나의 빵이 되기 때문이다. 이 교회는 하나의 믿음을 가지고 있고 같은 상징적인 빵을 먹기 때문에 하나의 몸이고 하나의 빵인 것이다. 그리스도는 우리가 빵과 포도주를 먹고 마시기를 바랐는데, 이 두 가지 음식물은 수없이 많은 알갱이나 밀가루 그리고 포도 알갱이로부터 하나의 형체로 만들어진 것인데, 이처럼 우리도 하나의 믿음과 하나의 몸으로 합쳐지도록 하신 것이다."[137]

츠빙글리는 그리스도의 임재를 성도들 간의 수평적 연합 속에서 이루어지는 것으로 보았다. 물질에서의 그리스도의 임재가 아닌, 떡과 포도주를 함께 먹고 마시는 신자들 전체 속에서 그리스도가 임재함을 주장했다.[138]

## Ⅳ. 나오는 말

츠빙글리는 성령에 대한 저술을 따로 하지 않았다. 두 개의 베른 설교에서 사도신경의 "나는 성령을 믿사오며"의 항목에 대해서 그는 성령에 대해 단

---

136 츠빙글리, "그리스도교 신앙 선언", 『츠빙글리 저작 선집 4』, 362.

137 츠빙글리, "참된 종교와 거짓 종교에 대한 주해", 『츠빙글리 저작 선집 3』, 278-79.

138 이수영, 『개혁신학과 경건』(서울: 장로회신학대학교출판부, 2006), 443.

두 줄을 언급하면서 지나갔다.139 이는 그가 성령을 중시하지 않은 것이 아니냐는 생각을 하게 한다. 하지만 츠빙글리는 성령을 사도신경의 한 항목으로 다루는 것으로 만족하지 않고 그의 작품 전체로 확장해 성령론적 신학을 세우길 원했다. 츠빙글리의 작품에는 성령이 언급되지 않는 곳도, 중요하게 다루어지지 않는 곳도 없다.

츠빙글리는 성령을 인격과 사역으로 구분한다. 먼저 성령의 인격에 관해서 그를 제3의 위격으로서의 하나님이다고 말했다. 성령은 내재적 삼위일체에 있어서는 "발출"이라는 고유성을 가지며, 경륜적 삼위일체에 있어서는 "진리"라는 고유성을 가진다. 츠빙글리의 신학의 출발점은 창조주와 피조물과의 존재론적 차이와 거리의 인식에 있다. 그는 신적 주권을 강조하는 하나님 중심의 신학을 했다. 이러한 신적 초월성에 대한 강조는 성령 하나님에게도 동일하게 나타난다. 성령은 주권적 자유를 가진 하나님이다.

츠빙글리는 성령의 사역을 창조의 영으로서의 사역과 구속의 영으로서의 사역으로 구분한다. 성령은 창조의 영으로서 무로부터의 창조를 이루었고 그 창조된 세계에 힘과 생명을 지속해서 공급한다. 츠빙글리에게서 인간 창조는 특별하다. 불멸하는 영혼을 가진 인간은 성령이 머무는 집이다. 성령은 하나님의 선택에 근거하여 구속 사역을 실행한다. 이 점에서 성령은 이스라엘뿐만 아니라 이교도에게까지 율법(자연법)을 주며 역사한다. 이것은 그리스도의 유일회적 구원을 부정하는 것도, 자유 의지에 의한 공로적 구원을 주장하는 것도 아니다. 오히려 구원이 하나님의 주권에 속한 것임을 강조하는 개혁주의 신학의 특징을 드러낸다.

구속의 영으로서의 성령의 사역은 하나님의 말씀과 교회의 차원에서 더욱

139 츠빙글리, "두 개의 베른 설교", 『츠빙글리 저작 선집 4』, 91.

강조된다. 츠빙글리에게서 하나님의 말씀은 3중적이다. 즉 기록된 말씀인 성경, 말씀이신 그리스도, 선포된 말씀인 설교이다. 츠빙글리는 성경이 하나님의 말씀인 것은 성령의 내적 조명 때문이다. 성경이 하나님의 말씀임을 성령이 확증한다.

성령은 말씀이신 그리스도의 사역과 연속성을 가진다. 그리스도가 보낸 성령이 그리스도 자신의 현존과 사역을 대체한다. 하지만 츠빙글리에게서 성령은 그리스도의 사역보다 더 큰 차원을 가진다. 세상 창조 때부터 활동했던 성령은 그리스도의 구속 사역을 중심적으로 행하지만, 거기에 제한되지 않는다.

기록된 말씀에 힘을 가지게 하며, 말씀 자체이신 그리스도가 현존하는 데 있어서 말씀의 선포로서의 설교는 필수적이다. 말씀의 선포가 기록된 말씀을 현재화시키고 그것으로써 그리스도를 나타내게 하기 때문이다. 바로 여기에서 성령의 역사는 본질적이다. 목사의 선포된 말씀이 성도의 영혼에 수납되는 것은 오직 성령의 역사에 의해 가능하기 때문이다. 믿음은 성령으로 활성화된 말씀에서 온다.

츠빙글리가 대부분 언급하는 성령의 사역은 교회론적 차원에 관한 것이다. 그에 따르면 교회는 하나님의 뜻에 따라 택함을 받은 사람들의 모임이다. 그런데 이 택함 곧 선택은 믿음을 통해 먼저 현실화하고 선행을 통해 확증된다. 그에게서 선택-믿음-선행은 밀접하게 연결된다. 선택이 현실화하고 구체화하는 믿음과 선행은 성령의 비밀스러운 작용의 결과이다. 신자가 믿음을 가지고 선행을 실천한다는 것은 성령이 자신 안에서 활동하고 있음을 증거한다.

츠빙글리는 교회를 비가시적 교회와 가시적 교회로 구별한다. 비가시적 교회는 누가 그 일원인지 하나님만이 아신다. 가시적 교회는 비가시적 교회 안에 있다. 가시적 교회 안에는 알곡과 쭉정이가 함께 있다. 참 믿음과 거짓 믿음을 가진 사람이 공존한다. 가시적 교회는 지역교회와 보편교회로 구별된다. 지역교회이든 보편교회이든 교회를 하나로 묶는 것은 성령의 연합하는 사역에 따른다.

츠빙글리에게서 성령은 성례를 필요하지 않고, 성례가 성령을 필요로 한다. 은혜와 구원은 성례가 아닌 성령에 의해서 좌우된다. 성령은 성례에 얽매이지 않는다. 츠빙글리는 성령의 자유와 주권을 강조하면서, 구원이 세례나 성찬에 참여하는 것으로써 보장받을 수 있는 것이 아님을 강조한다. 성례전의 핵심은 성령이 물질적인 것을 통해서가 아니라 성령을 통해서 증거된다는 것이다.

츠빙글리는 성령의 주권을 강조했다. 성령은 그가 원하는 자에게 믿음을 주면서 구원을 이루시는 주권을 가진 하나님의 영이다. 말씀과 성례전은 그것의 효과를 위해 성령의 현존을 요청한다. 성령은 말씀과 성례전을 통해서 일하지만, 그것이 필수적인 것은 아니다. 이러한 츠빙글리의 성령 이해는 성령의 자유를 강조하면서, 성령의 사역을 확장시켰다. 하지만 츠빙글리의 성령 이해는 일부에서 우려하는 것처럼 말씀 없이 역사하는 신령주의적 경향으로 향할 수 있는 근거를 줄 수 있다. 츠빙글리의 개혁신학을 계승 발전시킨 칼빈은 이 점에서 성령을 그리스도와 그의 말씀에 더 밀접하게 묶어 놓았다. 성령의 자유라는 이름으로 구원과 은혜를 말씀과 교회 넘어서까지 확장하는 것은 그리스도의 유일회성과 말씀과 은혜의 수단에 대한 약화를 만들어낼 수 있다. 논쟁이 되는 지점을 제외하고는 츠빙글리는 그의 신학 전체를 통해서 교회, 말씀, 그리스도를 관통하는 성령의 신학을 확립했다. 개혁신학의 정초자(定礎者) 츠빙글리는 성령의 신학자였다. 그에게서 성령의 인격과 사역에 대한 풍부한 이해를 향유할 수 있을 것이다.

# 믿음, 소망, 사랑의 성령 : 부써의 성령론

**황대우**

(고신대학교 학부대학 교수, 교회사)

Martin Bucer(1491-1551)

고신대학교 신학과(Th. B.)와 신학대학원(M. Div.), 그리고 대학원 신학과(Th. M.)를 거쳐 네덜란드 Apeldoorn 기독개혁신학대학교에서 "Het mystieke lichaam van Christus. De ecclesiologie van Martin Bucer en Johannes Calvijn"(2002)라는 논문으로 신학박사(Th. D.) 학위를 받았다. 현재 고신대 학부대학 소속 교회사 교수, 고신대개혁주의학술원 책임연구원, 한국칼빈학회 명예회장이다. 저술로는 『칼빈과 개혁주의』, 『종교개혁과 교리』, 『교회연합운동의 선구자 부써』가 있고, 편저로는 『라틴어: 문법과 구문론』, 『삶, 나 아닌 남을 위하여』, 번역서로는 『기도, 묵상, 시련』, 『문답식 하이델베르크 신앙교육서』, 『루터: 약속과 경험』이 있다.

**황대우**

## I. 서론

독일 남부의 자유제국도시 스트라스부르의 종교개혁자 마르틴 부써는 종교개혁 이후 350년 동안 역사 속에 묻혀버린 인물이었다. 20세기를 전후하여 칼빈 연구가 활발해지고 교회연합운동이 주목을 받으면서 사라진 그의 이름이 종교개혁 연구물에 등장하기 시작했다. 마르틴 부써라는 이름을 스트라스부르 종교개혁의 중심인물로 세상에 알린 주역은 1900년에 부써의 복음서주석을 연구하여 그의 신학적 특징을 밝힌 독일 신학자 아우구스트 랑(August Lang. 1867-1945)이다.[1]

아우구스트 랑에 따르면 비텐베르크의 신학자 마르틴 루터의 신학이 "십자가의 신학"으로 불릴 수 있는 것처럼 스트라스부르 종교개혁자 마르틴 부써의 신학도 "성령의 신학"으로 불릴 수 있다.[2] 랑은 성령의 역할을 부써 신학의 중심으로 본다. 이런 독일 신학자의 견해를 증명이라도 하듯이 영국 신학자 스티픈스(W. P. Stephens, 1934-2019)는 부써의 성령론 연구로 프랑스 스트라스부르대학교에서 박사학위논문을 취득한 후, 캠브리지대학교에서 책으로 출간했다.[3] 하지만 스티픈스는 성령에 대한 부써의 교리가 그의 신학을 이해하

---

1 August Lang, *Der Evangeliekommentar Martin Butzers und die Grundzüge seiner Theologie* (Leipzig: Dieterich'sche Verlagsbuchhandlung, 1900). 이것은 1972년에 알런(Aalen)의 스키엔티아(Scientia)출판사를 통해 재판되었다. 아우구스트 랑은 1897년에 이미 칼빈의 회심에 대한 연구서를 출간할 정도로 개혁파 종교개혁 사상에 대해 깊이 연구한 당대 최고의 학자 가운데 한 명으로 인정받는다.

2 Lang, *Der Evangeliekommentar Martin Butzers*, 120-121: "Wie man von einer „Theologie des Kreuzes" gesprochen hat, so könnte man Butzers Lehre geradezu die „Theologie des Geistes" nenne, so vielfältig spricht er vom Geist, so wichtig ist er ihm für das Ganze seiner religiösen Anschauung."

3 William Peter Stephens, *The Holy Spirit in the Theology of Martin Bucer* (Cambridge: The University Press, 1970). 최윤배 교수가 박사학위논문으로 부써의 성령론 및 기독론을 칼빈의 성령론 및 기독론과 비교 연구한 것은 다음 참조. Yoon-Bae Choi, *De*

는데 필요한 여러 실마리들 중 하나이지 유일한 단서는 아니라고 주장한다.[4]

랑과 스티픈스의 주장 가운데 어느 것이 더 정확한 평가이든 부써 신학에서 성령론의 비중이 상당하다는 것은 부인할 수 없는 사실이다. 스코틀랜드 신학자 토랜스(T. F. Torrance. 1913-2007)는 종교개혁 신학을 다룬 『왕국과 교회』라는 자신의 책에서 "루터의 종말론이 믿음의 종말론으로, 칼빈의 종말론이 소망의 종말론으로 간주될 수 있다면 부써의 종말론은 확실히 사랑의 종말론으로 간주될 수 있을 것"이라고 주장한다.[5] 아프리카 북부에 위치한 히포(Hippo)의 감독, 교부 아우구스티누스가 삼위일체론에서 성령을 사랑으로 규정한 사실을 고려한다면 토랜스의 주장도 부써 신학을 바르게 파악한 것이 아닐까?[6]

성령론이 비록 부써의 신학에서 중요한 비중을 차지하지만, 독립적인 교리로 존재하는 것은 아니다. 부써의 성령론은 그의 다른 교리들, 예컨대 삼위일체론, 기독론, 구원론, 교회론, 종말론 등과 깊이 연결되어 있다. 특히 부써의 첫 작품인 『누구나 자기 자신이 아니라 다른 사람을 위해 살아야 한다는 것과 어떻게 그것에 도달할 수 있는지에 관하여』(*Das ym selbs niemant, sonder anderen leben soll, und wie der mensch dahyn kummen mog*)에서 만날 수 있는 사랑은 하나님의 창조 원리와 재창조 원리로 부써 신학의 핵심 개념이다.[7] 부써의 성령론은 사랑의 원리뿐만 아니라, 믿음과 소망의 개념과도

---

*verhouding tussen "pneumatologie en christologie" bij Martin Bucer en Johannes Calvijn* (Leiden: J.J. Groen en Zoon BV, 1996).

4 Stephens, *The Holy Spirit in the Theology of Martin Bucer*, 270.

5 Thomas Forsyth Torrance, *Kingdom and Church: A Study in the Theology of the Reformation* (London: Oliver & Boyd, 1956), 89. 이 책의 한글 번역은 다음 참조. 『종교개혁자들의 종말론』 백철현 역 (서울: 기민사, 1987), 152.

6 아쉽게도 토랜스는 자신의 책에서 부써의 종말론이 그의 성령론과 어떤 관계인지 전혀 논하지 않을 뿐만 아니라, 단순히 믿음, 소망, 사랑을 세 종교개혁자의 종말론적 특징으로 구분했을 뿐이다.

밀접하게 연결되어 있다.

> "그러므로 믿음과 소망과 사랑, 이 세 가지는 이렇다. 즉 이 셋에 의해 성도의 현재 삶이 지속되고 끝나게 된다. 성도들이 믿음으로는 하나님을 만물을 감찰하실 아버지로 알고, 소망으로는 영혼뿐만 아니라 육신도 그리스도의 형상을 따라 재창조될 때까지 침착하게 기다린다. 마침내 사랑으로는 이웃에게 쏟아 붇는다. 그들은 신성의 일부로서의 그 사랑을 믿음으로 획득하고, 또한 그 사랑이 완성되기를 소망으로 기대한다. 그래서 바울은 이것이 믿음과 소망보다 더 크다고 선언하는데, [사랑이 믿음과 소망보다] 더 넓게 펼쳐지는 것이기 때문이다. 또한 사랑이 몰두하는 것 즉 다른 사람들에게 선을 베푸는 것이 믿음과 소망에 적합한 것 즉 선행을 받는 것보다 더 복된 것이기 때문이다. 분명한 것은 이 덕들 가운데 아무 것도 다른 것 없이는 가능하지 않지만 그럼에도 불구하고 하나님의 사람의 완성은 사랑에 있다. 바로 사랑 그것에 의해 그는 다른 사람들에게 하나님의 자녀로 드러나고, 모든 사람에게는 선행이 [나타나는 것은] 의심의 여지가 없다. 하나님의 사람은 믿음으로 하나님의 자녀가 되기 시작하여 소망으로 인내한다."[8]

---

7 BDS 1, 29-67. 한글 번역은 다음 참조. 황대우 편저, 『삶, 나 아닌 남을 위하여』 (서울: SFC, 2016), 13-68.

8 BEph (1527), 21recto: "Tria ergo haec fides, spes, charistas sunt, quibus praesens sanctorum uita constat, & peragitur. Fide Deum patrem sibi in omnibus prospecturum agnoscunt, spe expectant aequanimiter, dum animo & corpore, ad imaginem Christi reformentur. Dilectione demum, quam fide duinitatis portionem perceperunt, & spe consummandam praestolantur, ad proximos transfundunt. Quare fide & spe hanc maiorem Paulus pronunciat, quandoquidem latius patet, et benefacere alijs, quod studet dilectio, benatius est, quam beneficia recipere, quod fit fide & spe. Nulla quidem harum uirtutum sine alijs esse potest, consummatio tamen hominis Dei, dilectionis est, qua ille iam alijs se Dei filium, quod per fidem esse coepit, & spe perseuerat, re ipsa exhibet, nimirum beneficum in omnibus."

## II. 성령과 구원하는 믿음

16세기 비텐베르크 종교개혁자 루터의 이신칭의 개념, 즉 '오직 믿음으로만'(sola fide) 의롭게 된다는 종교개혁의 구원론은 초대교회 교부 아우구스티누스가 가르친 '오직 은혜로만'(sola gratia) 받는 구원의 재발견이다. 그 이신칭의 교리는 모든 종교개혁자들의 신학적 공통분모다. 의롭게 된다는 것, 즉 구원을 받는다는 것은 오직 믿음으로만 가능하다. 누가 믿고 어떻게 믿을 수 있는지에 대해 부써는 구원의 서정(ordo salutis)로 설명한다.[9] 즉 로마서에서 바울이 주장하는 것처럼 하나님께서는 구원 받을 자를 "미리 정하셨고... 또 미리 정하신 그들을 또한 부르시고 부르신 그들을 또한 의롭다 하시고 의롭다 하신 그들을 또한 영화롭게 하셨다." 예정 -> 소명 -> 칭의 -> 영화.[10]

이처럼 로마서 8장 29-30절의 말씀에 따라 부써는 구원의 순서가 하나님의 예정에서 출발하여 그분의 부르심과 의롭게 하심의 과정을 통해 결국 영화롭게 하심으로 귀결된다고 주장한다. 여기서 중요한 것은 구원이란 처음부터 끝까지 오직 하나님의 손에 달린 사건이라는 사실이다. 부써에게 구원의 서정은 구원

9 구원의 서정에 관한 부써의 견해에 대해서는 다음 참조. BRom (1562), 401C-408D; Stephens, *The Holy Spirit in the Theology of Martin Bucer*, 37-41; 최윤배, 『잊혀진 종교개혁자 마르틴 부처』 (서울: 대한기독교서회, 2012), 241-332.

10 부써에게 있어서 하나님의 '예정'은 하나님의 '예지' 혹은 '선택'과 동의어다. 맥그래스는 부당하게도 부써의 구원서정을 "praedestinatio(예정) -> electio(선택) -> vocatio(소명) -> iustificatio(칭의) -> glorificatio(영화)"로 제시함으로써 마치 부써가 예정과 선택을 구분한 것처럼 오해한다. 하지만 그가 인용한 부써 글의 순서를 문자 대로 나열하면 "vacatos, praescitos, praedefinitos, vocatos, iustificatos, glorificatos"인데, 이것을 번역하면 하나님께서 "부르신 자, 미리 아신 자, 미리 정하신 자, 의롭게 하신 자, 영화롭게 하신 자"이다. 이러한 순서는 로마서 8장 28-30절에서 바울이 "하나님을 사랑하는 자 곧 그의 뜻대로 부르심을 입은 자들"에 대해 설명하는 순서를 부써가 그대로 나열한 것일 뿐이다. 참조. BRom (1562), 405C; Alister E. McGrath, *Iustitia Dei: A History of the Christian Doctrine of Justification from 1500 to the Present Day* (Cambridge: University Press, 1993), 35.

의 공식이 아니라, 단순히 구원의 신적 순서일 뿐이다. 그것은 인간 편에서 구원의 주관적 순서가 아닌, 하나님 편에서 구원의 객관적 순서를 의미한다. 부써가 제시하는 구원서정은 확실히 다음과 같다. 첫 번째 자리는 하나님의 선택 혹은 예정이요, 두 번째 자리는 하나님의 자녀로 삼으시는 입양이며, 세 번째 자리는 삶의 거룩 즉 사랑의 의무요, 네 번째 자리는 의로 말미암는 하나님의 영광이다.[11]

이러한 구원의 객관적 순서를 개인에게 적용하시는 분은 "선택 받은 자들의 인장"(sfra,gij [sic! sfragi,j] electorum)이신 성령이시다.[12] 따라서 구원은 오직 성령을 통해서만 실현된다. 부써는 바울이 말하는 '믿음'(fides)을 논하는 곳에서 "복음에 대한 확증이란 선택 받은 사람들과 부름 받은 사람들에게 성령을 통해 생성되는 것"이라 주장한다.[13] 하나님께서 선택하신 자는 결코 구원에서 탈락할 수 없다. 왜냐하면 하나님께서는 그들의 구원을 위해 "선택, 입양, 소명, 믿음"(electio, adoptio, vocatio, fides) 등과 같은 은혜로운 은사들을 몽땅 그들에게 아낌없이 베푸시기 때문이다.[14] 죄인을 구원하는 믿음도 성령의

---

11 BEph (1527), 26verso: "Sed notandus ordo, primum locum habet Dei electio, siue praedestinatio, proximum adoptatio in filios, quae alias uocatio dicitur, dum nimirum spiritu suo donatos ad se Dominus trahit, suique cognitione donat, quos ab aeterno ad hoc deputauit. Tertio demum loco succedit uitae sanctimonia, & dilectionis officiositas, qua bona opera proferuntur, quae uidentes homines, patrem caelestem, cuius beneficio ea proueniunt, glorificant. Vt ita quartum sanctis sit, gloria Dei, ex iustitia, qua illos dignatio Dei ornat, resultans."

12 BEph (1527), 39recto.

13 BEph (1527), 20recto: "..., persuasionem Euangelij per spiritum sanctum electis & uocatis factam,..." '확증', '확신', '증거', 혹은 '신념'으로 번역될 수 있는 라틴어 단어 '페르수아시오'(persuasio)는 '확실하게 설복되어 잘 이해하고 확신하는 상태'를 의미한다. 따라서 부써의 문장은 하나님께서 택하신 자들을 부르실 때 성령을 통해 내적으로 변화되게 하셔서 복음에 대한 확실한 증거를 가진 확신자로 만드신다는 교리와 상통한다.

14 BEph (1562), 20: 'Debetis ei esse grati, qui vobis gratuito donauit omnia. Electionem, adoptionem, vocationem, fidem &c. Quae apud Deum sunt firma Studeamus tamen nos, vt etiam quantum ad nos magis ac magis sint firma,

은사다. '말씀을 들음으로 나는 믿음'(fides ex auditu verbi)이란 성령 사역의 결과다.

부써는 자신의 로마서에서 뿐만 아니라, 에베소서 주석에서도 구원의 순서를 논한다. "그러므로 성도의 선택 다음에 따라오는 가장 첫 번째는 하나님께서 자기 백성들에게 자신의 성령으로 확증하시는 말씀을 통해 자기 백성의 마음에 스스로 들어가시는 것이다. 그 다음으로는 이 확증으로부터, 그리고 그들이 그분의 말씀에 의해 이미 갖게 된 확실한 믿음으로부터 하나님에 대한 신뢰와 사랑, 그리고 만사에 그분이 기뻐하시도록 하려는 의지가 따른다."[15] 부써에 따르면 창세전에 하나님께서 선택하신 자기 백성, 즉 성도들을 부르신다는 것은 하나님께서 친히 자신의 말씀과 성령을 통해 그들의 마음에 들어가는데, 이것이 곧 그들이 하나님의 백성임을 확증하시는 부르심이다. 이 부르심의 확증은 믿음과 구별되지 않고 곧장 성도의 개별적인 신뢰 즉 확신, 사랑, 그리고 의지를 불러일으킨다는 것이다.

부써는 내적인 성령의 사역과 외적인 말씀의 사역을 구분한다.[16] 비록 외적인 복음 사역자가 자신의 직분을 잘 수행할지라도, "성령께서 마음에 복음을 설교하시고 확증하시기 전에는 모든 설교가 효력을 발휘하지 못할 것이다."[17]

---

quanquam Electi seruentur omnes, nec penitus excidant. Sed danda etiam opera est ne vel ad momentum excidamus per nostra peccata.'

15 BEph (1527), 20verso: "Itaque post electionem sactorum, proximum est, ut DEVS suorum se cordibus per uerbum, quod tamen suo spiritu illis persuadeat, insinuet, ex hac mox persuasione certaque fide, quam uerbis eius iam habent, consequitur fiducia eius & amor, propensaque ad gratificandum ipsi in omnibus uoluntas."

16 말씀과 성령의 관계에 관한 부써의 사상에 대해서는 다음 참조. Stephens, *The Holy Spirit in the Theology of Martin Bucer*, 103-259; 최윤배, 『잊혀진 종교개혁자 마르틴 부처』, 151-158.

17 BEph (1527), 20verso: "Ad quem & si ministret Euangelij externus praeco, ..., inefficax erit omnis praedicatio, donec cordi Euangelion praedicauerit et persuaserit spiritus sanctus."

그러므로 말씀을 통한 효력 있는 부르심과 구원하는 믿음은 오직 성령 하나님께 달렸다. "그러므로 그 일은 선택 받은 자들의 마음에 복음을 확증하시는 성령의 감동감화에 의한 것이다."[18] 성령께서 감동감화를 일으키실 때 비로소 선택 받은 자들은 바르게 부름을 받고 성부를 통해 성자께로 인도되는 것이다. 물론 성령의 감동감화 없는 설교를 통해서도 하나님의 선하심을 부분적으로 알 수는 있지만 결코 하나님을 믿거나 사랑할 수는 없다. 하나님을 믿고 사랑하는 것은 성령의 감동감화 없이 인간의 본성만으로는 불가능하다.

바울이 "에베소 교회의 성도"(sanctos Ephesinae Ecclesiae)를 "그리스도를 믿는 신자들"(fideles in Christo)이라 부른 것을 근거로 부써는 그들을 "그리스도를 믿었던 자들과 복음에 대한 믿음을 가졌던 자들"(qui Christo creadiderant, Euangeliaque fidem habuerant)로 설명하면서 "하나님의 아들들"[자녀들](filii Dei)과 "성도들"(sancti), 그리고 "하나님을 신뢰(=확신)하고 이웃을 사랑하는 자들"(fiducia in DEVM atque dilectione erga proximos praediti)이라 부른다.[19] 그리스도를 믿는 믿음과 하나님을 믿는 믿음, 그리고 복음을 믿는 믿음은 부써에게 동일하다. 성도로서 신자 역시 삼위일체 하나님에 대한 확신뿐만 아니라, 이웃을 향한 사랑까지도 구비한 자들을 의미한다. 믿음은 사랑과 분리될 수 없다.

바울의 가르침을 따라 부써는 신자의 구원을 삼위일체 하나님의 공동 사역으로 간주한다. 부써에 따르면 바울은 우리를 위한 하나님의 모든 선의와 선행이 그리스도를 통해 전달된다는 이유로 "우리 주 예수 그리스도를 아버지 하나님과 긴밀하게 연결시켰다." 즉 그리스도께서 자신의 죽으심으로 우리를 위한

---

18 BEph (1527), 20verso: "Ergo adflatu spiritus sancti hic opus est, qui Euangelion cordibus electorum persuadeat,..." 라틴어 단어 '아드플라투스'(adflatus)는 '아플라투스'(afflatus)와 동일한 단어인데, '영감' 이나 '감동'으로 번역될 수 있다.

19 BEph (1527), 21recto.

공로를 쌓으셨으므로 아버지께서는 “그를 자기 백성을 위한 머리와 왕으로” 세우셨고 또한 “자신의 영을 통해” 자기 백성을 그리스도 안에 있는 동참자들로 삼으셨다는 것이다.[20] 부써의 신학에서는 만물의 창조뿐만 아니라, 만물의 회복인 재창조도 삼위일체 하나님의 공역이다. 창조를 위해 수면 위를 운행하시던 성령께서는 재창조를 위해서도 보혜사 성령, 즉 그리스도의 영으로서의 구원 사역을 감당하신다.

부써에게 진리는 언제나 진리이신 삼위일체 하나님으로부터 나오는 것이다. 성경도 하나님의 말씀, 하나님의 책이므로 진리다. ‘선지자들의 글인 성경이 하나님의 책인지 인간의 책인지 어떻게 알 수 있는가?’라고 묻는 아우구스티누스 수도사 콘라트 트레거(Conrad Treger)에게 부써는 이렇게 대답한다. 그것을 알려주시는 분은 “보혜사 성령이시다. 즉 그리스도의 약속에 따라 우리를 모든 진리로 인도하시고, 또한 [이 진리를] 내게 말씀해주시는 분이시다.”[21] 왜냐하면 요한복음 6장 45절 말씀처럼 선지자들은 모든 것을 하나님으로부터 배웠기 때문이다. 이 말씀에 근거하여 부써는 믿음의 문제를 “신자 각자의 마음에 계신 성령께 달린 것”으로 간주한다.[22] 믿음과 성령 없이는 아무도 성경이 진리의 말씀이라는 것을 알 수 없다.

성자 하나님께서는 자신의 모든 것으로 성부 하나님을 기쁘시게 한다. 성자 하나님께서는 “성부께서 우리를 자녀로 삼으시도록 우리 안에 자신의 공로와

---

**20** BEph (1527), 22verso: “Dominum autem nostrum IESVM Christum cum patre Deo coniunxit, quod per eum omnis in nos Dei & beneuolentia & beneficentia deriuetur. Vt enim meruit hanc nobis sua morte, ita posuit eum pater suis caput & principem, qui suo spiritu eius quoque participes, illos reddat. Condita sunt per eum omnia. Iohan 1. ita instaurare quoque cuncta per ipsum pater uoluit,...”

**21** BDS 2, 93,17-18(Handel mit Cunrat Treger): “...: Der geist, der troster, der uns nach der verheyßung Christi leytet yn alle worheit, der sagt mirs.”

**22** BDS 2, 93,19-21(Handel mit Cunrat Treger): “..., das der letst spruch in sachen des glaubens ist des heyligen geistes in eins yeden glaubigen hertzen.”

영으로 자신의 형상을 회복시키신다."[23] 하나님의 자녀인 우리 그리스도인들에게 제공되는 모든 선한 것들이 "천상적인 것들"(caelestia)과 "영적인 것들"(spiritualia)로 불리는 이유도 "하나님의 영이 우리 안에 그것들을 효력 있게 하시기 때문이다."[24] 하나님의 자녀가 하나님을 기쁘시게 하는 삶과 거룩한 삶을 사는 것은 성령 하나님의 역사 덕분이다. 중보자 그리스도께서 자신의 피로 획득하신 "저 성령은 하나님의 자녀를 거룩하게 하시는 분이시고, 믿음으로 그들을 하나님께 봉헌하실 뿐만 아니라 이웃 사랑을 통해 살아가도록 하시는 분이시다."[25]

## Ⅲ. 성령과 종말적인 소망

성령에 의한 구원의 확신은 신자가 과거와 현재, 그리고 미래에 경험하는 인생의 모든 것을 선하게 수용하는 신앙생활의 원천이요, 원동력이다. "왜냐하면 선택 받은 자들은 성령에 의해 확증되었으므로, 장차 그리스도를 통해 모든 죄악으로부터 해방 되리라는 것도 확실하게 [확증된다]. 그러므로 그들은 비록

---

23 BEph (1527), 24recto: "... nobis, ut in filios pater adoptet, in quibus scilicet ipsius et merito & spiritu, imaginem suam restituit."

24 BEph (1527), 24verso: "..., quia operatur ea in nobis spiritus Dei,..."

25 BEph (1527), 25recto-verso: "Vt enim sanguine suo Christus sanctificantem illum spiritum filiorum Dei, qui & fide illos Deo consecrat, & per dilectionem proximis uiuere facit, promeruit,..." 부써는 그리스도의 영을 하나님께서 택하신 자들에게 제공되는 은사 즉 선물로 간주한다. 참고. BEph (1527), 24verso: "..., quia hic spiritus Christi donum est,..."(왜냐하면 이러한 그리스도 영은 선물이기 때문이다.); BEph (1527), 29verso: "Sic tandem perlitatum fuit pro peccatis electorum & huius hostiae gratia, bonus Dei spiritus electis donatur,..."(그러므로 결국 그(=그리스도)는 선택받은 자들의 죄를 위해 희생되셨고 또한 그분의 희생 덕분에 하나님의 선한 영이 선택받는 자들에게 제공된다.)

현재의 재난으로 죽음이 확정된 것처럼 보일지라도 모든 것을 선하게 받아들이면서 하나님의 뜻을 선하게 믿을 뿐만 아니라, 또한 소망으로 살아가는 것이다."[26] "그리고 참으로 하나님을 믿는 자, 즉 성령을 통해 확증되고 확실한 소망으로 기대하는 자는, 하나님께서 그를 의롭고 복되게 하시는 한, 언젠가 하나님의 자녀의 책에서 지워지는 것과 믿음에서 떨어지는 것에 대해 조금도 두려워하지 않을 필요가 있다."[27]

부써의 견해로는 믿음으로 의롭게 된 자가 하나님의 생명책에서 지워지거나 믿음에서 떨어지는 일은 불가능하다. 왜냐하면 그 모든 것은 확증하시는 성령을 통해 이루어지기 때문이다. 성령께서 우리를 하나님의 자녀로 붙드시는 한 우리의 구원은 어떤 것으로도 파괴되지 않는다. 성령께서는 선택된 하나님의 자녀들을 외적인 말씀을 통해 부르셔서 교회의 머리가 되시는 예수 그리스도의 몸에 접붙이심으로 하나님의 의와 구원을 선물로 주실 뿐만 아니라, 그 구원을 잃어버리지 않도록 보증하신다. 따라서 구원에 대한 성령의 현재적 확증은 미래적 구원을 보장하는 확실한 보증이다. 그리스도인을 위한 모든 시제의 구원, 즉 과거와 현재와 미래의 구원은 실제로 모두 성령 하나님의 사역에 달려 있다.

죄와 죽음 아래 팔려서 노예 신분으로 전락한 죄인을 죄와 죽음으로부터 해방시키시는 그리스도께서 "해방의 영"(libertatis spiritus)을 부름 받은 하

---

26 BEph (1527), 20recto: "Persuasi enim a spiritu sancto electi, liberationem a malis omnibus per Christum certo futuram, ut hinc bene de uoluntate Dei fidunt ita & spe uiuunt, omnia boni consulentes, utcunque ex praesenti calamitate uideantur morti addicti."

27 BEph (1527), 25verso: "Eoque qui uere Deo fidit, hoc est, per spiritum sanctum persuasus, certa spe expectat, dum se Deus iustum & beatum reddat, eum necesse est, nihil minus timere, quem ut ex albo filiorum Dei aliquando expungatur, fideque excidat."

나님의 자녀들에게 선물로 주시는데, "이 영은 완전한 해방을 위한 담보, 확실한 봉인, 인장, 기름부음, 보증이시다. 선택받은 자들은 자신들의 죽을 육체가 불멸의 생명으로 전환될 때, 즉 마지막 날에 그리스도를 통해 부활하게 될 때, 비로소 그 [완전한 해방]을 얻게 될 것이다."[28] 부써에게 성령 하나님은 그리스도께서 모든 그리스도인에게 선물로 주신 해방의 영, 즉 그리스도 자신의 영이시며 또한 하나님의 영이시다. 왜냐하면 부써가 로마서 8장의 말씀을 근거로 성령에 대해 다음과 같이 주장하기 때문이다.

성령 하나님께서는 선택에 의해 하나님의 자녀가 된 자들에게 일어나는 "악에 대한 바른 저항과 선을 향한 압력"(vera repugnantia mali & impulsio ad bonum)이라는 사역의 주체이시다.[29] 따라서 성도가 악에 대항하는 것도, 선을 추구하는 것도 성령의 역사 없이는 불가능하다. 바울의 가르침대로 성령께서는 성도들에게 약속된 "약속의 영"(spiritus promissionis)이시다. 베드로가 사도행전 2장에서 인용한 요엘서의 내용과 같이 "주님께서 에스겔 36장에서 말씀하시길, '내가 너희에게 새 마음을 주고 새 영을 너희 속에 두어, 너희 육신에게 돌 같은 마음을 제거하고 너희에게 육신에 [알맞은] 마음을 줄 것이다. 또한 내 영을 너희 속에 두어 내가 세운 [법도]로 너희가 다니도록, 그리고 그러한 내 [법도]를 지키고 행하도록 할 것이다.'[겔 36:26-27]"[30] 구원

28 BEph (1527), 27verso: "Atque hic spiritus, pignus certaque obsignatio & sfra,gij, unctio & arrabo est plenae libertatis, quam tum demum consequentur electi, dum mortalia eorum corpora, ad immortalem uitam fuerint immutata, resuscitata scilicet per Christum, in die nouissimo."

29 BEph (1527), 39recto.

30 BEph (1527), 40recto: "De quo uaticinium Iohelis Petrus Act. 2 adduxit. Et apud Iechezkel 36 ait Dominus. Dabo uobis cor nouum, & spiritum nouum dabo in intimum uestri, & auferam cor lapideum de carne uestra, & dabo uobis cor carneum. Et spiritum meum dabo in intimum uestri, & faciam ut in statutis meis ambuletis, & iusta mea custodiatis, atque faciatis & c."

의 성령은 선지자들이 예언한 새 영이자, 하나님의 영이시다.

이처럼 새로운 영을 받은 성도는 그리스도 안에서 새로운 삶을 살게 된다. "이미 지금 당신들이 육신에 속한, 육신의 성품에 속한 삶을 사는 것이 아니라, 성령에 속한 [삶]을 사는 것은 하나님의 영이 당신들 안에 거하시기 때문이다. 왜냐하면 그리스도의 영이 없는 자는 그리스도의 사람이 아니기 때문이다. 그러나 만일 그리스도께서 당신들 안에 계시면, 즉 그리스도의 영이 당신들을 만지시고 당신들 속에서 역사하시면 육신들은 분명히 죄 때문에, 그리고 여전히 그들 속에 날뛰는 악한 경향 때문에 죽음에 종속되어 있지만, 이 [성]령은 생명인데, 그 이유는 [성령께서] 의로 인도하시기 때문이다. 그러므로 그분의 이 [성]령이, 즉 예수님을 죽은 자들로부터 일으키신 [성령이] 당신들 속에 거하실 때 성부 하나님께서는 마치 그리스도를 죽은 자들로부터 일으키셔서 살도록 하신 것과 같이 당신들의 죽을 육신들을, 당신들 속에 거하시는 자신의 [성]령을 통해 살리실 것이다."31

성경의 가르침에 따라 부써는 성령 하나님께서 그리스도를 죽은 자들 가운데서 살아나게 하신 것과 같이 죽을 수밖에 없는 우리 육신들을 마지막 날, 즉 주님께서 다시 오시는 재림의 날에 다시 부활시키실 것이라고 주장한다. 부써에 따르면 살리시는 영으로서의 성령 하나님은 성부 하나님의 영이시요 또한 성자 하나님 예수 그리스도의 영이시다. 이러한 성령을 바울은 "양자의

---

31 BEph (1527), 27verso: "Vos uiuitis iam, non uitam carnis & naturae huius, sed spiritus, quandoquidem habitat in uobis spiritus Dei. Nam qui spiritum Christi non habet, non est eius. Si uero Christus in uobis (hoc est, si spiritus eius uobis contigit, & in uobis agit) corpus quidem morti est obnoxium, propter peccatum, & propensionem ad mala, usque in illo furentem. Spiritutus autem iste, uita est, eo quod ad iustitiam impellat. Cumque ita spiritus eius, qui IESVM excitauit a mortuis, in uobis habitat, idem Deus & pater, qui Christum a mortuis excitauit, uiuificabit & uestra mortalia corpora, per inhabitantem in uobis spiritum suum."

영"(spiritus adoptionis)으로 부르는데, "그것은 하나님께서 [양자의 영]을 통해 우리를 자신의 자녀로 받아들이셔서 우리 안에서 자신의 형상을 회복시키시기 때문이다. 그래서 우리가 [성령]을 통해 신뢰할 때, 자녀의 신뢰로 하나님을 우리 아버지라 부르는 것이다. 이 [성]령은 또한 우리가 하나님의 자녀이며 상속자들이요, 그리스도의 공동 상속자들이라는 것을 우리의 영혼에, 즉 우리의 마음에 증거 하신다. 그러나 우리가 만일 먼저 [그리스도와] 함께 고난을 받았다면 동일한 방법으로 언젠가 영화롭게 될 것이다."[32]

성령 하나님께서 우리를 하나님의 자녀로 보증하시는 것은 그리스도의 재림의 날인 종말의 날까지, 우리가 영화롭게 될 때까지 지속된다. 성령의 보증은 지속적이고 종말론적이며 영원하다. 성령의 확증과 보증 없이는 누구도 자신의 구원이 영원하다는 사실을 깨달을 수도 확신할 수도 없다. 성령의 감동감화는 종말의 날까지 성도를 완전한 구원에 이르도록 견인한다. 성령의 감동감화가 아니고는 우리가 하나님의 자녀라는 사실을 인식하고 안심할 다른 길이 없다. 부써에 따르면 그리스도 안에서 죽은 모든 성도들의 육체를 성부 하나님께서 마지막 날에 생명의 영이신 성령을 통해 부활시키실 것이다. 그러므로 소망 속에 있는 그리스도인의 완전한 구원은 성령 하나님을 통하지 않고는 결코 성취될 수 없다.

이러한 성령이 불신자들, 즉 불경건한 자들에게는 없다. 하나님께 선택 받은 자들의 보증이신 성령께서는 마지막 날에 택하신 백성을 불신자들로부터 확실하게 구분하실 것이다. 성령이 없는 자들은 하나님을 아버지라 부를 수 없고

---

32 BEph (1527), 27verso-28recto: "..., quod eo in filios nos sibi Deus adoptet, sui in nobis imaginem restituens, quo tum freti, patrem ipsum filiali fiducia inuocamus, qui spiritus, nostro quoque spiritui, hoc est, menti nostrae testatur, quod filij & haeredes Dei, cohaeredesque Christi sumus, pariter glorificandi olim, si tamen prius comassi fuerimus."

그리스도를 주님이라 부를 수 없고, 대신에 마음으로 하나님이 없다고 그리스도를 저주받을 이름이라 외치는데, 그 이유는 그들이 육신의 정욕을 즐거워하고 사탄의 통치에 사로잡혀 살기 때문이다. 반대로 "성도는 하나님의 성령에 의해 인도되기 때문에 자신들의 육신과 사탄과의 싸움을 끊임없이 수행한다. 비록 그들이 종종 마음으로 원하지 않는 죄악을 행할지라도, 즉 지체들의 법에 의해 미혹을 받은 경우에도 언젠가는 그 [악행]을 미워하고 용서를 빌게 된다. 왜냐하면 그들을 지탱해온 저 의심 없는 소망, 즉 언젠가 타락하여 죄에 사로잡힌 육체로부터 해방될 것이라는 [소망] 때문이다."33

부써에 따르면 성도가 지상에서는 완전히 거룩한 삶을 살지 못하고 때론 넘어져 죄를 범할지라도 언젠가 연약한 육체를 벗어나 완전한 구원에 이르게 되리라는 소망 덕분에 끝까지 견디고 인내할 수 있는데, 이 모든 성도의 견인은 성령 하나님의 역사 없이는 불가능하다. 성도가 예수 그리스도를 나의 주 나의 하나님으로 수용하고 고백하는 것도, 믿음으로 살리라 결심할 수 있는 것도 성령께서 베푸시는 은혜의 결과다. 또한 성도의 마음속에 종말의 소망을 품을 수 있도록 하시는 분도, 아무리 어렵고 힘든 시련 속에서도 그 소망으로 인해 참고 견디며 살도록 도우시는 분도 오직 성령 하나님이시다. 한 마디로 부써에게 있어서 성령 하나님은 성도를 위한 종말론적인 소망의 알파와 오메가시다.

33 BEph (1527), 40recto-verso: "..., cum sancti hoc Dei spiritu acti, nunquam non bellum cum carne propria, & Satana gerant, ac quamlibet saepe malum quod secundum mentem nolunt, faciant, abstracti scilicet lege membrorum, nunquam tamen id non detestentur & deprecentur, spe iuxta indubia suffulti, fore, ut olim a corpore ita corrupto & peccato obnexio liberentur."

## Ⅳ. 성령과 기독교 사랑

스트라스부르의 종교개혁자 마르틴 부써의 첫 작품에서부터 성령론은 매우 인상적으로 나타난다.[34] 여기서 부써는 하나님의 첫 창조 원리와 재창조 원리가 '사랑'이라고 강조하는데, 성령 하나님을 "만물 안에서 이웃의 안녕을 생각하고 추구하는 참 사랑의 영"이라 부른다.[35] 부써에 따르면 아담의 타락으로 신음하는 모든 만물을 하나님께서 본래대로 회복시키시는 목적은 오직 만물이 "하나님의 영광과 모든 피조물들의 유익, 특히 인류의 [유익]을 위해 살도록 하는 것"(zu leben zum preiss gottes und untzbarkeit aller creaturen in sonderheit aber der menschen)이다.

부써에게 인간의 구원은 창조의 회복을 의미한다. 인간이 믿음으로 구원받는다는 것은 "우리가 처음 창조되었던 것과 같이 우리 자신이 아닌 다른 이의 유익과 하나님의 영광을 위해 사는 삶"으로 돌아간다는 것 이외의 다른 뜻이 아니다.[36] "그러므로 우리의 구주 예수 그리스도께서는 만물이 자신을 통해 창조되었던 것처럼 또한 자신을 통해 만물을 회복하시고 피조물들이 창조

---

34 부써는 자신의 설교를 1523년에 "누구든지 자기 자신이 아니라 다른 사람을 위해 살아야 한다는 것과 어떻게 사람이 그렇게 할 수 있는가"(Das ym selbs niemant, sonder anderen leben soll, und wie der mensch dahin kummen mog)이라는 제목의 책으로 출간했다. 부써의 이 첫 작품은 부써 저술의 비평편집판인 "BDS 1, 44-67."에 있다. 부써의 첫 작품은 앙리 스트롤(Henri Strohl)에 의해 『이웃 사랑에 관한 소논문』(*Traité de l'Amour de Prochain*)이라는 제목의 불어번역으로 1949년에 출간되었고, 1952년에는 푸르만(P. T. Fuhrmann)에 의해 『그리스도인의 사랑에 대한 가르침』(*Instruction in Christian Love*)이라는 제목의 영어번역으로 출간되었다. 한글번역은 다음 참조. 황대우 편역, 『삶, 나아닌 남을 위하여』 (서울: SFC, 2016), 13-68.

35 BDS 1, 61,3-5: "..., on zweifel wurde uns der geist der woren liebe widerfaren, die mitnichten das ir, sonder in allen dingen die wolfart der nechsten bedachte und suchet."

36 BDS 1, 59,28-30: "..., wie wir erstlich geschaffen seind, nit uns selb, sonder den andern zu nutz und gott zu lob lenben,..."

되었던 최초의 질서를 그들에게 [다시] 세우심으로써 하나님을 기쁘시게 하셨다... 그리고 그들이(=사람들이) 그리스도를 믿을 때, 즉 온전히 신뢰할 때, 그분은 그들을 자신의 피로 성부의 자녀와 은혜의 자리에 회복시키신 다음, 첫 질서를 따라 창조된 모든 피조물들을 자신의 영으로 [회복시키셨다]."[37]

부써에 따르면 타락으로 말미암아 인간뿐만 아니라 모든 피조물은 최초의 질서, 즉 자신의 유익이 아닌 다른 이의 유익을 위한 창조 목적을 상실하고 자신의 유익만을 추구하는 이기적인 존재로 변했다. 하지만 하나님께서 독생자 그리스도를 교회와 우주의 머리로 삼으셔서 인류와 만물이 자신이 아닌 다른 피조물을 사랑하는 처음 창조 질서를 회복하도록 구원의 길을 여셨다. 부써는 이 모든 회복의 재창조는 오직 그리스도를 전적으로 신뢰하는 믿음을 통해서만 발생한다고 주장한다. "나아가 참된 믿음은 우리가 하나님의 모든 말씀, 모든 성경의 말씀을 믿을 수 있도록 한다. 이 [성경]은 우리에게 우리의 구주 그리스도 예수를 이렇게 제시한다. 즉 우리가 그분의 피로 [깨끗하게] 씻기었고 성부의 은혜로 말미암아 어둠의 권세로부터 그분의 나라로 옮겨졌다."[38]

계속해서 부써는 주장하기를, "그러므로 성부께서 우리에게, 우리의 마음속에 자신의 영을 주셨는데, [이 영은 우리로 하여금] '아바, 사랑하는 아버지'라고 외치도록 하신다. 또한 지금은 더 이상 종은 없고 오직 자녀만 [있을 뿐이다].

---

37 BDS 1, 60,1-11: "Dann Christus Jhesus unser heyland ist der, durch den wie alle ding geschaffen seind, also hat gott gefallen durch den wie alle ding geschaffen siend, also hat gott gefallen durch yn auch alle ding wider zu bringen und in ire erste ordnung, in die sye geschaffen seind, stellen. ... Und das, so sye gelauben in Christum, das ist, im gantzlich vertruwen, er hab sye durch sein blut wider in sun und gnad des vatters gestelt und also folgend durch sein geist wider auch gegen allen creaturen erstlicher ordnung nach,..."

38 BDS 1, 61,7-10: "Weiter, der wore glaub vermag, das wir gantzlich allen worten gottes, aller schrifft glauben. Dise malet uns Christum Jhesum, unsern heyland, also ab, das wir durch sein blut geweschen, von dem gewalt der fünsternüß in sein reich uß gnaden des vatters gesetzt seind."

하지만 [너희가] 자녀이면 또한 그리스도를 통해 하나님의 상속자들이다. 그는 (=바울은) 로마서에서도 동일한 [내용을] 기록한다. 그러므로 이제 아주 분명한 것은 우리가 믿음으로 하나님의 자녀가 되었고 자녀의 영을 가지고 있다는 것이다."[39] 여기서 부써는 갈라디아서 4장 6-7절을 인용한 다음에 로마서를 언급하는데, 이것은 그가 몇 문장 뒤에 인용하는 로마서 8장 16-17절을 의미한다. "이미 언급된 것처럼 믿음은 자녀의 영, 즉 우리의 영혼에 증거를 주시는 영이신 하나님의 영을 제공한다."[40] 그러므로 부써에게 '양자의 영'은 하나님의 영이시며 그리스도의 영이신 성령 하나님이시다.

양자의 영을 받은 하나님의 자녀에게 요구되는 새로운 삶이란 성부 하나님의 뜻에 순종하는 것, 즉 하나님의 율법에 따라 사는 것이다. 즉 "그러므로 그것은 '네 이웃을 네 자신처럼 사랑하라!'는 이 하나의 말씀으로 완성될 것이다."[41] 이어서 부써는 우리가 모든 사람을 온전히 섬기는 것이 "우리가 가장 사랑하는 하늘 아버지의 기쁨과 영광을 위한"(zu gefallen und lob unsers himelschen aller liebsten vatters) 것이라고 강조한다. 이와 같은 부써의 주장은 사랑을 율법의 완성으로 정의하신 예수님의 가르침에 근거한 신학적 사고의 결과다. 사도 요한의 형제 사랑에 대한 가르침과 같이 부써에게 하나님을 사랑하는 것과 이웃을 사랑하는 것은 동전의 양면과 같다. 하나 없이는

---

**39** BDS 1, 61,13-18: "Dann uns der vatter in unser hertzen sein geist gesant hat, der do schreyet: *Abba, lieber vatter, Also ist nun bye kein knecht mer, sonder eitel kinder. Seinds aber kinder, so seinds auch erben gottes durch Christum.* Dergleichen schreibt er auch zun Romern. Seitenmal aber nun klar ist, das wir durch den glauben kinder gottes werden und den geist der kinder haben,..."

**40** BDS 1, 61,32-34: "Dann der glaub wie yetzt gesagt ist, bringt den geist der kinder, den geist gottes, der unserm geist zeügnüß gibt, [*das wir kinder gottes seind.. so wir dann kinder seind, so seind wir auch erben, nemmlich gottes erben und miterben Christi.*][Ro 8, 16-17]"

**41** BDS 1, 61,28-29: "Darumb so solchs in disem einigen wort erfüllt würt: Hab dein nechsten als lieb als dich selb."

다른 하나도 성립되기 어렵다. 즉 하나님 사랑 없는 이웃 사랑은 공허하고 이웃 사랑 없는 하나님 사랑은 거짓이다.

부써는 이 두 사랑이 그리스도를 온전히 신뢰하는 믿음 안에서 오직 성령 하나님의 역사로 말미암아 조화롭게 실현된다고 본다. "믿음은 우리 안에 그리스도를 믿는 온전한 신뢰를 일으킬 뿐만 아니라 새롭게 제공하고, 또한 올바른 신적 질서로 우리를 회복시키고 일으켜 세운다. 그 질서에 따라 우리는 창조되었다. 그리고 또한 우리가 그러한 신뢰로 말미암아 그분의 영을 갈망하고 영접하는 것인데, [그분의 영은] 우리가 하나님의 자녀라는 것을 확증하시는 분이시다. 결과적으로, 우리는 기꺼이 우리의 이웃을 향한 극진한 사랑함으로 [하나님을] 섬기고 순종한다. 왜냐하면 이것이 하나님께서 자신의 백성에게 요구하시는 최고의 것이기 때문이다."[42]

부써에게 믿음은 단순히 죄인이 의롭게 되는 영혼 구원의 수단에 불과한 것이 아니다. 참된 믿음은 참된 사랑의 열매를 맺게 되어 있다. "결국, 이생의 사랑, 즉 명예나 재물이나 쾌락[을 사랑하는 것]이 자신의 이웃에게 참된 사랑과 봉사를 나타내지 못하도록 너무 많이 방해할 경우, 참된 믿음은 그것을 완전히 제거해버린다... 그러므로 참된 신자에게는 그의 형제를 위해 그의 생명을 포기하는 것이 사소한 일이다. [그럴진대 더 이상] 내가 명예와 재물 혹은 쾌락에 대해서는 말하지 않겠다. 마치 그리스도께서 우리를 향한 자신의 한없는 사랑 때문에 자신의 생명조차도 우리를 위해 포기하셨던 것처럼."[43] 그리스

42 BDS 1, 63,1-7: "Mer über das der glaub in uns uffricht das gantzlich vertrawen in Christum, widerbringt und stellet er uns auch in die rechte und gottlich ordnung, in die wir geschaffen seind. die wir auch durch solchs vertrawen erlangen und entpfahen sein geist, der uns sichert, das wir gottes kinder seind. Daruß volget, das wir im gern in aller liebthot gegen unsern nechsten, das er am hochsten von den seinen fordert, dyenen und wilfaren."

43 BDS 1, 64,15-28: "Zuletst so manchen an worer liebe und dyenst seinem nechsten

도인이라면 그리스도께 속한 사람답게 그리스도처럼 이웃을 위해 자신의 생명조차 포기할 수 있는 사랑의 사도로 살아가야 한다고 부써는 주장한다.

신앙생활을 위해 가져야 할 그리스도인의 마땅한 자세는 무엇인가? 이 질문에 대한 부써의 대답은 자기 자신에 대한 부인과 모든 사람을 섬기는 재능을 자신이 아닌 이웃을 위해서만 사용함으로써 하나님께 영광을 돌리는 삶이다. "만일 그렇지 않다면 그것은 결코 바르게 창조된 참된 믿음이 아니다. 그 [믿음]은 죽은 것이요 결코 믿음이 아니다."[44] "올바른 믿음의 사람"(ein recht glaubig mensch)은 또한 "다른 사람"(ein ander mensch)이요, "그리스도 안에서 새로운 피조물"(in Christo ein newe creatur)이므로 더 이상 자기 자신을 위해 살 수 없고 반드시 "다른 사람을 유익하게 하고 하나님께 영광을 돌리는 삶"(andern zu nutz und gott zu lob leben)을 살아야 한다는 것이다.[45]

성경의 가르침에 따라 부써는 두 종류의 사랑, 즉 이웃에게 선행을 베푸는 이웃 사랑과 하나님께 영광을 돌리는 하나님 사랑을 참된 믿음의 결과로 간주한다. 그리고 구원의 원인인 믿음뿐만 아니라, 믿음의 결과인 사랑도 성령 하나님께서 역사하실 때 비로소 효력이 나타나고 열매를 맺게 된다. 그리스도를 신뢰하는 신자들은 하나님의 창조와 재창조 원리인 사랑을 실천하는 하나님

zu beweisen, hindert liebe diß gegenwertigen lebens eeren, guts oder lusts, nimpt solche der wor glaub gantzlich hynweg... Darumb einem worglaubigen ein gering sach ist, für seine bruder sein leben zu lassen, ich schweig eer und gut oder lust. Wie dann Christus uß seiner grundtlosen lieben zu uns auch sein leben für uns gelassen hat."

**44** BDS 1, 65,4-8: "Und hyebey mag auch manigklich wol lernen, was er für ein glauben hat. Dann bringt er solche sein selbs verleükung und begabung zu dyenst aller manschen, das er mitnichten im selb hynfürt, sonder gantzlich den nechsten gott zu lob lebe, nit so ist er auch kein worer rechtgeschaffner glaub, sonder tod ist er und kein glaub."

**45** BDS 1, 65,26-28.

의 백성이다. 그리스도께서 모든 하늘 영광을 포기하시고 인간으로 오셔서 십자가를 지신 이유는 우리 죄인을 향한 사랑 외에는 아무 것도 없다. 성화가 배제된 칭의나 칭의가 선행하지 않는 성화는 부써에게 비정상적이요 비성경적이다. 왜냐하면 전자가 죄를 지어도 죄가 되지 않는다는 신령주의와, 모든 종류의 율법을 폐기된 것으로 간주하는 율법무용론으로 귀착되는 반면에 후자는 구원이 그리스도의 공로가 아닌 자신의 선행적 공로로 달려 있다는 공로주의와, 율법준수를 구원의 조건으로 간주하는 율법주의로 귀착되기 때문이다.

율법과 복음이 루터의 신학에서는 어느 정도 상호 긴장과 갈등관계이지만 부써의 신학에서는 표면적인 긴장과 갈등을 넘어 근본적으로 상호 필요와 의존관계다. 말씀을 들음으로부터 믿음이 발생한다는 성경적 원리는 루터와 부써 모두에게 불변의 진리이기 때문에 말씀 선포는 기독교 신앙의 생성을 위해 반드시 선행되어야 하지만 말씀이 선포되기만 하면 자동으로 믿음이 발생하는 것은 아니다. 그러므로 오직 성령 하나님께서 말씀을 듣는 사람의 마음에 감동과 감화를 일으키실 때에만 비로소 선포된 말씀은 믿음의 열매를 맺을 수 있다. 루터도 인간의 말은 어떤 효력도 없으며 하나님만이 말씀을 통해 믿음을 일으키신다고 인정한다.46 하지만 루터가 믿음의 발생을 감동감화하시는 성령의 사역보다는 외적인 말씀의 효과적인 선포를 더 강조한다는 것은 분명한 사실이다.47 반면에 부써는 기록된 말씀의 내적 저자이신 성령의 감동감화를 더 강조

46 루터가 말씀과 성령의 관계를 어떻게 생각했는지에 대해서는 다음 참고. Lennart Pinomaa, *Sieg des Glaubens. Grundlinien der Theologie Luthers*, bearbeitet und herausgegeben von Horst Beintker (Göttingen: Vandenhoeck & Ruprecht, 1964), 125-134. 레나트 피노마, 『승리의 믿음: 루터신학 입문』, 엄진섭 역 (서울: 컨콜디아사, 2009), 181-194.

47 프렌터는 자신의 책에서 외적 말씀을 유효하게 하는 '하나님의 내적 사역'이라는 루터의 개념이 곧 외적 말씀에 대한 '성령의 내적 사역'을 의미하는 것이라는 무리한 주장을 위해 때론 루터 자신의 말을 오용하기도 한다. 예를 들면 그는 "왜냐하면 마치 그리스도의 성육신을 통해 하나님의 말씀이 육신에 첨가된 것처럼 그와 같이 동일한 [성육신]을 통해 영도 계시되시

한다.

따라서 루터에게는 선포된 말씀이 효과적이기 위하여 반드시 성령의 역사가 뒤따라야 하지만, 부써에게는 성령께서 선포된 말씀을 통해 효과적인 역사를 일으키신다. 두 명의 마르틴 사이에는 강조점과 선후의 미묘한 차이가 감지되는데 이 차이는 그들의 신학 전반에 걸쳐 있다. 루터가 칭의란 반드시 선행의 열매로 나타나야 한다고 강조하기 때문에 성화의 중요성을 분명하게 인식하고 있었음에도 불구하고[48] 성화를 칭의 만큼 강력하게 주장하지 못한 이유는 이미 로마가톨릭 신학의 공로사상을 깨부수기 위해 칭의가 성화의 자리를 잠식할 정도로 너무 지나치게 칭의 교리를 강조했기 때문이다. 하지만 부써는 칭의와 성화 둘 다를 오직 성령 하나님의 역사로 보았기 때문에 그 둘의 순서만 바르게 정립된다면 성화를 강조하지 못할 이유가 없었다. 왜냐하면 루터의 칭의 사상 덕분에 부써는 반드시 칭의 다음에 성화가 와야 한다고 보았고 이 순서가 뒤바뀌지 않는 한 성화가 칭의의 원인되는 일은 결코 일어나지 않을 것이라 확신했기 때문이다. 이런 칭의와 성화의 관계는 칼빈의 신학에서도 발견된다.

기 때문인데, 이 [영]은 목소리의 말씀과 같고 육신의 신성과 같다."(Quia sicut per incarnationem Christi verbum dei additum est carni, ita per eundem spiritus revelatus est, qui est velut verbum vocis et sicut deitas carnis.)는 루터의 말을 근거로 "루터는 말씀이 영의 수단이라는 것, 외적 말씀이 영의 성육신이라고 강조한다."(Luther betont, daß das Wort "instrumentum" des Geistes ist, daß das äußere Wort *Inkarnation* des Geistes ist,...)는 식으로 주장한다. Regin Prenter, *Spiritus Creator. Studien zu Luthers Theologie* (München: Chr. Kaiser Verlag, 1954), 107-109. 특히 2장의 각주 15번과 333-334쪽 참조.

48 빌럼 판 엇 스페이꺼르, 『루터: 약속과 경험』, 황대우 역 (부산: 고신대학교출판부, 2017), 375-392.

## V. 결론

부써에게 기독교의 믿음과 소망과 사랑은 모두 성령 하나님의 결정체다. 왜냐하면 믿음과 소망과 사랑은 성령 하나님의 사역 없이는 결코 실현될 수 없기 때문이다. 그리스도인의 믿음은 그리스도의 십자가와 부활 신앙을 실행하시고 집행하시는 시혜자로서의 성령 하나님의 사역이다. 그리스도인의 소망은 그리스도의 재림 소망을 확증하시고 보증하시는 성령 하나님의 지속적인 위로하심과 인도하심 없이는 결코 목적지에 도달할 수 없는 허황된 꿈에 불과하다. 그리스도인의 사랑도 역시 하나님의 사랑이 세상의 유일한 구원의 길임을 증거하며 살도록 아름다운 열매를 맺게 하시는 효력자로서의 성령 하나님의 감동감화 없이는 이기적인 위선으로 끝날 수밖에 없다.

"모든 선은 하나님의 은사다."(Bona omnia dona Dei)라고 요약한 곳에서 부써는 이렇게 주장한다. "그가(=바울이) 모든 것을 하나님의 은사로 간주한다는 것을 주목하라. 에베소 [교인]들은 이미 믿음과 사랑을 제공받았다. 그래서 그는 쉬지 않고 그들을 위해 감사할 수 있었던 것이다. 그럼에도 불구하고 그는 최선을 다해 [기도하기를], 하나님께서 그들에게 지혜와 계시를 부어주셔서 그리스도를 배우고 알되 이성의 밝은 눈으로 그들의 부르심의 소망이 무엇인지 알도록, 즉 그들이 무엇을 위해 부르심을 받았으며 무엇을 기대할 수 있는지, 받게 될 유업의 영광이 얼마나 부요하고 찬란한지, 또한 그들에게 그 소유권을 제공하는 하나님의 능력의 위대하심이 [얼마나 부요하고 찬란한지] 온전히 이해하도록 해달라고 기도했다. 인간의 마음은 이런 것들 가운데 아무 것도 생각할 수 없고, 그 모든 것은 성령께, 하나님의 계시에 속하는 것이다."[49]

부써에게는 "모든 선한 것"(bona omnia)이 "하나님의 은사"(dona Dei)다. 그 모든 하나님의 선물 가운데 최고는 단연 믿음과 소망과 사랑일 것이다. 그렇다면 믿음과 소망과 사랑은 모두 하나님의 선물, 즉 은사다. 이 모든 하나님의 은사는 감동감화를 일으키시는 성령 하나님께서 베푸시는 것이다. 따라서 하나님으로부터 나오는 모든 선한 것 가운데 최고인 믿음과 소망과 사랑은 부써에게, 성령 하나님의 은사, 즉 선물 이외의 다른 무엇일 수 없다.

**49** BEph (1527), 41recto-verso: "Vide autem omnia dona Dei faciat. Fide erant iam & dilectione Ephesij praediti, ut citra intermissionem gratias pro eis ageret, nihilominus impendio orat, ut sapientiam & reuelationem eis Deius aspiret, qua Christum cognnoscant atque faciant, illuminati oculos mentis, quae sit spes uocationis suae, hoc est, ut plane intelligant, ad quae sint uocati, quid hinc debeant sperare, quamque sit opulenia & redundans gloria haereditatis, quam sint adituri, & magnitudo uirtutis Dei, qua ad eam uindicantur. Adeo nihil horum cognitare potest cor humanum, omnia sunt spiritus & reuelationis Dei."

# 필립 멜랑흐톤의 성령론

**김진국**

(대신총회신학연구원 교회사 책임교수, 동산교회 교육목사)

Philip Melanchthon(1497-1560)

필자는 안양대학교 목회학과를 졸업하고, 안양대학교 신학대학원에서 목회학석사(M. Div)와 신학 석사(Th. M)과정을 거쳐, 독일 뷔르츠부르크와 뮌스터 대학 신학부 과정에 있었으며, 헤르만 셀드하위스 교수의 지도로 네덜란드 아펠도른 기독 개혁 신학 대학교에서 신학박사를(Th. D) 취득했다. 현재 시흥동에 동산교회(대신)에서 교육목사로 섬기고 있으며, 대신총회신학연구원 교회사 책임교수로 섬기고 있다.

**김진국**

## I. 들어가며

성령론은 신학적 주제로서 먼저 삼위일체론에서 다루어진다. 그 후에 성령론을 경륜적으로 곧 구원론으로 보기도 한다. 17세기 정통신학에서는 성령에 대한 가르침은 한 하나님 안에서 실체적으로 다루어지며, 삼위에 대해서 성령의 위격, 즉 삼위 상호간에 관계에서 위격적으로 진술되고, 다음에 경륜적으로 성령께서 창조의 사역과 그리고 더 폭넓게 전반적인 구원하시는 사역으로 묘사된다. 17세기 정통신학에서 이런 구조가 나오는 것은 아우구스티누스의 삼위일체론에 전제되어 있기에 그렇게 진술한 것이다. 17세기 정통신학이 이렇게 신학적 전개하는 것은 멜랑흐톤의 삼위일체론의 영향이 크다.[1] 그의 아우구스티누스적인 삼위일체론은 로찌 신학총론 1535년판을 시작으로 1559년까지 그 구조적 이해가 확장된다.[2] 그의 1521년판에 삼위일체론이라는 로찌는 없어도 그의 신학에 삼위일체는 전제가 되어 있다. Sven Grosse가 말한 것처럼, 신학총론 1521판에서 1533년판으로의 신학적 로찌의 전환과 확장이 신학적 기본입장의 단절은 아니다.[3] 단지 멜랑흐톤이 초기에는 로마가톨릭의 스콜라신학자들에 대한 논쟁으로 기독론과 칭의론에 초점을 두었다면, 중기 이후부터 신학적 내용과 논쟁도 중요하게 생각하지만, 신학적 체계적 서술에도 또한 방점을 둔 것으로 보인다. 멜랑흐톤은 로찌 1543년판 서문에 다음과 같이 말한다.

---

1 김진국, '멜랑흐톤의 신론', 『종교개혁과 하나님』 (부산: 고신대학교 개혁주의학술원, 2018), 94-95.

2 김진국, '멜랑흐톤의 신론', 93-95.

3 Sven Grosse, 'Philip Melanchthon: Der Reformator zwischen Glauben und Wissen ein Handbuch', in *System der Theologie*, in Günter Frank(H.g.) (Berlin/Boston, de Gruyter), 333.

"... 나는 이것들을 정돈해 두고 함께 엮어두었는데, 먼저 나 스스로를 세워나가기 위함이고, 그리고 이 책을 읽는 어떠한 사람들의 존경할만하고 경건한 노력들을 지원하기 위해서이다. ... 그러므로 우리는 하나님과 복음과 진리를 사랑하고 보호하고 후대에 부패하지 않은 상태로 전달하려는 후대에 가장 중요한 일에 근심과 진실함을 증명하기 원한다."4

그리고 멜랑흐톤은 교회의 가르침을 세우고 증거하기 위해서 이 책을 쓴다고 했다. 특히 비텐베르그 교회의 가르침과 자신의 신학총론은 매우 밀접한데, 이는 의심의 여지없이 그리스도의 보편교회의 일치된 가르침임을 말한다.

현대의 조직신학적인 성령론(구원론)과 대화하기 위해서는 종교개혁자로서 멜랑흐톤이 (성령론)구원론에 해당하는 로찌는 어떤 부분에 있는지 확인하는 것이 필요할 것이다. 헤페 같은 경우 그의 개혁파 교의학에서 22장 성화의 항목에서 "소생과 죽임"은 두 가지 다양한 과정이 겹쳐서 따르는데, 그 방식이 안에 그리고 함께 존재하며, 소생(vivificatio)은 단지 죽임(mortificatio)의 다른 면이고, 그리고 죽임을 통해 옛 사람이 단번에 진압되는 것이 아니라 점진적으로 죽임을 당하게 된다고 한다.5 이에 대해 인용하기를 폴라누스의 성화 교리를 영혼의 중생 교리와 연결한 것을 설명하고, 영혼의 중생을 조명과 회개의 은사를 포함하는 것으로 말한다. 그리고 헤페는 다른 개혁파 교의학자들 또한 이 회개의 주된 요소로 이와 유사하게 이해하였다고 한다. 어떻게

4 Philipp Melanchthon, *Loci praecipui theologici*, 3-5.

5 Heilrich Heppe, *Reformierte Dogmatik* (Buchhandlung des Erziehungsvereins Neukirchen, Kreis Moers; 1935), 449-450; 하인리히 헤페, 『개혁파정통교의학』, 이정석 역 (경기; 크리스챤 다이제스트), 811.

이런 방식이 또한 독일 개혁신학안에서 초기 대변자로서 멜랑흐톤적인 이해(통회와 신앙과 새로운 순종으로 존재하는 회개로 이해)의 자리에서 진입했는지 헤페의 독일 개신교 교의학에서 나온다.[6] 헤페는 이런 진입이 우르시누스와 올레비아누스와 에글린에게서 발견된다고 말한다. 실제로 그것이 하이델베르그 요리문답 88문부터 90문까지 반영되어 있고, 그리고 이어서 91문에는 선행에 대해 가르친다. 초기 멜랑흐톤은 구원론의 주제를 종교개혁 초기에 루터와 함께 로마가톨릭과 싸우며 기술하던 것을 점점 더 가다듬고 교의적 내용으로 전개했던 것으로 보이며, 이를 멜랑흐톤의 제자인 16세기 중반 개혁파 신학자들이 구원론의 내용으로 정착시키고 확장 하였던 것으로 보인다.

하지만 근대이후 멜랑흐톤 연구가들은 자신의 신학 입장에 따라서 주로 루터의 신학을 강조하는 자들에게 있어서 초기 멜랑흐톤과 후기 멜랑흐톤을 나누는 것을 일반적으로 받아들인다.[7] 하지만 실제로 초기 멜랑흐톤과 후기 멜랑흐톤의 신학적 차이가 있는지? 만일 차이가 있다고 하면, 본질적인 차이인지 아니면 시간적 흐름에 따라 자연스러운 형식과 방식의 차이인지 점검할 필요가 있다.

또한 요즘 이슈가 되었던 바울신학의 새관점 학파의 주장이 실제로 타당한가 아닌가를 멜랑흐톤의 성령론(구원론)을 통해 확인해 보고 평가해 볼 수 있겠다.[8] 이들은 종교개혁자들이 바울을 오해했다고 주장하는데, 이들의 주장이 타당한지 아닌지를 평가해 볼 수 있다.

멜랑흐톤의 신학에서 성령론에 대해서 어떤 전개와 발전이 있는지 살펴보고자 한다. 성령론에 관련된 내용이 어떤 부분(로찌나 신앙고백 항목)에서 논해지

---

6 Heilrich Heppe, *Reformierte Dogmatik*, 455.

7 참고, 김진국, “필립 멜랑흐톤의 신학”, 「갱신과 부흥」 19호 (2017), 9-10.

8 김대희, “종교개혁자들의 칭의론과 새 관점의 칭의론 비교”, 「개혁정론」 제2권 (2019), 225-266.

고 있으며, 전개과정이 어떠한 지를 멜랑흐톤의 저서들 중에 대표적인 두 저서 즉 신학총론과 아욱스부르크 신조에서만 연구하고자 한다.

## II. 멜랑흐톤의 성령론의 전개과정

### 1. 신학총론(1521)에서

신학총론 초판은 중세 스콜라 신학자들의 사변적 신학을 거부하고 은혜의 약속, 즉 복음을 통하여 그리스도를 믿는 자들에게 주어지는 구원에 대해서 소개한 신학이다. 멜랑흐톤은 그리스도의 구속사역을 신자들에게 구원으로서 죄용서와 영생을 주는 구원의 관점에서 전개한다. 즉 기독론은 구원론과 연결되고 있다.[9] 이런 연결하는 측면에서 성령의 사역이 있다. 그는 성령론(구원론)을 하나의 로찌로 분류하여 전개하지 않지만, 자신의 신학을 진술할 때, 성령은 신자를 구원하시는 분으로 말한다. 그는 스콜라주의자들의 주장인 '지성의 욕구가 어떤 결점에서도 자유롭고, 감각적 욕구만이 죄악된 것'이라는 궤변에 반대하며, '인간의 전적부패'를 주장하면서, 성령께서 역사하시는 자에게만 구원이 있음을 말한다. "인간의 능력, 특히 자유의지"와 "죄", "복음"에 관한 로찌들 등에서 성령에 대해 언급한 내용들을 모아보면 다음과 같다. "우리는 진노의 자식들로 태어나기 때문에, 우리는 하나님의 영이 없이 태어난다는 결론이 따라온다."[10] 즉 이렇게 인간이 죄인이며, 하나님의 영이 없는 인간

9 김진국, "필립 멜랑흐톤의 기독론", 『종교개혁과 그리스도』 (부산: 고신대학교 개혁주의학술원, 2019) 79.

10 멜랑흐톤, 부써, 『멜란히톤과 부처』, 이은선, 최윤배 역 (서울: 두란노아카데미, 2011), 87.

상태는 진노의 상태임을 말한다. 이어서 "하나님의 영이 사람 안에 없기 때문에, 그는 육적인 것만 알고, 사랑하며, 추구한다."라고 한다.[11] 하지만 성령께서 가르치심으로 인간 지성을 초월한 말씀을 알게 되는 것임을 말한다.[12] 성령의 가르치심으로 하나님의 말씀을 알게 하시는 것을 말한다. 죄에 대해 설명하면서, 바울이 특히 로마서와 갈라디아서에서 '육신'과 '성령'을 비교함을 말한다. '육신'은 몸과 함께 영혼으로 구성된 전체 인간을 의미하며, 인간 본성의 최선이자 최고로 우수한 능력을 의미하며,[13] 그럼에도 '육에 속한 것'은 '죄'라고 '정죄당함'을 말한다. 성령의 사역 없이 우리 안에 일어나는 것은 무엇이든지 간에 '육신'이라고 부른다.[14] 반면에 '영'은 성령 자신과 그 분의 활동과 우리 안에서 하시는 그 분의 사역을 의미한다.[15] '육신'은 율법을 성취할 수 없고, '육신'은 죄에 굴복한다고 가르치며, 성령이 율법을 성취하며, 성령은 생명과 평안이라고 가르친다(로마서 8장). 그래서 요한복음 3장 6절에, "육으로 난 것은 육이요 영으로 난 것은 영이니"라고 말한 것을 인용하며, 요한복음 8장 15절과 창세기 6장 3절을 인용한다. 로마서 8장에서 육신은 율법을 성취할 수 없고 율법을 성취할 성령이 필요하다고 말한다. 육신을 설명하면서 성령이 갱신시키지 않고 정화시키지 않은 사람 안에 '육신' 혹은 '부패한 것'에 대해 말한다. 성령은 갱신케 하며 거룩케 하는 분임을 말한다. 로마서 8장 3절 이하

---

11 멜랑흐톤, 부써, 『멜란히톤과 부처』, 88.

12 멜랑흐톤, 부써, 『멜란히톤과 부처』, 53. "왜냐하면 성령, 혹은 요한이 말하는 바와 같이, '기름 부으심'(요일 2:27)은 성경을 사용하여 많은 일들, 인간 지성의 가장 위대한 노력조차도 획득할 수 없는 이들을 가르치실 것이기 때문입니다"

13 멜랑흐톤, 부써, 『멜란히톤과 부처』, 75.

14 멜랑흐톤, 부써, 『멜란히톤과 부처』, 88.

15 Philipp Melanchthon, *Loci communes 1521* Lateinisch – Deutsch, Übersetzt von Horst Georg Pöhlmann (Gütersloh: Gütersloher Verlagshaus, 1997), 69. "Wiederum bezeichnet Geist den Heiligen Geist selbst end seine Bewegungen und Werke in uns"

에 영은 '성령'이라고 설명하며 움직임과 동인이 그로부터 나온다고 설명한다.[16] 그리스도의 영을 소유하지 않은 사람들은 율법을 수행할 수 없음을 말하고, 그리스도의 성령으로 갱신된 사람들은 율법없이도 율법이 명령하곤 했던 것에 자발적으로 순종함을 말한다.[17] 우리가 하나님의 영, 즉 하나님의 살아계시는 뜻이신 그 분을 통해 중생하게 되었을 때, 성령은 다름 아닌 하나님의 살아있는 뜻이고 율법이 요구하는 것을 우리가 자체로 자발적으로 행하는 '움직임'(agitatio)이라고 한다.[18] "그리스도 예수 안에 있는 생명의 성령의 법이 죄와 사망의 법에서 너를 해방하였음이라(롬 8:2)"를 인용하면서, 성령의 법은 생명을 주는 성령의 활동으로서의 법이라고 설명한다. 그리고 이어서 멜랑흐톤은 아우구스티누스가 그의 책 "영과 문자"에서 이런 방식으로 그리스도인의 자유를 논의한 것을 소개한다. 그리고 이어서 성령의 내주에 대한 유명한 구절인 예레미야 31장 31-34절과 에스겔 11장 19-20절을 인용한다. 그 후에 다음과 같이 성령과 십계명(율법)에 대한 관계를 설명한다.

> "우리가 십계명으로부터 얼마나 자유로운지 당신은 안다. 먼저 그는 그리스도 안에 있기 때문에 그들이 죄인임에도 불구하고 정죄받을 수 없다. 그리고 그리스도안에 있는 자들은 영을 통해 율법을 행하도록 이끌림받고, 그리고 그들은 성령의 능력으로 십계명을 행하고 사랑하고 하나님을 두려워하며, 그들의 이웃의 필요를 주고, 율법에 이미 기록된 것을 심지어 그것을 행하기 위해 자체를 원하고, 율법이 요구하지 않더라도 그러하다. 그들의 뜻은 말하자면 살아있는 율법으로서 영과 다르지 않다."[19]

16 Philipp Melanchthon, *Loci communes 1521*, 71.
17 멜랑흐톤, 부써, 『멜란히톤과 부처』, 182.
18 Philipp Melanchthon, *Loci communes 1521*, 297.
19 Philipp Melanchthon, *Loci communes 1521*, 299.

이어서 멜랑흐톤은 이런 방식으로 그리스도의 성육신 전에도 그리스도의 성령을 소유했던 조상들도 자유로웠다고 한다.[20] 그들은 율법을 성취할 수 없었지만 그리스도를 통해 자유로웠고, 그들 자신의 행위나 공적이 아니라 그리스도를 믿는 믿음으로 의롭다함을 얻었다고 한다. 멜랑흐톤은 성령으로 '의롭게 됨'을 말한다.[21] 그에게 있어 칭의론를 펼칠 때, 그리스도의 영, 즉 성령을 소유한 신자를 말함으로서 성령의 내주를 통한 구원을 말한다. 로마서에서(6,7,8장) 사도는 새사람이 자유로움을 말하며, 그는 성령으로 새롭게(갱신)되는 자이어서 자유롭다고 한다.[22] 멜랑흐톤에게 있어 그리스도인의 자유는 그리스도께서 이루신 것이 전가 되어 성령이 새롭게 한 신자들이기에 자유이고, 그러나 완성을 향한 점진적인 존재임을 말한다. 아직 바울은 자신이 여전히 죄의 포로라는 것을 말하고 있고(롬 7:23), 이것을 아우구스티누스와 키프리아누스도 많은 구절에서 동일한 것을 말함을 언급한다. 이것을 설명하면서, 로마 가톨릭의 예식들로 사람의 구원을 얽어매는 것을 비판한다. 멜랑흐톤이 말하기를, 우리는 도덕법에 따르는 행위에 주의해야만 하는데, 그것이 우리를 의롭다 하는 것은 아니지만, 육신이 영에 순종하기 위해서라고 한다.[23] 이것은 "의인은 믿음으로 말미암아 살리라"고 말하는 로마서 1장 17절에서 믿음만이 의롭게 되기 때문이다. 이런 자유는 영적인 사람만이 이해할 수 있다고 한다.[24] 여기서 영적인 사람이란 먼저 그리스도의 영으로 의롭다함 받은 자인데, 이 사람은

---

**20** 멜랑흐톤, 부써, 『멜란히톤과 부처』, 183.

**21** 멜랑흐톤, 부써, 『멜란히톤과 부처』, 65; 멜랑흐톤, 부써, 『멜란히톤과 부처』, 56. "왜냐하면 성령으로 의롭게 된 사람들 속에서도, 우리가 아래서 가르치려고 하는 바와 같이, 좋은 정서들이 나쁜 정서들과 싸우고 있기 때문이다."

**22** 멜랑흐톤, 부써, 『멜란히톤과 부처』, 184.

**23** Philipp Melanchthon, *Loci communes 1521*, 303.

**24** Philipp Melanchthon, *Loci communes 1521*, 303. "... sie kann nur von geistlichen [Menschen] verstanden werden."

성령의 인도하심으로 주의 뜻을 따르는 것을 자원하는 사람들이다. 멜랑흐톤은 의식법과 시민법만 폐지된 것일 뿐만 아니라 도덕법도 폐지되었음을 말하는데, 후자는 율법의 정죄와 형벌의 측면에서 말하는 것으로 볼 수 있다. 왜냐하면, 그에 따르면, 동시에 성도들은 십계명을 성령이 일하심으로 따르게 되는데, 성도들이 십계명을 지키는 이유는 성령이 역사하시기 때문이고 의지를 주시기 때문임을 다음과 같이 말하고 있다.

> "성도들이 십계명을 지키는 이유는 이것이 마음의 의를 넘어 장소와 시간, 사람과 사람들과 사물들의 명확한 구별을 요구하지 않고, 또한 성령이 실질적으로 마음의 의이기 때문이다. 이제 율법이 폐기되어 있기 때문에, 십계명은 성취되지 않을 수 없다. 태양이 떠오른 후에 밝은 낮이 오지 않을 수 없는 것과 같이, 십계명은 이제 성령이 성도들의 마음에 부어져 있으므로 성취되지 않을 수 없다. 더구나, 영적인 사람은 아주 자유로워 성령 자신이 그 자신의 본성으로 십계명의 성취를 가져오지 않는다면, 우리는 열 개의 계명을 지킬 의무조차 없을 것이다. 이제 성령이 본질적으로 십계명의 성취인 이러한 종류의 의지를 주실 때, 율법은 요구되기 때문이 아니라, 영적인 사람은 다른 방법으로 행할 수 없기 때문에 준수된다."[25]

여기서 멜랑흐톤은 그리스도인에게 성령으로 인해 십계명을 지키는 이유를 말하면서 성령이 마음의 의라고 한다. 이런 그의 설명을 보면, 그는 이미 1521년에 율법의 제 3 용법과 성도의 성화를 말하는 것으로 볼 수 있겠다. 멜랑흐톤이 율법폐기론자들과 논쟁한 것이 1525년경이니 1521년에는 아직 이 부분을 세밀하게 구별하고 있지는 않다. 마우러에 따르면, 크레멘스 바우어는 1950년

---

**25** 멜랑흐톤, 부써, 『멜란히톤과 부처』, 186-187.

경 초기 멜랑흐톤은 인문주의를 통해 중세 후기 자연법 전통으로 제시했고 이것은 루터에 의해서 넘겨받은 종교개혁신학과 조화될 수 없는 모순이라고 하였다.[26] 오하네스 헤켈은 이런 모순이라는 주장을 부정했고, 멜랑흐톤의 율법에 대한 진술은 온전히 루터에게로 돌아가고, 옛 전통에 공통적인 관계의 가능성은 자유롭게 열어놓았다고 한다. 마우러는 위의 두 주장이 부분적으로 일리가 있다고 있으나 헤켈쪽이 더 타당하다고 한다.[27]

또한 멜랑흐톤은 신자가 받은 그리스도의 영이 우리 육신에서 죄의 잔재들을 죽인다고 하며, 성령께서는 본성상 육신을 죽이는 분이기 때문이라고 한다(롬 8:1).[28] 그리하여 성도는 육신을 따라 걷지 않고 성령이 그들을 다스리기 때문에, 육신의 잔재가 십자가에 못 박히고 있다고 말한다. 믿는 자들에게 성령은 율법을 통해 육신을 죽인다고 한다.[29] 그럼에도 아직 성도안에서 자유가 완성되지 않고, 오히려 영이 증가하고 있고 육신이 죽임을 당하는 동안에 자유롭다고 한다.[30] 이어서 멜랑흐톤은 "옛사람과 새사람"의 항목에서 성화에 대해 다음과 같이 말한다.

> "나는 말했다: 자유는 아직 완전함이 이르지 않았는데, 왜냐하면 또한 성화가 우리 안에 아직 완성되지 않았기 때문이다. 왜냐하면 우리는 하나님의 영을 통해 거룩하게 되어지기 시작했기 때문이고, 육신이 온전히 죽게 되는 동안, 우리는 거룩하게 되기 때문이다. 그렇게 일어나기에 신자들에게 두 본성이 적합

---

26 Wilhelm Maurer, *Melanchthon-Studien, Schriften des Vereins für Reformationsgeschichte ; no. 181* (Gütersloh: Gütersloher Verlagshaus G. Mohn, 1964), 103

27 Wilhelm Maurer, *Melanchthon-Studien*, 135.

28 멜랑흐톤, 부써, 『멜란히톤과 부처』, 190-191.

29 멜랑흐톤, 부써, 『멜란히톤과 부처』, 191.

30 Philipp Melanchthon, *Loci communes 1521*, 313.

하다: 영과 육신, 새사람과 옛 사람, 내적인 사람과 외적인 사람."

멜랑흐톤에게는 칭의론 뿐만 아니라 하나님의 영을 통한 성화에 대해서도 분명하게 견지되고 있으며, 성화되는 과정을 성령의 역사로 말하고 있다. 본성적인 인간 감정들과 철학적인 덕들과 자유의지의 모든 노력들은 '육신'이라고 말한다. 반면에 '영'은 성령 자신과 또한 우리 안에서 성령의 활동이라고 되돌린다. 새사람과 속사람은 성령으로 중생되기 때문에 영이라고 한다. 요한복음 3장 6절을 인용하면서, 그로부터 우리가 영이고, 새롭게 되는 한 우리는 거룩한 자들이다. 파리의 스콜라주의자들은 육욕을 죄라하지 않고 연약함 정도로 말하는 것에 대해 루터가 반박함을 예로 든다. 멜랑흐톤은 칭의와 성화의 균형을 이미 종교개혁 초기부터 이미 견지하고 있다.

근자에 샌더스나 톰라이트가 종교개혁자들의 칭의론을 잘못 이해하였다. 그들은 종교개혁자들의 칭의론과 달리 바울은 유보적 칭의론이나 종말론적으로 완성되는 칭의론이라고 주장한다. 종교개혁자들이 바울을 크게 잘못 이해했다고 말하는 것이다. 새관점 학파의 문제는 로마가톨릭이 주장하는 내용과 유사하다. 그러나 멜랑흐톤은 예수 그리스도 안에서 이미 의롭다 칭함받은 자가 성령의 새롭게 하심으로 율법을 자원하여 따르고 감사함으로 따름으로 거룩해지며, 마지막 날에 성화가 완성될 것임을 말하고 있다.

기독론과 구원론의 연결점을 멜랑흐톤에게는 은택의 내용으로서 칭의론, 죄의 용서, 영생, 새로운 순종 등으로 잇고[31] 있는데, 신자에게 그리스도께서 일하시고, 성령께서 내주하시고 일하시는 분으로서 이 일을 이루신다. 멜랑흐

31 김진국, "필립 멜랑흐톤의 기독론", 79.

톤에게 은혜의 약속의 관점에서 기독론이 있고, 기독론은 성도 안에서 일하시는 성령의 유효적인 역사로 구원론을 이어간다.

## 2. 아욱스부르크 신조(1530)에서

아욱스부르크 신조 1항에 "하나님에 대해서" 고백하고 있다.[32] 세 위격들이 하나님 안에서 한 신적 본질이며, 세 위격들이 동등하게 능력이 있으며, 동등하게 영원하신 분이시다: 성부, 성자, 성령. 모두 세 위격이 한 신적 존재임을 고백하고, 모든 보이는 것들과 보이지 않는 것들의 창조주요 유지자이심을 고백한다.[33]

아욱스부르크 신조 1항에서는 여러 이단들이 하나님에 대하여 둘째 위격과 셋째 위격에 대해 즉 "말씀"과 "성령"에 대해 구별되는 위격을 부정하고, 궤변으로 만들어서, "말씀"을 단지 '육체적 말씀이나 목소리'로 "성령"을 '피조물 가운데 창조하는 감동(움직임)'정도로 말한다. 즉 성자와 성령에 합당하게 신성을 돌리고 경배하는 것이 아니라 열등한 피조물처럼 주장하는 자들은 교회역사에서 공의회를 통해 이단으로 정죄되었음을 말한다. 특히 성령론과 관련해서는 성령을 단지 영적 능력이나 신비적 체험의 주체정도로 주관화 하는 사상은 이단성이 있거나 이단이 되는 것임을 신조는 말하고 있다. 이런 신앙고백은 그 당시에 성령주의자들(열광주의자)과 재세례파의 성령에 대한 이해로서 그들의 이단적인 주장이 삼위일체 하나님을 그릇되게 가르치고 믿는 오류임을 말한 것이다. 이런 이단들은 비단 그 시대만아니라 계속적으로 역사속에 있었

---

32 *Die Bekenntnisschriften der evangelisch-lutherischen Kirchen* (Göttingen: V&R, 1986), 58; 김진국, "멜랑흐톤의 신론", 91-92.

33 *Die Bekenntnisschriften der evangelisch-lutherischen Kirchen*, 58.

으며, 오늘날도 기독교라는 이름을 가지면서도 물의를 일으키고 혼란을 야기하는 목회자나 교회는 이런 부류가 많다. 성령을 운운하면서 자신만이 특별하게 성령의 체험을 하는 것처럼 주장하는 자들은 이들과 같다.

2항 원죄에 대해서 고백하는 내용 중에 성령으로 거듭나지 않은 자는 정죄받음을 다음과 같이 고백한다.

> "…. 아담의 타락 이후 모든 자연적으로 태어나는 인간은 죄가운데 잉태되고 태어나게 되는데, 즉, 그들은 모두 모태로부터 전적으로 악한 욕구와 경향성을 지니며 그리고 본성으로부터 하나님을 참되게 경외하지 않고, 하나님께 참된 신앙을 가질 수 없고, 그 밖에도 또한 이 천성적인 전염병과 원죄가 실제로 죄이며 그리고 그로부터 모두 영원한 하나님의 진노아래 정죄받는데, 세례와 성령을 통해서 새롭게 태어나지 않은 자들이 그러하다. "[34]

원죄가운데 태어난 자의 죄의 본성에 대해서 말하고 성령으로 거듭나지 않는 자들의 비참함과 진노에 대해 말한다. 그리고 나서 펠라기우스주의자들과 그리고 중세 후기 스콜라주의자들을 정죄하는데, 그들은 원죄가 죄를 유지하지 않는다고 하며, 그리스도의 고난과 공로를 무시하면서 자연적인 능력을 통해서 본성을 경건하게 만든다고 주장하는 자들이다. 그리고 뒤에 나오는 18항에 자유의지에 대해서 고백하는 내용을 보면 다음과 같다.

> "자유의지에 대해 그렇게 가르쳐 지는데, 사람이 외적으로 존경하는 삶을 살기 위해(시민적 의) 자유의지를 가지고 그리고 이성으로 이해하는 일들을 선택할

---

34 *Die Bekenntnisschriften der evangelisch-lutherischen Kirchen*, 60.

수 있다. 그러나 은혜와 도움과 성령의 효과 없이는 사람이 하나님에게 받아들여질 수 없음을(영적인 의) 말하고, 하나님을 마음으로 두려워할 수 없거나 믿을 수 없으며, 천성적인 마음으로부터 악한 소욕을 버리지 못하며, 이것들은 하나님의 말씀을 통해 주어지는 성령을 통해서만 일어나는 것이다. 왜냐하면 바울이 그렇게 고린도전서 2장에 '육에 속한 사람은 하나님의 성령의 일들을 받지 아니하나니'라고 말했다…"[35]

사람이 은혜와 도움과 성령의 효력이 있을 때에만 하나님께 영적인 의로 받아들여지며, 하나님 말씀을 통해 주어지는 성령을 통해서만 일어나게 되는 것임을 말하는 것으로, 구원은 성령의 일하심으로 주어지는 것임을 멜랑흐톤은 말한다. 아우구스티누스의 "영과 문자"에도 이런 이해를 말하고 있음을 증거한다.

또한 20장 신앙과 선행에 대해서 고백하는 내용에서 성령에 대해서 다음과 같다.

"… 신앙이 항상 단지 은혜와 죄용서를 붙든다; 왜냐하면 믿음을 통해 성령이 주어지고, 그러므로 또한 마음이 선을 행할 수 있게 된다. 왜냐하면, 먼저 마음이 성령 없이 있기 때문에 약하다; 거기에 마음은 불쌍한 인간의 본성이 많은 죄들로 부추기는 마귀의 권세 안에 있기 때문이며, 우리가 진지하게 처벌받지 않을 정도로 사는 것을 시험하는 철학자들에게서 보는 것처럼 그들은 그럼에도 그것에 도달하지 못하고, 많은 큰 공개적인 죄들로 떨어진다. 그렇게 마음은 올바른 신앙과 성령 없이 살고 그 자체로 단지 고유의 인간적인 능력으로 다스리는 사람과 함께 가는 것이다."[36]

---

**35** *Die Bekenntnisschriften der evangelisch-lutherischen Kirchen*, 63.
**36** *Die Bekenntnisschriften der evangelisch-lutherischen Kirchen*, 50-51.

여기서 멜랑흐톤은 그리스도인으로서의 열매를 맺기 위해서는 신앙과 성령으로 사는 것으로만 가능함을 말하고, 그리스도의 도움 없이 이런 일을 이룰 수 없음을 말한다. 믿음을 통해 성령이 주어지고, 사람이 선을 행하게 되는 것이다.

이렇게 루터와 멜랑흐톤을 중심으로 한 개신교는 성령과 구원에 대해 정통적인 가르침을 견지하고 있음을 아욱스부르크 신조를 통해 알게 된다.

## 3. 신학총론(1535)에서

신학총론(1521)년에서 신학총론(1535)로 확장되면서 로찌에 배열에 있어서 하나님에 대한 로찌로부터 시작된다. 이런 형식적인 변화가 있지만, 초기 멜랑흐톤의 성령에 대한 이해가 본질적으로 변함이 없다고 볼 수 있다. 신학총론(1521)과 아욱스부르크 신조(1530)의 내용이 신학총론(1535)에 근본으로 되어 있다고 볼 수 있다. 그 예로서 여기서는 성령의 위격에 대해서만 논해본다.

멜랑흐톤은 삼위일체에 대해서 설명하면서 그 안에 성령에 대해서 독립된 장으로 서술한다.[37] 성경이 가르치고 알려주는 것은 단지 한 진실한 하나님이며, 세 위격이 있으니, 성부, 성자, 성령이 한 신적 본질이시다.[38] 니케아 공의회에서 그에 대해 말했고 세 위격들을 고백했다고 한다. 위격은 하나님의 본성과 본질을 말하는 용어이라고 한다. 세 위격에 대해서 변치 않는 영원한 신적 본질이며 한 하나님이시라고 한다.[39] 멜랑흐톤에 따르면, 세 번째 위격은 성령

---

37 Philipp Melanchthon, *Loci Communes, das ist, die furnemsten Artikel Christlicher Lere* Übers. v. Justus Jonas (Wittenberg, 1536), XX

38 Philipp Melanchthon, *Die furnemsten Artikel Christlicher Lere* (Wittenberg, 1536), V.

39 Philipp Melanchthon, *Die furnemsten Artikel Christlicher Lere* (Wittenberg, 1536), VI.

이라고 일컫는데, 주 그리스도께서 요한복음 16장에서 성령께서 아버지와 아들로부터 나오신다고 하며, 태어나지 않으시고 구별되는 위격이시다. '성령(GEIST)'이란 단어가 보여주는 것은 이 위격이 다른 위격들로부터 분리되고 나누어진 것이라고 하는데, '영(geist)'이라는 단어가 성경에서 성령의 효과와 능력을 표현하고자 쓰이기 때문이고, 그래서 위격이 구별되는 것을 말해야만 한다.[40] 그렇게 성령은 인성을 입지 않았고, 그러나 성령은 성부와 성자로부터 가며(gehet, 나오며), 성령은 모든 것을 살게하는 권세인 하나님의 능력이고, 그 자체로 하나님이시며, 창세기 1장에 하나님의 영이 수면에 운행하심을 말했다. 왜냐하면 이 말씀은 모든 신학자와 이해력 깊은 분들이 신성의 위격에 썼고, 앞서 말한 구절을 유대인들은 나쁘고 육안으로 느끼는 '바람'으로 해석하기를 원하는 오류를 범한다.[41] 이 구절은 구별된 위격이고, 한 '영'에 대한 것이며 물을 유지하는 분이시다. 왜냐하면 영으로 창조의 거대한 사역에 대해 말하는 자리이기 때문이다. 교부들도 이같이 말했다.[42] 이어서 멜랑흐톤은 말한다.

"이 구절(역자주: 창 1:2)은 성령에 대해 이해되는데, 거기로부터 그들이 말하기를 성부께서 모든 피조물을 말씀을 통해 그것은 그의 아들을 통해 창조하신 것이고 그리고 성령이 모든 것을 생명력있게 하시며 효력있게 하시며 유지하신다"[43]

마태복음 28장 19절에 나오는 것은 세 위격에 대한 것이며 그 세 위격들이 같은 신적 권능과 명예와 권세를 가지고, 죄용서와 우리에게 은혜를 받아들이

---

40 Philipp Melanchthon, *Die furnemsten Artikel Christlicher Lere* (Wittenberg, 1536), VI.
41 Philipp Melanchthon, *Die furnemsten Artikel Christlicher Lere* (Wittenberg, 1536), VII.
42 Philipp Melanchthon, *Die furnemsten Artikel Christlicher Lere* (Wittenberg, 1536), VI.
43 Philipp Melanchthon, *Die furnemsten Artikel Christlicher Lere* (Wittenberg, 1536), VII

기를 원하심을 보여준다. 그렇게 믿고 고백하는 것은 세례에 어떤 이름과 명령인지를 통해서 세 위격들에게 숭배하고 간구할 것을 말하며, 모든 위기에 모든 도움과 거룩과 구원을 찾고 기다리도록 하는 것이다.

멜랑흐톤은 성자의 위격과 성령의 위격을 성경적인 근거를 두고 설명을 한다. 성령에 대해서는 요한복음 16장에서 주 그리스도께서 거기서 말하시기를 성령이 나로부터 취하실 것이고 그리고 성령, 빛, 생명과 위로를 마음에 주며, 그렇게 그리스도 안에 신적인 본성과 권세가 존재하게 될 것이라고 했다.44 요한복음 5장에 그리스도께서 말하기를, 왜냐하면 나없이 너희들이 아무것도 할 수 없으며, 거기서 그가 보이시기를 그가 교회 곁에 그리고 모든 신자의 마음속에 현재적으로 계시며 가까이 계시고, 그 같은 일을 조명하시고 강하게 하시고 다스리시고, 세상 나라를 대항하여 모든 전투 속에서 사탄의 큰 권세에 대항하여 하나님께서 홀로 행하신다.45 마태복음 18장 20절에서 두세 사람이 내 이름으로 모인 곳에 내가 그들과 함께 있을 것이라는 구절을 신적 본성과 존재가 거기 계신다고 해석하였다. 요한복음 20장에 주 그리스도께서 사도들에게 성령을 주시며 성령이 빛과 능력을 마음에 주시고, 하나님이 아니면 누구도 할 수 없는 것이라고 하였다.

## 4. 삭소니 신조(1551)에서

멜랑흐톤은 CS(Confessio Saxonica) 사도신경과 니케아 신조 그리고 아타나시우스 신조를 보편교회의 신조로 여기고 선지자와 사도들의 가르침으로

---

44 Philipp Melanchthon, *Die furnemsten Artikel Christlicher Lere* (Wittenberg 1536), XV.
45 Philipp Melanchthon, *Die furnemsten Artikel Christlicher Lere* (Wittenberg 1536), XVI.

본다.[46] 참되신 하나님이 그의 아들과 성령의 보내심에 대해 기록한 것처럼, 다른 증인들이 계시되었고 부름 받았다. 하지만 작센 교회는 오류와 이단들, 즉 이방인, 유대인 마호메트교도들, 마르시온주의자들, 마니교주의자들, 세모사타주의자들, 아리우스주의자들, 성령론주의자들, 그들이 공의회에서 정죄된 자들을 거부한다고 말한다. 또한 멜랑흐톤이 의와 외적훈육 즉 사람이 그리스도의 지식 없이 그리고 성령의 새롭게함 없이 그자신의 능력으로 부지런히 그리고 연습으로 사람들에게 가질 수 있고 유지할 수 있는 훈육과 분명한 구별을 한다.[47] 하나님의 자비가 크시고, 그 아들을 우리를 위해 주시고, 그 아들에게 하나님의 죄의 형벌에 대해 진노를 쏟으신 분이다. 그러므로 우리는 주님 예수 그리스도 당신께 성령을 통하여 이 크고 형용할 수 없는 복을 보고 우리 마음을 밝히시고 움직이시기 원하신다.[48] 하나님의 아들이 죄를 그렇게 벌하시기를 원하시고 그가 성령이 세상의 죄를 심판하실 것이라고 하셨고, 예수 그리스도를 믿지 않는 자는 심판을 당하는 것이다. 예수 그리스도에 대한 복음과 은혜언약을 믿는 신앙을 통해서 주 그리스도는 그 자체로 당신 안에서 강하고 당신을 지옥에서 구원하시며 성령을 주시고 당신을 영생이라는 유업을 만드신다.[49] 신앙이란 단어는 그리스도를 중보자로 믿는 것이며 죄용서를 믿는 것이고 하나님의 자비를 신뢰하며 평화와 기쁨을 받고 하나님의 아들을 향해 놀라며 참된 위로를 복음 안에서 받으며 이 위로 안에서 그의 성령을 주시며, 성령은 하나님에 대해 마음에 기쁨과 기도를 불붙이는 분이시다.[50] 그러므로 바울이 로마서 5장에 그러므로 우리가 우리 주 예수 그리스도를 통해 하나님과 화목케

---

**46** *CR* Vol. 28, 488.
**47** *CR* Vol. 28, 495.
**48** *CR* Vol. 28, 497.
**49** *CR* Vol. 28, 498.
**50** *CR* Vol. 28, 499

되었다고 말한다.

## 5. 성도를 위한 독일어 신학총론(1555)과 신학총론(1543, 1559)에서

### (1) 성도를 위한 독일어 신학총론(1553,1555)까지 변화

하나님이 하나이신 신적인 존재이심에 대한 증언들을 언급해 보고자 한다. 하나님의 존재와 직접적으로 연관된 것에 대해서만이 아니라, 그가 피조물 가운데서 무엇을 일으키는가와 같이 말할 때에도, 삼위는 동시에 하나이신 신적 존재이시며, 함께 창조하시는 것이기 때문이다.[51] 신앙의 첫째 조항에 한 분의 통일된 영원한 전능한 존재가 있는데, 그가 영원하신 아버지, 영원하신 아들, 그리고 영원하신 성령의 영원한 전능의 삼위로 계시다는 것을 견지한다.[52] 독일어 신학총론 1553년 판에는 성령에 대해 이렇게 기록하였다.

"신적 본질에서 세 번째 위격은 성령이시다. 요한복음 16장에 기록된 것처럼, 그는 영원하신 아버지와 아들로부터 나온다. 그리고 불꽃처럼, 성부께서 성자를 사랑하고 성자가 아버지를 사랑하기 위해서이다. 그 불꽃을 영원한 성부와 성자께서 인간의 마음에 보내시고, 그들이 지혜와 사랑과 덕을 교류하기 위해서 그렇다. 이 분을 '성령'이라 하고, '나오신다'고 하는데 이 세 번째 위격에 적합하다. 왜냐하면 인간의 마음으로부터 숨 또는 행동(tunst)이 가며 그리고 또한 샘의 근원의 마음이 움직임과 감동에 또한 성령이 살아있는 불꽃이고 그것은 성부와 성자로부터 나오며 빛과 순수한 움직임이 우리 안에 불붙는다. 그리고 성령은 능력이고 사역을 분명히 보여주고 우리에게 불붙히는데, 창세기 1장과 같이, 거기에 성경은 말한다: 하나님의 영이 수면에 운행하시니라, 그 성령은

51 필립 멜랑흐톤, 『신학총론』, 이승구 역 (일산: 크리스챤 다이제스트, 2000), 84-85

52 필립 멜랑흐톤, 『신학총론』, 88.

피조물을 유지하고, 그 위에 숨을 부여하며 똑같이 사람이 찬 물건을 따뜻하게 하고 능력을 불어넣는 것과 같다. 그리고 이 말은 동시에 보여주는데, 성령이 참된 교회 위에 움직이시고 그 교회에 입김을 불어 넣고 우리에게 이해력과 빛과 좋은 성향과 기쁨과 생명을 주고, 후에 얘기되는 것과 같다."[53]

삼위가 두 가지 방식으로 구별되는데, 첫 번째 구별은 삼위 자체내에서 본질적인 고유성인데, 성부는 낳는 분, 성자는 성부로부터 낳으신 분, 성령은 성부와 성자로부터 나오시는 분이다. 두 번째 구별은 그들의 사역들과 직분들을 취함에 대한 구별이다. 즉 성자는 중보자와 구원자로 정해 지셨다. 성령은 피조물을 유지하고 능력을 불어 넣으며, 또한 신자의 마음에 보내지셨고 그들을 거룩하게 하시고 이것이 새 빛이며 하나님께 새로운 순종과 사랑과 위로와 영생을 불붙게 하신다. 그러므로 베드로는 사도행전 2장 33절에 말하기를 예수는 하나님의 능력으로 높아지셨고, 아버지로부터 성령의 약속을 받았고 그를 부으셨다고 한다. 요한복음 15장 26절에 예수님이 아버지로부터 진리의 영을 보낼 것이라고 하셨다. 그러므로 이 삼위격이 성령이시고, 성령은 사람의 마음 속에 내주하시고, 바르게 믿게 되고 하나님께로 회개케 하는 분이시라고 했다. 그렇게 사람이 천지 창조와 다른 모든 피조물은 세 위격 성부, 성자, 성령의 공통된 사역이라고 했다.[54] "성부는 성자와 성령과 더불어 모든 피조물을 함께 창조했다. 요한복음 1장 3절에 표현한 것처럼, 모든 것이 아들을 통해 창조되었다. 게다가 요한복음 5:17절처럼 나의 아버지가 일하시니 나도 그와 함께

53 Philipp Melanchthon, *Heubartikel Christlicher Lere*: Melanchthon deutsche Fassungseiner Loci theologici, nach dem Autograph und dem Originaldruck von 1553, hg.Von Ralf Jenett u. Johannes Schilling, (Leipzig: Evang. Verl.-Anst., 2002), 97.

54 Philipp Melanchthon, *Heubtartikel Christlicher Lere 1553*, 99. "... das, die erschafffung der creaturn ein gemein werk ist der dreyen personen..."

일한다고 한다."[55] 멜랑흐톤은 창조는 삼위 공동의 사역으로 말한다. 증보된 독일어 신학총론 1555년 판에 성령에 대해서 진술한다.

> "신적 실체에 있어 삼위는 성령이라고 불리우시는데, 완전한 지혜, 의로움, 선이시고, 성부와 성자로부터 나오시며, 그리고 존재적인 사랑과 기쁨이며, 아들을 향한 아버지 안에서 빛이시고, 아버지를 향한 아들안에서 빛이시고, 우리에게 또한 계시되시고 이 위격인 신자들의 마음에 보냄받으시고, 그들을 거룩하게 하고 하나님에 대한 기쁨과 하나님께 사랑을 불붙게 하시고 그러한 움직임을 유효하게 하시고 성령이 그 자체이신 것처럼, 바울이 디모데후서 1장 7절에 하나님이 너희에게 성령을 주시고 두려워하는 마음이 아니요 능력과 사랑과 절제하는 마음을 주신 것과 같다."[56]

그리고는 멜랑흐톤은 성령에 대해 나온 구절들을 열거한다. 그는 이 설명에서는 성령께서 신자안에서 일하시고 구원하시는 분이며 위로와 기쁨과 사랑을 주시는 분이심을 더욱 말하고자 증보한다. 성령에 대한 위격의 항목은 앞선 신학총론과 그 근본을 유지하고 있다. 그러면 구원의 사역에서 성령에 대한 관점은 어떤 변화가 있는가 동일한가?

멜랑흐톤은 5장 "인간의 능력과 자유의지에 대하여"라는 로찌에서 "그 누구도 그의 자연적 능력으로 죽음을 제거하고, 그의 본성 안에 타고난 악한 성향을 제거할 수 없다는 것은 아주 분명하다"[57]고 하였다. 누구도 죄용서를 공로로 얻을 수 없음을 말하며, 디도서 3장 5절을 인용한다. "타락한 사람은 하나님의

---

**55** Philipp Melanchthon, *Heubtartikel Christlicher Lere 1553*, 99.
**56** Philipp Melanchthon, *Heubtartikel Christlicher Lere 1553*, 96.
**57** 필립 멜랑흐톤, 『신학총론』, 155.

율법을 지킬 수 있는 충분한 능력이 없고, 하나님의 도우심과 성령이 없이는 우리의 마음 가운데서의 내면적인 순종을 시작할 수도 없다는 것 역시 사실이라고 하였다. 성령 없이는 계속해서 순종해 갈 수도 없음을 말했다. 우리는 스스로 하나님을 향한 믿음과 사랑과 신뢰를 일으킬 수 없다"라고 했다. 그가 "만일 하나님의 아들이 성령을 통해서 먼저 우리의 영혼과 마음을 밝혀주시고, 그 안에 빛과 위로와 열정을 창조해 주시지 않으면, 우리는 하나님을 알 수가 없고 사랑할 수도 없게 되는 것이다"라고 말한다.[58] 로마서 8장 3절과 고린도전서 2장 11절을 증거구절로 든다. 하나님께서는 영원한 교회를 모으시고, 성도들 안에 계셔서 활동함을 알아야 하는데, 아담과 하와가 "여인의 후손이 뱀의 머리를 상하게 하리라"는 말을 듣는 순간, 하나님의 아들은 성령을 통해서 그들 안에서 신앙을 일으키고 그들은 위로를 느끼고 죽음과 지옥에서 건짐받게 됨을 말한다.[59] "그러므로 하나님의 아들은 그의 복음과 성령을 통해서 계속해서 자신의 교회 안의 성도들 안에서 역사하신다. 그들과 함께 하시고, 그들 안에 거하시는 것이다."[60] 멜랑흐톤은 '사람 자신의 힘으로 율법을 지키고 죄용서 받고 의로울 수 있고 영생을 얻을 수 있다'는 펠라기우스의 주장을 반박한다.[61] 하나님의 아들이 성령을 통해서 신앙과 신뢰와 사랑과 모든 구원의 축복을 일으켜 주시는 것으로 위로받아야 함을 말한다.[62] 복음을 생각할 때 성령을 통해 일어나는 것이라고 하면서 로마서 1장 16절을 인용한다. 멜랑흐톤은 루터의 종교개혁인 칭의론을 성령과 연계하여 구원을 더욱 확고히 발전

58 필립 멜랑흐톤, 『신학총론』, 156.
59 필립 멜랑흐톤, 『신학총론』, 156.
60 필립 멜랑흐톤, 『신학총론』, 156. 하이델베르그 요리문답 53, 54문답을 보면, 멜랑흐톤의 이 견해가 거의 반영되어 있다.
61 필립 멜랑흐톤, 『신학총론』, 157.
62 필립 멜랑흐톤, 『신학총론』, 157.

적으로 전개 하였다.

> “이것은 우리가 복음을 생각할 때 성령을 통해서 일어나는 것이니, 바울은 이렇게 말하고 있는 것이다: ‘복음은 모든 믿는 자에게 미치는 하나님의 능력이니’[롬 1:16]. 고후 3장: ‘복음의 선포는 성령의 직분이다’[3,6,8,18], 즉 그것을 통해서 성령이 역사하신다. 우리의 심령 안에 있는 성령의 이 활동이 없이는 참된 신앙도 위로도, 하나님께 대한 사랑도 없는 것이다.”[63]

이어서 성경 로마서 8장 9,14절, 요한복음 15장 5절, 갈라디아서 4장 6절을 인용하고 나서, “하나님께서는 우리가 ‘하나님의 아들이 자신의 교회 안의 성도들 안에 거하시며, 성령을 통해서 그들 안에 역사하시며, 성도들과 경건하지 못한 자들 안에 이 구별이 있음을’ 알기 원하시기 때문이다.”[64]라고 성령이 신자 안에 일하고 계심을 말한다. 이 가르침을 왜곡시켜 정욕대로 살면서 억지로라도 자신 안에 성령이 일할 것이라고 말하는 자들을 경계하고 있다. 그와 반대로 진지한 기도로 성령을 구해야 함을 말하며, 크리소스톰과 바질을 인용한다. 또한 멜랑흐톤은 신자가 불안과 의심을 품게 될 때, 하나님은 우리와 함께 하실 것이고, “성령이 우리의 연약함을 도우신다(롬8:26)”고 말하며, 참된 기도 가운데서 배워야 함을 말한다. 하나님께로 중생한 사람은 그 마음과 의지가 활동적이게 되며, 성령은 우리 영혼과 마음에 빛과 열심을 일으켜 주셔서, 우리 영혼과 마음이 하나님께 대해서 더 나은 지식과 처음 사랑, 그리고 하나님께 대해 열망을 주심을 말한다. 그리고는 자유의지에 관련한 다양한 구절들을 인용하고 설명하였다. 제롬을 인용하며, 펠라기우스나 토마스 아퀴나스, 둔스

---

63 필립 멜랑흐톤, 『신학총론』, 158.
64 필립 멜랑흐톤, 『신학총론』, 158.

스코투스 등 많은 가톨릭 교사들과 수도사들의 주장을 향해 저주를 선언하였고, 즉 “은총이 없이도 하나님의 율법을 지킬 수 있다고 가르치는 모든 사람들은 저주를 받을지어다”라고 하였으며, 동시에 마니교와 스토아 철학자들에 반대하여 “하나님의 명령을 지키는 것이 불가능하다고 가르치는 모든 자들은 저주를 받을지어다”라는 두 명제를 들어 설명하였다.[65] 마르틴 융에 따르면, 초기 멜랑흐톤은 루터의 주장과 같이 에라스무스에 반대하여 우리의 의지는 자유가 없음을 말하였으나, 후기 멜랑흐톤은 에라스무스주의자는 아닐찌라도 루터가 관용하였을지라도 그 입장이 변경되었다고 했고, 그리하여 루터 추종자들이 멜랑흐톤을 격하게 공격했다고 한다.[66] 융에 따르면, 하인리히 불링거도 심한 비난들을 했다고 한다. 이어서 그는 말하기를, 멜랑흐톤은 분명하게 말한 바는 “칭의 받은 자는 성령을 받고, 그리고 그는 생각과 의지가 새롭게 되었다. 의지는 약하지만 그는 종은 아니다”라고[67] 한 것이다. 불링거가 멜랑흐톤을 존경하였으나, 멜랑히톤의 이 주장에 대해서는 우려하며 논했던 것으로 보인다.

6장 “원죄에 대해서” 항목 안에 보면, 멜랑흐톤은 인간의 타락 이전에 하나님께서 성령을 통해서 아담과 하와 안에 지혜의 놀라운 빛을 일으키신다고 한다. 그리고 그는 인간의 타락 이후에 성령이 떠나시므로 사람의 의지와 마음이 거짓된 불길과 악성 종양이 자라며, 잘못된 사랑과 분노, 두려움과 불안이 마음을 괴롭게 한다고 한다.[68] 거룩한 복음과 성령을 통해서 위로해 주시며, 우리의 상처를 치료해 주심을 말한다.[69] 하나님의 아들이 우리에 대한 사랑을

---

**65** 필립 멜랑흐톤, 『신학총론』, 168-170.
**66** Martin Jung, *Philipp Melanchthon und seine Zeit* (Göttingen: V&R, 2010), 84-86.
**67** Martin Jung, *Philipp Melanchthon und seine Zeit*, 86.
**68** 필립 멜랑흐톤, 『신학총론』, 180.
69 필립 멜랑흐톤, 『신학총론』, 181.

나타내 주심에 대해 상고한다. 그는 “하나님께서 다시 우리 안에 하나님의 형상과 모양을 새롭게 하시고, 자신의 성령을 주셔서, 우리 안에 거하게 하시고,..”[70] 라고 말하며, 하나님의 형상을 회복해서 하나님을 영원히 즐거워하며 생명을 얻도록 하기 위해 계신 것을 말하며, “성령이 계시고 활동하시는 곳에 신성 전체가 계신다(da ist die gantze gottheit)”고 한다.[71] 원죄에 대해 잘못된 견해를 가진 바리새적, 펠라기우스적, 교황주의적 그리고 재세례파적 오류들을 차례로 공박한다.

멜랑흐톤은 칭의를 왜곡되게 이해한 재세례파와 열광주의자(성령주의자)들의 오류와 악행을 말한다.[72] 그들은 어떤 내적인 조명이나 입신(들려 올려짐) 때문에 칭의되고 하나님을 기쁘시게 한다고 상상했다고 한다. 이들은 마르키온이나 프리스킬라에서 발견되는 입신을 잘못되게 높혔고 간음과 다른 심각한 악을 행했다고 한다. 멜랑흐톤은 자기 시대에 뮌처나 슈톨츠와 같은 사람들도 그와 같음을 말했다. 그리고 작센 교회들의 신앙고백서의 교리가 참됨을 말한다. 하나님의 아들은 희생 제사와 우리의 공로가 되시고 그리하여 죄용서와 영원한 칭의와 복됨이 되시어 구원의 유익을 우리에게 가져다 주신다.[73] 그래서 우리가 하나님께 돌이켜 새롭게 되는 것인데, 그는 성령을 주시고 복락의 시작을 가져다 주시는 분이라 한다. 그리고 오시안더가 우리 안의 변화를 고려하지 않고 단순히 받아주시는 것을 주장하는 것에 멜랑흐톤은 반대하며 다음과 같이 말한다.[74] 우리가 하나님 아들과 성령을 통해 새롭게 태어났을 때와 또한

---

**70** 필립 멜랑흐톤, 『신학총론』, 178.

**71** 필립 멜랑흐톤, 『신학총론』, 178; Philipp Melanchthon, *Heubartikel Christlicher Lere*, 176-177.

**72** 필립 멜랑흐톤, 『신학총론』, 292.

**73** 필립 멜랑흐톤, 『신학총론』, 296.

영원한 복락에서 이루어주신 것을 선물이라고 부른다고 말한다. 즉 우리 안에 만들어 주신 선물인, 죄용서와 은혜와 의의 전가와 우리 안에서의 신생, 즉 "그 안에서 하나님 자신이 복음을 통하여 역사하시고 우리를 위로하시며, 성령을 주고, 우리로 지금 영원한 복락의 상속자들이 되게 하시며, 현세가 지나면 영원한 복락을 주시는 그 신생 등을 말하는 것이다"[75]라고 하였다. 멜랑흐톤은 10장 "사람이 어떻게 하나님 앞에서 죄 용서를 받고, 의롭다 함을 얻는가?"라는 항목에서 칭의론 뿐만 아니라 죄용서와 구원의 복에 해당하는 전체를 말하고 있다. 그리고는 이 복음을 선포하도록 직무를 교회에 주시고 성령께서 일하심을 설명한다. 멜랑흐톤은 회개와 죄용서를 선포하여 영원한 교회를 불러 모으도록 하심을 말하면서, 다시금 재세례파나 열광주의자들이 말하는 입신을 추구해서는 안됨을 말하는데,[76] 분파주의자나 주관주의적 체험주의의 위험에 빠져 교회를 혼란케 하고, 그 여파로 사회에 무질서한 여파를 주는 우를 범하는 자들이다. 열광주의자(성령주의자)의 잘못을 막을 수 있는 길은 올바른 복음이 바르게 선포되는 것으로 해결점으로 본다. 멜랑흐톤은 율법과 복음 안에서 그리스도 때문에 아무 공로 없이 죄를 용서받고, 칭의 받으며, 성령과 영생을 받게 됨을 말한다. 그리스도는 우리의 심정에 위로를 말씀하시고 우리에게 성령을 주셔서 영원한 구원의 상속자가 되게 하신다.[77]

제11장 "'믿음'이라는 말에 대하여" 항목에서 멜랑흐톤은 은혜의 약속을 포함해서 하나님의 말씀을 믿음으로 그리스도를 의지하여 죄용서를 받고 화평

74 필립 멜랑흐톤, 『신학총론』, 297.
75 필립 멜랑흐톤, 『신학총론』, 296-297.
76 필립 멜랑흐톤, 『신학총론』, 299.
77 필립 멜랑흐톤, 『신학총론』, 300.

을 받는다고 말한다. 즉 성령과 그리스도는 외적인 말씀과 구원을 이루시고 함께 하시는 그리스도와 성령을 함께 말한다.

> "주 그리스도께서 친히 이 화평을 주신다고 해도 되고, 성령께서 그리하신다고 할 수 있는 것이다. 이 위로 가운데 하나님이 존재하신다 그러나 그는 외적인 말씀을 통해서 역사하시며, 우리의 마음에 믿음을 불러일으키시는 것이다. ... 그리고 외적인 말씀을 통해서 역사하시며, 영원하신 아버지를 나타내시고, 우리 마음에 위로를 말하며 하나님 안에서의 사랑과 기쁨을 낳으시는 성령을 주시는 하나님의 아들이 모두 함께 있는 것이다"

제12장 "'은혜'라는 말에 대하여" 항목에서는 은혜를 설명하면서, "죄용서와 함께 주 그리스도를 통하여 우리에게 주어진 성령께서 우리 마음 안에 위로를 주시는 은사가 항상 있는 것이다."[78]라고 말하며 로마서 5장 2절과 8장 9절을 말한다. 그리스도께서 죄용서와 함께 우리의 마음에 성령을 주시며, 위로와 생명과 기쁨을 주신다고 한다. 오시안더는 이 은사 안에 어떤 변화도 없다고 그릇되게 주장함을 말한다. 수도사들의 공로를 주장하는 왜곡된 은혜를 비판하면서, 중보자 예수 그리스도를 믿음으로 위로를 받으면, 그리스도께서 우리 안에 생명을 주시고 성령을 주심을 말한다.

제13장 "'칭의'와 '칭의 받음'이란 말에 대하여" 항목에서 우리는 그리스도의 전가된 의를 받으며, 그리스도는 우리 안에 생명을 주시고, 성령을 주시며, 우리 안에 영원한 의가 시작됨을 말한다. 하나님 아들은 이 위로를 말씀하시고, 성령을 주시며, 성령은 우리 마음에 하나님에 대한 사랑과 기쁨을 불러 일으키

---

78 필립 멜랑흐톤, 『신학총론』, 306.

신다고 한다(요한일서 4:13절).[79] 그리고 예레미야 31장을 인용하면서, 하나님이 우리 안에 복음을 통해 하나님의 지혜를 통해 하나님을 알게 하시며 또한 성령을 주셔서 우리 안에 하나님에 대한 기쁨과 마음의 깨끗함과 다른 덕들을 만들어 냄을 말한다.[80] 의롭다 함을 받은 자들에게는 하나님께서 그들 안에서 역사하시는 갱신이 뒤따르는데, 이를 "성화"라고 부르고, 이처럼 "칭의와 성화는 분명히 구별되는 것이다"라고[81] 한다. 여기서 멜랑흐톤은 "칭의"와 "성화"를 분명하게 구별하면서, 개혁신학의 구원론의 핵심을 드러내고 있다. 칭의론에 있어 당대의 거짓 교사인 오시안더의 "하나님의 본질적인 의" 때문에 칭의 받았다고 사변하는 오류에 반대하는데,[82] 칼빈도 『기독교 강요』에서 오시안더에 대해 반대하던 내용과 동일하다. 칭의론에 있어서 멜랑흐톤은 칼빈과 본질상 같은 주장을 하며, 또한 칭의론의 오류인 오시안더의 주장에 두 종교개혁자들은 공히 반대한다. 멜랑흐톤은 기도로 이 항목을 마치는데, 신앙은 삼위 모두를 생각해야 함을 말한다. 즉 창조와 구원에 있어서 하나님, 우리 주 예수 그리스도의 영원하신 아버지, 독생하신 아들 예수 그리스도와 성령과 함께, 창조주이시며, 구원자 삼위 하나님을 근거로 기도한다. 성령님은 창조주며, 영혼과 마음을 인도하시고 거룩하게 하심을 토대로 기도한다.

제14장 "선행에 대하여"라는 항목에서 "성자는 복음을 통하여 우리 마음을 위로하시고, 우리에게 성부의 은혜스러운 뜻을 지시해 주시고, 그 말씀을 통해

---

79 필립 멜랑흐톤, 『신학총론』, 310.

80 필립 멜랑흐톤, 『신학총론』, 310.

81 필립 멜랑흐톤, 『신학총론』, 311; Philipp Melanchthon, *Heubartikel Christlicher Lere*, 334-335 "Und ist dise unterschied in den reden Pauli: Gerecht werden nennet her disen trost: ... Aber die volgende verneurung, die gott in uns wirkt, nennet her Heiligung. Und dise zwei worter geben klaren unterschied."

82 필립 멜랑흐톤, 『신학총론』, 319-320.

서 성령이 주어져서 우리가 하나님을 기뻐하며, 사랑하게 하시는 것이다. 이에 따라 다음과 같은 것이 나오게 된다: 참된 기도, 순종의 시작, 하나님을 참으로 경외함, …". 하나님께서 이렇게 일으켜 주시는 감동들을 "선행"이라고 부르는 것이라고 한다. 선행이 단지 외적 행동이 아니라 내면적 감동과 노력 모두를 포함하는 것이다. "선행"은 하나님께서 십계명에 포함시킨 것을 내용으로 함을 말한다. 또한 "선행은 하나님의 아들과 성령을 통해서 우리에게서 가능하게 된다는 것이다"라고 어떻게 선행이 가능케 되는지를 말한다.[83] 하나님의 아들과 성령 모두 아버지로부터 우리에게 보내졌기 때문이라고 한다. "성자는 자신의 성령을 우리에게 주셔서 우리로 그의 가르침과 경륜을 참되게 이해하기 위한 지혜와 참된 순종을 위한 힘을 가질 수 있도록 하신다"[84]라고 한다. 스데반과 폴리갑 등은 살아계신 하나님의 말씀과 성령이 그들을 강하게 해 주시어 순종하고 고난 중에도 이기어 나갈 수 있도록 해 주셨으니, 우리는 성령주시기를 기도해야만 하고, 구하는 자에게 성령을 주시겠다고 말씀하신 것에 의지하여 인도를 받기를 멜랑흐톤은 기도함으로 14장을 마친다.[85]

멜랑흐톤에 따르면, "그리스도인의 자유"는 현세 중에 복음과 성령을 통해서 우리 영혼과 마음가운데 시작됨을 말한다. 하나님의 아들이 복음을 통해 생명을 주시고 성령을 주시어 그 성령이 우리 마음에 위로와 힘과 기쁨을 주심을 말한다.[86] 멜랑흐톤은 "문자와 영"에 대해 "문자"는 '성령 없는 명령'이나 '행위'를 말하며, "영"은 우리 안에 생명과 빛과 기쁨 가운데 하나님을 경외하며

83 필립 멜랑흐톤, 『신학총론』, 332.
84 필립 멜랑흐톤, 『신학총론』, 332.
85 필립 멜랑흐톤, 『신학총론』, 345.
86 필립 멜랑흐톤, 『신학총론』, 360.

기쁨과 믿음을 경험하도록 하시는 우리 안에 계신 하나님 자신의 성령을 말하였다.[87] 재세례파는 성령에 대해서 말하면서 개신교회를 향해 "문자" 때문에 말씀선포와 성례의 직임을 지나치게 강조한다고 비난하였다. 이에 경계하여 멜랑흐톤은 "여기서 우리는 성령이 복음을 통하여 주어지며, 우리는 외적인 선포와 성례의 수행을 무시하지 말아야만 함을 알아야 할 것이다"라고 하였다.[88] 그는 하나님의 아들, 영원하신 아버지의 영원하신 말씀은 우리 심령에 외적인 말씀을 통해 위로를 주시며 그의 성령을 그런 방식으로 주심을 말했다. 그는 아타나시우스를 인용하면서, "그러므로 성령은 말씀을 수단으로 하여 사람들 안에 계신다"고 하였다. 세례에 대해 말하면서, "성부는 성자 때문에 우리를 받으시며, 성령을 주셔서, 우리를 새롭게 하시고, 일깨우시며 위로를 주시고 거룩하게 하신다. 이런 말씀에 하나님의 영광스러운 위로에 찬 약속들과 전체 복음의 요약이 있는 것이다"라고 한다.[89] 세례를 베풀고, 그들에게 성령을 주심을 말한다. "복음에서 선포된 바와 같이 성령은 우리가 세례를 받을 때에 주어진다"라고 한다.[90] 요한복음 3장과 디도서 3장에서 세례를 성령을 통한 신생의 씻음이라고 말한 것을 인용하고 있다. 멜랑흐톤은 "성령을 훼방하는 죄"에 대해서 설명하기를 복음에 대한 원수와 무시하는 자들과 핍박자의 완고함을 말하는 것이라는 아우구스티누스의 견해를 지지한다. 회개에 대해 해설하면서 하나님의 율법과 죄에 대한 심판을 통해 하나님의 진노를 인식하고, 그리스도를 통한 우리를 위한 죄용서를 믿음을 말하는데, 복음과 약속의 목소리 안에서 성령이 역사하신다고 말한다.[91] '교회에서의 해석의 은

87 필립 멜랑흐톤, 『신학총론』, 368.
88 필립 멜랑흐톤, 『신학총론』, 368.
89 필립 멜랑흐톤, 『신학총론』, 377.
90 필립 멜랑흐톤, 『신학총론』, 389.
91 필립 멜랑흐톤, 『신학총론』, 424.

사에 대하여'를 논하며, 성경해석은 "성령의 은사"이기에 성도에게 주어져있음을 말한다(요 6:45).[92] 성경해석은 권세가 아니라 은사라고 하여서 교황주의자들의 '사제주의'를 거부한다. 그리스도의 나라와 그의 제사장 됨은 모두 영적임을 말하면서, 그리스도는 자신의 성령을 통해서 그를 부르는 모든 사람들을 거룩하게 하시며 보호하시고 강하게 하심을 말한다.[93] 사도바울이 "복음은 영의 직분"이라고 말한다(고후 10:4; 5:20). 재세례파와 그와 비슷한 자들은(유대교적, 열광주의자, 천년왕국주의자, 몬타누스주의자) 그리스도의 나라를 물리적인 영광과 위엄으로 생각하는 큰 잘못을 범했다.[94] 이런 자들에 대해 반박하는 것으로 복음은 그리스도가 영적인 나라라고 하고 영원하다고 가르친다고 분명하게 선을 긋는다.[95] 그리스도의 나라를 운운하면서 세상의 주권이나 통치로 말해서는 안됨을 가르친다. 이방나라를 소유하려는 유대교적 개념들에 대해서 그리스도께서는 꾸짖으셨다.[96] 그리스도의 나라를 그리스도의 영적인 나라로 구하지 않고, 물리적, 세상 정치적으로 구하는 자들을 그리스도께서 꾸짖으시고 거부할 것이다. 멜랑흐톤은 "이 '그리스도의 영원한 나라'는 이 땅 위에서 하나님의 말씀과 영과 믿음을 통해서 기독교회 안에서 시작되고, 그리고는 영원히 존재할 것이다"라고[97] 말한다. 이를 가르치는 성경구절로는 시편 2편, 시편 116편 15절, 72편 14절, 이사야 30장 20절 등이 있다. 이런 구절들은 '성도들이 다스리는 땅 위의 물리적 그리스도의 왕국'이라는 유대교적 허망한 꿈을 반박하기에 충분함을 말한다. 교회라는 이름으로 그리스도의 영적인 나라

---

**92** 필립 멜랑흐톤, 『신학총론』, 475.
**93** 필립 멜랑흐톤, 『신학총론』, 479.
**94** 필립 멜랑흐톤, 『신학총론』, 481.
**95** 필립 멜랑흐톤, 『신학총론』, 483.
**96** 필립 멜랑흐톤, 『신학총론』, 483.
**97** 필립 멜랑흐톤, 『신학총론』, 484.

를 세속정치적으로 끌어들려는 재세례파나 유대교적인 잘못을 범하는 일이 없어야 할 것이다.

이처럼 멜랑흐톤은 “인간의 능력과 자유의지”와 “원죄”를 통해 타락 이후 인간의 죄와 비참에서 그리스도로 말미암아 구원받게 될 때 성령께서 알게 하시며 구원의 은택들을 주심을 말하고, “칭의”와 “은혜”와 “믿음”의 항목에서 역시 하나님의 아들 덕분에 성령께서 죄용서와 구원과 영생을 주심을 말씀하며, 성령은 교회와 관련하여 외적인 말씀을 통해 그리고 성례를 통해 역사하심을 강조하면서, 열광주의자(신비주의자, 잘못된 성령주의자, 재세례파적 극단주의자)들을 반대한다. “선행”과 “그리스도의 자유”와 “그리스도의 나라”의 항목에서는 성령께서 칭의를 받은 자들을 성화하시며 그 열매로서 선행이 있고, 그것은 영적 자유와 그리스도의 영적인 나라에 속한 자로서 합당한 신자로서 살아가게 됨을 말하고 있다. 멜랑흐톤의 구원론 보다는 더 명확하게 칼빈은 그리스도와의 신비적 연합으로부터 성령께서 성도의 구원론을 시작하고 있음을 말하며, 이후 구원론에 있어서 더 분석적으로 전개하고 있다.

멜랑흐톤의 성령론이 하이델베르그 요리문답에 전제가 되어 있다. 성령에 대한 53문항에도 그렇고, 54문항에 교회에 대해서도 하나님의 아들이 그의 영 즉, 성령과 말씀으로 모으시고 보호하심을 말한다. 멜랑흐톤의 신학이 칼빈과 루터의 신학과 함께 하이델베르그 신학에 토대가 되고 있음을 기억해야 한다.[98]

---

98 김진국, “필립 멜랑흐톤의 신학”, 26-27.

### (2) 신학총론(1543,1559)에서

신학총론 세 번째 판에서도 즉 1535년 판을 유지하면서 삼위에 대한 항목 안에서 성령에 대해서 독립적인 항목을 나누었다.

> "영이란 이름은 일반적으로 움직임 또는 본성 또는 움직이는 능력으로 표시되고, 차이나는 용례로 선지자들과 사도들의 성경에서 사용되는 것이 주의되어야만 한다. 그리고 모든 진술이 숙고없이 혼합되는 것이 금지되어야만 하는데, 영이란 단어가 발견될 때 그러하다."[99]

"인간의 능력 또는 자유의지에 관하여" 항목에서 거듭나지 않은 사람은 하나님을 의심하고 하나님을 올바로 두려워함이 없으며, 신뢰도 없고 율법에 반대함을 말한다. 그러나 교회의 지체들은 인간적 능력들에 의해서 뿐만 아니라 성령이 그들 안에서 영적인 동인을 불붙도록 하는 자들은 하나님을 알고, 두려워하며 믿고 사랑하고 그리도 다른 선한 속성들을 가진다고 한다.[100] 펠라기우스주의자들과 철학자들은 그것에 대해 웃을 것이지만, 그럼에도 그것은 전적으로 참된 것인데, 성령께서 신자의 마음속에 부어지셨다(슥 12:10).[101] 하나님이 우리에게 성령의 도움을 약속하신 것은 하나님의 크고 형용할 수 없는 은택이다(눅 11:13).

하나님의 영으로 인도함 받는 자는 하나님의 아들이고(롬 8:14), 하나님의 영을 가지지 않은 자는 그리스도에게 속한 자가 아니다(롬 8:9)라는 두 구절은

---

99 Philipp Melanchthon, *Loci praecipui theologici, Lateinisch-Deutsch Band 1* (Leipzig: Evangelische Verlagsanstalt, 2018), 69.

100 Philipp Melanchthon, *Loci praecipui theologici*, 129.

101 Philipp Melanchthon, *Loci praecipui theologici*, 131.

충분히 분명하게 성령에 의해 영생의 유업을 선물 받고 그리고 성령에 의해 인도함 받는 것을 증언한다. 하나님의 말씀과 성령과 인간의 의지의 원인으로서 관계는 신앙의 실천과 참된 위로와 평안을 준다. 요셉같은 경우도, 하나님의 말씀과 선을 움직이는 성령을 집중적으로 숙고하였고, 만약 사단을 따라서 범죄했을 때 이해력으로 그 해가 얼마나 큰지 그에 대해 상고했고, 하나님의 진노와 이 생과 다가올 생에서 하나님의 진노를 상고했다.[102] 이런 숙고함을 통해서 의지는 동의했고, 그가 약했을 때, 성령께서 그를 강하게 했고, 그의 가슴에 열화가 눌리고 하나님 앞에서 경외와 신앙이 일깨워지고 의지가 위험을 떠나며 인도과 선한 결말로 가는 것이다.[103] 이런 의지가 행한 것이고, 유혹에 저항하고 눈과 발을 지킨 것이다.

"삼위에 대하여"와 "인간의 능력 또는 자유의지에 대하여"에서 이와 같이 진술하는 내용을 보면, 1553년 독일어 신학총론과 내용의 본질은 같으나 신학적 내용의 확장과 진술의 학술성(성령과 인간의 내면의 변화의 관점)을 보충하여 1559년 신학총론에서 저술했다. 멜랑흐톤의 칭의론은 뒤에 새로운 순종이 따른다 이전에 언급했다.

> "후기 멜랑흐톤은 칭의 뒤에 새로운 순종(선행)이 반드시 따른다고 주장한다. 새로운 순종은 성령의 일이며, 동시에 인간에게 주어지는 것이다. 칭의의 선언적 측면을 강조하면서도, 동시에 새로운 순종(선행, 회개)이 열매로써 뒤따르는 것을 이어서 연결한다(롬 8:12; 고전 6:9, 요일 3:7-8; 엡 2:10). 이것이 소위 율법의 제 3 사용과 연결된다."[104]

---

**102** Philipp Melanchthon, *Loci praecipu i theologici*, 139.
**103** Philipp Melanchthon, *Loci praecipui theologici*, 139.

멜랑흐톤의 교의학적 주장이 후대에 적극 반영된 경우를 근대에 신학자로서는 하인리히 헤페로 볼 수 있다. 이 신학입장은 독일 연합교회의 형성과 긴밀한 연관이 있다.[105] 헤페는 칼빈주의와 루터주의 곁에 독일 개혁교회의 멜랑흐톤을 통한 독특한 관점이 형성되었다고 한다. 헤페는 멜랑흐톤의 그 신학의 핵심에 "성경적 구원론적으로 수행된 가장 강력한 결과", 인간의 "구원을 받고 구원의 필요에 진입하는 실제적인 생의 경험을 향한 하나님의 구원하심"으로 보았다고 한다.[106]

## III. 나가며

멜랑흐톤의 성령론은 위격과 사역 일반과 관련하여 "삼위일체 하나님" 항목에서 해설하였고, 성령께서 신자들에게 베푸시는 구원과 관련하여서는 "인간의 능력과 자유의지에 대하여", "원죄에 대하여", "복음에 대하여", "칭의에 대하여", "선행에 대하여"와 등과 같은 로찌들과 신앙고백 항목에 흩어져 있다. 멜랑흐톤의 성령론(구원론)을 제대로 이해하고 정리하기 위해서는 이렇게 흩어져 있는 성령에 대하여 구원하시는 사역을 종합적으로 이해해야 할 것이다.

하지만 바울의 새관점 학파는 종교개혁자들을 제대로 이해하지 못하고 자신

---

**104** 김진국, "필립 멜랑흐톤의 신학", 21.

**105** Mattias Freudenberg, *Melanchthon und die Bekenntnisbildung – Reformiertentum*, in Günter Frank(H.g.), Philip Melanchthon, *Der Reformator zwischen Glauben und Wissen ein Handbuch* (Berlin/Boston, de Gruyter), 185.

**106** Mattias Freudenberg, *Melanchthon und die Bekenntnisbildung – Reformiertentum*, 185.

들의 신학적 전제에 의해서 종교개혁자들이 바울의 칭의론을 잘못 해석하였다고 왜곡하면서 분석했던 것이다. 그들의 주장과는 반대로 종교개혁자들은 칭의론과 성화론이 균형잡힌 성경적 개혁가들이며 사도바울의 가르침과 동일함을 인정해야 마땅할 것이다.

멜랑흐톤은 그의 초기 저작들에서의 신학의 본질이 그의 생애 내내 계속 이어지고 있음을 성령론의 주제를 통해서 확인했다. 그의 신학적 전개와 발전의 관점에서 교회적으로 신학적인 필요와 성장가운데 더 세부적이 되고 학문적으로 분석적으로 서술하여서 성령께서 일하시는 것과 인간의 마음에서 작용하는 것(이해력, 숙고함, 의지, 가슴)을 함께 자세히 설명하기는 하였다. 또한 성도들의 덕을 위해서 성령께서 일하시는 것을 막연히 기다리거나 방종으로 흐르지 않도록 하기 위해 신자들의 측면에서 행할 일을 제시하기도 하였다. 또한 재세례파나 성령주의자(불건전한 신비주의자)들이 성령의 입신 내지 주관적인 체험을 추구하고 그로 인해 삶의 무질서와 혼란이 야기되었기에 성령과 하나님의 말씀(외적인 말씀도)을 함께 엮어서 설명하기도 하였다. 그의 성령론은 초기에 로마가톨릭과의 격렬한 논쟁을 시작으로 발단이 되었고, 후기에는 작센교회, 개신교회의 신학적 체계와 신앙고백의 내용의 전파와 계승을 위해 체계화하였고, 교회의 덕을 위해 그리고 성도의 건덕을 고려하며 전개하였다. 이런 멜랑흐톤의 신학(성령론)은 이를 이해하는 루터파 신학자들(마틴 켐니츠, 데이비드 히트레우스 등등) 뿐만 아니라 개혁파 신학자들을 통해서(우르시누스, 게오르그 소니우스, 등등)107 개신교 정통 신학에 모체로서 루터와 칼빈의 신학과 함께 계승된 것이다. 이를 이해하지 못하고 공격하는 고루터주의자들의

107 참고, 김진국, "필립 멜랑흐톤의 신학", 24-29.

논쟁과 공격으로 인해 멜랑흐톤의 신학은 많은 오해를 받았다. 하지만 오늘날 멜랑흐톤 연구자들(헤르만 셀더하위스, 크리스토프 스트롬, 마르틴 융 등)을 통해 이런 면들이 극복되어 멜랑흐톤 연구가 바르게 광범위하게 진행되었으면 한다.

# 버미글리의 개혁주의 성령론


**김진흥**

(시드니신학대학 한국신학부 부교수, 교회사)

Peter Martyr Vermigli(1499-1562)

김진흥 목사는 서울대학교와 대학원에서 서양사학을 6년간 공부하였고, 고려신학대학원에서 신학을 전공하였다. 그후 네덜란드 개혁교회(GKV) 캄펜신학교에서 종교개혁사를 전공으로 신학석사(Drs.) 및 신학박사(Th.D) 학위를 취득하였다. 현재 시드니신학대학(Sydney College of Divinity) 직영 한국신학부(Korean School of Theology)의 s.l.이며, 교회사와 조직신학을 가르치고 있다. 주요 저서로는 Jin Heung Kim, *Scripturae et patrum testimoniis* (Apeldoorn: Instituut voor Reformatieonderzoek, 2009), 『오직 하나님의 메시지만 전파하라』 (팜트리, 2011), 『교리문답으로 배우는 장로교신앙』 (생명의 양식, 2017), 『마르틴 루터의 95개 논제와 하이델베르크 명제』 (성약, 2017), 『피터 마터 버미글리:신학적 평전』(고신대 개혁주의학술원, 2018) 등이 있고, 다수의 신학 논문들이 있다.

**김진흥**

## Ⅰ. 들어가는 말

종교개혁의 개혁주의 전통을 확립한 네 사람의 신학자들 가운데 한 사람으로 평가되는 버미글리의 포괄적인 신학 사상에 관한 많은 연구들 중에서, 그의 성령론을 다룬 글을 거의 없다. 가장 최근의 버미글리 연구를 망라한 『피터 마터 버미글리 편람』(*A Companion to Peter Martyr Vermigli*, 2009)에도 그의 교회론과 성찬론에 관한 논문은 실려 있지만, 성령론을 직접적으로 다룬 논문은 없다.[1] 버미글리의 교회론에 관한 킹돈(R.M. Kingdon)의 논문은 버미글리의 『신학총론』(*The Common Place*)에 주로 기초한 것인데, 교회의 본질과 사역과 사역자들 그리고 권징을 주요 토픽으로 다루는 반면, 성령의 위격에 관한 논의는 다루지 않는다. 버미글리의 성찬론에 관한 오피츠(P. Opitz)의 논문도 이 주제를 기독론적 관점에서 살피고 있으며, 성령의 위격과 사역에 관한 언급은 거의 나타나지 않는다.

고대 기독교의 가톨릭 정통 신학을 계승한다고 공언한 종교개혁의 근본정신을 고려할 때, 첫 네 차례의 공교회적 공의회(the first 4 ecumenical councils)이 고백한 삼위일체 교리의 중요한 한 가지 요소인 '성령의 위격'에 관한 신앙을 버미글리가 어떻게 고백하였는가 하는 것은 반드시 살펴보아야 할 중요한 토픽이다. 필자는 버미글리에 관한 연구서에서 그의 삼위일체론과 관련하여 이 주제를 일부 다루었지만[2], 본고를 통하여 '성령 하나님'에 관한

1 T. Kirby E. Campi, and F.A. James III eds, *A Companion to Peter Martyr Vermigli* (Leiden: Brill, 2009)에 Robert M. Kingdon의 "교회론: 주석과 권징"(Ecclesiology: Exegesis and Discipline, 그리고 Peter Optiz의 "성찬신학"(Eucharistic Theology) 두 편이 실려 있다.

2 김진흥, 『피터 마터 버미글리: 신학적 평전』(부산: 고신대학교 개혁주의학술원, 2018)의 2부 2장 3절 '삼위일체'를 참조하라.

이 개혁주의 신학의 개척자의 사상을 좀더 깊이 있게 살펴보려고 한다. 이 글의 주요한 자료는 버미글리의 성경 강해들에 근거하여 사후에 편집된 그의 대표적인 조직신학 저서 『신학총론』(1583년 런던판)의 신론(삼위일체론) 부분과 1544년 바젤에서 출판된 좀더 대중적인 작품인 『사도신경 강해』(*A Plain Exposition of the Twelve Articles of the Christian Faith*)이다. 이 두 원전을 중심으로 성령 하나님에 관한 버미글리의 논의에서 나타나는 정통적 개혁주의 신학의 입장을 자세히 소개하고, 그의 성령론 논의가 후대의 개혁주의 신학에 끼친 영향을 간략히 살펴보고자 한다. 본론에서 필자는 우선 버미글리의 성령론에 대한 개관을 제시하고, 그의 성령론의 정통적-개혁주의적 특징들을 소개한 다음, 개혁주의 성령론에 끼친 버미글리의 영향력을 그의 제자인 우르시누스의 하이델베르크 요리문답 해설을 통하여 간략히 평가하고자 한다.

## II. 버미글리의 성령론 해설

잉글랜드의 엘리자베스 1세 여왕의 급사장인 마르텐(Anthony Marten)이 편집하여 1583년 런던에서 출판된 버미글리의 『신학총론』 제12장은 "성령께서 하나님이신가 여부"(Whether the holie Ghost be God)라는 제목으로 시작된다. 그로부터 모두 7과 ½ 폴리오 페이지를 할애하여 버미글리는 성령의 위격에 관한 논의를 중심으로 그의 성령론을 설명한다.[3] 성령론을 다루는 이

3 Peter Martyr Vermigli, *The Common Places of the most famous and renowned Divine Doctor Peter Martyr, divided into four principal parts, with a large addition of many theologicall and necessary discourses, some never extanct before. Translated and partly gathered by Anthony Marten, one of the Sewer of her Majesty's most Honorable Chamber* (London: H. Denham and H. Middleton) 1583.

분량은 버미글리의 삼위일체론 논의 전체 분량과 비교할 때 단연 두드러지는데, 바로 앞에서 성자 예수 그리스도의 신성을 논하는 분량이 불과 2 폴리오 페이지에 그치고 있다는 사실을 볼 때 그렇다. 성령의 신성에 관한 총 18절들에 걸친 자세한 논의는 버미글리의 삼위일체론에서 성령의 위격론이 얼마나 비중 있게 다루어지는지 뚜렷하게 나타난다.

## 1. 성령의 신적 위격에 관한 두 가지 논의

버미글리는 『신학총론』뿐 아니라 『사도신경 강해』에서도 '영'(spirit)이라는 단어의 용례를 분석하는 것으로써 성령의 위격에 관한 논의를 시작한다.[4] 이 단어는 하나님, 천사, 그리고 인간에게 공통적으로 사용된 일반적인 명칭이지만, 특히 성경에서는 삼위일체의 제3위를 지칭하는 특별한 용도를 가지고 있다고 언급한다.[5] 이런 특별한 용법과 관련하여, 버미글리는 성령의 위격과 관련하여 다음 두 가지 주요한 토픽을 중심으로 논의를 전개한다[6]:

첫째, 성령은 성부와 성자와 뚜렷하게 구별되는 위격이다.

둘째, 이렇게 언급되는 성령은 하나님이시다.

따라서 버미글리는 성령의 위격론을 두 가지 핵심 주제, 곧 성부 및 성자와

---

103*v*-110*r*. (이하 CP로 표기)

4 Peter Martyr Vermigli, *Early Writings: Creed, Scripture, Church* (Kirksville: Sixteenth Century Essays & Studies, 1994), 54. 첫 머리에서 버미글리는 '영'(spirit)이란 단어의 대여섯 가지 상이한 의미들 중 성령 하나님에 관한 우리의 해설에 가장 연관된 것을 아주 자세하게 논의할 것이라고 밝힌다. (이하 *EW*로 표기)

5 Vermigli, *CP*, 103*v*. 버미글리에 따르면, '영'이란 우리를 어디로 이끌어가거나(drive) 혹은 지도하는(direct) 능력(strength)을 가진 힘(power)을 의미한다. 특히 (인간의 육체와 관련하여) 영은 그 외면적 틀에서 벗겨진 본성(nature) 혹은 정수(essence)를 의미하게 되었는데, 그것이 하나님, 천군천사들, 그리고 이미 육체와 분리된 죽은 자의 영혼들의 경우이다. 따라서 신적 본성(divine nature)은 영(spirit)이라고 불린다. Vermigli, *EW*, 54-55.

6 Vermigli, *CP*, 103*v*.

'구별된 위격' 그리고 '성령의 신성'에 초점을 두고 논의한다.

### (1) 성령은 성부 및 성자와 구별되는 위격이시다

우선 그는 종교개혁의 근본 원리에 충실하게 '성경으로부터'(out of the holie Scriptures) 성령께서 성부와 성자와는 구별된 위격이며, 성부와 성자로부터 나오신다는 것을 논증한다.[7] 성령께서 제3위로서 신성의 다른 두 위격과 구별된다는 사실을 증거하는 성경구절로서 버미글리는 세례명령(마 28:19)을 비롯하여, 그리스도의 세례 장면(눅 3:21-22), 두 번째 보혜사를 약속하시는 그리스도의 약속(요 14:16), 그리고 진리의 영으로 오셔서 제자들을 모든 진리로 인도하실 것에 대한 그리스도의 약속(요 16:13-14)을 제시한다. 요컨대, 여러 복음서들에서 성자 하나님이신 예수 그리스도께서 성령의 구별된 위격을 친히 증거하였다. 이 맥락에서 버미글리는 성령을 하나님의 어떤 영향력 혹은 힘으로 보는 잘못된 견해를 간단하게 논박하고 지나간다. "영감과 마음의 움직임은 아무 것도 가르치거나 촉발하지 않는다. 그것들은 다만 무언가 그것들에 의해 가르쳐지거나 촉발되는 수단들이다. 가르치고 촉발하는 행위(action)는 그것들에 돌려질 수 없고 오직 참으로 인격이신 분에게 돌려져야 한다."[8] 그런 다음, 버미글리는 제3위의 하나님 성령께서 성부와 성자로부터 나오신다는 사실도 성경에 근거하여 제시한다. 여기서 가장 중요한 증거본문은 요한복음이다. 진리의 성령은, 성자 예수 그리스도께서 아버지이신 성부 하나님으로부터 사도들에게 보내실 보혜사이며, 그분의 메시지는 성자에 관한 증언이다(요 15:26). 버미글리는 이 본문이 '성부와 성자로부터의 성령의 발출'에 관하여 명백하게 증언한다고 주장한다.

---

**7** Vermigli, *CP*, 103*r*.
**8** Vermigli, *CP*, 103*r*.

### (2) 성령은 참된 하나님이시다

성령의 위격에 관한 두 번째 토픽, 곧 성령의 신성에 관한 버미글리의 논의는 첫 번째 토픽과 비교할 수 없을 정도로 자세하고 풍성하다. 이 논의에서 버미글리는 성경의 증거들뿐만 아니라 그것을 뒷받침하는 다양한 교부적 증거들도 함께 제시한다. 후대의 개혁주의 신학은 삼위일체 교리를 입증하기 위하여 성부뿐 아니라 성자와 성령에 관해서도 신적인 '명칭, 속성, 사역, 예배'라는 사중적 증거를 제시할 수 있다고 가르치는데[9], 이런 논의방식이 개혁주의 신학의 초석을 놓은 버미글리의 성령론에서도 이미 뚜렷하게 나타난다.

#### 1) 사역에 근거한 신성 증명

우선 버미글리는 주로 고린도전서에 호소하여 성령께서 하시는 일은 '하나님의 사역'이라는 사실을 제시한다. 하나님의 은사들을 성도들에게 수여하시는 일과 관련하여, 버미글리는 "성령께서 은혜들의 저자(author)이며 또한 작용들의 아버지라면, 그것은 성령이 성부와 동등해야 한다는 의미이다"라고 주장한다.[10] 또한 "이 모든 일은 같은 한 성령이 행하사 그의 뜻대로 각 사람에게 나누어 주시는 것이니라"(고전 12:11)라는 구절에 근거하여, 버미글리는 하늘의 선물을 수여하는 주권적 선택이 성령에게 있다는 사실은 그분이 하나님

---

9 장로교회의 웨스트민스터 대교리문답(WLC) 제11문답은 "성경은 오직 하나님에게만 고유한 명칭과 속성과 사역과 예배를 그들(성자와 성령)에게도 돌림으로써, 성자와 성령이 성부와 동등한 하나님이심을 명백하게 나타낸다"고 고백한다. 요한네스 보스는 이 문답에 관하여 "성경적 자료로부터 논리적으로 유일하게 도출될 수 있는 결론은 각기 구별된 삼위로 존재하시는 오직 한 하나님만 계시며, 각각의 하나님은 진실로 하나님이시며, 다른 하나님과 동등하시다는 것이다"라고 해설한다. Johannes Vos, G.I. Williamson, *The Westminster Lager Catechism: A Commentary* (Phillisburg: P&R, 2002), 28. 또한 네덜란드 신앙고백서(BC)에서 성령의 신성을 고백하는 제11조항과 관련하여, 판 브뤼헌은 성경의 사중적 증거를 '하나님의 이름, 하나님의 능력, 하나님의 사역, 하나님께 드려질 예배'에 관한 증거들이라고 소개한다. J. van Bruggen, *The Church Says Amen: An Exposition of the Belgic Confession* (Neerlandia: Inheritance Publications, 2003), 63-64.

10 Vermigli, *CP*, 103*r*.

이심을 증거한다고 주장한다. 그리고 하나님의 성령의 내주에 근거하여 성도들을 하나님의 전이라고 지칭하는 사도 바울의 증언(고전 3:16-17, 6:19)에 호소하여, "성전은 신성에 고유한 것임을 고려할 때, 어떤 피조물이 성전을 가진다는 것은 적절하지 않다. 따라서, 우리가 성령의 성전들이라고 일컬어지는 것을 보면, 성령이 하나님이신 것은 이제 명백하다"고 주장한다.[11] 이에 덧붙여 버미글리는 하나님의 고유한 사역인 '창조'가 성령께 돌려진다는 성경적 증거들(시 33:6; 마 1:20)에 의거하여 성령의 신성을 다시 한 번 확증한다: "성령께서 창조의 능력을 가지고 계신다는 점을 볼 때, 그분은 의심할 여지 없이 하나님이시다."[12] 여기서 버미글리는 해당 성경 본문에 관한 자신의 해석이 올바르다는 사실을 뒷받침하기 위하여 교부적 권위를 활용한다.[13] 한편, 버미글리는 '성령의 내주하심이 곧 그리스도의 내주하심'이라는 성경의 증언(요일 4:13)과 성령에 의하여 우리가 하나님의 자녀로 입양된다는 성경의 거듭된 가르침도 교부들에 의하여 성령의 참된 신성의 증거로 받아들여졌다는 사실을 지적한다. 바실리우스에 따르면, 성령의 본성과 그리스도의 본성이 다르다고 한다면 사도 요한의 증언은 진실일 수가 없기 때문이며, 또한 하나님이 아니라면 그 누구도 어떤 이들을 하나님의 자녀로 입양할 수 없기 때문이다.[14] 버미글리는 성령께서 바나바와 바울을 선교 사역으로 부르시는 일(행 13:2)과 교회의 사역자들과 감독들을 선택하시는 일(행 20:28)을 주권적으로 행하시는 것을 교부들이 하

---

11 Vermigli, *CP*, 103*r*.

12 Vermigli, *CP*, 104*v*.

13 Vermigli, *CP*, 104*v*. 신적 사역으로 성령의 신성을 논증하는 이 단락에서 버미글리는 교부 히포의 아우구스티누스를 처음으로 인용하는데, 그것은 성도를 하나님의 성전이라고 가르치는 성경 말씀을 '순교자들'에게 배타적으로 적용하는 잘못된 해석을 배격하기 위한 것이다: "순교자들 위에 성전들을 세우는 것이 합법적이라고 생각하지 않도록, 우리가 성전들을 순교자들 위에 건축하는 것이 아니라고 부인한 아우구스티누스의 말에 귀를 기울이자."

14 Vermigli, *CP*, 104*r*. 버미글리는 바실리우스를 다시 한 번 인용하여, 성령의 신성을 부인한 유노미우스에 대한 이 교부의 논박을 이용한다.

나님의 고유한 사역으로 해석하였다는 사실을 지적한다.[15] 성령의 사역과 관련하여 '하나님의 뜻의 계시'도 그 신성을 뒷받침하는 증거로 제시된다. 버미글리는 누가복음에 기록된 이사야 선지자의 예언(눅 4:18)에 관한 교부 암브로시우스(Ambrose, c.340-397)의 해석에 근거하여, "성령께서 하나님이 아니시라면, 그리스도를 파송할 권한을 가지거나 그리스도의 인간적 본성을 만져주실 권한이 없을 것"이라고 주장한다.[16] "내가 주 하나님께서 내 속에서 하실 말씀을 들을 것이라"(시 85:8)라는 다윗의 고백에 관해서도, 그 속에서 말씀하신 분은 성령 외에는 아무도 없으므로, 성령은 하나님이시며, "또한 성령이 우리에게 증언하시되, 주께서 이르시되 그 날 후로는 그들과 맺을 언약이 이것이라 하시고"(히 10:15-16)라는 구절 역시 오직 하나님께서 자기 백성과 맺으신 그의 언약을 성령의 언약이라고 말하므로, 성령의 신성을 명백하게 보여주는 증거구절로 제시한다.

성령의 신성을 논증하는 순서에서 버미글리는 우선 성경적 증거들을 제시한 다음(6-12절) 공교회적 신조들로 뒷받침하는데(13-14절), 서방 라틴 교회의 3대 에큐메니컬 신조들 가운데 하나인 '아타나시우스 신조'(*the Athanasian Creed, Quicumque*)와 관련하여, 오직 하나님의 권한인 '사죄'를 성령께도 돌리고 있다는 사실에 주목한다. "하나님의 고유한 권한인 이 사죄의 권세가 성령께 주어진 것이 여기서(요 20:22-23) 분명하게 나타난다. (사죄의 권세가 하나님에게만 속한 것이라는 사실은) 그리스도께서 중풍병자를 치유하면서 "네 죄가 사함을 받았다"(마 9:2)고 선언하실 때, 서기관들이 하나님의 직무를 예수님이 감히 자신에게 돌렸다는 이유로 그 선언을 신성모독이라고 외쳤던

---

15 Vermigli, *CP*, 104*r*. "자신의 사역을 위해 누구를 부르는 것은 오직 하나님 편에서의 일이라는 사실은 의심할 여지가 없다. 그런 이유로 아타나시우스(Athanasius)는 아리우스를 논박할 때에 이 구절에 호소하였다."

16 Vermigli, *CP*, 105*v*.

사실에서도 입증된다."[17] 또한 (아마도 '선지자들을 통하여 말씀하신 분'이라는 콘스탄티노플 신조(381)와 연관하여) 버미글리는 모세의 경우(출 1:11-12)를 예로 들면서 "그의 사역자들을 통하여 말씀하게 하시는 것, 그들의 입을 여는 것, 그들로 하여금 이야기할 수 있게 하시는 것은 전능하신 하나님의 사역이라는 것을 보여준다"고 해석하며, "말하는 이는 너희가 아니라 너희 속에서 말씀하시는 이 곧 너희 아버지의 성령이시니라"(마 10:20)라는 그리스도의 말씀은 "성령이 하나님이시라는 사실을 입증하는 것 같다. 왜냐하면 이 구절은 바로 그 동일한 행위를 성령의 일로 말하기 때문"이라고 주장한다.[18]

### 2) 본성(속성)에 근거한 성령의 신성 증명

두 번째로 버미글리는 신적 본성에 있어서도 성령의 하나님되심을 분명하게 증거할 수 있다고 논증한다. 하나님의 속사정을 아시는 성령에 관한 사도 바울의 증언(고전 2:11)은 성령의 신적 본성을 뚜렷하게 보여준다: "인간의 영이 인간의 본성에 속한다는 것을 모르는 사람이 없듯이, 하나님의 영은 그의 신적 본질에 속한다는 것도 확실하다." 또한 성령을 성부와 성자의 영이라고 증언하는 성경구절들(롬 8:9, 11; 갈 4:6) 역시 성령의 신적 본질을 증언한다: "따라서, 성령이 성부와 성자의 영이므로 그 성부와 성자의 본성에 전적으로 참여하는 분이다".[19] 이와 관련하여, 버미글리는 가이사랴의 바실리우스(Basil of Caesarea, 330-379)를 언급하는데, 이 카파도키아의 수도사이자 주교이자 신학자는 니케아 삼위일체 교리의 핵심 용어로 평가되는 '동일본질'(*homoousios*)을 노골적으로 배격하였던 극단적인 아리우스파 유노미우스(Eunomius, d.393)를 논박하였다. 이 교부적 증거 역시 '성부와 성자의

17 Vermigli, *CP*, 106*r*.
18 Vermigli, *CP*, 106*r*.
19 Vermigli, *CP*, 104*v*.

영'이신 성령의 신성을 증거하는 증거구절들에 대한 버미글리의 해석을 뒷받침하기 위한 것이다. 즉 바실리우스 역시 위의 관련 구절들로부터 '성부와 성자의 영이신 성령은 성부와 성자와 동일한 본질을 가지고 있다'는 결론을 이끌어내기 때문이다.[20] 한편, 무소부재(無所不在)라는 고유한 신적 속성이 성령께도 적용된다는 사실도 성령의 신성에 대한 성경적이고 교부적인 증거이다. 버미글리는 이와 관련하여 가이사랴의 바실리우스와 디디무스(Didymus, c.313-398)에게 호소한다. "바실리우스는 그의 '성령론'(*de spiritu sancto*) 2.2.에서, 그리고 디디무스(Didymus) 역시 자신의 '성령론'(*de spiritu sancto*)에서, 하나님 되심, 곧 동시에 다양한 곳에 존재하는 것은 어떤 피조물에게도 어울리지 않는 것이라고 선언한다. 그러나 성령은 사도들과 선지자들에게 세상의 다양한 곳에 동시에 현존하셨는데, 그 결과 그리스도에 대한 믿음을 고백하는 사람이라면, 그 성령이 하나님이심을 의심할 수 없다."[21] 한편, 사본학적으로 논란의 여지가 있다고 그 자신도 인정하는 사도 요한의 증언, 곧 "증언하는 이가 셋이니, 성령과 물과 피라. 또한 이 셋은 합하여 하나이니라"(요일 5:7-8)라는 말씀과 관련하여, 버미글리는 교부 아우구스티누스에게 호소하여 이 구절이 성령의 신성을 뒷받침하는 증거라고 주장한다: "아우구스티누스는 아리우스파 주교 막시무스에 반대하는 그의 책 3권 14장에서 이 구절을 지적한다. 그리고 그는 성령께서 성부의 표지를 보여주시는데 왜냐하면 하나님은 영이시기 때문이다."[22]

---

20 Vermigli, *CP*, 104*v*.

21 Vermigli, *CP*, 104*r*.

22 Vermigli, *CP*, 105*v*. 버미글리는 이 구절에 대한 알렉산드리아의 키릴루스(Cyillus, c.376-444)의 해석도 덧붙이는데, "이 구절에서 성령의 증언은 하나님의 증언이라고 일컬어지는데, 그것으로써 성령께서 하나님이심이 입증된다"고 이 알렉산드리아의 대주교가 해석하고 있기 때문이다. Vermigli, *CP*, 105*r*.

### 3) 명칭에 근거한 성령의 신성 증거

세 번째로, 버미글리는 하나님의 고유한 명칭이 성령께도 돌려진다는 성경적 교부적 증거들을 제시한다. 아나니아와 삽비라 사건에 관한 기록에서 성령님은 '가장 분명하게' 하나님이라고 지칭된다(행 5:3). 그런데, 버미글리의 이 세 번째 논증에 있어서는 성경적 논증보다는 정통적인 신조들에 근거한 증거제시가 두드러진다. 왜냐하면 성경의 구체적인 증거구절들을 더 제시하는 대신, 콘스탄티노플 신조(381)에서 성령을 '주'(Lord)라고 고백한 것을 중요하게 소개하고 있기 때문이다. 버미글리는 네 차례의 주요한 공의회들 중 두 번째인 콘스탄티노플 공의회에서 니케아 공의회의 성령에 관한 간명한 고백을 풍성하게 발전시켰다고 평가한다.23 버미글리에 따르면, 니케아 신조에서도 성령을 하나님으로 믿고 고백하는 것은 분명하지만, 이단들의 출현으로 말미암아 성령의 신성을 좀더 분명하게 확증하기 위하여 콘스탄티노플 신조에서 '주님'이라는 명칭이 덧붙여졌다. 이 명칭은 그리스도를 피조물로 간주하고 성부 하나님보다 낮은 지위를 가진다고 주장한 아리우스파의 이단적 주장을 배격하기 위하여 예수 그리스도께 돌려진 이름이므로, 이 동일한 명칭을 성령께 돌리는 것은 성령의 신성을 명백하게 선언하는 것이다. 버미글리는 콘스탄티노플 신조에서 '성령을 주님'이라고 고백한 것은, 성령의 신성을 부인하고 성령을 그리스도보다 낮게 여겨서 하나님의 '사역자'(minister)로 설명하려는 이단들의 주장을 배격하기 위함이라고 소개한다.24 이런 맥락에서 버미글리는 '주'라는 표현

---

23 Vermigli, *CP*, 106*v*. "니케아 공의회는 신조를 작성하였는데, 거기서 우리는 '나는 성령을 믿는다'고 고백한다. 아주 명백한 사실은, 우리는 피조된 것에 우리의 신뢰를 두어서는 않된다는 것이다. 그리고 그 당대에는 성령에 관하여 논의된 주장이 그다지 많지 않았기 때문에, 그 신조의 항목에는 다른 아무 말도 첨가되지 않았다. 그러나 그 후에, 성령에 관한 여러 종류의 다양한 이단들이 나타나자, 네 차례의 주요한 공의회들 가운데 두 번째인 콘스탄티노플 공의회에서 이 간명한 조항에 많은 것들이 덧붙여졌다. '우리는 주님이자 생명의 수여자인 성령을 믿습니다.'"

다음에 덧붙여진 '생명의 수여자'(Life-Giver)라는 명칭 역시 성부와 성자와 동등하신 성령의 신성을 강조하는 표현으로 해석한다: '생명의 수여자'(the giver of Life)라는 칭호 역시 동일하다. 왜냐하면 사도 요한이 기록한 바, 성부만이 생명을 주실 뿐 아니라 성자 역시 그의 원하시는 자들을 살리실 수 있기 때문이다. 그리고 성령도 이 속성을 가지고 계시므로, 그들은 그 표현을 덧붙인 것이다."[25] 한편, 앞서 언급했듯이, '아타나시우스 신조'는 아주 뚜렷하게 '성부 하나님, 성자 하나님, 그리고 성령 하나님'이라는 표현을 사용한다는 사실을 버미글리는 잊지 않고 언급한다.[26] 또한 성령을 '성화주'(Sanctifier)이자 '빛의 수여자'(Giver of light)라고 부르는 것도 성령의 신성을 분명하게 보여주는 성경적 증거들이다.[27]

---

24 일반적으로 교리사적 관점에서, 콘스탄티노플 신조의 성령 하나님에 관한 고백은 '성령의 신성을 부인하는 자들'(혹은 '성령적대론자들', Pneumatomachians)까지 포용하려고 했던 테오도시우스 황제의 정치적 의도에 따라 '온건하고 완고하게' 표현된 것이라고 평가된다. 샤츠는 신성을 증거하는 핵심 단어인 '동일본질'(*homoousios*)이라는 명칭이 성령에 관해서는 사용되지 않고, 교회의 전통적인 기도문구를 통하여 표현된 까닭은 그 문제에 대하여 이견(異見)을 가진 당파와의 대화의 문을 열어 두기 위한 것이었다고 해석한다. 클라우스 샤츠, 『보편공의회사』(칠곡: 분도출판사, 2005), 59. 이와 관련하여, 콘스탄티노플 공의회의 초대 의장으로 섬겼던 나지안주스의 그레고리(Gregory of Nazianzus, 329-390)는 황제의 그런 처사에 반발하여 교회가 '모압과 암몬 자손들에게 문을 열어두었다'고 비판하였다. J.N.D. Kelly, *Early Christian Creeds* (Burnt Mill: Longman House, 1972), 328. 데이비스는 그 이유를 테오도시우스 황제의 부추김에 의한 것이라고 언명하는데, 공의회에 모인 교부들은 '주님'(Lord), '생명의 수여자'(Life-Giver) 등 성경의 증거들로 분명하게 뒷받침할 수 있는 표현들로써 성령의 참된 신성을 고백하였다고 평가한다. Leo Donald Davis, *The First Seven Ecumenical Councils (325-787): Their History and Theology* (Collegeville: the Liturgical Press, 1990), 125. 한편, 드롭너는 콘스탄티노플 신조의 성령론은 나지안주스의 그레고리와 바실리우스의 영향을 받은 것으로 평가한다: "주님 칭호를 지닌 성령을 성부와 성자와 대등하게 놓고, 발함을 나지안즈의 고레고리우스의 신학에서 받아들이고, 동일흠숭을 대 바실리우스의 신학에서 받아들여 성령에 관한 모든 부분이 새롭게 작성되었다." H.R. 드롭너, 『교부학』(칠곡: 분도출판사, 2001), 407.

25 Vermigli, *CP*, 106*r*.

26 Vermigli, *CP*, 106*r*.

27 Vermigli, *CP*, 106*r*.

#### 4) 예배를 통한 성령의 신성 논증

네 번째로, 버미글리는 하나님께만 돌려지는 예배가 성령께도 돌려진다는 사실도 성령의 신성에 대한 증거로 제시한다. 여기서 버미글리는 '하나님의 성령으로 봉사하며'(빌 3:2)라는 구절을 '성령께 드리는 예배'(serving the Spirit of God)로 해석하는데, 비록 이 구절에 대한 다른 해석이 있음을 인정하면서도, 교부적인 증거들에 호소하여 이 구절이 성령의 신성을 뒷받침해주는 증거로 활용한다.[28] 버미글리에 따르면, 콘스탄티노플 신조는 "그분(성령)은 성부와 성자와 더불어 경배받으시며 영광받으신다"라는 고백으로 성령의 신성(Godhead)을 가장 뚜렷하게 표현하였다.[29] 데이비스에 따르면, 가이사랴의 바실리우스는 콘스탄티노플 신조의 바로 이 구절을 내용상 성령의 '동일본질'(*homoousios*)을 고백한 것과 다를 바 없다고 해석하였다. 왜냐하면, 바실리우스에 따르면, 그런 동등한 신적 경배와 영광을 성령께도 돌릴 수 있는 근거는 바로 성령께서 성부와 성자와 동일하심(identity of being)에 있기 때문이다.[30]

한편 버미글리는 하나님을 향한 피조물의 경배와 찬양에 관한 성경의 기록에서, 찬양하는 무리들 속에 성자와 성령이 포함되어 있지 않다는 사실을 지적한다. 다윗의 시편 곳곳에서 모든 피조물들이 하나님을 찬양한다고 표현되지만, 오히려 성령에 대해서는 '진리'라고 언급되는데(요일 5:6), 버미글리에 따르면,

---

28 "여기서, 갈라디아 사람들이 '예배'(*latreia*)라고 부르는, 하나님에 대한 경배는 사도 바울이 하나님이라고 부르는 성령에게 드려지는 것이다. 비록 일부 사본에서 이 말이 '하나님의 성령을 섬기는 일'(Serving the Spirit of God)이 아니라 '성령 안에서 하나님을 섬기는 일'(Serving God in spirit)로 읽혀지므로, 이 구절이 확실한 것은 아니지만, 나는 교부들이 이 논증을 이용하였다는 사실을 충분히 보여준다고 생각한다." Vermigli, *CP*, 104*r*.

29 *Vermigli*, *CP*, 106*r*.

30 Leo Donald Davis, *The First Seven Ecumenical Councils (325-787): Their History and Theology*, 125.

"진리는 중심적이고 원칙적(chief and principal)이며 다른 어떤 것에 의존하지 않는다는 점을 고려하면, 이런 표현은 피조물에 대해서는 쓸 수 없는 말이다."[31] 끝으로 버미글리는 고대교회에서는 시편의 끝 부분에 교회의 송영으로서 '성부, 성자, 그리고 성령께 영광'이라는 표현을 덧붙이는 것이 공교회적으로 받아들여진 관습이라는 것을 가이사랴의 바실리우스에 근거하여 덧붙인다.

## 2. 성령의 신성을 부인하는 주장들에 대한 논박

버미글리는 『신학총론』에서 성령론에 관한 상당 부분(15-20절)을 성령의 신성을 반대하는 다양한 의견들을 논박하는데 할애한다. 버미글리는 우선 긍정적인 접근방식으로써 성령의 신성과 구별되는 위격을 성경과 교부들의 증언 및 공의회의 신조로써 확증한 다음, 이제 여러 이단설을 논박하는 부정적 접근방법으로써 자신의 주장을 한층 더 분명하게 입증하는 것이다.

첫 번째 반론은 성령이 '탄식하며 기도한다'(롬 8:26)는 성경 구절에 근거하여 성령의 신성을 부정하는 견해인데, '탄원하는 자의 모습으로 그 자신을 겸비하게 낮추는 것은 하나님의 신성에 걸맞지 않다'는 주장에 근거하여 성령의 신성을 받아들이지 않는 입장이다. 이에 대하여 버미글리는 성자 하나님이신 예수 그리스도께서도 우리를 위하여 중보하시지만, 그럼에도 불구하고 그분은 참된 하나님이시라고 논박한다. "따라서 기도하는 것은 하나님의 본성에 낯선 것이 아니다."[32] 그런데, 이 논박에 대하여 다시 이런 이의가 제기된다. '성자는 성육신을 통하여 스스로 피조물의 본성을 자신 속으로 받아들이셨기 때문에 '겸비하게 기도하는' 일이 합당한 반면, '성령은 어떤 피조물의 본성도

31 Vermigli, *CP*, 106*v*.
32 Vermigli, *CP*, 107*v*.

그 자신의 위격의 통일성 안에 취하지 않으셨기 때문에, 사정이 다르다'는 것이다. 이런 주장에 대하여 버미글리는 성령께서 겸비하게 기도하시는 것은 (위격의 동등성 문제와 무관하게) 성도들을 위한 일이라고 대답한다: "따라서 우리는 다음과 같이 대답할 것이다. 즉 로마서에 기록된 대로 성령께서는 기도하시며, 또한 우리를 위하여 간구하시는데, 왜냐하면 그분은 우리를 이끌어 이러한 일들을 하게 하시며, 우리로 하여금 탄식하게 하기 위하여 스스로 탄식하시기 때문이다."[33] 버미글리는 '성령께서 사실상 성도들을 위하여 자신을 낮추어 탄식하며 간구한다'라는 식의 표현은 성경에서 드물지 않으며, 오히려 아주 자주 사용된다고 덧붙여 설명한다. 그 대표적 사례로서, 아브라함이 모리아 산에서 이삭을 바치려고 하였을 때, 하나님께서 "내가 이제야 네가 하나님을 경외하는 줄을 아노라"(창 22:3)하신 말씀을 든다. 버미글리에 따르면, 사람의 마음과 인식은 하나님에게 숨겨진 것이 아니므로, 하나님께서는 그 모리아 산 사건 이전에도 이미 아브라함의 신앙과 경외하는 마음을 알고 계셨다. 그러므로 그 구절에서 '내가 알았다'(I have known)이라는 표현은 사실상 '내가 알도록 만들었다'(I have caused to know)라는 의미로 받아들여야 한다. 또한 "너희가 아들이므로 하나님이 그 아들의 영을 우리 마음 가운데 보내사 아빠 아버지라 부르게 하셨느니라"(갈 4:6)라는 바울의 언급에서도 마치 '성령께서 친히 하나님께 부르짖는다'라고 확증하는 것 같지만, 로마서에서 바울은 그 본의를 아주 분명하게 다음과 같이 표현한다: "너희는 다시 무서워하는 종의 영을 받지 아니하고 양자의 영을 받았으므로 우리가 아빠 아버지라고 부르짖느니라"(롬 8:15). 이 로마서의 구절에서 부르짖는 자는 바로 우리이며, 성령께서 우리를 자극하여 그런 기도를 하게 하신다고 아주 분명하게 표현된

---

33 Vermigli, *CP*, 107*v*.

다.[34] 버미글리는 사도 바울의 서로 연관되어 있는 두 구절을 비교하여, 성령께서 자신을 낮추신 것은 그분의 본질상 성부나 성자보다 열등한 까닭이 아니라, 그분이 거룩하게 하시는 우리를 겸비하게 만드시기 위하여 그렇게 하신 것이라고 해명한다.

성령의 신성을 부인하는 두 번째 반론은, 성령께서 성부와 성자로부터 나오신다는 주장을 문제로 삼는다. 즉 성령께서는 스스로 그 자신의 시작을 갖지 못하고 있으며 성부에게 그 기원을 찾는다는 점에서 성자와 다를 바 없다면, 성령을 성자로 부르지 못할 이유가 없다는 반론이다. 이 견해는 성령의 구별된 위격을 공격하는 견해이며, 특히 성자와 성령의 위격적 구별을 의문시하는 주장이라고 할 수 있다. 버미글리는 이런 반론에 대하여 '성경의 표현방식'에 대한 존중으로써 응수한다. "신적이고 비밀스러운 일들에 있어서 우리는 성경의 교리 및 표현방식을 모두 따른다. 성경은 그 어디에서도 성령이 성자처럼 출생하였다고 말하지 않는데, 왜 우리가 그런 식으로 말할 것인가! 경건한 사람들에게는 이 대답으로 충분하다는 것이 의심할 여지가 없다. 덧붙여 말해야 할 바는, 이런 성령의 발출(procession)에 관한 묘사가 있으므로, 우리도 그렇게 말해야 한다는 것이다."[35] 가장 명백한 증거로서, 버미글리는 그리스도께서 제자들에게 숨을 내쉬면서 '성령을 받으라'고 하신 말씀(요 20:22)을 제시한다. 그에 덧붙여, 버미글리는 동서방 교회가 콘스탄티노플 신조에 '필리오케'(*filioque*, '그리고 성자로부터')라는 단어를 삽입한 것을 두고 논쟁한 일화를 언급한다. 이 단어를 삽입한 라틴 서방교회의 전통을 성경적으로 옳다고 평가하는 버미글리는 '교회정치적인 야심 때문에 그 문제가 악화되지 않았다면, 그 단어를 포함시킨 것이 그다지 중요한 문제가 되지 않았을 것'이라고

34 Vermigli, *CP*, 107*v*.
35 Vermigli, *CP*, 107*r*.

판단하면서, 그 근거로 그리스정교회가 전체 기독교회의 수위권 주장을 포기한 이후에 열린 플로렌스 공의회(Council of Florence, 1439)에서 라틴 서방교회의 의도를 쉽게 받아들였다는 사실을 든다.[36] 이미 플로렌스 공의회 이전에도 고대의 많은 교부들이 성부와 '그리고 성자로부터'(*filioque*) 성령께서 발출하신다고 가르친 사실도 덧붙이는데, 그 대표적인 사례로 버미글리는 아우구스티누스와 4세기 키프로스의 주교인 안코라의 에피파니우스(Epiphanius of Ancoratus, c.313-403)를 언급한다. 한편, 아우구스티누스의 말을 인용하여, 버미글리는 삼위 하나님의 내적인 관계를 표현하는 '출생'(*generation*)과 발출(procceding) 사이의 차이를 정확하게 묘사하는 것은 쉽지 않다는 사실을 인정한다. 비록 '우리는 그 차이를 적절하게 표현할 수 없지만 성경은 결코 출생과 발출을 혼용하여 사용하지 않는데', 거기에는 이유가 있다고 버미글리는 설명한다. "만일 성령이 '독생하였다'고 일컬어진다면, 우리는 삼위일체 안에 두 성자를 언급해야 하며, 또한 두 성부를 말해야 한다. 왜냐하면 성령이 성부와 성자로부터 독생하였다고 말한다면, 성령은 성부와 성자 모두를 그의 아버지로 가져야 한다. 성령이 성부로부터 출생하였다고 주장하면, 성령은 성부의 아들로 일컬어져야 한다. 그러나 성령이 성부로부터 태어났다고 한다면, 성령은 성부에게 조카가 되어야 한다. 이런 주장은 불합리하며 성경의 가르침과는 아주 낯선 것이다. 성령이 출생하였다는 말은 성경과 반대된다. 성경은 아주 자주 성자에 대하여 '독생자'(the only begotten)라고 말하기 때문이다. 그 말은, 성령은 출생하지 않았다는 의미이다."[37] 이런 논증을 통하여 버미글리

---

36 Vermigli, *CP*, 107*r*. 버미글리는 이 플로렌스 공의회를 서방교회와 동방교회의 일치를 도모한 참다운 에큐메니칼 공의회로 높이 평가한다. 특히 이 공의회에서 동방교회가 로마 가톨릭 교회의 화체설을 받아들이지 않은 점도 중요하게 지적한다. Peter Martyr Vermigli, *The Oxford Treatise and Disputation on the Eucharist, 1549* (Kirksville: Sixteenth Century Essays & Studies, 2000), 97. 또한 김진흥, 『피터 마터 버미글리: 신학적 평전』, 290.

는 성령의 독자적 위격을 의심하는 자들의 주장을 명료하게 논박하고, 성부와 성자와 구별되는 제3위 하나님의 독자적인 위격을 훌륭하게 논증한다.

성령의 신성을 부인하는 세 번째 반론은 놀랍게도 삼위일체론의 정통적인 고백으로 평가되는 니케아 신조에 호소하는 견해이다. 이들의 주장은 니케아 공의회(325)는 성령의 신성을 명백하게 표명하지 않았다는 것이다. 앞서 콘스탄티노플 신조와 관련하여 이미 언급한 이 사안에 관하여, 버미글리는 에피파니우스의 답변을 인용한다. "니케아 공의회에서의 논쟁은 오직 성자에 관한 것이었다. 왜냐하면 아리우스파는 첫 번째 논란에서 오직 이 요점만을 반대하였기 때문이다. 그리고 공의회도 대부분 다른 어떤 것들보다도 문제가 된 바로 그 조항을 정의하였다."[38] 즉 니케아 신조에서 성령의 신성을 명백하게 표명하지 않은 것은, 그 공의회에서 관심의 초점이 성자의 신성 문제에 집중되었기 때문이다. 그런데, 니케아 공의회 이후에 아리우스파에서 성령의 신성을 부정하는 이단설이 두드러지게 나타나자, 콘스탄티노플 공의회에서 성령의 신성을 자세히 밝힌 것이다. 이런 맥락에서 버미글리는 첫 두 에큐메니칼 공의회들의 긴밀한 연결성을 다시 한번 강조한다. 콘스탄티노플 신조에서 성령의 신성을 자세히 진술한 것은 사실상 니케아 신조에 함축되어 있던 바를 분명하게 밝힌 것이다. 삼위일체 교리의 확립이라는 관점에서 한 묶음으로 다룰 수 있는 이 두 공의회들은 성자뿐 아니라 성령의 신성과 독자적 위격을 고백하는 점에서도 일관된 입장을 보여준다.

성령의 신성을 반대하는 네 번째 주장은 고대의 교부들에게서 성령의 신성에 대한 명백한 진술들을 발견할 수 없다는 반론인데, 버미글리는 이런 주장의 대표자로 로테르담의 에라스무스(Erasmus of Rotterdam, 1466-1536)를

---

**37** Vermigli, *CP*, 107*r*-108*v*.

**38** Vermigli, *CP*, 108*v*.

언급한다. 이 인문주의의 왕자는 라틴 서방교회에서 니케아 신조를 강력하게 옹호하였던 프와티에의 힐라리우스(Hilary of Poitier, 315-368)가 그의 저서인 '삼위일체론'(*De trinitate*)에서 성령을 하나님이라고 명백하게 표현한 적이 없다고 지적하였다. 이에 대하여 버미글리는 힐라리우스가 '탁월한 조심성'을 발휘하여 가능한 한 성경의 표현들을 사용하려고 하였으며, 비록 명시적으로 성령을 하나님이라고 표현하지 않았지만, 사실상 성령의 신성을 명백하게 입증하는 내용을 기록하였다고 반박한다.[39] 고대의 교부들이 성경 밖에서 가져온 '동일본질'(*homoousios*)과 같은 용어에 대하여 처음에는 상당히 경계하였던 것이 일반적이었으나 - 그래서 힐라리우스와 같은 교부는 그런 성경 밖에서 도입된 용어들에 대하여 조심스럽게 대하였으나 - 그 용어가 성경이 가르치는 바를 '불가피하고 분명하게'(necessarily and manifestly) 표현하므로 이윽고 그 용어의 사용을 기꺼이 받아들였으며, 아울러 가이사랴의 바실리우스를 비롯한 여러 교부들은 명백하게 성령의 신성을 증언하고 옹호하였다고 버미글리는 덧붙여 설명한다.

성령의 신성을 부인하는 다섯 번째 반론은 '아들 외에는 아버지를 알지 못한다'(마 11:27)라는 그리스도의 말씀에 성령이 언급되어 있지 않으므로 성령은 성부도 성자도 모르며 따라서 하나님이 아니라는 주장이다. 버미글리는 이 주장을 '되지도 않는 이의(異義)'라고 폄하하면서도, 성경적 증거들로 분명하게 논박한다. "만일 그들이 성경에서 가져온 명백한 증언을 요구한다면, 우리는 고린도전서에서 그런 증언을 찾을 수 있다. '사람의 일을 사람의 속에 있는 영 외에 누가 알리요. 이와 같이 하나님의 일도 하나님의 영 외에는 아무도 알지 못하느니라'(고전 2:11). 그리고 복음서는 이렇게 말한다. '예수께서 대답

---

39 Vermigli, *CP*, 108*r*.

하여 이르시되 바요나 시몬아 네가 복이 있도다. 이를 네가 알게 한 이는 혈육이 아니요 하늘에 계신 내 아버지시니라'(마 16:17). 이 증언들은 성령께서 하나님을 아실 뿐만 아니라 하나님을 알도록 다른 사람들에게 계시하는 분이라는 사실을 분명하게 드러낸다."[40] 버미글리가 이런 '되지도 않는 이의'를 그냥 무시하지 않고, 오히려 이렇게 분명한 성경적 증거로 논박하는 까닭이 있다. 그것은 이런 주장이 단순한 무지에서 나온 것이 아니라, 오히려 깊은 철학적 사색에서 유래된 것임을 그가 알고 있었기 때문이다. 그리고 그 뿌리를 버미글리는 '알렉산드리아의 오리게네스'(Origen of Alexandria, 184-253)에서 찾는다. 오리게네스의 주장에 따르면, 성부는 오직 그 자신을 알고 있는데, 성자는 성부를 알지 못하고, 성령은 성자를 알지 못한다. 그리고 천사들은 성령을 인식하지 못하며, 인간은 천사들을 보지 못한다.[41] 여기서 버미글리의 성경중심적 근본원리를 다시 한 번 엿볼 수 있는데, 삼위 하나님의 내적인 지식에 관한 복잡한 신학적 논의에서 파생된 이런 주장에 대하여 버미글리는 '명백한 성경의 증언들로써' 대응하고 있기 때문이다.

성령의 신성을 반대하는 여섯 번째 주장은, 성자의 성육신처럼 성령 역시 비둘기와 같은 피조물의 형태를 취하셨다는 성경의 언급들에 근거하여 '성령의 성육신'을 주장하는 '뻔뻔한 이단들'과 관련된 것이다. 특히 페르시아 사람

---

40 Vermigli, *CP*, 108*r*.

41 버미글리는 오리게네스의 '원리론'(*peri archon*)에서 이런 주장이 전해 내려왔다는 에피파니우스의 주장을 소개하는데, 버미글리 자신은 루피누스(Rufinus, 345-411)의 편집된 텍스트에서는 직접 그 내용을 확인하지 못하였다고 말한다. "그럼에도 불구하고 그 책에서 이제껏 기억하는 바로는 나는 그 문제를 그런 식으로 명백하게 묘사한 것을 읽어보지 못하였다. 그 사실은 놀랍지 않은데, 왜냐하면 루피누스가 번역한 그 책은 불완전한 많은 것들을 담고 있기 때문이다." Vermigli, *CP*, 109*v*. 히에로니무스와 더불어 오리게네스의 대표적인 번역자인 루피누스는 오리게네스의 사상 가운데 교회적 정통 교리와 어울리지 않는 부분들을 상당 부분 고쳐 번역하였다고 평가된다. H.R. 드롭너, 『교부학』 (분도출판사, 2001), 460-462 참조.

마니(Mani, 216-274)와 고대교회의 이단 몬타누스(Montanus) 그리고 영지주의 철학자 바실리데스(Basilides)가 이와 연관하여 언급되는데, 버미글리는 성경에 근거한 두 가지 논증으로 이들의 잘못된 견해를 배격한다. 첫째, 성자의 성육신이 영원한 것인 반면 성령께서 피조물의 형태를 취하신 것은 일시적이며 또한 두 본성들이 한 위격이 된 것이 아니다. 둘째, 그리스도께서 약속하신 성령의 도래는 이런 이단들이 출현하기 훨씬 전에, 곧 그리스도의 승천 이후의 오순절이 이미 성취되었다.[42]

이상의 여섯 가지 이단적 견해들을 논박한 후에, 버미글리는 성경에 관한 올바른 해석방법을 세 절에 걸쳐(21-23절) 부연하여 설명한다. 그것은 성경이 하나님에 관하여 이야기할 때 종종 '사람의 방식에 따라' 이야기하고 있다는 사실을 고려해야 할 필요가 있다는 사실을 환기하기 위함이다.[43] 버미글리는 성경에서 하나님의 행하심에 관하여 신인동형동성론적으로 표현한 내용들 중에서 '기억하셨다, 미리 보셨다, 진노하셨다, 후회하셨다'는 언급들에 관한 올바른 이해를 제시한다. 하나님의 변하지 않는 뜻(will)과 우리에게 선포된 조건(condition), 그리고 예정의 신비에 관한 인식에서 버미글리가 예레미야서를 인용한 내용은 주목할 만하다. 왜냐하면 그 모든 일을 우리를 통하여 이루시는 분이 바로 성령 하나님이기 때문이다.

"이 구절들(렘 18:7-10)은 하나님께서 이런 종류의 선언들과 위협들에서 가변적이지 않다는 사실을 보여준다. 왜냐하면 하나님은 절대적이고 확고하게 말씀하지 않으시고 조건에 관하여 말씀하시기 때문이다. 그러나 그 조건을

---

42 Vermigli, *CP*, 109*v*.

43 Vermigli, *CP*, 109*v*. 이와 관련하여, 칼빈 역시 '삼위일체론'을 다루면서 '신인동형동성론적 묘사들이 엄격하게 말하여 하나님께는 적절하지 않다'고 지적한 점은 주목할 만하다. 하나님에 관한 성경의 계시는 '우리의 수준'에 맞추어진 것이다. 칼빈, 『기독교 강요』, I.xii.1.

이루거나 혹은 무효로 하는 것은 우리에게 달려 있다. 따라서 그 변화는 하나님이 아니라 우리에게 돌려져야 한다. 그러나 만일 나에게 묻기를, 그런 조건들에 관하여 하나님께서는 앞으로 일어날 일들을 미리 아시고 또 예정하시지 않았는가 한다면, 나는 하나님께서 이미 최초의 순간에 일어날 사건을 알고 계셨을 뿐만 아니라 또한 예정하셨다는 사실을 인정할 것이다. 그러나 이런 일들에 관한 하나님의 뜻의 비밀은 성경에서 우리에게 알려지지 않았다는 사실을 고려할 때, 우리는 앞서 제시한 대로 예레미야가 제시한 그 규칙을 따라야 한다."[44]

## 3. 성령론의 중요성과 의의: 위로와 격려

버미글리의 신학적 저술들 가운데 이탈리아어로 쓰여진 유일한 작품인 『사도신경 해설』(*Semplice Dichiaratione*)은 1542년 9월에 그가 이탈리아를 영원히 떠난 지 1년 2개월만에 나왔다. 스트라스부르에 자리를 잡은 버미글리는 이탈리아에 남겨둔 '개혁적인 그리스도인들의 무리'(Italian Evangelists)를 위하여 라틴 서방교회의 공교회적 신조에 관한 이 해설을 저술하였다. 버미글리의 사도신경 해설에서 성령에 관하여 설명하는 31-34절은 나폴리 시절(1537-1540) 스페인 출신의 신학자 발데스(Juan Valdès, c.1498-1541) 그룹과의 교제로 자극을 받은 '신앙의 신비적 차원'을 반영한다고 평가된다. 맥레런드는 그것을 '결혼의 유비'와 '그리스도와의 연합'이라는 개념이 버미글리의 사도신경 강해에 뚜렷하게 나타난다는 사실로 뒷받침한다.[45] 그런데, 로마 가톨릭 당국의 박해 아래 있는, 이탈리아에 두고 온 복음주의적 그리스도인들을 생각하면서 쓴 이 해설서에서, 버미글리의 관심은 올바른 신앙을 증거할 뿐만

---

**44** Vermigli, *CP*, 110*v*.
**45** J.C. McLelland, "Introduction", Peter Martyr Vermgli, *Early Writings*, 24.

아니라 그들을 격려하려는 동기가 뚜렷하였다고 생각할 수 있다. 성령에 관한 해설에서 버미글리가 그리스도와의 연합의 끈으로서 성령의 역할을 강조하는 까닭을 이런 목회적인 고려로 이해할 수 있을 것이다. 이것을 뒷받침해 줄 수 있는 언급들을 우리는 그의 해설에서 거듭하여 발견할 수 있다.[46]

성령의 고유한 직분을 '거룩한 영'이라는 그 이름으로부터 설명하면서, 버미글리는 '이끌어 가고, 움직이고, 설득하고, 다스리고, 위로하고, 조명하며, 그리고 신자들의 영혼과 마음 속에서 성화의 사역을 수행하는 일을 성도들이 개인적인 경험을 통하여 알고 있다'고 단언한다. 그리고 이런 격려의 말을 덧붙인다: "그러므로 우리가 성령을 믿는다고 고백하는 것은 이유 없는 일이 아니다. 비록 성령은 우리의 자연적 능력들을 초월하시지만, 우리는 성경에서 분명하게 진술된 바를 통하여 성령을 알고 있다."[47] 그리스도의 공로로 말미암은 죄사함의 은혜가 우리에게 적용되는 것과 관련하여 성령의 사역의 필수불가결함을 설명하면서, 버미글리는 한층 더 분명하게 목회적인 고려를 드러낸다: "우리는 너무나도 무거운 짐에 짓눌려 일어설 기력이 없으며, 우리의 죄악된 본성과 육체적인 감각들에 억눌려 있어서, 이 성령의 사역 없이는 결코 일어설 수 없을 것이다. 마치 영혼이 허약하고 소멸될 육체를 지탱하는 것처럼, 성령께서 우리의 육적인 생각(carnal minds)을 변화시켜 하늘로 향하게 하신다."[48] 우리를 거룩하게 하시는 성령 하나님의 내주하심이 없이는 우리가 하나님의 생명에 참여할 수 없다는 사실을 강조하면서, 버미글리는 다시 한번 사도신경에서

---

46 M.W. Anderson, *Peter Martyr: A Reformer in Exile (1542-1562), A chronology of biblical writings in England & Europe* (Nieuwkoop: B. de Graaf, 1975), 291. 앤더슨은 버미글리가 이 사도신경 강해에서 '성도들이 구원의 확신을 의심하지 말 것을 강조하였다'고 논평한다.

47 Vermigli, *EW*, 55.

48 Vermigli, *EW*, 56.

성령론의 중요성을 강조한다: “그러므로 우리는 사도신경의 이 부분을 고백하고 믿는 것이 얼마나 중요한지 깨닫는다. 우리의 의지, 우리의 영혼, 그리고 심지어 우리의 육체의 지체들도 이 성령님을 섬기는 일에 도구가 되어야 한다.”[49] 거짓된 교리의 강압 아래 참된 신앙의 길을 힘겹게 걸어가야 할 이탈리아의 복음적인 성도들에게, 버미글리는 성령의 거룩하게 하시는 사역을 온 마음으로 받아들이고 순종하기를 권유한다. 그리고 우리를 거룩하게 하셔서 참된 그리스도인이 되게 하시는 성령의 임재에 관한 약속은 비단 사도들에게 뿐 아니라 오늘 우리에게도 확실하다고 단언한다: “복되신 성부 하나님께서 우리 주 예수 그리스도의 이름으로, 마치 사도들에게 그러셨던 것처럼, 우리에게도 성령을 보내주신다.”[50] 사도 바울의 증언들에 근거하여 버미글리는 성령께서 ‘우리의 구원을 보증하시는 담보’라고 묘사하며, 우리의 구원에 관한 이런 영적인 확신이 주는 위로가 이 세상의 시련과 비통, 재난과 슬픔을 이겨내고 오히려 기뻐하며 살아가게 해준다고 강조한다. 이 기쁨은 근거없는 것이 아니라, 내주하시는 성령이라는 분명하고 확실한 기초 위에 있다.[51] 맺음말에 이르러, 버미글리는 그리스도인들에게 구원의 확신을 다시 한번 강조한다. “그리스도 안에 있는 친애하는 이여, 그러므로 우리의 구원에 관하여 의심하고 동요하는 모든 태도를 치워버리자. 모든 축복의 확실하고 생생한 기초인 신앙과 더 양립불가능한 것이 또 있을까? 믿지 아니하고 의심하는 것이 서로서로 얼마나 역겨운 일인가? 내가 도무지 이해할 수 없는 것이, 어떻게 나의 유일하고 참된 구세주이신 그리스도를 진실로 믿을 수 있으면서, 그와 동시에 내가 그분에게로 다가갔는데도 그분이 나를 구원하기를 거절하신다고 상상할 수 있을까. **특히 그분**

**49** Vermigli, *EW*, 57.
**50** Vermigli, *EW*, 57.
**51** Vermigli, *EW*, 58.

**의 성령이 내 안에서 우리를 향한 그리스도의 친절하고 긍휼하신 성품을 풍성하게 증거했는데도 불구하고**… 본성적으로 속이며 거짓말하는 사람들의 말에서도 확신을 얻을 수 있다면, **하물며 하나님의 선하시고 진실된 성령께서 증언하시는 바에 관해서는 한층 더 무한하게 신뢰해야 하지 않겠는가?**"[52]

한편, 사도신경 해설에서 버미글리는 성령의 사역 가운데 특히 '가르치시는' 사역을 중요하게 부각하는데, 이것은 성화의 주 성령 하나님을 믿는 신앙이 주는 위로와 더불어 참된 그리스도인들의 헌신을 격려하는 교훈으로 이어진다. 우리를 거룩하게 하시는 성령의 교훈은 우리의 인성(personality)을 침해하는 방식으로 강압하거나 강요하지 않으시지만, 그러나 설득력 있게 효과적으로 우리를 가르치셔서, 우리로 하여금 기꺼이 헌신하는 삶을 살게 한다. 그 변화는 우리의 옛 본성에는 기쁘지도 가능하지도 않았던 일들에 헌신하는 일인데, 버미글리는 로마서의 교훈을 따라 그것을 '외적인 죽임'(*mortificatio*)이라는 개혁주의적 용어로 설명한다. "바울이 로마의 성도들에게 말했듯이, 성령의 내주하시는 작용은 또한 그것을 외적인 죽임으로도 명백하게 나타낸다. 그는 그들이 성령으로 육신의 행위들을 죽여야 하며, 그렇게 하여 생명에 이른다고 말하였다."[53] 이처럼, 버미글리에 따르면, 성령 하나님에 대한 올바른 신앙은 그리스도인의 참된 경건을 위하여 필수적이며 대단히 소중한 보물이다.

---

52 Vermigli, *EW*, 58-59. (강조는 필자의 것)

53 Vermigli, *EW*, 58. 여기서 우리는 버미글리와 우르시누스(Z. Ursinus)가 동일한 개혁주의적 관점을 공유하고 있음을 볼 수 있다. 하이델베르크 요리문답 88문답은 사람의 진정한 회개를 설명하면서, '옛 사람이 죽고 새 사람으로 사는 것'이라고 정의한다. 우르시누스에게 참된 회심 혹은 회개를 다루는 88-90문답들은 그의 요리문답의 제3부인 '감사'(Gratitude)에서 가장 중요한 네 가지 부분들 가운데 하나로 평가된다. F.H. Klooster, *Our Only Comfort: A Comprehensive Commentary on the Heidelberg Catechism* vol. II (Grand Rapids: P&R, 2001), 903.

## Ⅲ. 버미글리 성령론의 특징들

이제 버미글리의 성령론에서 주목할 만한 몇 가지 특징들을 역사적 의의에 초점을 맞추어 살펴보자. '성경적이고 사도적인 교회의 회복으로서의 종교개혁'이라는 관점에서 버미글리의 성령론은 어떤 의의가 있는가?

### 1. 정통적이고 개혁주의적인 성령론

버미글리의 대표적인 성찬 논문들 가운데 하나인 '대화'(*Dialogus*, 1561)의 긴 제목에는 '성경과 교부들의 증언들로써'(*scripturae et patrum testimoniis*)라는 인상적인 구절이 포함되어 있다. 이 표현은 버미글리의 개혁주의 신학이 제1-4차 에큐메니칼 공의회들(324-451)로 대표되는 고대교회의 성경적이고 사도적 신앙을 계승하고 회복하려는 의도를 뚜렷하게 보여준다. 버미글리는 '정통적인 고대 기독교회를 종교개혁 시절의 교회에 적용'(actualization of the orthodox Christian past)하려고 하였던 개혁주의 신학자들 중에서도 그의 심오한 성경지식과 교부적 학식에 있어서 단연 두드러진 인물이다.

고대교회의 가톨릭 정통은 무엇보다도 삼위일체론과 기독론에서의 정통적 교리로 집약되는데, 버미글리의 성령론은 바로 그 기독교의 핵심적 교리와 직결되어 있으며, 정통적인 견해를 확고하게 사수하고 있다는 점에서 그 역사적 의의가 뚜렷한 작품이다. 앞에서 살펴본 것처럼, 버미글리는 니케아-콘스탄티노플 신조의 성령론을 충실하게 대변하고 있으며, 성경의 명백한 증거구절들로써 그 고백의 진실성과 신뢰성을 탁월하게 뒷받침한다. 성령의 신성과 독자적 위격에 관한 그의 옹호 및 다양한 이단설에 대한 논박에서, 버미글리가 주요한 교부들의 성령론 작품들을 섭렵하였다는 사실을 알 수 있다. 아우구스티누스와 힐라리우스의 '삼위일체론'은 말할 것도 없고, 암브로시우스, 바실리우스, 디디무스의 '성령론'을 인용할 뿐만 아니라, 아타나시우스, 키릴루스, 히에로니무스와 같은 정통적인 교부들도 잘 활용하고 있다. 그의 여러 신학 논문들에서 일관되게 나타나는 것처럼, '오직 성경으로써'(*sola scriptura*)라는 종교개혁의 근본 원리에 일관되게 충실한 버미글리는 이 모든 교부적 권위들을 항상 성경의 가르침에 따라 평가하고 적절하게 활용하였다.[54] 성령에 관한 그의 논의에서도 이런 원칙이 일관되게 적용되는데, 특히 오리게네스의 견해를 비판하고 에라스무스의 해석을 논박하는 점에서 버미글리의 그런 태도가 뚜렷하게 나타난다. 아울러, 성령에 관한 정통적인 교리를 왜곡하는 그릇된 의견들을 여섯 가지로 분류하여 자세히 논박한 사례에서 고대교회의 정통적 교리를 올바르게 계승하려고 하는 개혁주의 신학자로서의 버미글리의 면모를 다시 한 번 확인할 수 있다.

## 2. 성령 하나님을 '성화의 주'로 강조하는 입장

루터는 자신의 소요리문답(1529)에서 사도신경을 삼위 하나님의 세 위격에 따라 세 부분으로 구분하고, 성령 하나님에 대한 고백으로 시작하는 세 번째 부분에 '성화'(Sanctification)라는 표제를 붙였다. 이런 구분은 성령 하나님을 '성화의 주'로 특징지우고 그 이후에 나오는 공교회와 죄사함 등에 관한 조항들을 성령의 거룩하게 하시는 사역과 연결시키는 사고방식을 보여준다.

---

54 버미글리의 '오직 성경으로써' 원리에 대한 이해 및 적용에 관해서는, Jin Heung Kim, *Scripturae et patrum testimoniis: The Function of the Church Fathers and the Medievals in Peter Martyr Vermigli's Two Eucharistic Treatises, Tractatio and Dialogus* (Apeldoorn: Instituut voor Reformatieonderzoek, 2009), 242-250을 참조하라.

이것은 그의 대요리문답에서도 마찬가지이다. "성령은 성도의 공동체인 그리스도의 교회와 죄의 용서와 육체의 부활과 영원한 생명을 통하여 우리를 거룩하게 만듭니다."55

이처럼 성령 하나님을 다른 무엇보다도 '성화의 주'로 강조하는 것은 버미글리의 성령론에서도 뚜렷하게 나타난다. 그는 구약성경에 계시된 성령 하나님의 다양한 사역들에 관해서는 거의 언급하지 않는다. 성령 하나님은 천지를 창조하시고(창 1:2), 창조된 피조물을 섭리하시며(시 104:39), 성막을 만드는 지혜와 기술을 주시며(출 35:30-33), 삼손에게 놀라운 힘을 부어 주시며(삿 14:6,19), 예언의 능력으로 병사들을 무력하게 만드시는(삼상 19:20-21) 등 참으로 다양하게 계시되지만, 그러나 버미글리는 자신의 성령론에서 '성도를 거룩하게 가르치시고 인도하시고 변화시키시는' 성령의 성화의 사역에 집중한다. 그에 따라 버미글리의 성경 인용은 대체로 신약성경, 그 중에서도 복음서들과 사도 바울의 서신서들에 집중되어 있으며, 구약성경을 인용하는 경우에는 창조주로서의 성령의 신성을 드러내는 시편의 두 구절들(시 33:6; 104:30)과 예언의 사역과 관련된 두 구절들(출 4:11-12; 시 85:8), 그리고 성령의 신인동형동성론적 표현을 예시하는 구절들(창 6:9; 22:13; 렘 18:7-10) 등에 그친다. 버미글리의 『신학총론』의 성령론에서 50회가 넘는 성경 인용들은 압도적으로 성령을 두 번째 보혜사로서 우리를 거룩하게 하시는 '성화의 주'로 증거하는 것들이다.

『사도신경 강해』에서도 성령 하나님을 '성화의 주'로서 우리에게 예수 그리스도의 공로를 인쳐주시는 분으로 보는 버미글리의 관점이 뚜렷하게 나타난다.

---

55 마르틴 루터, 『대교리문답』 (서울: 복있는사람, 2018), 214. 또한 Martin Luther, *A Short Explanation of Dr. Martin Luther's Small Catechism: A Handbook of Christian Doctrines* (St. Louis: Concordia, 1943), 11.

'공교회 믿습니다'라고 고백하는 조항에서 버미글리는 보혜사로서 우리를 그리스도와 연결시켜 주시는 성령의 사역을 강조한다. "교회는 성령에 의하여 한데 묶이는 하나님의 몸이다… 성령께서 이 놀라운 몸을 지탱하신다… 그러므로 누구든지 성령을 잃어버리고 공허한 자는 이 몸에 속하지 못한다. 그리스도의 성령을 소유하지 못한 자가 어떻게 그리스도께서 머리이시며 그분의 성령이 그 영혼이 되시는 이 몸에 대한 회원권을 주장할 수 있겠는가?"[56] 죄사함에 관한 조항 역시 성령의 사역과 직결되어 설명된다. 그리스도의 대속의 사역으로 말미암은 은사들을 받아 누리기 위해서는 성령의 내적 활동이 필수적인데, 왜냐하면 "육에 속한 사람은 하나님의 성령의 일들을 받지 않기"(고전 2:14) 때문이다. "우리는 그리스도의 은혜와 그분의 성령에 의하여 죄사함을 받을 수 있다."[57]

이와 같이 성령의 사역과 관련하여 제3위 하나님을 '성화의 주'라고 보는 관점이 버미글리의 성령론의 한 가지 뚜렷한 특징이며, 그것은 사도적 전통에 충실하였던 고대교회의 성경적 입장을 회복하려고 노력하였던 종교개혁자들의 공통된 이해를 반영하는 것이라고 할 수 있다.

## Ⅳ. 개혁주의 성령론에 끼친 영향

끝으로 버미글리의 성령론이 그 이후 개혁주의 신학에 어떤 영향을 주었는지, 하이델베르크 요리문답의 저자인 우르시누스의 성령론과 비교하여 간략하

56 Vermigli, *EW*, 60.
57 Vermigli, *EW*, 69-70.

게 살펴보려 한다. 버미글리와 우르시누스는 모두 개혁주의 전통에 속한 신학자들로서 '성경과 교부'라는 공통의 기초를 가지고 있으므로, 두 신학자의 성령론이 교리적으로 유사하다는 사실을 예상할 수 있다. 물론 단지 이와 같은 사상의 유사성만으로는 버미글리의 '직접적인 영향력'을 확증하기에는 충분하지 않을 것이다. 그렇지만 두 신학자의 특별한 관계를 고려할 때[58], 오늘날과 같이 출전 혹은 전거(source)를 우르시누스가 자신의 저서에서 명시적으로 밝히지 않더라도, 그에 대한 버미글리의 성령론의 영향력을 평가하는 것은 타당할 것이다.

## 1. 우르시누스의 『하이델베르크 요리문답해설』에 나타난 성령론

개혁주의 신학의 발전에 중요한 역할을 한 스승과 제자, 버미글리와 우르시누스라는 두 신학자의 성령론을 비교할 때, 제일 먼저 눈에 띄는 공통점은 성령의 '영성'(spirituality)을 제일 먼저 논의하고 있다는 점이다. 버미글리처럼 우르시누스도 '영'이라는 말의 일반적인 용례를 설명한 다음, 삼위일체 하나님 중 제3위를 가리키는 특별한 의미로서 '영'이라는 단어의 의미를 해설한다. 한 걸음 더 나아가 그분을 '거룩하신' 영, 곧 '성령'(Holy Spirit)이라고 부르는 까닭을 설명한다. "첫째, 그 자신이, 또한 그 자신이 본성이 거룩하시기 때문이

58 비텐베르크에서 7년 동안 멜랑흐톤의 문하에서 공부하였던 우르시누스는 제네바를 거쳐 1560년 10월부터 취리히에서도 공부하였다. 그곳에서 그는 당대에 탁월한 개혁주의 신학자로 존경을 받고 있던 버미글리의 지도를 받아 연구에 전념하였다. 네빈(John W. Nevin)에 따르면, 루터파로 출발하였던 우르시누스의 신학에서 개혁주의적 품모가 지배적이게 된 계기는 바로 버미글리의 영향에서 찾을 수 있다. 네벤, "소개의 글", 자카리아스 우르시누스, 『하이델베르크 요리문답해설』(고양: 크리스챤다이제스트, 2006), 21. 한편, 하이델베르크 선제후 프리드리히 3세의 초청을 받은 버미글리는 자신을 대신하여 우르시누스를 천거하였다. 그 때문에 우르시누스는 하이델베르크에 도착하였을 때, 그곳의 정통파 루터주의자들로부터 개혁파로 의심받았다. 테아 반 할세마, 『하이델베르크에 온 세 사람과 귀도 드 브레』(서울: 성약, 2006), 34.

다. 둘째, 하나님의 백성들을 직접 거룩하게 하시는 분이기 때문이다. 성부와 성자께서는 성령을 통하여, 따라서 간접적으로 (하나님의 백성들을) 거룩하게 하신다."[59] 이처럼 '거룩하신 영'이라는 개념은 제3위 하나님의 위격뿐 아니라 '성도를 거룩하게 하시는' 그분의 사역을 내포하는 중요한 개념이다.

버미글리는 성령론에 관한 논의의 핵심 초점을 '성령의 구별된 위격'과 '참된 신성'이라는 두 가지 토픽에 초점을 맞추었다. 하이델베르크 요리문답 해설에서 우르시누스는 성령의 위격에 관하여 한층 자세한 설명을 제시하면서 '제3위 하나님의 독자적 위격과 성부 및 성자 하나님과의 동등성'을 중심적으로 가르친다. '성령은 누구신가'라는 두 번째 토픽 아래 성령께서 독자적인 존재이며 인격체이심, 성부와 성자와 구별되시는 위격이심, 그렇지만 성부와 성자와 동등하신 위격이라는 점, 그리고 성부와 성령과 동일본질이신 참 하나님이라는 사실을 차례대로 상술한다.[60] 성령의 위격에 관한 우르시누스의 서술은 한층 풍성한 내용을 포함하고 있지만, 그 구성과 논지(論旨)에 있어서 그리고 논지를 핵심적인 성경적 증거들로 뒷받침하는 점에 있어서는 버미글리의 논의와 뚜렷한 유사성을 보여준다. 버미글리의 두 작품에서 소개된 성령의 참된 신성을 뒷받침하는 사중적 증거들이 비교적 산만하게 나열되어 있는 것에 비하여, 우르시누스의 해설에서는 '본질, 속성, 사역, 존귀'에 있어서 성부와 성자 하나님과 동등하신 성령의 참된 신성이 한층 더 조직적으로 제시되어 있다는 점은 개혁주의 신학의 발전을 보여준다고 평가할 수 있다. 반면에, 성령의 참된 신성에 대한 다양한 이단적 주장들에 대한 버미글리의 논의가 우르시누스의 해설에서는 거의 나타나지 않는 점은 개혁신학의 기초가 든든하게 다져진 결과

59 자카리아스 우르시누스, 『하이델베르크 요리문답해설』 (고양: 크리스찬다이제스트, 2006), 449.

60 우르시누스, 『하이델베르크 요리문답해설』, 450-458.

로 이해할 수 있다.[61]

우르시누스의 성령론 해설에서 세 번째 토픽은 '성령의 직분'에 관한 내용인데, '우리를 조명하시고 가르치시고, 중생하게 하시고, 그리스도와 연합시키시며, 우리를 다스리시고, 또한 환란 중에 위로하시며, 구원의 확신을 갖게 하시며 견인하는 은혜를 베풀어주신다'는 핵심 교훈들을 차례로 설명한다. 이 부분 역시 버미글리의 해설과 비교할 때, 우리를 거룩하게 하시는 성령의 사역을 한층 더 구체적으로 발전시킨 내용이라고 평가된다. 그렇지만, 제3위의 하나님을 '성화의 주'로 특징지워 설명한 버미글리의 견해와 본질적으로 일치하며, 한 걸음 더 나아가 종교개혁의 공교회적 신앙의 특징을 잘 보여주는 것이라고 할 수 있다. 앞서 언급한 대로, 필자는 버미글리의 성령론의 주요한 특징으로 '정통적 개혁주의적' 성격과 더불어 성령을 무엇보다도 '성화의 주'로 강조하는 종교개혁의 공교회적 성격을 강조하였다. 이런 특징이 개혁주의 전통의 초창기 편집자 버미글리에게서 대표적인 개혁주의 요리문답의 저자에게로 올바르게 전수된 것으로 평가할 수 있다.

## 2. '우리에게도 주어져서'

하이델베르크 요리문답 제 53문답은 '성령에 관하여 무엇을 믿는가?'라는 질문에 대한 두 번째 답변으로 "성령이 나에게도 개인적으로 주어져서 나로 하여금 참된 믿음으로 그리스도와 그의 모든 은덕에 참여하게 하시며, 나를 위로하시며, 또한 영원토록 나와 함께 거하신다"고 대답한다.[62] 이 대답에서 우리는 다시 한 번 개혁교회의 요리문답이 갖고 있는 '목회적' 성격을 확인한

---

61 우르시누스는 성령의 구별된 위격을 설명하는 맥락에서 오직 사벨리우스주의자들만 언급한다. 우르시누스, 『하이델베르크 요리문답해설』, 452.

62 Klooster, *Our Only Comfort*, 657.

다. 하이델베르크 요리문답은 성경에 대한 개혁주의적인 '언약적 사상' 위에 굳게 서서 '위로'(Comfort)라는 주조(motif)로 계속 이어진다. 이것이 바로 이 요리문답을 오늘날까지 사람들에게 호소력을 발휘하게 하는 중요한 요소이다.[63] 위로라는 핵심 테마는 하이델베르크 요리문답이 가르치는 기독교 교리가 단순히 머리로 이해하는 지식에 그치지 않고, 성도들의 삶에 '가슴으로 다가오는' 체험적인 신앙 지식임을 보여준다.[64]

이런 성격은 성령 하나님에 관한 해설에서도 마찬가지이다. 우리는 앞서 버미글리의 『사도신경 해설』의 성령론에 담겨 있는 위로와 격려가 무엇인지 살펴보았다. 보혜사 성령 하나님의 내주하심과 그분의 증거는 우리의 구원에 대한 확실한 보증으로서, 다른 무엇과도 비교할 수 없는 것이라고 버미글리는 이탈리아의 복음적 그리스도인들을 위로하였다. 그의 제자 우르시누스 역시 동일한 성경적 증거들에 근거하여 "성령은 믿음 연약하고 흔들릴 때에 우리를 강건케 하시고 든든히 세워주시며, 우리의 구원에 대해 확신을 갖게 하시며, 혹은 그리스도의 은덕들을 마지막까지 우리 속에 보존시키신다"고 고백하며

---

63 W. Verboom, *De theologie van de Heidelbergse Catechismus, Twaalf Thema's: de Context en de Latere Uitwerking* (Zoetermeer: Boekencentrum, 1996), 19 "하이델베르크 교리문답 역시 체험적 범주인 위로로 시작되지만, 이것은 다시 하이델베르크 교리문답 전체의 토대를 이루는 언약 사상 안에 심겨져 있다. 비록 언약이라는 단어 자체는 그다지 자주 언급되지는 않지만. 언약과 체험, 객관과 주관이 하이델베르크 교리문답 안에서 놀랍게 조화를 이루고 있다. 바로 이것이 하이델베르크 교리문답의 독특하고, 고유하며, 또한 놀라게 하며, 흥분시키는 점이다. 그 때문에 하이델베르크 교리문답은 바로 오늘날까지도 여전히 사람들에게 호소력 있게 다가오는 것이다."

64 Verboom, *De theologie van de Heidelbergse Catechismus*, 22-23. "한걸음 더 나아가 나는 하이델베르크 요리문답의 *실존적(existentiële)* 성격을 지적하고 싶다. 이 교리서는, 사람들이 알고싶어 하는 지식을 거기서 찾을 수 있는, 어떤 진리들을 모아둔 책이 아니다... 하이델베르크 요리문답에서의 지식은 철저하게 체험적인(bevindelijk) 신앙지식이다. 예를 들어 2문답에서 *지식(weten*, 앎)은 머리와 또 가슴으로 *아는(weten)*것이다. 모든 형태의 지식주의(intellectualisme)는 하이델베르크 교리문답과는 낯설다. 사실 *실천적-기능적(praktisch-functionele)*인 것이 하이델베르크 교리문답의 특징이다. 이 신앙고백서는 토라(de Thora)에 담겨 있는 유대적 지혜와 같은 것을 담고 있다: 삶의 실제와 연관된 지식. 이 교리서는 생활의 책이다."

가르친다.[65] 그러므로 개혁주의 전통의 시초부터, 참된 기독교 신앙은 사변적이고 교리적인 지식으로 전수된 것이 아니라 성경의 풍성한 계시에 대한 올바른 관점에 입각하여 (언약적 구속사적 이해를 기초로 하여) '때로는 눈물 골짜기를 지나는 것 같은' 그리스도인의 이생에서의 삶에 풍성한 위로와 격려, 든든한 기초와 인도를 제공하는 '체험적이며 통전적인' 진리를 가르치고 고백하였다는 사실을 알 수 있다.

## V. 나가는 말

버미글리의 성령론을 그의 주요한 두 교리적 작품을 통하여 살펴본 결과, 이탈리아 출신의 이 개혁주의 신학자가 성경의 증거를 토대로 하여 니케아-콘스탄티노플 공의회의 신조에 충실한 정통적인 성령론을 옹호하였다는 사실을 확인할 수 있다. 성령의 참된 신성과 독자적 위격에 관한 견해, 그리고 '보혜사'로서 우리를 거룩하게 하시는 사역을 감당하시는 '성화의 주'로서 성령의 사역에 관한 이해에 있어서 버미글리는 공교회의 성경적 사도적 전통에 충실한 입장을 견지하였다.

또한, 개혁주의 전통을 확립한 네 사람의 중요한 초창기 개혁파 신학자들 가운데 한 사람으로서, 버미글리의 성령론은 성경과 교부들의 증언들을 활용하여, 사도들의 교회 이래로 보편적 교회가 고백하고 가르친 성령론을 종교개혁의 시대에 올바르고 풍성하게 회복하여 개혁교회에 전수하였다는 사실을 알 수 있다. 버미글리의 개혁주의 성령론을 통하여 우리는 개혁교회의 신앙과

65 우르시누스, 『하이델베르크 요리문답해설』, 460.

신학이 어떤 기초 위에 든든히 서 있는지 새롭게 확인할 수 있다.

# 하인리히 불링거의 성령론

**류성민**

(아세아연합신학대학교, 학술연구교수)

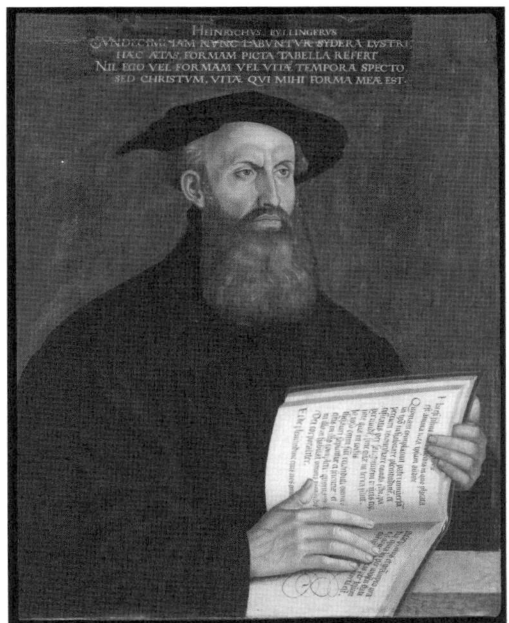


Heinrich Bullinger(1504-1575)

류성민 교수는 서울대 산림자원학과를 졸업하고, 합동신학대학원대학교에서 M.Div 학위를 취득하였고, 독일 Kirchliche Hochschule Wuppertal/Bethel에서 고전어와 Magistergang을 수학하고, 네덜란드 Apeldoorn 신학대학에서 Th.M.과 Th.D. 학위를 취득하였다. 논문의 주제는 멜랑흐톤의 시편, 학개, 스가랴 주석연구였다. Melanchthon Werke(Bretten)의 편집위원이다. 현재 예장 합신의 목사로 성가교회(합신)에 출석 중이며, 한국연구재단에서 선정한 아세아연합신학대학 신학연구소의 학술연구교수로서, 자유의지 논쟁을 통한 초기 개신교 윤리관의 발전을 연구하고 있다.

**류성민**

## Ⅰ. 서론

종교개혁신학에서 성령론은 독립적인 주제로 상세하게 다루어지지 않은 경향이 있다. 그러나 그렇다고 해서 성령론이 종교개혁신학에서 중요하지 않은 것은 아니다. 종교개혁자들은 전통적 삼위일체 견해에 동조하여 이견이 없었고, 성령 이해와 관련된 논쟁은 주로 성령의 존재보다는 사역과 관련되어 이루어졌다. 취리히의 개혁자 하인리히 불링거의 성령론도 마찬가지이다. 불링거는 츠빙글리의 후계자로, 16세기 후반 유럽 전역에 대한 큰 영향력을 가졌던 인물이다.[1] 신학에 있어 그가 츠빙글리의 영향을 받은 것은 분명한 사실이지만 그가 자라난 배경과 츠빙글리 사후 그의 오랜 활동은 자신의 독자적인 신학을 충분히 보여준다.[2] 어떤 학자는 불링거가 츠빙글리와 칼빈의 유산을 받았다고 한다.[3] 물론 불링거가 츠빙글리의 후계자이기 때문에 츠빙글리를 계승한 것이라 볼 수 있다. 그러나 그는 독자적 신학의 틀을 가지고 있었고, 그의 영향력은 전적으로 그의 위업이었다. 더하여 불링거가 칼빈의 유산을 받은 사람이라고 보는 것은 무리이다. 연배도 그렇고, 불링거가 취리히에서 활동하던 오랜 시간 동안 그의 영향력은 사실 칼빈의 영향력을 뛰어 넘었다.[4] 그러므로 그의 신학을 독자적으로 관찰하는 것은 16세기 종교개혁신학을 살피는데 있어 충분히 유효하고, 의미있는 일이다.

---

1 헤르만 셀더하위스, 류성민 옮김, "16,17세기 네덜란드 칼빈주의의 문화와 사회", 『비텐베르크에서 도르트까지』 (수원: 합신대학원출판부, 2018), 185-186.

2 그의 초기 저작에 드러난 독자적 신학 기초에 대하여 참고. 파트릭 뮐러, 박상봉 옮김, 『하인리히 불링거』 (수원: 합동신학대학원출판부, 2015), 43-47.

3 Joseph C. McLelland, "Bullinger's Testament – The Sacraments according to Helvetic II, Renaissance and Reformation", *Renaissance and Reformation* 8.2 (1971), 46.

4 Peter Opitz, "The Authority of Scripture in the Early Zurich Reformation (1522-1540)", *Journal of Reformed Theology* 5 (2011), 307.

본고는 불링거의 *Decaden*을 중심으로 그의 성령에 대한 견해를 정리하고 고찰하려고 한다.[5] 다만 불링거가 성령에 대한 체계적인 설명에 크게 중점을 두지 않고 있다는 점은 지적되어야 한다. *Decaden*의 설교도 다른 주제에 대한 설교보다 짧고, 사도신경 해설도 분량이 상당히 적다.[6] 그러나 성령이 불링거의 신학에서 중요하지 않다고 생각한다면, 이는 잘못이다. 성령이 개별 주제로서 상세하게 다루어지지는 않았지만, 그의 신학의 전반에 스며들어 있는 것은 분명하다.[7] 그러므로 불링거가 다른 여러 주제 속에서 성령에 대한 생각을 읽는 것이 필요하다. 본고는 *Decaden*에서 불링거가 성령에 대하여 중점적으로 다루는 부분을 중심으로 그의 중심 생각을 확인하고, 여기에서 약간 확장하여, 각 주제에서 성령의 역할이 어떻게 발견되는가를 차례로 간략하게 살펴볼 것이다.

5 본고는 불링거의 *Decaden*의 영역본 - *The Decades, vols. 1-4*, ed. Thomas Harding (Cambridge: Cambridge University Press, 1849-1852) -을 주로 참고 하였고, 영역본의 번호를 따라 페이지를 기록하였다.(이후 *Decaden*으로 표기한다.)

6 William Peter Stephens, *The Theology of Heinrich Bullinger*, ed. Jim West and Joe Mock (Göttingen: V&R, 2019), 141.

7 Koch는 제2 스위스신조의 핵심에 성령이 있다고 주장한다. (Stephens, *The Theology of Heinrich Bullinger,* 142) 불링거에게 성령론이 상세하게 진술되지 않은 것은 논쟁적 쟁점이 아니었기 때문일 것이다. 신학 논쟁과 관련이 깊은 문제들은 세례와 성찬, 성경의 권위 등에 대한 문제였지만, 이 주제들은 그 자체로 논의되었고, 성령론은 그 주제 내에서 각각 논의되었다. 그래서 불링거의 성령론은 전통적이며 일반론적이라는 특징을 가지고 있다. 과거로부터 지금까지 모두가 인정해야 하는 내용을 불링거는 성령론에서 다루고 있다. Stephens는 불링거의 성령론에 있어 염두에 두어야 할 두 가지를 언급한다. 첫째, 취리히의 정통주의에 대한 로마 교회와 루터파의 의심이고, 둘째, 급진파들의 삼위일체 교리에 대한 의문으로, 성령의 신성과 삼위의 동등성에 대한 것이다. (Stephens, *The Theology of Heinrich Bullinger,* 142) 아무래도 급진파들이 성령을 그들의 임의적 능력의 원천으로 생각했기 때문일 것이다. 그러나 Stephens는 그의 해설에서 이 대상들에 대한 불링거의 구체적인 응답에 대해 언급하지 않고 있다. 그리고 불링거의 성령론에 대한 설교도 구체적으로 이 대상들을 초점을 삼고 논의를 진행하고 있지 않다.

## II. 삼위일체에 대하여

불링거는 *Decaden*의 서문에서 니케아 공의회(324), 콘스탄티노플 공의회(384), 에베소 공의회(434), 칼케돈 공의회(454)를 설명하고, 이어 니케아 신조, 콘스탄티노플 신조, 에베소 공의회의 신앙고백, 칼케돈 공의회의 신앙고백, 제1차 톨레도 공의회 신조, 제4차 톨레도 공의회 신조를 소개하고, 이레니우스, 터툴리안, 아타나시우스, 다마수스 등의 신앙고백을 소개한다.[8] 불링거는 자신의 신학이 자신의 시대에만 독특한 것이 아니라, 교회의 전통적 신학과 일치하는 것임을 분명히 한다. 그에게 신학이란 보편적인 교회의 유산이었다.

불링거의 성령 이해도 그의 보편적 신학 이해에 기반한다. 성령 이해는 삼위일체의 이해에서 출발한다. 성령은 삼위 하나님의 한 위격이다. 그래서 먼저 삼위 하나님의 이해의 공통적 요소들에서 본고의 논의를 시작하려고 한다.

불링거의 하나님 이해의 중요한 전제는 하나님의 역사는 사람의 지혜와 말이 이해하고, 표현할 수 있는 것보다 더욱 위대하고 놀랍다는 사실이다.[9] 그러므로 하나님에 대하여 알고자 하는 사람은 첫째, 하나님을 탐구하려고 자기 자신에게 가서는 안된다. 둘째, 사람의 계산과 부족한 정의에 기반하여 자신의 견해를 정하지 말아야 한다. 만약 그렇게 한다면, 그는 자기 마음에서 만들어낸 것을 예배하게 될 것이다. 이는 매우 어리석은 일이다. 그러므로 하나님을 찾고자 하는 사람은 하나님의 말씀에 귀를 기울여야 하고, 항상 그의 거룩한 계시를 따라야 한다.[10]

불링거는 하나님에 대한 지식이 인간적 탐구와 사고에 기초하지 않음을 분명

8 Bullinger, *Decaden* I.12-34.
9 Bullinger, *Decaden* IV.124.
10 Bullinger, *Decaden* IV.125.

하게 한다. 그 이유는 하나님의 초월성이라는 전제에서 찾을 수 있다. 하나님은 사람의 이해와 표현을 뛰어넘는 분이기 때문에, 사람으로 말미암지 않고, 하나님께서 직접 주신 계시만이 하나님에 대해 알려줄 수 있다. 그러므로 하나님은 그의 말씀에 의하지 않으면, 바르게 알 수 없다. 성경이라는 하나님의 거룩한 계시가 하나님에 대한 지식의 기반이 되어야 함을 분명하게 밝히고 있다.

그래서 불링거는 성경이 하나님의 말씀이며, 그 내용은 하나님께서 어떤 분이신지 알려주는 것이라는 점을 지적한다. 하나님께서 말씀으로 우리에게 드러내셨을 때, 비로소 우리는 하나님을 수용하고, 믿을 수 있다. 왜냐하면 하나님 자신보다 하나님께서 어떤 분이신 줄 더 잘 알 수 있는 존재는 없기 때문이다.11 족장들과 선지자들과 사도들을 통해 기록된 성경은 하나님께서 존재하심을 증거한다. 물론 그 증거는 성경에만 국한된 것은 아니다. 불링거는 하나님의 존재가 키케로(Cicero)에 의해서도 인정된다는 것을 언급한다. 그러므로 하나님의 존재를 부인하는 것은 거짓말이다.12 그러나 성경은 그런 일반적인 증거보다 훨씬 정확하고 확실한 것이다.

성경이 우리에게 하나님을 알려주지만, 하나님을 찾는 방식에 대한 주의는 필요하다. 불링거는 이 문제에 있어 하나님의 불가지성에서 시작한다. 그는 하나님을 찾는데 있어 금지된 방식을 먼저 언급한다. 하나님의 영원한 존재를 탐구하는 태도가 호기심에서 시작하는 것은 잘못된 것이다. 우리의 연구는 무한하지 않고, 제한될 수 밖에 없다.13 우리의 이해와 감각으로 하나님을 바르게 이해할 수 없다. 하나님은 우리의 이해를 뛰어넘는 분이시기에, 말로 하나님을 온전히 표현하는 것은 불가능한 것임을 분명히 알아야 한다.14 하나님은

11 Bullinger, *Decaden* IV.125.
12 Bullinger, *Decaden* IV.125.
13 Bullinger, *Decaden* IV.126.

말로 표현할 수 있는 모든 것을 넘어서는 분이시기 때문이다.[15] 우리에게 하나님께서 알려지셨다고 해도 그 알려지신 정도는 하나님에 대한 모든 것을 포함할 수 없다. 하나님의 불가지성은 하나님 탐구의 큰 전제이다.

하나님의 말씀이 우리에게 주는 지식은 어느 정도의 지식인가? 다만 그 지식은 전부가 아니라, 우리가 이생에서 사는데 충분한 정도이다.[16] 하나님께서 우리에게 허락하신 정도로 우리가 아는 것이다. 그러나 그 정도가 부족한 것이 아니다. 하나님은 알아야할 것을 알려주셨다. 그리고 알도록 허락하신 것을 우리가 스스로 얻을 수 있는 것도 아니다. 여기에서 다시 한번 사람의 한계가 있다. 오직 성령의 조명을 통하여 더 위대한 것들이 이해되기 때문이다.[17] 그러므로 우리가 성경을 심도있게 연구하면서 동시에 성령의 조명을 구하는 것이 마땅하다는 것이 불링거의 교훈이다.

불링거의 하나님에 대한 연구방법은 다음과 같다. 첫째, 성경에서 사용된 하나님의 이름을 탐구한다.[18] 불링거는 여호와, 야, 아도나이, 엘, 데오스 등의 이름을 통해 하나님에 대한 관찰을 한다. 둘째, 하나님께서 보이는 어떤 것으로 알려지심을 살펴본다.[19] 셋째, 하나님은 가장 확실하고 뛰어난 방식으로 예수 그리스도 안에서 나타내셨다.[20] 넷째, 하나님은 자신의 사역을 통해 알리셨다.[21] 다섯째, 하나님은 세상의 가장 뛰어난 것들과 비교를 통해 알게 하셨다.[22]

---

14 Bullinger, *Decaden* IV.127.
15 Bullinger, *Decaden* IV.128.
16 Bullinger, *Decaden* IV.129.
17 Bullinger, *Decaden* IV.130.
18 Bullinger, *Decaden* IV.130.
19 Bullinger, *Decaden* IV.137.
20 Bullinger, *Decaden* IV.147.
21 Bullinger, *Decaden* IV.150.
22 Bullinger, *Decaden* IV.152.

여섯째, 하나님은 선지자들과 사도들의 입으로 전해진 말과 글로 알려지신다.[23] 불링거가 하나님을 아는 방식에 대한 구체적인 설명은 다음과 같은 순서로 한다. 먼저 성경의 진술들을 소개하고 해설하며, 더하여 교부들의 해석을 언급하며, 또한 관련된 이단과 그 진술을 소개하는 방식으로 진술한다.

불링거는 이러한 성경과 교부들의 진술을 기초로, 사도적 보편적 교리는 구분된 삼위 하나님을 가르치고 고백하며, 삼위는 하나의 같은 본질을 소유한 한 하나님이요, 영원한 하나님이라고 결론 내린다.[24] 신학적 용어들은 이 내용을 신학적으로 설명하기 위해 사용하였다. 그 예는 연합, 삼위일체, 본질, 본체, 위격 등의 용어들이 사용되었다.[25]

삼위일체에 대한 설명에서 세례는 중요한 논거를 제공한다. 세례는 아버지와 아들과 성령의 이름으로 주어진다. 그러므로 아버지도 하나님이시고, 아들도 하나님이시며, 성령도 하나님이시다. 구체적으로 성령에 대하여 요 15:26에서 예수님은 또 다른 보혜사를 아버지로부터 보내며, 그를 또한 진리의 영이라고 부른다. 그러므로 성령은 하나님의 뜻, 곧 진리를 전달하는 분이다.[26] 성령은 아버지에 의해 주어지며, 아들에 의해 충만하게 수용된다. 예수님의 세례 장면에서 보여지는 영의 내려옴이 이를 의미한다(요 1:32-34). 그러므로 하나님은 구분된 세 위격이 있다. 이는 혼합되지 않는다. 성령은 아버지가 아니고, 아들도 아니시며, 그래서 비둘기와 같이 그리스도의 머리 위에 나타나셨다.[27]

다른 논거로 눅 1:35을 인용하며, 성령이 마리아 위에 올 것이요, 지극히

---

23 Bullinger, *Decaden* IV.153.
24 Bullinger, *Decaden* IV.157.
25 Bullinger, *Decaden* IV.158.
26 Bullinger, *Decaden* IV.161.
27 Bullinger, *Decaden* IV.162.

높으신 이의 능력이 그녀를 덮어, 그녀가 아들을 낳을 것이다. 아버지가 성육신 한 것이 아니고, 성령도 성육신 한 것이 아니라, 아들이 성육신 하셨다. 그리고 아들의 성육신은 지극히 높으신 이의 능력이신 성령께서 가능하게 한 것이다.[28]

불링거는 성령의 발출의 주제에 있어 성경의 증거에 기반하고, 교부들의 진술을 인용하며 설명한다. 성령은 아버지와 아들에게서 나오신다.[29]

> 신성의 하나됨과 삼위일체에 대한 신앙은 교회의 교부들이나 주교들에 의해 개발되었거나, 그리스도의 죽음과 승천 이후에나 사도들에 의해 전파된 것이라는 믿음을 갖지 말도록 하자. 모든 족장들, 선지자들, 하나님의 택한 백성들이 처음부터 믿었던 것이고, 내가 여기에서 지금까지 분명히 한 것과 같은 방식으로 그들의 신앙 근간에 있었던 것이다. 나는 삼위일체의 신비가 그리스도로 말미암아 세상에 좀 더 명확하게 설명되었음을 부인하지 않는다. 그러나 (내가 짧게 언급한 것과 같이) 의심할 수 없는 여러 증거로, 삼위일체의 신비가 족장들과 선지자들에게 매우 잘 알려져 있었다는 것은 분명하다. 다만 처음에는 거룩한 족장들과 하나님의 선지자들이 하나님의 계시와 말씀의 기본적인 내용들만을 주장할 뿐, 하나님의 하나됨과 삼위일체에 대해 호기심어린 의문들을 제기하지 않았음을 나는 당신에게 알려드린다. 그들은 분명하게 한 하나님이 계심을 이해했다. 모든 것의 아버지, 유일한 구원자, 모든 선한 것을 만드신 분. 그리고 그 하나님 외에는 다른 신이 없음을 이해했다. 그리고 그들은 다시 하나님의 아들, 약속된 씨가 아버지와 마찬가지로 모든 것을 가지셨음을 분명하게 보았다. 왜냐하면 그들은 매우 분명하게 그가 구원자라, 구세주라 불리는 것을 들었기 때문이다. 그에게서 모든 선한 것이 나오고, 신자들에게 주어진다.[30]

---

**28** Bullinger, *Decaden* IV.163.

**29** Bullinger, *Decaden* IV.165.

**30** Bullinger, *Decaden* IV.169.

지금까지 삼위일체 하나님에 대한 공통적 이해와 탐구의 전제에 대하여 살펴보았다. 한마디로 성령은 삼위일체 하나님의 세번째 위격이시다.

## III. 삼위일체이신 성령에 대하여

### 1. 삼위일체의 세 번째 위격, 성령

불링거는 성령에 대하여 구체적으로 *Decaden* 4권의 8번째 설교에서 상세하게 설명하고 있다. 불링거는 *Decaden*에서 성령을 그의 존재와 사역을 통해 설명하고 있다. 구체적인 설명에 앞서 불링거는 성령에 대한 해설의 전제를 밝힌다. 성령께서 우리의 마음을 감동하시고, 우리의 혀를 지배하시지 않는다면, 우리는 결코 성령에 대하여 어떤 가치있고, 유익한 것을 말할 수 없고, 하나님에 대한 지식은 성령이 아니고서는 얻을 수 없다. 그러므로 성령에 대한 논의는 기도와 간구로 시작된다. 아버지 하나님께서 아들 예수 그리스도로 말미암아 우리의 어둡고 희미한 마음들을 밝혀주시고, 성령을 우리의 마음에 보내심으로 성경에 따른 진리의 신실한 길을 우리에게 지도하시기를 간구한다.[31] 불링거는 성령께서 하나님이시라는 사실에서 시작한다. 이 지식은 하나님께서 먼저 보여주셔야 하며, 그렇기에 경배가 먼저 있어야 한다.

불링거는 성령에 대한 설교에서, 경배받으실 하나님의 세 번째 위격이신 성령과 그의 신적 능력에 대하여 설명하고 있다. 그는 자신의 일상적인 해설방식대로 먼저 성경에서 성령에 대하여 사용되는 단어들을 해설한다. 먼저 영이란 단어의 다양한 사용을 통해, 이 단어가 삼위일체 하나님의 한 위격을

31 Bullinger, *Decaden* IV.297.

표현하는데에도 사용됨을 밝히고 있다.[32] 불링거는 성령께서 하나님이시니, 제한을 가지고 이해될 수 없고, 그의 본성에 따라, 그는 표현할 수 없는 분이며, 측량할 수 없는 분이시며, 이해할 수 없는 영원한 분이심을 먼저 분명히 밝힌다. 그리고나서 그럼에도 불구하고, 최소한 성령 자신의 영감으로 작성된 성경에서 성령에 대해 선언하는 바를 따라 설명을 시도하려고 한다고 시도한다.[33]

> 성령은 삼위일체의 세 번째 위격이시며, 경배 받으셔야 하는 하나님이시며, 아버지와 아들로부터 나오시는 분이시다. 그는 신자들을 깨우치시고, 중생시키시고, 거룩하게 하시고, 모든 좋은 은혜로 채우신다. ... 또한 성령은 아버지와 아들과 같은 능력과 영광과 위엄과 존재이신 바로 그 하나님이시다. ... 그가 셋째 위격이기 때문에 다른 두 위격들보다 덜하다고 생각해서는 안된다. 우리가 복된 삼위일체를 순서에 따라 기억하지만, 그럼에도 불구하고 삼위일체 안에 정도나, 시간이나, 위치나, 수의 어떤 차이는 존재하지 않는다.[34]

불링거는 이어 아타나시우스와 어거스틴의 견해를 인용하여 논증하고, 또한 성경을 주해함으로 셋째 위격이신 성령께서 같은 하나님이심을 확증하고 있다.[35] 성경은 "성령께서 거룩하게 하시며, 갱생하게 하시며, 중생하게 하시며, 생명을 주시고 구원하신다." 그 사역을 볼 때에 성령께서 하나님이심은 명확하다.[36]

성령과 성자의 관계에 대한 불링거의 설명을 보면, 성령께서 성자에게서 나오지만, 성령이 성자의 종이나, 사역자라고 할 수 없고, 도구가 아니다. "왜냐

---

32 Bullinger, *Decaden* IV.299.
33 Bullinger, *Decaden* IV.300.
34 Bullinger, *Decaden* IV.300.
35 Bullinger, *Decaden* IV.301.
36 Bullinger, *Decaden* IV.301.

하면 한 주가 계실 뿐이기 때문이다." "아들은 성령의 주인이 아니다." "주됨은 세 위격에 공통적인 것이다." 성령은 누군가의 하위에 있는 종과 같이 일하지 않고, 아버지와 아들과 함께 일하시는 동역자이다. "그는 주인으로서 일하신다."37

불링거는 이제 성령에 대한 오해를 다룬다. 어떤 사람은 성령이 본체나 위격이 아니라, 우연히 존재했던 한 영이라고 생각한다. 왜냐하면 성경에 영이라는 단어가 그런 식으로 사용되는 경우가 있기 때문이다. 그러나 불링거는 성령께서 본성 혹은 본질에서 아버지와 아들과 동등한 위격이심을 성경을 따라 고백한다. 그러므로 "그는 예배받으셔야 하고, 참 하나님이요, 창조자로서 우리에 의해 영광받으셔야 한다."38

삼위 하나님의 관계에서 성령에 대한 설명에서 불링거는 성령의 나오심에 대하여 서방교회의 입장에 서있다. 그는 호기심어린 질문이 아니라, 성경과 일치하는 주장을 가져야 함을 강조한다. 그리고 성경은 명백하게 성령께서 아버지와 아들로부터 나오신다고 가르친다고 주장한다. 그 증거로 갈 4:6과 마 10:20과 요 15:2을 증거로 제시한다. 또한 흥미롭게도 헬라 교부 키릴(Cyril)을 인용하여 보충설명한다.39 이어 어거스틴의 삼위일체(*De Trinitate*)를 인용하여 성령이 아버지와 아들에게서 나오심을 증거한다.40

불링거는 성령의 나오심의 방식에 대하여 시간적 나오심과 영원한 나오심의 두 가지 방식으로 설명한다. 시간적 나오심은 사람을 거룩하게 하시는 나오심이며, 영원한 나오심은 성령께서 영원부터 하나님으로부터 나오심을 가리킨다.

---

37 Bullinger, *Decaden* IV.304.
38 Bullinger, *Decaden* IV.305.
39 Bullinger, *Decaden* IV.306.
40 Bullinger, *Decaden* IV.307.

성령의 나오심은 아버지로부터 아들에게로 분리하여 나오시는 것이 아니고, 또한 아들로부터 피조물에게로 나오시는 것도 아니다.[41]

성령의 시간적 나오심은 성령께서 사람에게 보내지는 것으로 묘사된다. 이는 보통 내려옴, 혹은 은사로 불리며, 두 가지 방식으로 설명된다. 성령은 예를 들면, 비둘기와 같이, 불의 혀와 같이 가시적으로 보내지셨다. 이 방식으로 그리스도에게, 그리고 사도들에게 보내지셨다. 비가시적으로 성령은 매일 매순간 신자들에게 보내지신다. 그리스도의 영이 우리를 은혜로 부으시고, 우리에게 믿음과 소망과 자비를 주신다.[42]

성령의 영원한 나오심은 아버지에 의해 아들이 나심과 같이, 표현할 수 없는 것이다. 그래서 복음서에서 성령께서 이전에 나오셨거나, 앞으로 나오실 것이나, 현재 나오신다고 표현된다. 아버지와 아들과 성령의 본체는 함께 영원하시며, 분리될 수 없으며, 전혀 차이가 없다.[43]

불링거는 이런 견해에 대한 증거로 어거스틴을 인용하고 있다. 이어 그는 아버지와 아들로부터 나오시는 성령께서 진리의 영이시고, 그렇기에 그도 아버지와 아들처럼 공간적으로 무한함을 변증한다.[44] 성령은 항상 한 분이시고, 같은 하나님이시기에, 한 성령이시다. 즉 그는 족장들에게, 선지자들에게, 사도들에게 말씀하셨던 분이시고, 지금도 교회에 있는 우리에게 말씀하시는 분이시다. 불링거는 이 지점에서 콘스탄티노플 신조를 증거로 인용하고 있다. 더하여 벧전 1:11과 고후 4:13을 증거구절로 사용하고, 터툴리안과 디디무스의 견해를 인용한다.[45]

---

41 Bullinger, *Decaden* IV.307.
42 Bullinger, *Decaden* IV.307.
43 Bullinger, *Decaden* IV.308.
44 Bullinger, *Decaden* IV.309.
45 Bullinger, *Decaden* IV.310-311.

성령이 한 사람 안에 더욱 충만하거나, 채우거나, 사라지거나 떠나기도 한다는 표현에 대하여, 하나님이신 성령에게 어떤 변화가 있는 것이 아니라, 사람이 자신의 능력에 따라 성령을 충만히 받기도 부족하게 되기도 하는 것의 표현이라고 설명한다(고전 12:11; 왕하 2:9; 마 13:12). 이 예는 사울과 다윗에게서도 발견된다(삼상 16:14). 이런 일에 대하여 우리가 성령의 영향과 능력이 무엇인지 열심히 탐구해야한다고 불링거는 말하고 있다. 다만 전능하시고 영원하신 하나님의 능력은 표현할 수 없는 것이니, 누구도 하나님의 능력을 온전히 설명할 수 없다. 그래서 다만 우리는 그가 사람들 가운데 역사하심이 드러나는 것만을 보일 수 있을 뿐이라고 지적한다.[46]

삼위일체 하나님의 사역과 관계하여 불링거는 아버지께서 성령으로 모든 일을 하신다고 설명한다. 그의 창조와 유지과 기동과 생명 주심과 강화와 만물의 보존이 성령으로 말미암은 것이다. 바로 같은 영에 의해 하나님은 자신의 신실한 백성을 중생하게 하시고, 거룩하게 하시며 그들에게 다양한 은사를 내려주신다. 이런 관찰을 통해 불링거는 사람들 안에서 역사하시는 성령의 능력과 영향을 네가지로 정리한다. 첫째, 성령은 성도들에게 조명을 주시고, 둘째, 그들을 중생시키시며, 셋째, 거룩하게 하시고, 넷째, 모든 좋은 은사들로 충만하게 하신다.[47]

## 2. 성령의 이름

불링거는 이렇게 삼위일체의 관계에서 성령에 대한 설명을 마무리하고, 이제 구체적인 성령의 사역에 대하여 설명한다. 그리고 이 설명을 그의 전형적인

46 Bullinger, *Decaden* IV.311.

47 Bullinger, *Decaden* IV.312.

방식대로, 성령의 호칭, 즉 이름을 가지고 성령에 대한 해설을 이어간다. 첫째, 성령은 하나님의 성령이라 불린다.

> 하늘 아버지는 자신의 은혜로 거룩하게 하시는데, 사랑하는 아들의 피를 통하여 하신다. 그리고 거룩은 성령에 의해 우리에게 발생하고, 부여된다. 그러므로 한 하나님이신, 거룩한 삼위일체께서 우리를 거룩하게 하신다. 그러므로 거룩을 낯설고 다른 것으로 돌리는 것은 악한 것이요, 창조자의 깨끗하게 하심과 의롭게 하심을 피조물의 것으로 바꾸어 버리는 것은 악한 것이다. 그래서 그 영은 세상의 다른 영들과 구분되어 거룩하다고 불린다. 성령은 이 세상의 유혹으로 이끄는 이 모든 영들과 구분된다. 성령은 우리에게 성경을 열어주시고, 진리 가운데 우리를 견고하게 하신다. 진리는 우리의 마음을 정결하게 하고, 순결하게 하여 보존하신다. 그래서 우리로 겸손하고 순하게 만드시고, 모든 악한 것에서 떠나게 하신다.
>
> 같은 성령께서 하나님의 영이요, 아들의 영이라 불림으로 사탄의 영과 구분된다. 그리고 아들의 영이라 불리는 것은 아들의 적절하고 자연스런 영으로 우리와 소통하시어 우리가 하나님의 자녀가 되기 위함이다.[48]

불링거는 이 주장을 증명하기 위해 고전 3:16과 롬 8:9과 갈 4:6을 인용 해설하고, 요 14:16-17의 보혜사의 의미를 해설한다. "보혜사는 위로자요, 선동가요, 훈계자요, 변호자요, 후원자로 자신의 고객의 사건을 변호하는 사람을 의미한다."[49] 이어 이런 해석에 동조하는 디디무스(Didymus)의 글을 인용한다. 성령께서 거하시는 사람은 영원한 기쁨과 즐거움을 가진다. 불링거는 교회 역사에서 그리스도의 순교자들이 성령으로 충만하여 극한 고통과 끔찍한

48 Bullinger, *Decaden* IV.312.
49 Bullinger, *Decaden* IV.313.

죽음 가운데서도 매우 인내하고, 찬양하며, 감사할 수 있었던 것을 보게 된다고 말한다.[50]

불링거는 성령의 두 번째 이름, 진리의 영을 해설한다. 모든 거짓 선지자들의 입에 있는 위선적 영, 오류와 거짓말하는 영이 있기 때문에 이에 대조되는 진리의 영이 성령이다. 성령은 그를 경배하는 자들에게 신실하시며, 부드러우시며, 진실하시다. "그는 그들에게 모든 진리를 가르치신다." 이 이름은 예수님께서 주신 이름이다(요 14:26). "그러므로 진리의 영은 사도들에게 믿어야할 모든 진리를 그리고 모든 경건함을 가르치셨다. 그리고 사도들은 같은 것을 교회에 전달하였다. 성령께서 모든 오류를 몰아내시고, 모든 이단들을 없애시며, 모든 우상과 불경건을 물리치시고, 참된 신앙을 우리의 마음에 부으시고, 교회 안에 참된 종교를 세우신다."[51]

불링거는 성령의 세 번째 이름, 약속의 영을 이어 해설한다. 하나님은 선지자들에게 그리스도를 통하여 조상들과 사도들과 모든 사도들의 교훈을 믿는 사람들에게 성령을 약속하셨다. 그리고 결국 성령은 그리스도를 통하여 풍성하게 주어지고, 역사하신다.[52] 불링거는 이 말의 의미에 대하여 설명하면서, 경건한 사람은 선물이 자신의 공로 때문이 아니라, 오직 하나님의 은혜 때문에 주어진 것임을 기억해야 한다고 하였다. "성령은 수여되었다. 맞다. 하나님의 약속으로 우리에게 주어졌다."[53] 불링거는 바울의 로마서와 갈라디아서가 이를 증명하고 있음을 지적한다. 이어 눅 11:20과 마 12:28을 증거로 언급한다. 이어 디디무스의 진술을 상당히 길게 직접 인용한다.

---

**50** Bullinger, *Decaden* IV.314.
**51** Bullinger, *Decaden* IV.314.
**52** Bullinger, *Decaden* IV.314.
**53** Bullinger, *Decaden* IV.315.

넷째로 불링거는 성령을 물과 연관하여 설명한다. 물은 생명력 있는 혹은 계속 흘러나오는 샘과 같다. 물의 의미에 대하여 사 44:3, 요 7:37-38, 요 7:39을 증거로 인용한다. "물은 황폐한 땅을 열매맺게 하며, 더러운 것을 씻어 내며, 목마른 자에게 마실 것을 주고, 더위에 시달리는 자를 시원하게 한다. 그렇게 성령의 은혜는 황폐한 마음을 열매맺게 하며, 살아계신 하나님을 향한 열매를 만들어 낸다. 같은 은혜로 우리의 마음은 모든 불결한 것에서 깨끗해진다. 그 은혜는 영혼의 갈증을 풀어주고, 고통받을 때에 평안을 주며, 모든 바램들을 이루어준다."[54]

다섯째로, 불링거는 성령을 불과 연관하여 설명한다. "불은 단순하고 순수하다. 어떤 사람들은 태우고, 다른 사람들은 그들을 더 섬세하게, 더 깨끗하게 정화시킨다. 또한 사람을 따뜻하게 하며, 많은 유익하고 필요한 작업을 한다. 그러므로 성령은 우리에게 불로 나타나는 것이 마땅하다."[55] 성령은 불경건한 사람을 태우고, 신자에게 죄의 불결함을 제거한다. 그리고 하나님과 이웃 사랑으로 태운다. 의심의 여지없이 그들을 그의 사랑의 불과 함께 불에 두신다.[56] 불링거는 이 맥락에서 오순절의 성령 강림의 표현을 해설한다. 성령께서 오순절 사도들에게 주어졌을 때, 급하고 강한 바람과 같은 소리였다. 여기에서 상징되는 것은 경건의 교훈이 하나님의 능력으로 전 세계에 놀랍게 성공적으로 퍼진다는 것이다. 바람이 세상에 불어 모든 것에 침투하는 것과 같이 성령도 모든 것에 침투하시고, 사람의 마음을 부드럽게 하시어, 고집세고, 완고하며, 반항적인 사람들을 매우 낮고, 겸손하며 순종적인 사람으로 만드신다.[57] 불의

---

54 Bullinger, *Decaden* IV.316.
55 Bullinger, *Decaden* IV.316.
56 Bullinger, *Decaden* IV.316.
57 Bullinger, *Decaden* IV.317.

혀가 사도들과 제자들의 머리에 있는 모습으로 성령이 주어졌고, 이는 성령의 활동이나 사역을 의미한다. 그래서 신실한 사도들은 차가운 혀가 아니라, 불과 같은 혀를 가지고 마치 번개와 천둥치는 것과 같이 복음을 전파한다.[58]

여섯째로 불링거는 성령을 비둘기와 연관하여 설명한다. 예수님께서 세례자 요한에게 세례를 받으실 때에 예수님 위에 성령께서 비둘기와 같은 모양으로 나타나셨다(요 1:32). 비둘기의 의미는 부드러움과 온화함이다. 그래서 그리스도는 양이나 어린 양으로 불린다. 그리고 불링거는 성령에 대한 이 표현을 외경인 지혜서를 언급하며 증거한다.[59]

일곱째로 불링거는 성령을 기름부음과 연관하여 설명한다. "성령을 받은 사람들은 주의 기름부음받은 사람이라고 불린다. 왜냐하면 성령은 기름과 부음둘로 불리기 때문이다." 기름부음과 관련된 직책은 왕과 제사장이다. 불링거는 요일 2:27과 렘 31:33-34을 증거구절로 언급한다. 그는 앞서 다루었던 진리의 보편적 선생님인 성령의 주제와 기름부음을 연결하여 설명한다. 성령은 기름부음이며 또한 우리의 구원을 약속으로 도장찍는 것이다. 엡 1:13-14의 바울의 증언을 따라 약속의 성령으로 인침을 받았다. 이렇게 신자에게 주어진 확신은 시험 가운데 확신을 주고, 위로를 준다. 고난 가운데 인내를 돕고, 삶의 거룩을 권한다(요일 4:4).[60] 이 확신에 대하여 불링거는 성령의 묶어주심을 가지고 계속 설명한다. 하나님의 세 위격이 분리될 수 없이 서로 영원한 사랑과 일치 가운데 묶인 것은 성령에 의한 것이고, 이 묶임은 표현할 수 없는 것이다. 그렇게 성령은 그리스도를 그리스도의 아내와 풀리지 않는 묶임으로 연결시키신다. 이런 방식으로 그리스도의 신비로운 몸은 성령에 의해 함께 연합된다.

58 불링거는 막 3:17의 우레의 아들이란 표현이 이와 관계된다고 해석하는 것은 흥미롭습니다. Bullinger, *Decaden* IV.317.

59 Bullinger, *Decaden* IV.317.

60 Bullinger, *Decaden* IV.318.

그래서 그의 이름이 우리의 마음에 사랑을 부어주시는 사랑으로 불리는 것은 놀라운 일이 아니다.[61] 불링거는 이처럼 성경에서 사용되는 성령의 이름을 통해 그가 어떤 분이시고, 어떤 일을 하시는가, 즉 그의 존재와 사역을 설명하였다. 그리고 그의 이름들의 설명은 상호 연관되어 서로를 더 확실하게, 분명하게 한다.

## 3. 성경의 증거

불링거는 이름을 통해 성령의 사역을 살펴본 이후, 이제 성경의 증거를 더하여 앞서 설명한 것들을 더욱 확고하게 증명하려 시도한다. 불링거는 구체적인 성경 구절을 해설함으로 앞서 설명된 성령의 사역들을 복합적이며, 종합적으로 보여준다.

불링거는 사 11:2-3을 인용하면서, '성령은 지혜와 총명의 영이요, 모략과 재능의 영이요, 지식과 여호와를 경외하는 영'임을 밝힌다. "요약하면, 하나님의 영을 부여받은 사람은 누구나, 그가 행하거나 말하는 것은 무엇이나, 하나님의 경외를 보일 것이다. 결국 그는 모든 것을 하나님의 영광을 위해 말하고, 행한다. 그리고 이 모든 것들은 참으로 성령의 유일한 근원에서 자유롭고 풍성하게 나온다."

사도 바울은 롬 8:8-11과 고전 2:10-12에서, 중생 이후 우리 안에 역사하는 성령의 놀라운 능력을 설명하고, 하나님 나라의 신비가 성령을 통해 우리에게 명백하게 드러남을 설명하다. 이 내용은 요 16:7-11, 12-13의 우리 주님의 말씀에서도 발견된다. "성령이 오신 것은 확실하기 때문에, 그가 사도들을 진리로 이끄는 것은 분명하다." 그리고 성령께서 교회에서 오늘날도 말씀하시는

61 Bullinger, *Decaden* IV.319.

것이 분명하다. 그리고 성령은 스스로 모순되지 않는다. 그는 오늘날도 여전히 교회의 성도들에게 많은 것들을 드러내시고, 심지어 그리스도의 복음과 성도들의 보존을 위해 일하신다. 그리고 고전 12:7-11을 인용함으로 확증한다.[62] 그리고 더하여 성령의 열매를 언급한다.[63]

## 4. 소결론

불링거는 성령에 대한 터툴리안의 견해를 인용함으로 결론을 대신한다.[64] 불링거는 이와같이 경배받으시는 삼위일체, 성부와 성자와 성령의 매우 거룩한 신비를 성경의 가르침을 따라 다루었다고 확인한다. 그리고 이제 삼위 가운데 하나이시고, 하나이심 가운데 삼위이신 하나님을 겸손하게 예배할 것을 다짐한다.[65]

성령에 대한 교훈을 마무리하면서, 불링거는 성경이 매우 명백하게 가르치는 삼위 하나님의 구분과 또한 매우 열정적으로 가르치는 하나됨을 기억하고 인식할 것을 권한다. 왜냐하면 성경에서 행위의 시작과 흘러넘치는 근원과 모든 것들의 마르지 않는 원천은 성부에게 돌리고, 지혜와 의논과 행함을 베푸는 것은 성자에게 돌려지며, 사역의 힘과 효과적 능력은 성령에게 돌려지기 때문이다. 성부와 성자와 성령께서 사역에 있어 이처럼 구분된다 하더라도, 하나님의 본질의 하나됨을 분리해서는 안된다. 왜냐하면 그 속성들을 가지신 하나님은 한 분이시기 때문이다.[66] 불링거는 삼위일체의 하나됨과 구분됨을 설명하기 위해 빛, 광선과 열의 예를 가지고 설명한다. 하나님께서 세상을

62 Bullinger, *Decaden* IV.321.
63 Bullinger, *Decaden* IV.321.
64 Bullinger, *Decaden* IV.322-324.
65 Bullinger, *Decaden* IV.325.
66 Bullinger, *Decaden* IV.326.

창조하셨다고 할 때, 아버지로부터 모든 것이 있고, 아들에 의해 모든 것이 있으며, 성령 안에 모든 것이 있음을 알 수 있다. 불링거는 이렇게 삼위일체의 비밀에 대한 설명으로 자신의 성령론 해설을 마무리하고 있다.

> 그리고 아들이 육신이 되시고, 고난 받으시고, 죽으시고, 우리의 구원을 위해 다시 살아나셨음을 우리가 읽을 때에, 우리는 아버지와 성령께서 비록 아들의 성육신과 고난의 참여자는 아니라고 할 지라도, 그럼에도 불구하고, 아버지와 성령께서 아들로 인한 우리의 구원을 일으키셨음을 믿는다. 우리는 결코 성자를 아버지와 성령으로부터 분리하여 믿지 않는다. 그리고 죄가 성령 안에서 용서되었다고 들을 때에, 우리는 이 유익과 우리의 복됨의 모든 다른 유익들이 분리되어 주어지지 않고, 하나이시고, 유일하시고, 진실하시고, 살아계시고 영원하신 하나님, 즉 아버지와 아들과 성령이신 분으로부터 우리에게 주어진다는 것을 믿는다.[67]

## Ⅳ. 사역 가운데 드러난 성령에 대하여

불링거는 *Decaden*의 사도신경 중 성령에 대한 믿음의 해설에서 성령께서 아버지와 아들의 믿음과 같이 신앙의 대상이며, 그 이유는 성령께서 아버지와 아들과 같이 한 하나님이시기 때문이라고 한다. 그래서 성령에 대한 믿음은 아버지와 아들에 대한 믿음과 연결되는 것이 정당하다. 성령으로 말미암아 아들 안에서 성취된 하나님의 구원의 열매가 우리에게 확인되며, 우리의 성화와 정화가 우리에게 주어진다.[68] 사실 아버지께서도 그리스도의 피로 우리를

67 Bullinger, *Decaden* IV.326.
68 Bullinger, *Decaden* I.155.

성화시키시는데, 예수 그리스도의 피로 말미암아 하신다. 그는 같은 성화를 우리에게 주시는데 성령으로 말미암아 주신다.[69] 불링거는 성령의 사역 자체가 삼위일체 하나님의 공동 사역이라는 전제에서 서술하고 있다. 그 사역 중 특히 성화는 성령의 사역이다. 그래서 그는 거룩 혹은 거룩하게 하는 분이라고 불린다. 이 기초에서 성경이 알려주는 성령의 사역을 보아야 한다. 성령께서 주시는 유익은 그의 존재에 근거하여 살펴보아야 한다.[70]

불링거에 의하면 성령의 능력과 역사와 행위는 무엇이든 아들을 통해 우리 안에 역사하는 하나님의 은혜이다. 그래서 필연적으로 우리는 성령을 믿어야 한다. 성령을 믿는다는 것의 의미는 모든 신자들이 정결하게 되며, 씻기며, 중생하며, 성화되며, 조명되며, 하나님에 의해 그리스도로 말미암은 은혜의 다양한 선물들로 부유하게 된다는 것을 믿는 것이다. 이는 성령을 통하여 이루어지는 일이다. 성령이 없이는 진정한 성화가 없기 때문이다.[71]

하늘 아버지께서 예수 그리스도를 우리에게 보내셨고, 그리스도 안에서 자신을 완전하게 나타내셨다. 그리고 성령은 하나님을 우리 마음에 각인시키고, 우리의 마음에서 지키신다.[72] 불링거는 구원에 있어 구원자, 예수 그리스도의 역할을 강조한다. 성령은 예수 그리스도께서 하신 구원과 그로 인한 좋은 유익들을 우리에게 적용시켜주는 일을 하신다고 설명한다.

## 1. 성령과 성경

취리히 종교개혁의 전체 발전은 성경의 권위라는 주제 안에서 다루어질 수

69 Bullinger, *Decaden* I.155.
70 Bullinger, *Decaden* I.155.
71 Bullinger, *Decaden* I.156.
72 Bullinger, *Decaden* I.156.

있다.[73] 종교개혁의 일반적 성경의 권위에 대한 견해에 따르면, 말씀과 성령의 관계는 초기 개신교의 영성을 이해하는데 핵심적이다. 성경의 권위는 교회에 의존하지 않는다. 성경은 그 증거와 조명을 의지한다.[74] 불링거는 성경이 전통과 충돌하는 새로운 것이 없고, 단절이 없다고 주장한다. 물론 교회는 정경 이전에 존재했다. 그러나 성경의 권위는 충분히 방어되어야 한다.[75] 성경의 권위는 첫 성경 저자의 신적 정당화로 확정된다. 즉 궁극적 권위는 하나님 말씀의 자기 증거이다.[76]

성령께서 성경과 갖는 관계는 두 종류로 구분된다. 첫째, 성경의 저자와 관계이다. 성경의 영감과 권위에 대한 문제이다. 이 문제는 로마 가톨릭과 논쟁으로 연결된다. 로마 가톨릭은 성경에 더하여 교회의 전통을 권위로 인정한다. 불링거는 다만 성경의 권위만을 인정할 뿐이다. 그는 성경의 영감에 대하여 상세하게 설명하지 않고, 그저 구약과 신약이 성령의 영감을 받았다고 고백한다.[77] 로마 가톨릭은 1551년 트리엔트 공의회에서 그들의 회의가 성령에 의해 지배되었고, 신자들이 받아야할 의무적인 것이라고 주장했다. 또한 교부들과 공의회의 결정들을 성경과 동등한 것이라고 주장했다. 그러나 개신교는 오직 성령에서 입증되는 것만 의무적인 것일 뿐이었고, 교부나 교회회의의 결정은 오직 성경과 일치될 때에만 받아들일 수 있다고 주장했다.[78] 성경의

73 Opitz, "The Authority of Scripture in the Early Zurich Reformation (1522-1540)", 297.

74 Henk van den Belt, "Word and Spirit in the Confessions of the European Reformation", *Religion & Theology* 23 (2016), 96.

75 Opitz, "The Authority of Scripture in the Early Zurich Reformation (1522-1540)", 307.

76 Opitz, "The Authority of Scripture in the Early Zurich Reformation (1522-1540)", 308.

77 Stephens, *The Theology of Heinrich Bullinger*, 144.

78 Stephens, *The Theology of Heinrich Bullinger*, 145.

권위는 다른 외적 증거와 독립적으로 서있고, 여전히 성령의 증거를 통하여 확실성을 얻는다.[79]

성령과 성경이 갖는 관계의 두 번째 종류는 성경의 해석자와 관계이다. 이 문제는 급진파인 재세례파와 관계된다.[80] 그들은 전통이 아닌 성경만이 권위있다고 주장하지만, 성경을 해석함에 있어 성령을 따르지 않았다. 그들은 성령을 성경에서 분리시켜, 심지어 새로운 계시를 추구하기에 이르렀고, 그 결과 성경을 경시하게 되었다. 불링거는 이런 견해를 반대하여, 성령과 성경이 일관성을 가진다고 주장하였다. 즉 성령과 성경은 같은 이야기를 한다. "성령은 일관되고 그래서 그는 나중에 그가 사도들에게 금했던 것을 명령하지 않는다."[81]

"성령은 성경의 저자이고, 또한 성경의 해석자이다."[82] 그래서 성령이 주어진 사람은 성경을 바르게 해석할 수 있다고 불링거는 주장했다. 그리고 성령은 소수에게만 주어진 것이 아니라, 신자들에게 주어졌기 때문에, 신자들의 성경의 해석 또한 가능한 것이다. 이런 이유 때문에, 성경 해석에서 성령의 도우심을 위한 기도는 근본적으로 중요하다.[83] 불링거는 성령께서 이해되지 않기를 원하셨고, 단지 지혜로운 사람들에게만 주어지기를 의도하셨다는 견해를 거절하였다.[84] 이런 논의는 성경 해석의 통일성에 대한 중요한 근거로 역할한다. 하나님 말씀을 해석하는데 있어 가장 효과적인 규범은 자랑이나 이단에게 주어진 마음이 아니라, 하나님과 그의 영광을 사랑하는 마음이다. 이 마음은 성령께 항상 기도하고, 성령을 통해 성경이 알려지고, 영감되어, 같은 영에 의해 하나

---

79 Henk van den Belt, "Heinrich Bullinger and Jean Calvin on the Authority of Scripture (1538-1517)", *Journal of Reformed Theology* 5 (2011), 311.

80 Stephens, *The Theology of Heinrich Bullinger*, 145.

81 Stephens, *The Theology of Heinrich Bullinger*, 146.

82 Stephens, *The Theology of Heinrich Bullinger*, 146.

83 Stephens, *The Theology of Heinrich Bullinger*, 146.

84 Stephens, *The Theology of Heinrich Bullinger*, 147.

님의 영광과 신자의 안녕을 위해 해설될 수 있음을 안다.[85] 성경은 성령의 영감으로 작성되었기 때문에 권위가 있고, 그 해석도 성령의 도우심으로 이루어질 수 있다. 그리고 해석은 내용의 전파로 이어진다.

## 2. 성령과 말씀 선포

말씀의 직무를 맡은 사람은 성령의 인도를 받아야한다. 이 인도하심에 대하여 어떤 부류(급진파)는 "교회의 외적 직무를 무시하고, 폐지하며," "직무를 전혀 인정할 수 없는 것으로 간주"한다. 그러나 "교회의 직무는 명예롭게 유지되어야 하며 또 하나님의 영광에 손상을 주지 않는 선에서 그의 중요성이 인정되어야" 한다.[86] 이처럼 불링거는 성령의 인도하심이 하나님의 말씀과 분리되어 상반될 수 있다는 가능성에 대하여 부정적이다.

복음의 사역자들이 "성령을 붓는 것"이 아니라, 그리스도께서 "성령을 보내시고 또 신자들 위에" 부어주신다.[87] 사역자들이 존귀한 사역을 하는 것은 분명하지만, 그들의 사역이 임의적이지 않고, 그리스도께서 보내시는 성령에 매이는 것이다. 그러므로 성령은 사역자들이 가진 어떤 능력이 아니며, 그들이 부릴 수 있는 수하도 아닌 것이다.

Stephens는 불링거가 츠빙글리보다 외적 말씀에 더욱 강조를 둔다고 평가한다. 물론 불링거는 과도하게 외적 말씀에 중점을 두는 것은 반대하면서, 내적 말씀, 즉 외적 말씀을 들음을 통해 사람들을 이끄는 하나님의 능력을 이야기한다. 강조는 하나님의 능력에 있지만, 이는 외적 말씀을 폄하하지 않는

---

85 Stephens, *The Theology of Heinrich Bullinger,* 147. Bullinger, Decaden I.78.

86 Heinrich Bullinger, 박상봉, 강승완 옮김, 『하인리히 불링거의 교회론. 『50편 설교집』의 41-45편 설교』 (수원: 합동신학대학원출판부, 2019), 202. (불링거 프로젝트 저작물 시리즈 2) (이후 불링거의 교회론으로 인용)

87 Bullinger, 『불링거의 교회론』, 207.

다. 특히 1533년 사도행전 주석에서 고넬리우스 이야기에서 외적 말씀의 필요에 대한 강조를 지적하고 있다. “주께서 고넬리우스를 외적 사역의 시행없이 교훈할 수 있었음에도 그는 복음의 가장 신실한 설교자 베드로를 그에게 보내셨다.”[88] 말씀 선포를 통한 복음 전파와 성령의 구원 활동은 서로 모순되지 않고, 함께 존재하는 구원을 위해 정하신 하나님의 방식이다.

이 견해는 재세례파의 영성주의에 대한 불링거의 거절에서 잘 드러난다. 재세례파는 성령께서 내적으로 거룩하게 하신다고 주장하면서, 성령께서 사용하도록 명하신 외적인 요소, 말씀과 성례를 경시하고 거절한다. 그들은 성령과 신앙이 그 도구보다 중요하다고 주장함으로 외적 도구들을 무시한 것이다. 불링거는 외적인 것과 내적인 것 사이에 어떤 반대나 대조가 있다는 것을 반대한다.[89] 하나님께서 설교나 기도의 도구나 필연성 없이 신앙을 내적으로 기적적으로 주실 수 있지만, 하나님은 복음 설교를 통해 하나님의 약속과 우리가 믿어야할 것에 대해 알려주기로 정하셨고, 하나님의 말씀의 사역자들은 그렇게 하나님께서 정하신 방식을 사용해야 한다.[90] 또한 불링거는 성령께서 내적으로 사람을 이끌지 않으시면, 외적 말씀은 그 자체로는 아무것도 할 수 없다고 주장하고 있다. 하나님의 영광을 빼앗아 이를 말씀과 성례에 돌리는 것을 반대한다.[91]

정리하면 불링거는 내적인 것, 즉 성령의 역사를 매우 본질적이며 핵심적인 것으로 여기지만, 외적인 도구 또한 하나님께서 정하신 것으로 중요하다고 여긴다. 내적으로 밝히시는 하나님께서 외적인 선포도 명령하셨다.

---

**88** Stephens, *The Theology of Heinrich Bullinger,* 147f.
**89** Stephens, *The Theology of Heinrich Bullinger,* 149.
**90** Stephens, *The Theology of Heinrich Bullinger,* 149.
**91** Stephens, *The Theology of Heinrich Bullinger,* 149.

## 3. 성령과 성례

Stephens에 의하면 불링거는 1540년 이후 성례에서 성령의 역할을 더 강조하게 되었다. 특히 성찬에서 그러했다. 초기 저작들에서는 주로 육체적 먹음에 반대하여, 영적으로 먹음, 혹은 성령 안에서 먹음에 강조점이 있었다. 어거스틴의 전통에 따라, 영적으로 먹음은 신앙으로 먹음으로 이해되었다.92 신앙이 성령의 사역임에도 불구하고 신앙으로 먹음에 성령의 역할에 대한 명시적 언급은 불링거에게 찾기 어려웠다. 그러나 후기에는 우리가 성령과 신앙을 통해 내적으로 영양을 공급받고, 성례의 실체를 영적으로 존재하게 만든다고 주장했다. 흥미로운 것은 성령이 자신의 의지에 따라 때로 도구를 사용하기도, 사용하지 않기도 한다는 것이다. 이는 츠빙글리가 주장한 성령의 자유에 대한 것과 같은 것인데, 이는 말씀 선포를 강조하던 불링거 후기의 견해와 결이 약간 다른 것이다. 그러나 불링거에게 있어 능력이 성례 자체 안에 있지 않다는 것은 명백했다.93

1540년대 불링거와 칼빈의 관계에서 성례의 효과, 표지와 표상의 구분이 중요한 문제였다. 불링거가 임재(presence)보다 부재(absence)의 용어로 기억을 해설한 반면, 칼빈은 그리스도께서 성령의 능력으로 통해 임재하시며, 거리는 그리스도께서 자신의 사람들을 기적적으로 먹이는 것을 방해할 수 없다고 주장한다. 칼빈은 불링거가 말씀을 전시와 도구와 같은 것으로 반대한다고 여겼다. 마치 성례가 그것들이 상징하는 것을 포함하고, 그렇게 성례에 하나님께 속한 것을 부여하는 것이라고 불링거가 생각했다는 것이다. 그러나 칼빈에게, 하나님은 우리에게 빈 표지를 주시는 분이 아니다. 표지는 그 상징하는 것을 준다. 다만 칼빈은 표지가 상징하는 것을 자신의 영으로 효과있게 하시는

---

**92** Stephens, *The Theology of Heinrich Bullinger,* 150.
**93** Stephens, *The Theology of Heinrich Bullinger,* 151.

분은 오직 하나님뿐이시라고 주장한다.[94] 그 결과물로 나온 취리히 일치는 성령에 대한 초점을 반영하고, 불링거와 칼빈의 동의 사이의 주의깊은 균형을 보여준다. 성례들의 효과는 믿음과 관계된다. 이는 불링거에게 특징적인 것이다. 그리고 선택에 관계된다. 이는 칼빈에게 특징적인 것이다.[95]

*Decaden*에서 불링거는 어거스틴을 근거로 하여, 성례와 성령의 사역의 관계를 설명한다. 성령은 말씀과 성례의 효력을 보장하신다. 성령의 조명으로 우리의 눈이 열리고, 성례의 의미를 알게 된다. 물론 성령이 중요하기 때문에 성례가 경시되는 것은 아니다. 분명히 성례는 중요하다. 불링거는 성경의 예를 들어 성례의 중요성을 강조한다.

성례는 믿음을 깨우고 강화시킨다. 우리의 시각과 청각과 촉각과 미각을 자극한다. 성례는 가시적으로 마음이 내적으로 이해하고, 생각하며, 묵상하는 것을 보여준다. 불링거에게 특징적인 것은 능력이 성례 자체 안에 있는 것이 아니라, 신앙과 성령에 있다는 것이다.[96] 하나님은 성례와 같은 도구를 사용하시어, 신앙을 증가시키고, 강화시키신다.[97]

## 4. 성령과 언약

불링거는 하나님의 언약에 대하여 해설하는데 있어 성령의 역할을 인정하고 있다. 구약에서 언약은 성령의 영감을 받아 선지자들에 의해 설명되었고, 신약에서 언약은 하나님의 아들이 정경에 더하도록 임명하신 자들에 의해 설명되었다. 불링거 자신은 언약이라는 유용한 만큼이나 어려운 문제를 신앙의 유추를

---

94 Stephens, *The Theology of Heinrich Bullinger*, 151f.
95 Stephens, *The Theology of Heinrich Bullinger*, 152.
96 Stephens, *The Theology of Heinrich Bullinger*, 153.
97 Stephens, *The Theology of Heinrich Bullinger*, 154.

따라 명확하고, 간결하며, 침착하게 설명할 수 있도록 그리스도 예수의 영의 충만을 간구한다.[98]

불링거는 하나님과 구원받은 거룩한 교회 사이에 오직 한 언약만이 존재함을 논증한다. 고대 선조들은 기록된 문서로서의 언약을 갖지 않았지만, 그들의 마음에는 하나님의 손가락으로 쓰여진 언약이 있었다. 이후 하나님은 모세에게 돌 문서로 주셨고, 선지자들과 사도들을 통해 이 문제에 대한 오염되지 않은 책, 곧 성경을 기록하게 하셨다. 이렇게 불링거는 신약과 구약을 연결하고, 아브라함과 그리스도를 연결하여, 어떻게 언약이 갱신되었고, 그리스도에 의해 성취되었는가를 설명한다.[99] 즉 하나님께서 조상들의 마음에 성령으로 언약을 쓰셨는데, 이는 이후의 동일한 언약을 가진 사람들에게도 동일하게 적용되고 있음을 주장하는 것이다. 구체적인 언약들이 있지만, 궁극적인 언약은 성령께서 마음에 쓰신 언약과 일치하는 것이다. 그러므로 여기에서 성령의 역할은 하나님의 교회에 속한 모든 사람들의 마음에 언약을 새기심으로 그들 가운데 언약의 통일성을 통해 한 교회가 되는 것을 보장하게 된다.[100]

## 5. 성령과 교회

불링거는 교회가 구성원들 가운데 존재하는 다양성을 인정하지만, 분명히 교회의 표지가 있음을 가르친다. 근거는 교회가 동일한 성령과 동일한 믿음을 통해 가시적인 표지를 가지고 교회의 모든 지체의 특징을 보여주기 때문이다.[101] 그리고 그는 교회의 표지를 외적표지와 내적표지로 구분한다. 외적 표지

98 Bullinger, Of the One & Eternal Testament, 246.
99 Bullinger, Of the One & Eternal Testament, 267.
100 Mock, *The Theology of Heinrich Bullinger*, 21.
101 Bullinger, 『불링거의 교회론』, 78.

로는 바른 말씀의 선포와 성례의 시행이 언급된다. 이러한 외적 표지가 가시적으로 존재한다 하더라도, 내적 표지가 없다면, 교회가 아니다. 이 표지 안에 "하나님 자녀의 참된 형상"이 놓여있기 때문이다 구체적으로 "주님의 영과 함께 하는 교제, 참된 믿음 그리고 하나님을 향한 사랑과 이웃 사랑"이 바로 그 표지이다. 이 표지를 통해 신자는 교회의 머리되신 그리스도와 교회의 몸이 되는 모든 지체와 연합한다.[102] 이 연합은 그리스도의 영, 곧 성령으로 말미암아 이루어진다. 그리스도는 성령을 통해 자신의 교회와 함께 하신다. "누구든지 그리스도의 영이 없으면 그리스도의 사람이 아니라. 무릇 하나님의 영으로 인도함을 받는 사람은 곧 하나님의 아들이라."[103] 이처럼 불링거에게 성령은 그리스도와 교회를 연결하는 필수적인 역할을 한다.

불링거는 보편 교회의 근거를 설명하면서 엡 4:4-6과 키프리안의 격언을 인용하였다. "오직 한 교회가 있을 뿐이다." 성령께서 한 분이시니 교회도 하나이다.[104] 교회의 존재는 성령에 매우 긴밀하게 연결되어 있다. 여러 교회가 있을지라도, 각 교회가 한 성령을 가졌다면, 그 교회들은 한 교회인 것이다. "교회의 몸은 결코 분리되지 않는데 하나님이 분리를 허용하거나 허락한 적이 없기 때문"이다.[105]

교회의 존재에 있어 성령은 필수적이다. 교회가 한 성령을 가지고 있으니, 한 교회라고 부를 수 있을 만큼 성령의 존재는 교회의 정체성과 통일성을 명확하게 보여주는 증거가 된다. 성령께서 존재하지 않는다면 그것은 교회일 수가 없고, 성령이 아닌 다른 영을 가지고 있다면, 그것 또한 교회 일 수 없다. 불링거

102 Bullinger, 『불링거의 교회론』, 82.
103 Bullinger, 『불링거의 교회론』, 83.
104 Bullinger, 『불링거의 교회론』, 127.
105 Bullinger, 『불링거의 교회론』, 128.

에게 성령은 교회를 존재할 수 있게 하며, 통일성을 유지시키는 중요한 사역을 한다. 불링거는 교회와 성령의 관계에 대한 내용에서 하나님이신 성령께서 자신의 존재를 어떻게 드러내시는가를 드러내기보다는, 그가 자신의 사역을 통해 교회에 무슨 일을 이루시는가를 보여주는데 초점을 맞추고 있다.

## V. 결론

불링거에게 성령론은 하나의 독립된 주제로, 크게 다루어지지 않은 것은 사실이다. 그러나 성령론은 그의 신학 전제로서, 전반적인 배경으로서 필수적인 역할을 하고 있다. 이제 불링거의 성령론의 몇 가지 특징을 정리하는 것으로 결론을 맺으려 한다.

불링거의 성령론은 전통적이다. 고대의 신앙고백을 인정한다. 성령은 삼위일체 하나님의 세 번째 위격이시다. 그는 구분되는 위격이시며, 동시에 본질과 능력에 있어 아버지와 아들과 동등하신 하나님이시다. 그리고 삼위일체 하나님은 하나이시다. 하나님에 대한 지식은 사람에게 나온 것이 아니기 때문에, 사람의 한계를 뛰어넘는 것이다. 말로 표현할 수 없는 하나님에 대한 인식, 하나님의 불가지성에 대한 인식은 불링거의 하나님 이해, 성령 이해의 근간이 되고 있다. 하나님은 경배의 대상이지, 호기심어린 탐구의 대상이 아니다.

불링거의 성령론은 성경적이다. 불링거는 전통적 삼위일체론을 해설하면서, 끊임없이 성경을 해설함으로 근거를 제시한다. 구약과 신약을 구별함 없이, 동일한 하나님의 말씀으로 여기고, 그 말씀에서 신학적 논거의 근거를 찾고, 논증하고 있다. 특히 하나님에 대한 탐구 방식으로, 성경에서 언급된 하나님의 이름을 연구하는 방식을 채택하는 점이 독특하다. 이름은 존재를 드러내는 방식이고, 성경은 하나님께서 우리에게 허락하진 정도까지 그 내용을 알려주고 있다. 그러므로 설명을 열심히 연구하는 것은 마땅한 일이라고 불링거는 생각한다. 불링거는 그의 해설에서 교부들에 대한 자신의 해박한 지식을 잘 보여주고 있다. 교부들의 진술은 그에게 권위 있는 것이었다. 그러나 그 권위는 성경에 일치할 때에 인정될 수 있는 것이었다.

불링거의 성령론은 종교개혁신학을 바탕으로 한다. 불링거는 유력한 개혁파 개혁자요, 신학자이다. 그의 신학적 해설은 당대 논쟁들을 반영하고, 대답하는 성격을 포함한다. 로마 가톨릭과 관련하여 성경의 권위 문제가 중점이 되었다. 불링거는 성령께서 궁극적인 성경의 저자이기 때문에, 성경이 유일한 권위를 가진다고 주장하며, 전통은 성경에 일치될 때에만 받아들일 수 있다고 가르친다. 재세례파를 비롯한 급진파와 관련하여, 불링거는 성령께서 성경와 일관된 교훈을 주시는 분이심을 분명히 한다. 성경을 경시하고, 성령을 오해하는 이들을 불링거는 용납하지 않는다. 불링거는 종교개혁의 정신대로, 성경의 저자이신 성령과 하나님의 통일성과 주권에 대한 명백한 사상을 가지고 있다.

/

# 베자의 성령 이해
## 성령의 부르심과 성도의 '삶'

/

**양신혜**

(합동신학대학원대학교 외래교수, 교회사)

Theodore de Beze(1519-1605)

총신대학에서 신학을 공부하고, 서강대에서 종교학(M.A)을 전공하였다. 이후 독일 베를린에 있는 훔볼트 대학에서 공부하였다. 지금은 당진동일교회를 섬기고 있으며, 합동신학대학원대학교에서 외래교수로 교회사를 가르치고 있다. 저서로 『칼빈과 성경해석』과 『베자, 교회를 위해 길 위에 서다』와 다수의 논문이 있다.

**양신혜**

## I. 들어가는 말

베자는 개혁교회의 신학적 기초를 놓은 칼빈의 뒤를 이어서 정통주의로의 길을 닦은 신학자이다. 그러하기에 베자 신학은 칼빈과 정통주의 신학과의 관계에서 연속성과 불연속성을 판단하는데 주요하다. 이런 맥락에서 베자는 연구는, 정통주의 신학에서 종교개혁과 구별되는 신학 주제인 예정론과 신학방법론으로서의 인식론을 중심으로 다루어져왔다.[1] 지금까지 발표된 연구를 살펴보면, 칼빈과 베자의 불연속성을 주장하는 연구에서 연속성을 강조하는 연구로 넘어가는 경향을 보인다. 베자가 칼빈 신학과의 '단절'을 시도하여 정통주의의 길을 마련했다는 연구에서, 최근에 들어서는 베자의 신학이 칼빈의 신학을 '발전' 내지는 '체계화'시켜 칼빈과의 연속성을 담보했다는 해석으로 넘어가고 있다. 칼빈과 베자의 신학적 연속성과 불연속성이라는 하나의 해석 틀에 따른 연구에서 최근에 들어 발표된 라이트(Shawn D. Wright)의 *Our Sovereign Refuge: the pastoral theology of Theodore Beza*가 새로운 베자 연구의 지평을 열었다.

1 한국 신학계에서 베자에 대한 관심과 연구는 저조한 편이다. 그럼에도 불구하고 최근에 들어서 베자의 예정론에 대한 이해를 중심으로 한 논문들 몇 편이 발표되었다. 김지훈, "테오도레 베자의 신학 안에서 예정론에 대한 이해,"「조직신학연구」 24 (2016), 36-64; "예정론의 교회적 위로,"「한국개혁신학」 44 (2014), 126-51. 이은선, "테오도레 베자의 예정론,"「신학지평」 8 (1998), 132-161. 지금까지 발표된 베자의 예정론에 대한 연구를 살펴보면, 무라야마(T. Murayama), 멀러(R. A. Muller)는 연속성을 강조하는 반면, 비저(E. Bizer), 키켈(W. Kickel), Amstrong), 브레이(J. S. Bray) 등은 불연속성을 강조한다. 김지훈은 대립구도에 대한 대안을 제시하여 중재하고자 하였다. 베자의 예정론 연구에 나타난 대립구도는 베자의 인식론에도 고스란히 드러난다. 불연속성을 주장하는 키켈과 연속성을 주장하는 멜리슨(J. Mallison)의 대립이 이에 해당한다. 이에 대한 이해는 양신혜, "성경의 권위에 대한 베자의 이해-칼빈과 베자의 연속성과 불연속성의 관계에서,"「한국개혁신학회」 57 (2018), 133-166을 참조하라. 이처럼 베자의 신학이 칼빈의 신학과 연속성에 있는지는 칼빈과 정통주의의 관계를 규명하는 중요 단초이다. 그렇기 때문에 정통주의 신학이 지닌 특징을 규명하기 위해서는 베자의 신학에 대한 연구가 필요하다.

라이트는 이 땅에서 부름 받은 그리스도인이자 목회자로서의 베자의 삶에 집중하여 그의 신학이 지닌 특징을 서술하였다. 그는 '상황이 왕이다'는 성경신학의 원칙을 베자에게도 적용해야 한다고 주장하였다. 베자를 제대로 그리고 올바르게 이해하기 위해서는 그의 생애부터 시작해야 한다는 원칙을 세운 것이다.[2] 라이트는 베자가 처한 역사적 상황에서부터 출발하여 그가 걸어간 삶의 여정을 따라서 그의 신학을 이해하기 시작한다. 베자가 걸어간 시대는 칼빈이 걸어간 시대와 다르다. 그러므로 베자에게 주어진 과제도 칼빈의 그것과 다르다. 이는 자명한 사실이다. 그럼에도 불구하고 지금까지 베자에 대한 연구에서 이 점이 간과되어 왔다는 사실을 정확하게 지적하였다. 지금까지의 연구는 초시간적 보편성을 담보한 신학적 차원에서 이루어져 그가 걸어간 삶의 자리를 잃어버리고 말았다. 그렇기에 본 논문은 라이트가 지적한 바를 연구 방법으로 수용하여, 역사의 한 시대에서 하나님의 부름을 받은 그리스도인이자 목회자로서의 베자의 삶을 토대로 그가 성령을 어떻게 이해했는지를 살펴보고자 한다. 베자는 병에서 치유되는 경험을 하면서 참된 그리스도인으로서의 길로 들어섰다. 그리고 목회자로서 흑사병이 확산되는 상황에서도, 그리고 같은 민족끼리 싸우는 전쟁의 상황에서도 성도들의 고난을 온 몸으로 끌어안고 그들을 위로하였을 뿐만 아니라, 신학자로서의 냉철함을 잃지 않고 시대가 던지는 질문들을 체계적으로 분석하고 성경에 기초하여 논리적으로 설명하였다. 그러하기에 그의 신학적 사유는 지금의 그리스도인에게 더욱 설득력 있게 다가온다. 그러므로 본 논문에서는 베자의 역사적 '상황'에서 출발하여 어떻게 하나님이 성령을 통해서 우리를 부르셔서 참된 그리스도인으로서의 길을 걸어가게 하는지를

---

2 Shawn D. Wright는 베자연구에서 목회적 관점을 배제하고 신학에만 집중하는 현상을 지적하고, 목회자로서의 사역에 초점을 맞추어 신학자이자 목회자로서의 특징을 드러내고 있다. Shawn D. Wright, *Our Sovereign Refuge: the pastoral theology of Theodore Beza* (Carlisle: Patemoster, 2004), 9.

살펴보고자 한다.

이를 위해서 본 글에서는 세 문헌, 즉 『신앙고백서』(*Confession de la foy*, 1559, 1560)와 『질문과 응답』(*Questionum et responsionum*, 1570), 그리고 『신학명제』(*Theses theologicae in Schola genevensi ab aliquot sacrarum literarum studiosis sub DD. Theod. Beza et Antonio Fayo SS.*, 1586)를 중심으로 살펴보고자 한다. 이 세 책은 10-15여년의 간격으로 출판되었는데, 그 서술구조가 독특하면서 상이한 구조를 가지고 있기 때문이다.[3] 그리고 베자가 『신앙고백서』 서문에서 "최선의 순서"를 고려하며 서술했다고 스스로 밝히고 있기 때문이다.[4] 베자가 밝히는 "최선의 순서"는 성도들에게 '더 성경적이면서 경건한 방식에 따른 순서'이다.[5] 여기에서 베자의 인문주의자로서의 역량이 두드러지게 나타난다. 베자는 성경이 가르치는 참된 교리를 올바르게 그리고 논리적으로 전달하는 순서를 고려했고, 그런 노력은 『신앙고백서』 이후 출판된 두 책에서도 고스란히 적용되었으리라 여겨진다. 이런 맥락에서 『신앙고백서』 이후의 두 책 『질문과 응답』과 『신학명제』에 나타난 구조가 달라졌다는 사실은 그 자체로 함축하는 바가 크다 하겠다. 그래서 베자의 세 책의 구조를 통해서 베자가 목회자로서 걸어간 삶의 자리에서 어떻게 성령을 이해하고, 성령이 어떻게 그리스도인의 삶을 인도하는지 살펴보고자 한다.

---

3 신학적 주제에 대한 베자의 서술은 칼빈이 『기독교 강요』에서 서술하는 바와 사뭇 다르다. 칼빈의 글은 시적이며 정교한 반면, 베자는 단순하고 명확하고, 개념적 정의가 탁월하다. 그래서 그의 책은 상당히 실용적이다. 그래서 베자의 『신앙고백서』가 당시 널리 번역 출판되어 교회에서 활용된 것으로 보인다. 『신앙고백서』는 1595년까지 11번 인쇄가 되었는데, 거의 매년 새롭게 인쇄가 되었다. 1562년에는 헝가리 개혁교회의 공식적인 신앙고백 문서가 되었고, 1563년, 1572년, 1585년에는 영어로 번역되어 런던에서 출판되었고, 독일어, 화란어, 이탈리아어로 번역되어 출판되었다. Wright, *Our Sovereign Refuge*, 69.

4 Theodore Beza, *The Christian Faith*, translated by James Clark, iv.

5 Beza, *The Christian Faith*, iv.

## II. 베자의 신학 서술에 나타난 성령의 특징

### 1. 『신앙고백서』의 구조적 특징: 믿음을 강화하는 수단으로서의 설교와 성례

베자가 『신앙고백서』를 저술한 직접적 계기는 로마 가톨릭교회에 머물고 계신 아버지를 개종시키기 위함이었다.[6] 그래서 그의 관심은 어떻게 아버지를 구원의 자리로 초대할 것인가에 있었다. 하지만 이 주제는 당대 목회자들의 목표이기도 하였다. 왜냐하면 당시 개혁교회는 로마 가톨릭교회, 루터주의자, 재세례파와 신학논쟁에 직면해 있어서 다양한 신학 분파의 틈바구니에서 참된 구원을 가르쳐야 하는 임무가 목회자에게 주어졌기 때문이다. 베자는 이 책을 통해서 성도들의 "영혼을 위로하고 그들[성도]에게 영양을 공급할"뿐만 아니라 "이리와 삯꾼으로부터 성도들을 보호"하고자 하였다.[7] 이 책은 개인적 소망을 넘어서 교회의 목회자를 위해서도 기획된 문헌이었다. 그래서 이 책에서는 베자의 의도에 따라서 구원론의 핵심인 성령을 4장에서 길게 다루었다. 복음의 핵심인 예수 그리스도의 구속 사건을 3장에서 26절로 구분하여 가르친 반면, 4장은 그보다 두 배나 긴 52절로 나누어 성령의 역할에 집중하고 있다. 이로써 베자의 목적이 잘못된 교리에 여전히 머물러 구원의 길에서 멀어진 자들을 올바른 구원의 길로 인도하는 구원론에 있음이 책의 구조에서 명확하게 나타난다.

---

6 "나는 프랑스어로 이 글을 씁니다. 나의 아버지가 신앙을 받아들일 수 있도록 하기 위해서 말입니다. 어떤 사람들은 나의 아버지에게 내가 불경건하고 이단이라고 중상하여 나에게서 멀어지게 만들었습니다. 보다 더 긴 안목으로 가능하다면, 늙은 아버지를 그리스도인으로 개종하도록 하기 위해서 말입니다." Theodre Beza, 'Autobiographical Letter of Beza to Wolmar,' in Baird, *Theodore Beza: The Counsllor of the french reformation(1509-1605)* (London: The Rnicker press, 1899 reprint), 366.

7 Beza, *Christian Faith*, iv.

베자의 집필 의도가 분명하게 나타난 『신앙고백서』 4장 구원론에 독특한 신학 주제가 등장한다. 그것은 참된 교회의 표지인 하나님의 말씀으로서의 설교와 성례이다. 종교개혁자 칼빈은 『기독교 강요』에서 교회론의 주제로 다룬 반면, 베자는 성령의 적용을 다루는 구원론에서 이를  주제로 삼았다. 왜 참된 교회의 표지를 구원론에서 다룬 것일까? 그 이유는 베자가 이 책을 집필한 목적에 있다고 여겨진다. 베자가 이 책을 집필한 목적은 이미 언급하였듯이, 로마 가톨릭교회에 머물고 있는 아버지와 그의 친척들에게 참된 복음을 들려주기 위해서이다. 그들의 개종을 위해서 가장 먼저 해결해야 할 것은 바로 로마 가톨릭교회가 구원의 수단으로 삼은 성례에 대한 그들의 잘못된 지식을 교정하는 일이었을 것이다. 참된 교회의 본질에 대한 올바른 이해와 더불어 로마 가톨릭교회에서 시행하는 성례의 오류를 정확하게 지적하여 가르칠 필요가 있었다. 그래서 베자는 교회가 하나님의 선택으로 이루어진 공동체이며 구원이 교회를 통해서 세상의 시작과 더불어 시작되었음을 강조하였다.[8] 하나님의 선택으로 이루어진 공동체 안에서 어떻게 하나님이 선택한 백성을 불러 모으는지, 그리고 하나님이 '어떻게' 그 구원을 교회를 통해서 유지하고 완성시키는지를 명확하게 제시하였다. 이런 맥락에서 베자는 하나님께서 택하신 자들의 마음에 불러일으킨 믿음을 강화시키는 수단으로서의 말씀 선포와 성례를 설명한다.[9]

베자는 우선, 인간이 전적으로 타락하여 스스로 구원을 성취할 수 없다는 사실조차도 알지 못하는 무지의 상태에 있기에, "어떤 확실하면서도 강력한 치료책"으로써 복음이 필요하다고 주장한다.[10] 베자는 예수 그리스도의 복음

---

8 Beza, *Christian Faith*, 5.1. Calvin, 『제네바신앙교육서』(1542), 92문.

9 Beza, *Christian Faith*, 5.7.

설교를 수단으로 삼아 성령이 인간을 변화시킨다는 사실에 주목하였다.

> 마치 사도가 말한 것처럼, 파이프나 전도관처럼 영의 매우 깊은 곳으로 들어가 꿰뚫는 외적인 설교를 사용한다(히 4:12; 벧전 1:23). 하나님의 은혜와 선으로 하나님의 자녀들이 예수 그리스도를 통한 구원의 높은 신비를 이해하고 인식하기에 적합도록 만든다(행 16:14; 엡 1:18,19). 게다가 성령은 우리의 판단을 새롭게 개혁하기 위해서 그것[설교]을 사용한다. 그것은 우리의 감각과 이성을 무익하게 만들어 그것 자체가 하나님의 지혜임을 인정하게 한다(고전 2:6-16). 또한 성령은 성경을 통해서 사람들의 의지를 교정하고 바꾸어 열정적으로 하나님의 말씀으로 자신을 교정하는 자신들을 위한 치료책을 찾아서 적용한다. 그 치료책은, 동일하지 않지만, 그들은 거꾸로 율법의 설교를 통해서 빠지게 되는 절망에 대항하여(엡 2:1,4,5) 예수 그리스도가 [어떤 분인지] 설명하고, [그 분 자신이] 그들에게 주어진다(빌 1:19; 행 13:48).[11]

복음 설교는 율법 설교가 치유하지 못했던, 오히려 더욱 악화시켰던 상처를 치료하는 약(롬 6:14)이라는 점을 강조한다. 베자도 율법이 인간 자신의 전적 타락과 부패를 깨달아 알도록 하는 율법의 기능을 인정하였다. 하지만 인간은 자신이 전적으로 타락한 사실조차도 알지 못하는 상태에 있기 때문에 율법은 오히려 인간을 더욱 악하게 만들뿐이기에, 이를 치료할 수 있는 약은 바로 복음이며 예수 그리스도의 십자가뿐임을 강조함으로써 구원의 핵심이 예수 그리스도의 십자가에 있음을 강조하였다. 하지만 복음 설교의 핵심인 예수 그리스도의 십자가만이 인간의 전적 타락과 부패로 인한 상처를 치료하는 약이지만 그 약이 효력을 발휘하기 위해서는 성령이 필요하다. 성령은 우리에게

10 Beza, *Christian Faith*, 4.24.
11 Beza, *Christian Faith*, 4.28.

복음이 지향하는 예수 그리스도의 십자가가 우리의 죄를 깨끗하게 하여 우리를 자유롭게 한다는 진리를 알게 할 뿐만 아니라, 예수 그리스도를 통한 구원에서 필요한 모든 것을 붙잡아 움켜쥐게 한다.[12] 그렇기에 복음 설교가 실제적으로 죄인을 자유롭게 하는 효능을 발휘하게 되는 것은 성령의 힘이다.

베자는 구원의 길을 당당하게 걸어가도록 돕기 위해서 사용하시는 두 번째 수단으로 성례를 다룬다. 성례의 기원은 우리를 향한 하나님의 자비이다. 하나님은 성례를 매개체로 하나님의 자비와 선이 흘러넘치게 하기 위해서 그리스도인이 행해야 할 성례를 덧붙이셨다.[13] 성례는 그리스도인과 하나님을 연결하는 매개체이다. 성례는 구약에서 하나님이 이스라엘 민족에게 자신의 자비를 보여주고 소망을 심기 위해서 할례와 제사를 제정하셨던 것처럼, 예수 그리스도가 성취한 구원의 선포에 자기 자신을 외적으로 덧붙이신 것이다.[14] 베자는 성례가 설교보다 더 효과적으로 예수 그리스도의 구원사역을 인지하게 한다는 점을 인정한다. "선포된 말씀은 단지 한 감각을 움직이지만 성례는 더 많은 감각들(시각이나 외적인 물리적 감각)"을 통해 하나님의 구원의 메시지를 전달하기 때문이다.[15] 하지만 성례 자체가 효력을 발휘하는 것이 아니라 성도들에게 효용이 있게 되는 것은 성령을 통한 결과임을 분명하게 설명한다. 성례에 참여한 자는 성령을 통해서 예수 그리스도가 이 땅에서 행한 구원의 사역을 눈으로 목도하고, 그 구원의 효용을 인간이 지닌 감각 기관을 통해서 체험함으로써 자신의 것으로 만든다. 그리고 한 걸음 더 나아가 성례는 그 자체와 직접적으로

---

12 Beza, *Christian Faith*, 4.28.
13 Beza, *Christian Faith*, 4.31.
14 Beza, *Christian Faith*, 4.31.
15 Beza, *Christian Faith*, 4.35.

연결된 하나님의 말씀을 통해서 이웃을 위한 책무를 기억하게 하는 역할을 하기에 그리스도인으로서의 삶의 자리를 깨닫게 한다. 그러므로 성례는 살아있는 하나님의 말씀과 더불어 효과적으로 선포된 가장 위대하고 뛰어난 '표징'임을 가르친다.

성례는 성령이 주는 믿음을 통해서 우리에게 적용된다. 성례의 실재는 예수 그리스도이고, 그 효과는 항상 진리 안에서 나타나고 어떤 속임수 없이 하나님에 의해서 주어진다. 하나님은 자신의 약속을 신실하게 지키시는 분이시기 때문이다. 그렇기 때문에 성례의 효력이 나타나는 것은 그 자체가 지닌 거룩함에 의해서 이루어지는 것도, 그것을 집행하는 사람에 의해서도 아니라 하나님의 능력에 의해서 이루어진다. 성례의 표징과 그 표징이 지시하는 실재의 연합을 가능하게 하는 힘과 능력이 바로 성령이다.16 성령은 몸으로 부활하여 하나님 우편에 계시는 예수 그리스도와 이 땅에 있는 성도들을 연결시키는 동력이자 끈이다. 성령은 우리의 믿음을 통해서 성례의 실재로서의 예수 그리스도를 바라보도록 할 뿐만 아니라, 하늘로 우리를 끌어 올려 하늘에 계신 예수 그리스도를 끌어안음으로써 그리스도와 연합된 존재로서의 경험을 하게 하신다.

베자는 복음 설교와 성례의 실재가 예수 그리스도이고 그 실재가 성도에게 체화되는 경험을 가능하게 하는 동력으로서 성령에 주목하여 복음 설교와 성례가 구원에 있어서 어떤 역할을 하고 있는지를 분명하게 보여 주었다. 이로써 그가 『신앙고백서』를 쓴 의도와 그 목적에 정확하게 도달하였다. 베자는 종교개혁자의 후예답게 구원에서 성례의 올바른 수행이 구원의 결정적 요인이 아니

16 Beza, *Christian Faith*, 4.44.

라 구원은 전적인 하나님의 은혜이며, 교회에서의 설교와 성례가 하나님의 은혜로 주어진 구원에 대한 확신을 강화시키는 역할을 한다는 점을 분명하게 하였다. 이로써 당대의 로마 가톨릭교회가 교회의 본질에서 얼마나 멀리 떨어져 있으며, 그리고 교회가 해야만 하는 사명을 제대로 수행하고 있지 못하고 있음을 보여주었다.

## 2. 『질문과 응답』에 나타난 구조적 특징

『질문과 응답』이라는 제목이 암시하고 있듯이, 이 책은 질문과 답변의 형식을 취한다. 형식으로 볼 때 교회의 교리교육서(Catechism)와 동일한 구조를 지닌다. 하지만 서술의 측면에서 볼 때 이 책은 교리교육서의 목적을 넘어선다. 상당히 논리적이고 중세 후기의 스콜라방법 또는 초기 르네상스 시대의 스콜라주의자들의 방법과 상당히 유사하다.[17] 종교개혁자들이 교리교육서를 작성하면서 질문과 답변의 형식을 취한 것은 교육적 효과를 높이기 위해서였다. 하지만 『질문과 응답』에서 나타난 서술 방식은 교육을 위한 체계적인 설명이라기보다는 신학적 논증에 가깝다. 베자는 스콜라 신학의 논증 방법을 통해서 무엇을 가르치고자 한 것일까? 이 질문과 관련하여 베자의 『질문과 응답』의 구조에서 나타난 두 가지 특징을 중심으로 답을 찾고자 한다. 첫 번째 특징은 이성을 다루는 자리(loci)이다.[18] 베자는 구원론의 주요 주제인 칭의와 성화를 설명한 후에 일반은총과 더불어 이성을 다룬다. 인간의 이성을 하나님의 창조나 하나님의 일반계시에서 다루지 않고 왜 구원론에서 다룬 것일까란 의문이 생긴다. 둘째는 책의 마지막 장에서 하나님의 시간에서 이루어진 예정과 섭리, 그리고

---

17 Theodore Beza, translated by Kirk M. Summers, *A Little Book of Christian Questions and Responses*, (Eugene, Oregon: Pickwick Publickations, 1986), 3.

18 Beza, *Questions and Responses*, Q 142-148.

하나님의 부르심에 대한 확신을 다룬다.[19] 왜 마지막에서 영원의 시간에서 이루어지는 하나님의 예정과 섭리와 인간의 시간에서 이루어지는 확신을 다룬 것일까? 이 두 질문을 통해서 베자의 신학이 지닌 특징을 살펴보고자 한다.

### (1) 올바른 이성

베자는 『질문과 응답』에서 칭의와 성화를 주제로 구원을 다룬 후에, 일반은 총으로서의 이성을 주제로 삼는다. 칼빈이 『기독교 강요』 1권 1장 1절에서 하나님을 아는 지식과 우리 자신을 아는 지식을 참되고 올바른 지혜의 두 부분으로 규정하고 난 후, 인간에게 본래 내재되어 있는 하나님을 아는 지식으로서의 종교적 씨앗을 다루었다. 하지만 칼빈의 목적은 인간이 본래 가지고 있는 종교적 씨앗을 설명하는 데 있지 않고, 오히려 하나님을 알 수 있는 종교적 씨앗이 보편적으로 주어져 있으나, 모든 사람이 하나님의 구원 계획을 깨달아 알지 못하는 죄책 아래에 있다는 것을 가르치는 데 집중되어 있다(1.3-5). 이 논지는 하나님의 구원 계획을 올바르게 깨달아 알기 위해서는 하나님의 특별한 계시로서 성경이 필요하다고 주장으로 이어진다(1.6). 칼빈은 또한 하나님의 창조 사역을 다루면서 인간의 영혼과 그 기능으로서 이성을 다루지만, 그 주제도 인간의 이성이 인간의 타락으로 창조의 질서에서 주어진 임무를 온전하게 실행할 수 없음을 나타내면서 마친다(1.15). 이와 달리 베자는 그리스도인이 믿음을 가진 이후, 즉 그리스도인으로서의 존재 변화의 근거인 칭의와 그 이후의 삶으로서의 성화를 설명한 후에 이성을 주제로 삼고 있다. 물론, 칼빈도 특별계시로서의 성경과 믿음의 정의에서 이성을 언급(1.7.5: 3.2.2)하지만, 베자처럼 이성을 하나의 주제로 다루지는 않는다. 그렇기에 『질문과 응

19 Beza, *Questions and Responses*, Q 171-214.

답』의 구조에서 나타난 이성의 위치는 베자의 신학이 지닌 독특한 특징을 나타낸다.

베자는 하나님이 주시는 선물로서 믿음을 가진 그리스도인을 하나님의 형상을 회복한 자로 여긴다. 그렇기 때문에 그리스도인이 지닌 자신의 의지를 제어하는 능력으로서 이성을 『질문과 응답』에서 강조한다. 하지만 죄인인 인간에게 남겨진 이성의 제한적 역할을 타락 이후에 남겨진 빛의 작은 불똥에 비유하였다. 그리고 이성과 의지의 관계를 자석과 철가루의 비유를 통해서 설명하였다. 철가루가 자석의 방향에 따라서 움직임을 그리지만, 자석의 방향과 철가루의 그림이 일치하지는 않는다. 그 사이에 놓은 판이 철가루의 방향에 영향을 미치기 때문이다. 베자는 『질문과 응답』 143문답에서 남겨진 빛의 불똥으로서 이성의 역할을 탐구에 두었다. 탐구의 능력은 이성의 능력으로서 추론에 해당한다. 여기에서 베자는 영혼을 구성하는 본질로서의 이성(ratio)과 그 기능으로서의 논리적 추론(ratiocinatio)을 구분하여 타락한 이후의 이성의 자리를 담보한다.[20] 이성적 추론은 어떤 논제에서 시작하는 논리적이고 합리적인 설득구조를 지닌 설명이다. 그래서 신학적 주제에 관한 논쟁에서의 이성적 추론은 설명과 설득을 목적으로 하는 방법이다. 이는 종교개혁시대의 로키(loci), 즉 자리 매김의 방법론으로, 신학교육에서 필수적인 교육과정으로 요구된다. 이 자리 매김은 모호함을 명확하게 범주화하여 교리를 체계적으로 세운다. 성경으로부터 논리적 추론에 근거하여 유추된 자리(loci)는 "일관된, 그리고 이해를 위한" 대전제이다. 그러므로 이 추론은 대전제로서의 자리매김에 주석을 첨언할 뿐이다.[21] 베자의 관심은 그리스도인의 윤리적 잣대로서의 성경을 어떻게

20 양신혜, "테오도르 베자의 윤리적 판단의 척도로서의 이성과 믿음에 대한 이해," 「개혁신학」 (2020), 32.

해석하느냐에 따른 이성의 역할로서의 '논증'과 그리스도인의 삶에서 나타나는 의지의 제어 능력으로서의 이성의 역할에 있음을 알 수 있다.

### (2) 예정과 섭리

베자는 『질문과 응답』에서 하나님의 영원한 작정으로서의 섭리와 예정을 마지막에 다룬다. 『신앙고백서』에서도 하나님의 섭리와 예정을 삼위일체 하나님과 연결시켜 설명하였다. 『신앙고백서』는 삼위일체 하나님의 본질과 위격을 설명하면서 섭리와 예정을 다룬 반면, 『질문과 응답』에서는 그리스도인이 걸어가는 길에서의 칭의와 성화를 다룬 후에 다시 하나님의 시간으로 올라가 예정과 섭리를 다룬다. 이 땅에서 살아가는 그리스도인으로서의 삶의 자리에서 다시 하나님의 시간으로 올라가 섭리와 예정을 다룬 이유는 무엇일까? 그리고 난 후, 하나님의 시간에서 다시 그리스도인에게 주어진 성령의 선물로서의 '구원의 확신'을 다루면서 마무리 짓는다. 그 이유는 또한 무엇일까? 이 구조에서 베자가 가르치고자 하는 바는 명확하다. 그리스도인은 이 땅에서 악에 대항하며 성화의 길을 걸어가는 존재이지만, 그리스도인이 바라보아야 할 방향은 이 땅에 있는 것이 아니라 하나님의 시간이며 하나님의 뜻에 있음을 보여준다. 비록 이 땅에서 그리스도인으로서 살아가는 길이 고난이라 할지라도 그리스도인의 궁극적 목적은 이 땅이 아니라 하나님의 시간이다. 그것을 향해 걸어가는 길이 그리스도인의 삶이다.

하지만 하나님은 인간의 영역을 벗어나 있는 영원의 시간을 이 땅에서 경험하도록 하셨다. 하나님은 선택한 자를 부르시고 그들에게 흔적을 은혜로 주셨

21 양신혜, "테오도르 베자의 윤리적 판단의 척도로서의 이성과 믿음에 대한 이해," 33.

다. 그 흔적을 지닌 자가 그리스도인이다. 하나님의 시간은 인간의 이성을 초월한 절대 시간이지만 하나님은 성령을 통해서 그 흔적을 주셨다. 그러므로 그 흔적은 이 땅에서 그리스도인답게 살게 하는 힘이며 삶의 방향 전환을 선물로 가져다준다. 이로써 하나님의 시간으로서의 영원은 이 땅에서 분리된 시간이 아니라 이 땅에서 경험되는 시간이다. 그래서 그리스도인은 이 땅에서 기쁨과 소망을 영위하며 살아가게 된다. 여기에 『질문과 응답』이 지닌 구조적 특징이 자리 잡는다.

### (3) 구조가 지닌 역사적 의미

베자는 『질문과 응답』에서 취한 구조의 의미는 무엇일까? 그가 처한 역사적 상황과 연결시켜 그 의미를 살펴보고자 한다. 『질문과 응답』이 출판된 시점을 전후하여 베자는 내외적으로 어려움에 처하게 된다. 베자는 『신앙고백서』가 출판된 이후, 위그노가 종교적 자유를 획득할 수 있도록 돕기 위해서 프랑스 로마 가톨릭과의 회담(Poissy, 1561)에 참여한다. 이 회담으로 위그노들은 '불완전하지만' 예배의 자유를 얻을 수 있었다(생제르맹 칙령, 1562). 하지만 이 자유의 시간도 잠시일 뿐 프랑스는 곧바로 종교전쟁(1562)의 소용돌이로 들어간다. 같은 민족끼리, 심지어는 가족끼리 총부리를 겨누어야 하는, 프랑스 역사에서 가장 처참한 전쟁이라고 불리는 위그노 전쟁이 일어났다. 이 전쟁은 『질문과 응답』이 출판되는 시기와 겹치며, 심지어 몽콩투르 전투(1569)에서 위그노 군대는 참패를 맛보았던 시기와 맞물린다.[22] 전쟁이 지속되면서, 전쟁의 대의명분은 사라지고, 끝을 알 수 없는 전쟁으로 인해 전쟁 자체에 대한 회의가 급증하게 되었다. 같은 민족끼리 전쟁을 하는 것이 정당한가라는 질문

22 양신혜, 『베자, 교회를 위해 길 위에 서다』 (서울: 익투스, 2020). 위그노 전쟁의 발단과 전개과정은 8장, 10장 참조하라.

이 제기되었고, 왜 전쟁을 하게 되었는지를 의심하는 목소리가 커져갔다. 1570년에 기록된 글에 따르면, 전쟁에 대한 회의가 극에 달하고 있음을 보게 된다.

> 외국이나 야만인들에 대한 전쟁에서의 승리는 어느 정도의 만족을 줄 수도 있다. 그러나 맙소사, 우리끼리 싸우면서 승자의 영광의 트로피라니! 승자의 안녕이란 이웃의 파멸에 지나지 않는다. 승자의 부는 다른 이들의 빈곤과 몰락일 뿐이다. 승자의 기쁨은 바로 이웃들의 눈물이다.[23]

전쟁의 명분이 무엇인지, 전쟁의 정당성에 대하여 재고해야 할 필요성이 주어졌다. 위그노들이 목숨을 건 전쟁터에 나서게 된 가장 큰 이유는 종교적 자유였다. 하나님의 은혜를 받아 믿음의 자리에 들어선 그리스도인이기에, 하나님께 올바른 예배를 드리고자 하였다. 올바른 예배를 위하여, 그리고 자유로운 예배의 공간을 위하여 기꺼이 목숨을 건 전쟁터에 나섰다. 하지만 전쟁의 명분이 희미해진 시점에서 참된 그리스도인으로서 어떻게 살아야하는지, 그리고 무엇을 위해 이 전쟁을 계속해야 하는지를 점검해야 할 시점에 다다른 것이다.

베자는 내부적으로도 고난의 시간을 걸어가야만 했다. 1564년과 1567년, 그리고 1568-1571년 세 번에 걸쳐 흑사병이 일어났고, 1568-1571년에 일어난 흑사병으로 인해 3,000명에 달하는 제네바의 시민들이 죽음을 맞이해야만 했기 때문이다.[24] 베자는 개인적으로 흑사병으로 인해 형제 니콜라스를 잃는 슬픔을 겪기도 하였다. 흑사병으로 인해 제네바 아카데미는 휴교해야만 했고, 그 결과 시의회는 베자를 제외한 교수들을 면직시켰다. 그리고 흑사병으로부터

---

**23** 임승휘, "프랑스 종교전쟁과 관용개념의 탄생-푸아시(Poissy) 회담(1562)에서 낭트칙령(1598)까지-," 「이화사학연구」 37(2008), 299-300.

**24** 양신혜, 『베자, 교회를 위해 길 위에 서다』 (서울: 익투스, 2020), 7장 참조.

베자를 보호하기 위해서 목회자가 해야만 할 임무, 즉 병자를 돌보는 일에서 베자를 제외시켜달라고 부탁하였다. 이 부탁으로 인해 목사회와 시의회의 갈등이 유발되었다. 이 갈등은 베자가 시의회를 설득하여 스스로 병자를 돌보는 임무를 수행하게 될 때까지 이어졌다. 이외에 제네바교회는 참된 그리스도인의 삶이 흔들리는 것을 경험하였다. 당시 목사회가 흑사병에 대한 공포로 인해 가족이나 이웃을 버리는 십여 건의 사건을 중재했다고 하는 기록이 이를 반증한다.[25] 베자는 그리스도인으로 어떻게 살아가야 하는지, 방향을 잃은 제네바 교회의 성도에게 그리스도인으로서의 삶을 점검하도록 독려해야 하는 과제를 안게 되었다.

베자는 내외적인 고난에 처한 그리스도인이 고난을 감내하도록 위로하고 '그럼에도 불구하고' 다시 일어나 당당하게 참된 그리스도인의 길을 걸어가도록 독려해야만 했다. 그러하기에 그는 그리스도인으로 들어가는 입구에서 주어진 하나님의 선물인 믿음의 기저가 예수 그리스도이며, 그 은혜로 인해 그리스도와 연합된 존재로서 그리스도인이 어떻게 행동을 해야 하는지를 강조한다. 그리고 믿음의 선물로 주어진 그리스도와의 연합은 그리스도인이 악에 대항하여 싸워야만 하는 존재임을 가르친다. 이 땅에서 악에 대항하여 가는 그리스도인의 길은 하나님의 예정의 결과이기에 하나님이 그 길을 마지막까지 변함없이 이끌어 갈 것이라는 소망을 가지고 당당하게 그리고 묵묵히 고난을 견디며 걸어가도록 권면하고 있다.

## 3. 『신학명제』에 나타난 특징: 그리스도와의 연합

25 Scott Manetsch, 신호섭 역, 『칼빈의 제네바목사회의 활동과 역사』 (서울: 부흥과 개혁사, 2019), 407.

베자는 『질문과 응답』에서 성령이 준 믿음은 그리스도와의 연합을 낳는, 그리스도인으로의 변화를 위한 동력임을 강조하였다. 성령의 선물로 인해 그리스도와 연합된 존재가 된 그리스도인은 악과 대항해서 싸워야 한다는 당위성을 부각시켰다. 이런 신학적 이해는 베자 생애 후기에 출판된 『신학명제』에서 구원론과 기독론을 밀접하게 연결시키는 구조로 나타난다. 베자는 『신학명제』에서 기독론과 구원론을 19-48장에서 다루는데, 앞부분인 19-21장과 마지막 41-48장에서 기독론을 다룬다. 그리고 그 사이 22-40장에서 구원의 서정으로서의 구원론을 다룬다. 앞뒤의 기독론 두고, 그 사이에 구원론을 삽입하는 독특한 샌드위치 구조를 이룬다. 19-21장에서 기독론을 다루면서 그리스도의 두 본성의 위격적 연합(20장)과 그리스도의 직분(21장)을 중점적으로 다룬 후에, 22장에서는 믿음을 주제로 삼아 구원론으로 들어간다. 23장에서 믿음의 원인과 결과를 다루고, 그 결과로서 칭의(24장)과 성화(25장)을 다룬다.[26] 27장에서 선행과 함께, 십계명을 28-39장에서 다룬 후에, 40장에서 회개를 다룬다. 베자는 왜 구원론의 핵심 주제인 믿음을 그리스도의 본성으로서의 신성과 인성을 다루고 난 후에 다루었을까? 그리고 그리스도인의 행위를 위한 척도로서의 십계명을 다룬 후에 그리스도의 낮아지심(41-44장)과 높아지심(45-48장)을 다루었을까? 베자는 『신학명제』에서 그리스도인의 구원을 그리스도의 본성과 그의 사역에 밀접하게 연관시켰다. 이미 『질문과 응답』에서도 그리스도와 연합된 그리스도인으로서의 존재와 행위를 설명하였다. 하지만 『신학명제』에서는 그리스도인의 성화의 과정에서의 주요 주제인 윤리적 행위의 잣대로 십계명을 다루고, 회개를 다룬 후에 그리스도의 사역을 다룬 이유는 다음과 같다. 그리스도인은 믿음으로 그리스도와 연합된 존재가 되었으나, 십계명을

26 Theodore Beza, *Theses theologicae in Schola genevensi ab aliquot sacraruml literarum studiosis sub DD. Theod. Beza et Antonio Fayo SS*, 24. 서론.

행위의 잣대로 삼아 이 땅에서 살아가면서 하나님의 명령을 온전하게 지킬 수 없는 존재임을 깨닫게 된다. 그렇기에 성화의 과정에서 회개가 필수적임을 깨닫게 된다. 이로써 그리스도인이 이 땅에서 성취해야 할 성화의 길은 예수 그리스도께서 이 땅에 오신 성육신과 구원 사역의 완성을 이룬 부활과 그의 다스림을 믿으며 마지막 때를 향해 가는 길이며 구원의 전 과정이 그리스도의 보호하심 아래에 있음을 보여준다. 『신학명제』에서는 그리스도와 연합된 존재이지만 여전히 그리스도의 사역과 그 결과로 주어지는 그리스도의 다스림 아래에 있는 존재임을 깨달아 알고 그 다스림의 주체이신 예수를 붙잡고 살아야 함을 가르친다.

그러면, 왜 이런 구조를 택한 것일까? 『신학명제』가 출판된 시기도 『질문과 응답』이 출판된 시기에 베자가 처한 내외적 상황과 비교할 때, 그다지 나아보이지 않는다. 프랑스 위그노의 수장인 앙리 4세가 왕위에 등극(1584)했을 때, 위그노들에게 한 가닥 희망이 보였다. 하지만 그 희망도 잠시였다. 로마 가톨릭의 거센 반대에 부딪혀서 앙리 4세는 위그노들이 프랑스를 떠나도록 하는 조약(네무스 조약, Treaty of Nemours, 1585)을 체결하는 상황에까지 몰리게 되었다.[27] 내적으로 1579년부터 사부아 군주 샤를르 에마뉘엘(Charles-Emmanuel)이 제네바를 넘보기 시작하여 제네바도 불안으로 휩싸였다. 또한 종교개혁이라는

27 이 조약에서는 7가지를 협약하였다. (1) 모든 이전의 평화협정을 대신한다. (2) 로마 가톨릭 교회 이외에 다른 어떤 종교도 프랑스에서는 제외된다. (3) 다른 종교의 주교들은 한 달 안에 왕국을 떠나야만 한다. (4) 이단자들에게는 어떤 공적인 임무가 허용되지 않는다. (5) 6개월 안에 왕의 모든 신하들은 가톨릭의 신앙을 고백하든지 왕국을 떠나야만 한다. (6) 방의 반쪽(chambres mi-parties)은 폐쇄되어야 한다. (7) 무슈 평화협정(the Peace of Monsieur)에서 위그노에게 승인된 장소에서의 항복자는 요구된다. Jill Raitt, *The Colloquy of Montbéliard Religion and Politics in the Sixteenth Century*(Oxford, New York: Oxford Press, 1993), 8.

대의를 향해 함께 걸어간 종교개혁자들의 잇단 죽음으로 인해 베자는 깊은 슬픔에 잠겼다. 흑사병에서 자유롭게 된 시점에서 다시 닥친 전쟁의 소용돌이, 희망에서 절망으로 치닫는 앙리 4세의 행보에서 베자가 의지할 분은 예수 그리스도 뿐이었다. 이런 맥락에서 『신학명제』에서는 『질문과 응답』에서와 달리, 그리스도의 본성을 그리스도인의 존재론적 근거로 삼아 그리스도인의 존재적 기반을 더욱 확고하게 하였다. 다른 한편으로는 행위의 척도로서의 십계명과 성화의 길을 그리스도의 다스림 아래에 둠으로써 그리스도의 본질과 사역을 더욱 밀접하게 연결시켜 설명하였다. 그리스도인은 그리스도의 본성의 결과로서 그리스도와 연합된 존재일 뿐만 아니라, 이 땅에서 하나님 우편에서 앉은 그리스도의 다스림 아래에서 성화의 길을 걸어가기에, 마지막 심판에서 이루어질 구원의 성취도 그리스도에게 달려있음을 소망하게 한다. 이는 앙리 4세의 행보에서 제기된 그리스도인의 정체성과 관련하여 그리스도가 어떤 분이시며 어떻게 구원을 성취하시는지를 『신학명제』의 구조를 통해서 명확하게 나타났다. 베자는 이 책을 통해서 다시 한 번 그리스도인의 정체성을 점검하는 계기로 삼았을 뿐만 아니라, 그리스도인으로서의 부르심은 그리스도의 본성에 따른 결과이기에 어떤 고난 중에도 끊어질 수 없는 끈으로 연결되어 있음을 상기시켰다. 이로써 베자는 그리스도인이 걸어가는 고난의 여정에도 불구하고 하나님이 그리스도 안에서 약속한 구원에서 멀어질 수 없다는 굳건한 믿음을 가지고 다시금 그리스도인으로서 걸어가야 할 삶의 자리를 점검하도록 권면하였다.

## Ⅲ. 베자의 성령에 대한 이해

베자의 성령에 대한 이해는 하나님의 본질로서의 삼위일체를 설명하면서 성령의 본질을 다루고, 그 사역을 구원론에서 다룬다. 베자는 하나님의 시간에서 이루어지는 성령의 본성과 그 사역으로서의 작정과 섭리를, 그리고 하나님의 작정과 섭리가 인간에게 적용되는 구원론에서 믿음과 확신, 그리고 그리스도인의 행위를 집중적으로 다룬다. 그래서 베자의 성령에 대한 이해를 두 가지 차원, 삼위일체 하나님의 본질적 차원에서의 성령과 작정과 섭리의 실행으로서의 성령의 역할을 통해서 접근해 보고자 한다.

## 1. 삼위일체 하나님의 한 위격으로서의 성령

베자는 『신앙고백서』에서 교회의 전통이 물려준 삼위일체 하나님의 한 인격으로서의 성령 하나님을 고백한다.[28] 성령은 아버지 하나님과 아들 예수 그리스도와 동일한 본질적 능력을 지니고 있으며, 아버지와 아들 안에 거하며, 그들과 동일하게 영원하며 신적 본질을 가진다.[29] 하지만 성령은 하나님 아버지와 아들로부터 유출된 인격으로서 그들과 구별됨을 고백한다. 여기에 어떤 계급에 따른 순서가 아닌 '차례'가 존재한다. 하나님 아버지는 자존하시기에 첫 번째이시다. 아들 예수 그리스도는 아버지 하나님으로부터 낳은 존재이기에 둘째이고, 성령은 아버지와 아들로부터 나온 존재이기에 셋째이다.[30]

삼위일체의 이해에서 삼위의 구분은 그 사역에서 분명하다. 모든 피조물을 창조하고 보존하는 하나님의 사역에서 성령은 이 세상의 피조물이 존재하도록

---

28 Beza, *Christian Faith*, 4.1. 콘스탄티노플 공의회(381)에서 이단으로 정죄한 마케도니우스(Macedonius)와 이와 유사한 이단에 대항하여 하나님의 말씀에 의지하여 지켜왔다.

29 Beza, *Questions and Responses*, Q 8.

30 Beza, *Questions and Responses*, Q 12.

만든 무한한 능력과 힘이다. 성령은 하나님의 능력으로서 창조질서의 원동력이다. 또한 성령은 아담의 죄로 인해 태어나면서부터 죄인인 인간을 하나님의 자녀로 만드는 동력이다.[31] 하나님의 은혜로 주어진 믿음을 통해서 성령의 능력과 힘을 경험하게 된다. 다시 말해서 인간이 하나님의 은혜를 경험하고 그 경험을 언어로 고백하는 일련의 과정이 인간의 몸과 영혼을 통해서 이루어진다.[32] 그러므로 성령은 하나님의 은혜를 경험하게 하는 힘이자, 하나님의 자녀로서의 존재론적 변화를 일으키는 동력이다.

성령의 사역은 하나님의 은혜를 받아 그리스도인이 되는 존재론적 변화를 넘어서 하나님의 자녀가 도달해야만 하는 목적지까지 믿음을 유지하고 보존시키는 동력이기도 하다. 그렇기 때문에 하나님의 자녀는 이 세상이 창조되기 전에 예정된 하나님의 작정의 결과로서 마지막 종착지에 도달한다.[33] 베자는 삼위일체 하나님이 뜻하신 목적대로, 그리스도 안에서 선택한 자들을 하나님의 자녀로 불러서 그 신분을 유지하는 힘으로 성령을 이해하였다. 하나님의 선택과 적용은 하나님의 은혜로 우리의 구원을 이루는 필수적인 조건이다.[34] 삼위일체 하나님은 앞으로 일어날 일을 정하셨을 뿐만 아니라 그가 기뻐하는 뜻에 따라서 반드시 일어나야 하는 일을 이룰 '척도' 내지는 '기준'(measures)이시다.[35] 그렇기 때문에 그가 기뻐하시는 뜻과 그 방식이 주요하다. 베자는 하나님의 뜻이 인간을 향한 구원에 있으며, 그 뜻을 기쁘게 이루기 위해서 우리에게 예수 그리스도를 보내셨다. 그 구원을 완성하기 위해서 하나님은 결코 이 세상

---

**31** Beza, *Christian Faith*, 4.2.
**32** Beza, *Christian Faith*, 4.2.
**33** Beza, *Christian Faith*, 4.2.
**34** Beza, *Christian Faith*, 4.3.
**35** Beza, *Christian Faith*, 1.3.

에서 일어나는 사건들의 제2원인을 막지 않으시고 오히려 그것을 사용하여, 자신에게 합당한 수단을 통해서 작정을 이루신다. 그 작정을 수행하시는 분이 성령이시다. 그 첫 걸음이 바로 하나님의 부르심이다.

성령은 하나님의 기뻐하시는 뜻에 따라서 그리스도인으로 부르실 뿐만 아니라, 하나님의 부르심에 응답하도록 이끈다. 그리스도인으로의 부르심은 하나님이 영원 전에 작정하신 예정의 결과이다. 하나님의 예정은 그리스도를 통한 "위대한 구원과 탁월한 영광"을 통해서 자신의 것으로 경험하게 된다. 하나님의 선택과 그 적용의 융합은 예수 그리스도의 구속을 적용한 성령의 결과이다. "만약 우리가 영원한 선택교리를 그리스도인의 확신의 유일한 토대이자 근거로 인식하지 못한다면 믿음의 효과들은 쓸모없어질 것이다."[36] 하나님의 예정을 경험하는 자리가 예수 그리스도의 구속사건으로의 부르심이 있는 곳이다. 그 부르심에 대한 확신은 이 땅에서 구원을 경험하는 실제적 사건이다. 성령은 하나님의 의지의 결과로서의 예정이 이 땅에서 구체적으로 경험하여 인식하고 확신하는 동력이다. 그러므로 믿음의 첫 시작으로서의 부르심은 이 땅에서 하나님의 작정으로 올라가는 논리적 사유의 시작점이 된다.

## 2. 성령의 부르심에 대한 응답으로서의 믿음[37]

베자는 하나님의 작정에 따른 부르심에 대한 '응답'에서 믿음에 대한 이해를 시작한다. 믿음은 하나님의 예정과 작정의 결과이다. 그 결과로서 부르심에 대한 인간의 응답이 어떻게 이루어지는지, 인간에게 적용되는 첫 시작점에서

---

36 Beza, *Christian Faith*, 4.19.

37 양신혜, "테오도르 베자의 윤리적 판단의 기준으로서의 이성과 믿음의 관계," 「개혁신학회」 51(2020), 53-84, 특히, 62-72 참조.

믿음을 다룬다. 하나님의 부르심에 대한 응답은 하나님께서 예수 그리스도를 영접하도록 적합하게 만드는 일에서 시작한다. 그리스도를 영접하기에 적합한 '나'로 만드는 게 바로 믿음이다. 믿음은 전적으로 성령이 주는 선함과 은혜에 의해서 만들어진 상태이다. 하나님의 작정에 따른 부르심이 있을 때, '예수 그리스도를 붙잡을 수 있는 유일한 수단'이자 '예수 그리스도를 담을 수 있는 그릇'이 바로 믿음이다. 여기에 믿음에 대한 베자의 두 요소, 그리스도의 구원 사역에 대한 지식과 그리스도를 붙잡는 힘으로서의 확신이 분명하게 나타난다.

> 믿음이란 확실한 지식으로, 오직 그[하나님]의 은혜와 선함에 의해서, 성령이 더욱 더 선택된 하나님의 백성의 마음에 새기는 것이다. 이 지식으로 선택받은 자들 각자는 자신의 선택에 동의하고 예수 그리스도 안의 구원의 약속을 자신의 것으로 적용한다. 나는 예수 그리스도가 죽고 부활하셨다는 것을 믿을 뿐만 아니라, 예수 그리스도를 끌어안아서 오직 그를 신뢰하고 구원을 의심하지 않고 확신하는 데까지 나아가는 것을 말한다.[38]

베자에게 믿음은 확실한 지식이다. 성령은 하나님이 선택한 백성의 마음에 그 지식을 새기는 일을 한다. 그러므로 이 지식은 인식 대상에 대한 객관적 정보를 아는 지식(Knowledge)이 아니라 성령에 의해서 선택된 자의 마음에 성령이 새긴, 하나님과의 관계에서 이루어진 실존적 경험에 근거한 '앎'이다. 선택받은 자들은 첫째, 하나님이 자신을 선택하셨고 자신을 구원하기 위해서 예수 그리스도를 이 땅에서 보내셨다는 사실을 알고 이에 동의(assure)한다. 둘째, 예수 그리스도의 구원의 약속을 자신의 것으로 전유(appropriate)한다. 마지막으로 그 구원의 약속을 따라서 자신의 삶에 적용(apply)하는 단계로

---

**38** Beza, *Christian Faith*, 4.5.

나아간다. 예수 그리스도의 구원의 성취를 신뢰하고 의심하지 않고 확신하는 것을 의미한다. 그러므로 베자에게 있어서 믿음은 예수 그리스도의 구원이야기를 아는 지식일 뿐만 아니라 성령의 초자연적 개입에 의해서 일어나는 고백의 언어이자 삶의 언어이다. 다시 말해서, 베자의 믿음의 작용은 성령을 통한 전인격적 과정이다. 이를 단계적으로 설명했을 뿐이다.

믿음을 그리스도의 구원의 이야기에 대한 지식과 확신으로 설명하는 『신앙고백서』와 달리, 『질문과 응답』에서는 믿음의 4단계를 그리스도를 중심으로, 즉 그리스도를 앎(이해, apprehension), 그와의 접붙임(ingrafting), 그리스도와의 연합(incorporation)과 교제(fellowship with Christ)로 설명한다.

문107. 그리스도를 믿게 되는 악의 치료책으로 믿음을 이제 다루어봅시다. 이해, 접붙임, 그리스도와의 연합, 교제가 무엇을 의미하는지 설명해 주시길 바랍니다.

대답: 본체들 자체가 서로 연합되어 있다거나 연결되어있다고 상상하는 자나 어떤 방식으로든 그렇게 될 것을 바라는 자들은 어떤 환각적인 경험을 하고 있으며, 이 땅의 용어로 말한다면 영적이고 신비로운 경험이라고 판단합니다. 오직 그리스도의 사역과 그 효과로, 우리는 그렇게 그에게 참여합니다. 하지만 성경에서 그리스도 자신이 분명히 우리에게 주어졌다고 말해지기까지 분명한 확증에 충분하게 이르게 되지 못하는 것처럼 보입니다. 그래서 이 교제가 무엇인지를 이해하기 위해서 세워야 할 원칙 두 가지가 있습니다. 첫 번째는 ***그리스도 자신이 아버지의 자비로 우리의 것이 되었다***는 것입니다. 그래서 그를 믿는 자들은 모두 이것(즉 그리스도는 육체로 나타난 하나님의 아들이시다)이 ***아버지의 자유로운 선물***로 주셔서 나의 것이 되었고 그래서 즐겁게 교제로 그것을

나눌 수 있다고 고백할 수 있습니다.[39]

베자에게 있어서 그리스도를 안다는 것은 객관적 사실에 대한 지식으로서의 앎이 아니라 성령을 통한 실존적 앎이다. 이 실존적 앎은 구원의 객관적 사건을 아는 지식을 넘어서 "영적이고 신비로운 경험"에 근거한 변화를 낳는다. 이 단계는 예수 그리스도의 구속 사역을 알고 이해할 뿐만 아니라, 그 사역이 '나'를 위하여 일어났다는 사실에 동의함으로써 그리스도와의 접붙임을 경험한다.[40] 성령으로 이루어진 그리스도 안에서의 영원한 생명에 대한 약속을 "마치 실제로 그것을 소유한 것과 같은 일"로 경험한다. 이 경험은 인간이 가진 "오만함과 건방짐"을 내려놓고 그리스도의 구속사건에 힘입어 하나님을 아버지로 확신하는 "성령을 통한 내적 증언"에서 출발한다.[41] 예수 그리스도를 통해서 하나님이 아버지가 되시며, 하나님의 자녀로서의 내적 확신에 이른다. 정리하면, 하나님의 자녀로서의 내적 확신은 하나님과 인간 사이에 놓인 절대적 간격에 대한 인식에 기초한다. 이 인식이 예수 그리스도를 바라보게 한다. 이 바라봄에서 하나님과의 올바른 관계를 '인식'할 뿐만 아니라 영적으로 이루어진 관계에 대한 '내적 확신'에 이른다. 이로써 첫째, 하나님의 양자로 영입된 자아를 인식하게 된다. 둘째, 하나님 아버지와의 양자로서의 관계 회복은 예수 그리스도의 십자가 죽음에 기초하여 그리스도와 연합된 그리스도인의 실존적 변화에서 시작된다. 그리스도와 연합은 성령의 효과로서 예수 그리스도의 능력에 있다. 예수 그리스도의 능력은 인간의 "헛된 바람"이나 "상상력"으로 자신에게 적용되는 것이 아니라, 성령을 통해서 "실제로" 영적으로 그리고 내적으로

---

**39** Beza, *Questions and Response*, Q. A. 107. 기울임 표시는 필자에 의한 것임.

**40** Beza, *Questions and Response*, Q. 81.

**41** Beza, *Christian Faith*, 4.8.

일어나는 작용으로서 확신을 선물한다.[42]

베자는 믿음을 하나님의 선물로서 성령을 통해서 주어지는 예수 그리스도의 구원에 대한 '앎'이자 그리스도의 연합에 기초한 '내적 확신'으로 규정한다. 이 믿음은 그리스도와의 인격적 관계이다. 성경이 가르치는 바를 아는 것에서부터 시작하여 그 사실에 동의하고, 예수 그리스도의 구속사건을 나의 사건으로 전유하고, 예수의 삶을 살아내는 단계로 이어진다. 이 단계는 예수 그리스도의 구원사역을 가르치는 성경과 그것을 나의 것으로 만드는 성령의 연합이 동시에 이루어지는 성령의 경험에 근거한 과정적 설명이다. 믿음은 성경과 성령의 연합을 통해서 이루어지는 초자연적 선물로서 이 땅에서 하나의 사건으로 경험된다. 그러하기에 베자는 교리적 설명을 위하여 믿음을 단계적으로 설명했을 뿐만 아니라 체계화하였다.

## 3. 믿음의 열매로서의 행위

베자는 믿음을 그리스도와의 연합에 따른 존재론적 변화를 넘어서 양심의 판단에 따른 행위의 관점에서 다룬다. 베자의 행위에 대한 관심은 종교개혁자들과 이해를 같이 한다. 믿음의 열매로서의 행위는 그리스도인의 존재론적 변화에 근거한다. 좋은 열매는 좋은 나무에서 열리기 때문이다.[43] 그렇기 때문에 어떤 행위가 되었든, 그 행위는 하나님의 은혜의 선물이다. 하나님이 주시는 믿음을 가진 자는 분명히 좋은 열매를 맺는다. 믿음은 하나님의 관계를 회복하여 하나님의 자녀임을 깨달아 아는 인식론적 차원에서의 확신뿐만 아니라, 양심의 확신으로 넘어간다. 이 단계에서 성령은 실제로 삶을 변화시켜 새로운

---

**42** Beza, *Christian Faith*, 4.13.
**43** Beza, *Christian Faith*, 4.17.

피조물로서의 그리스도인을 만든다. 옛 사람의 죽음과 새 생명의 힘과 능력이 우리의 삶을 점차적으로 변화시킨다. 이렇게 그리스도와의 연합의 결과가 낳은 하나님의 자녀로서의 실존적 변화에서 윤리적 행위의 단계인 성화로 나아간다.[44] 성령은 예수 그리스도의 구속사건을 통해서 옛사람이 지닌 타락한 본성을 조금씩 죽인다. 이 과정은 매일 그리스도가 찾아와 점검하는 점진적인 연속으로 이루어진다. 이 과정이 중생 이후의 성화의 길이다. 베자는 그리스도와의 연합으로 이루어진 하나님의 자녀로서의 인식은 결과적으로 양심의 확신으로 이어져 도덕적인 선한 행위를 낳는 인과적 관계를 강조한다.

베자는 『질문과 응답』에서 성화의 과정과 그 이후 인간의 이성이 어떻게 올바르게 작동하는지를 주요 논제로 삼았다(142-148문). 여기에서 베자가 인간의 이성의 역할을 어떻게 이해하는가가 중요하다. 악에 대한 치료책으로 믿음을 가진 그리스도인은 성화의 과정을 걸어가면서 그리스도의 다스림 아래에서 정욕에 대항하여 싸운다. 하나님은 인간의 정욕을 제어할 수 있는 능력을 이성에게 주셨다. 정욕에 대항하여 싸우는 능력이 이성이다.[45] 그렇기 때문에 인간의 의지는 이성을 따른다. 이성은 "윤리적 판단의 신중함과 양심, 감정적 훈련의 부족을 제어"한다.[46] 베자는 정욕이라는 의지를 제어할 수 있는 이성의 능력으로서 '탐구'를 출발점으로 삼는다. '탐구'는 진리를 "더 잘 볼 수 있도록" 길을 열어주는 이성의 능력이다.[47] 이 능력이 올바르게 작동할 수 있도록 이성의 탐구 대상으로서 성경이 주어진다. 성령은 성경이 이성의 올바른 작동을

44 Beza, *Question and Responses*, A. 133.
45 Beza, *Question and Responses*, Q. 142.
46 Beza, *Question and Responses*, A. 142
47 Beza, *Question and Responses*, A. 143.

위한 인식의 대상임을 깨달아 알도록 만든다.[48] 바로 이 지점에서 철학자들과 신학자의 차이가 드러난다. 분명 철학자들도 최고의 선으로서의 하나님의 본체를 '뛰어나게' 서술할 수 있지만,[49] 그들은 결코 하나님의 본체로서의 삼위일체의 하나님을 알지 못한다.[50] 그렇기 때문에 하나님의 말씀인 성경에서 시작하지 않는 이성적 활동은 우상만을 만들어 낼 뿐이라고 단언한다.[51]

올바른 이성에 따른 의지적 행위는 하나님의 선택의 결과로서 그리스도인의 구원이 하나님의 선택의 결과임을 눈으로 목도하게 된다. 그러므로 그리스도인으로서의 행위는 하나님의 작정에 따른 결과이다.

> 내가 선택받았다는 것은 우선, 내 안에서 시작된 성화로부터 깨닫게 됩니다. 즉 죄를 미워하고 의를 사랑하는 것이 그 표지입니다. 여기에 나는 다윗이 말한 것처럼, 성령의 증거, 나의 양심의 위로를 덧붙입니다: "내 영혼아! 네가 어찌하여 낙심하며 어찌하여 내 속에서 불안해하는가 너는 하나님께 소망을 두라 그가 나타나 도우심으로 말미암아 내가 여전히 찬송하리로다."... 이 성화와 영의 위로로부터 믿음이 생깁니다. 그러므로 우리는 그리스도께로 올라가고, 누구든지 그리스도에게 있는 자는 영원 전에 선택되었으며 결코 구원의 문에서 거절되

---

48 양신혜, "성경의 권위에 대한 이해,"「한국개혁신학」57(2018), 133-166 참조.

49 Beza, *Question and Responses*, A. 144, 145. 하나님의 속성과 존재에 대한 철학적 논증을 사용하는 것은 개혁교회 내에서 17세기를 거쳐 18세기로 이어진다. Aza Goudriaan, "Theology and Philosophy," Herman J. Selderhuis, *A Companion to Reformed Orthodoxy* (Leiden. Boston: Brill, 2013), 31.

50 Beza, *Question and Responses*, A. 144. A. 145에서 베자는 철학자들의 한계를 명확하게 구체적인 예를 들어서 설명한다. 베자는 철학자들의 이성이 올바른 윤리적 판단으로 이끌지 못한다는 것을 논한 것은 *Lex Dei Moralis, ceremonialis et politicis, ex libris Mosis excerpta* (Geneva, 1577와 Kirk M. Summers, *Morality After Calvin: Theodore Beza's Christian Censor and Reformed Ethics* (New York: Oxford University Press, 2017), 1장, 특별히 73-74 참조하라.

51 Beza, *Question and Responses*, A. 67.

지 않을 것입니다.[52]

선택이 하나님의 뜻에 따른 것이기에 그 안에서 구원을 위한 구체적 적용이 시작되고 완성된다. 이를 베자는 “더 확실하고 완벽한 치료책”이며 이 땅에서 그리스도인이 고난을 견디어낼 수 있는 동력이라 한다. 물론 베자도 그리스도인의 모든 행위가 하나님의 작정의 결과로서 ‘선’이라고 규정하지는 않는다. 단지 그리스도인의 삶의 윤리는 끊임없이 악에 대항하여 싸우는 내적 싸움에 달려 있다는 점을 분명하게 한다.[53] 그렇기에 외적인 행위가 하나님의 작정을 판단하는 근거가 아니며, 그것을 근거로 삼아 구원의 판단하는 오류를 범해서는 안 된다는 원칙을 세운다. 하지만 분명한 것은 하나님은 결코 자신의 작정을 바꾸지 않으시며, 반드시 그 계획을 이루시는 분이시라는 사실이다. 이 사실이 그리스도인으로서 이 땅에서 살아가는 동력일 뿐만 아니라 위로임을 강조한다.

## Ⅳ. 나오는 말

베자의 성령에 대한 이해를 그가 출판한 책의 구조를 통해서 살펴보았다. 그는 하나님의 부르심에 응답한 그리스도인이었고, 하나님의 나라를 위한 사명을 받은 목회자로서 교회를 위한 신학을 체계화하였다. 그 과정에서 나타난 베자의 성령에 대한 이해를 정리하면 다음과 같다. 첫째, 베자의 성령 이해는 구체적인 삶의 정황과 연결되어 있다. 『신앙고백서』는 올바른 예배를 위한

52 Beza, *Question and Response*, A 209.

53 양신혜, “고난 중에 핀 꽃: 참된 그리스도인의 삶. 베자의 『흑사병에 대하여 알아야 할 것』을 중심으로,” 「갱신과 부흥」 25(2020), 207-239 참조.

개혁이 시작되었음에도 불구하고 여전히 로마 가톨릭교회에 머물고 계신 아버지와 친척을 위해서 집필하였다. 그래서 잘못된 교리이해를 교정하기 위해서 구원론에서 성례의 의미를 다루어 로마 가톨릭교회가 구원에서 멀어져 있음을 보여 주었다. 『질문과 응답』에서는 외적으로 프랑스에서 벌어진 위그노의 전쟁에 대한 회의와, 내적으로 제네바에서 일어난 흑사병이 이 책의 구조를 낳았다. 베자는 시대적 과제를 그리스도와 연합된 존재로서의 그리스도인의 성화, 그리스도인으로서의 이성의 역할과 하나님의 시간에 이루어진 작정과 예정의 결과로서 성령이 준 선물로서의 확신을 통해서 그 답을 제시하고자 하였다. 상황이 바뀌었다 할지라고 베자의 이해는 『신학명제』에도 그대로 이어지고 있음을 보았다.

베자의 성령에 대한 이해에서 나타난 두 번째 특징은 하나님의 작정이 성령을 통해서 실행되는 첫 단계로서 부르심과 그 확신에 있다. 하나님은 성령을 통해서 그리스도인을 부르신다. 그 부르심에 대한 확신의 자리에서 믿음이 시작한다. 하나님은 영원 전에 선택한 백성을 그가 정한 때에 부르신다. 그 작정의 결과로서의 부르심에 대한 확신이 믿음의 첫 출구를 열어준다. 베자는 믿음을 4단계로 설명한다. 첫째, 하나님이 구원을 위하여 예수 그리스도를 보내셨다는 것을 안다. 구원을 위해서 하나님께서 선택하셨고 그것을 알게 하셨다. 둘째, 그 사실에 동의하고 확신한다. 셋째, 예수 그리스도의 구속사역이 나를 위한 사역으로 수용하여 전유(appropriate)한다. 마지막 단계에서 예수 그리스도의 구원의 약속을 삶에 적용(apply)한다. 여기에서 주목해야 할 것은 이 모든 단계가 성령의 작용이라는 사실이다. 그러하기에 예수 그리스도의 구속사역을 아는 단계도 성령의 초자연적 개입에 따른 결과이다. 이 모든 단계의 기저는 바로 그리스도와의 연합에 대한 인식과 그 적용이 있다. 베자가 단계적으로 설명하여 체계화시켰으나, 이는 설득을 위한 설명의 구조이지, 온전한 믿음으로 가는 시간적 내지는 과정적 단계가 아니다.

세 번째 특징은 성령의 적용으로서의 믿음과 그 결과로서의 행위에서 나타난다. 이는 악에 대항하여 싸우는 존재로서의 칭의와 의지적 행위의 자리인 성화에서 나타난다. 베자는 그리스도와 연합된 존재로서 그리스도인으로서의 책임과 의무로서의 윤리적 행위를 강조하며 그리스도인의 올바른 판단을 위한 이성과 양심을 위한 자리를 마련한다. 바로 이 자리에서 진리의 잣대로서의 성경과 양심의 결단으로서의 성령이 등장한다. 진리의 잣대로서의 성경에 대한 올바른 이해도 성령의 개입 아래에서 이루어지는 이성의 역할이다. 베자는 성경에 근거하여 교리를 설명하는 과정에서 이성의 논리적 사유를 배제하지 않았을 뿐만 아니라, 오히려 적극적으로 아리스토텔레스의 논리학의 추론을 적극적으로 수용하여 성령의 작용 아래에서 이루어지는 이성의 역할을 강조한다.

마지막으로, 성령을 통해서 이 땅에 나타난 구원의 흔적은 하나님의 시간에서 작정된 결과이다. 그리스도인으로의 부르심과 그 결과로서의 삶은 하나님의 작정의 결과이다. 그렇기 때문에 이 땅에서 그리스도인으로 부르심을 받았다는 확신은 하나님의 작정이 준 선물이며 은혜의 결과이다. 이 은혜가 그리스도인이 고난 가운데서도 살아가는 이유이자 근거이다. 이 땅에서 고난으로 인해 절뚝거리지만, 하나님의 변하지 않는 작정의 결과로서 주어진 믿음이기에 그리스도인은 하나님이 마지막까지 인도하리라는 확신을 가지고 용기를 내어 걸어간다. 하나님의 시간인 영원에서 시작된 작정은 마지막 때까지 유지되고 보존

되리라는 확신으로 나타난다. 그 확신이 이 땅의 그리스도인에게 고난을 견디는 인내력을 줄 뿐만 아니라 악에 대항하여 싸우도록 양심의 결단으로 인도한다. 이처럼 베자는 영원에서 이루어진 하나님의 작정을 실행하는 동력으로서 성령을 이해한다.

베자는 그리스도인으로의 부르심과 그 삶의 전 여정을 그리스도의 다스림으로 이해하였다. 하늘에서 하나님 우편에 계신 그리스도가 성령을 통해서 다스리신다. 성령을 통한 구원의 실행은 영원에서 시작된 하나님의 작정의 결과로서, 베자는 구원의 실행의 필연성과 불변성을 강조하여 고난의 길을 걸어가는 그리스도인들에게 위로를 주었다. 다른 한편으로는 성령의 개입으로 이루어지는 그리스도인의 이성과 그 판단에 따른 의지의 행위에 집중하였다. 다시 말해서, 베자는 하나님의 작정이 성령을 통해서 어떻게 이 땅에서 나타나는지에 주목하여 하나님의 작정의 필연적 실행을 강조하였다. 다른 한편으로는 하나님의 부르심에 따라서 어떻게 올바르게 살아갈지에 집중하여 그리스도인으로서의 이성과 의지의 행위를 강조하는 구원론을 완성하였다. 그래서 베자의 성령에 대한 이해는 그리스도인의 이성과 행위를 통한 그리스도인의 인격적 완성을 특징으로 한다. 그리스도인의 선을 선택하기 위한 객관적 대상으로서의 성경과 초자연적 성령의 개입이 함께 이루어지는 동시적 작용과, 참된 그리스도인으로 살아가는 과정에서 끊임없이 하나님이 우리에게 전하는 성경을 통하여 끊임없이 자신의 의지를 제어하는 윤리적 반성을 통한 동심원적 구조를 이룬다고 할 수 있다. 이러한 베자의 이해는 믿음을 이성과 대립되는 경험의 영역에 제한시키는 한국교회에게 성령에 따른 올바른 이성적 판단이 그리스도인의 삶에서 얼마나 중요한지를 일깨워준다. 그리고 이성적 판단의 결과로서의 행위의 강조는 이성과 행위의 조화가 믿음 생활에서 얼마나 중요한지를 일깨워준다. 이는 한국교회가 잊고 있는 개혁교회의 산물일 뿐만 아니라 우리가 반드시 복원해야 할 책임이 있는 개혁교회의 역사적 산물임을 잊어서는 안 되겠다.

# 우르시누스와 올레비아누스의 언약과 성령

**이남규**

(합동신학대학원대학교 교수, 조직신학)

Zacharias Ursinus(1534 - 1583) Caspar Olevian(1536 - 1587)

합동신학대학원대학교에서 신학(M.Div.)을 공부한 후, 16세기와 17세기 개혁신학 원전에 대한 관심을 갖고 유럽으로 갔다. 네덜란드 아펠도른 신학대학교에서 박사학위를 받았다. 현재 합동신학대학원대학교에서 조직신학을 가르치고 있으며, 합신 〈도르트신경 400주년 프로젝트〉 디렉터이다. 유학 중 라벤스부르크한인교회(2003-2004)와 뮌스터복음교회(2006-2009)에서 목회했으며, 현재 시은교회 협동목사로 있다. *Die Prädestinationslehre der Heidelberger Theologen 1583-1622* (V&R), 『우르시누스 올레비아누스-하이델베르크 요리문답서의 두 거장』(익투스), 『개혁교회신조학』(합신대학원출판부)를 저술했으며, 『도르트신경 은혜의 신학 그리고 목회』의 편집자이다.

**이남규**

## Ⅰ. 서론

하이델베르크 신학자 자카리아스 우르시누스(Zacharias Ursinus, 1534-1583)와 카스파르 올레비아누스(Caspar Olevianus, 1536-1587)는 개혁주의 언약론 발전을 위해서 전환점이 되는 역할을 했다.[1] 우르시누스는 언약을 중심에 놓고 교리 전체를 묶으려고 시도한 첫 번째 신학자로 알려져 있으며, 올레비아누스는 동일한 시도를 발전시키며 평생에 걸쳐 언약론에 헌신했다. 이렇게 두 신학자는 언약을 신학 전면에 등장시켰다.

우르시누스는 하이델베르크 요리문답서를 만들기 전에 『소요리문답서』(*Catechesis minor*)와[2] 『대요리문답서』(*Catechesis maior*)를 만들었다. 두 문답서 모두 언약을 가르치지만, 『대요리문답서』가 분량만 훨씬 많은 것이 아니라, 언약에 대해 많은 내용을 가르친다. 『대요리문답서』의 원래 이름은 『신학요목문답』(*Catechesis summa theologiae*)인데,[3] 이 작품에서 우르시

1 두 사람의 생애와 신학에 대하여 다음을 보라: 이남규, 『우르시누스, 올레비아누스 - 하이델베르크 요리문답서의 두 거장』 (서울: 익투스, 2017). Karl Sudhoff, *C. Olevianus und Z. Ursinus, Leben*; Erdmann K. Sturm, *Der Junge Zacharias Ursin, sein Weg vom Philippismus zum Calvinismus (1534-1262)* (Neukirchen: Neukirchener Verlag, 1972); Derk Visser, *The Reluctant Reformer His Life and Times* (New York: United Church Press, 1983); Karl Müller, "Caspar Olevian - Reformator aus Leidenschaft. Zum 400. Todestag am 15. März 1987," in *Monatshefte für Evangelishce Kirchengeschichte des Rheinlandes* 37 & 38 (1988 & 1989), 13-138; Andreas Mühling, *Caspar Olevian* (Zug: Achius Verlag, 2008).

2 Zacharias Ursinus, "Catechesis minor; perspicua brevitate christianam fidem complectens," in Quirinus Reuter ed., *D. Zachariae Ursini … opera theologica* (Heidelberg: Johan Lancellot, 1612). 본래 문답번호가 없던 이 글은 문답번호와 함께 다음에 실린다: August Lang ed., *Der Heidelberger Katechismus und vier verwandte Katechismen* (Leipzig: A. Deichert'sche verlagsbuchh. Nachf., 1907), 200-218; 영역 참고: Lyle D. Bierma, *An Introduction to the Heidelberg Catechism* (Grand Rapids: Baker Academic, 2005), 141-162.

3 Ursinus, "Catechesis, summa theologiae per questions et responsiones exposita," in Quirinus Reuter ed., *D. Zachariae Ursini … opera theologica*. 본래 문답번호가

누스는 언약을 중심에 놓고 교리 전체를 묶으려고 시도했다. 이 시도는 그의 동료에게 옮겨가서 올레비아누스가 평생에 걸쳐서 저술한 교리 전체를 다룬 책 세권, 즉 『견고한 기초』,[4] 『사도신경 해설』,[5] 그리고 『언약의 본질에 대하여』는[6] 모두 은혜언약을 다룬다. 그 결과 올레비아누스는 '언약신학의 실제적인 설립자'(der einigentliche Gründer der Föderal-Theologie)라[7] 불린다.[8]

종교개혁시대 개혁주의 언약신학이 막 시작했을 때, 이들의 언약신학 안에서 성령론은 어떻게 이해될까? 이미 앞서간 개혁신학자들 특히 칼빈이 성령에 대해서 풍성히 말했지만 아직 언약과 밀접히 연결된 성령론은 아니었다. 언약의 구도 안에서 우르시누스와 올레비아누스의 성령론은 어떤 특징을 드러낼까? 이 논문은 이 질문에 대한 답을 찾는 시도이다. 이 시도를 통해 우리는 개혁주의 언약론과 성령론의 관계에 대한 지식을 가질 수 있을 것이며, 언약과

---

없던 이 글은 문답번호와 함께 다음에 실린다: August Lang ed., *Der Heidelberger Katechismus und vier verwandte Katechismen*, 152-199; 영역참고: Bierma, *An Introduction to the Heidelberg Catechism*, 163-223.

4 Caspar Olevianus, *Vester Grund/ das ist/ Die Artickel des alten/ waren/ ungezweiffelten Christlichen Glaubens* (Heidelberg, 1567). 이 책은 증보되었고 올레비아누스가 죽은 다음 성만찬설교 모음과 함께 『하나님의 은혜언약』이란 제목으로 출간된다. *Der Gnadenbund Gottes, Erkläret in den Artickeln vnsers allgemeynen, vngezweiffelten Christlichen Glaubens, vnd in den angehengten zeichen vnd sigeln, welche man die H. Sacramenta nennet* (Herborn, 1590).

5 Olevianus, *Expositio Symboli Apostolici, Sive Articvlorum fidei in qua summa gratuiti foederis aeterni inter Deum & fideles breviter & perspicuè tractatur* (Frankfurt, 1576).

6 Olevianus, *De substantia foederis inter Deum et electos, itemque de mediis, quibus ea ipsa substantia nobis communicatur* (Geneva: Eustathius Vignon, 1585).

7 Karl Sudhoff, *C. Olevianus und Z. Ursinus, Leben und Ausgewählte Schriften* (Elberfeld, 1857), 460.

8 올레비아누스의 언약신학에 대해 다음을 참고하라: Lyle D. Bierma, *The Covenant Theology of Caspar Olevianus* (Grand Rapids: Reformation Heritage Books, 2005); R. Scott Clark, *Caspar Olevian and The Substance of the Covenant – The double Benefit of Christ* (Grand Rapids: Reformation Heritage Books, 2008); 이남규, "칼빈, 우르시누스, 올레비아누스 : 초기 개혁주의 언약론의 발전", in 『칼빈과 종교개혁가들』 (부산: 고신대학교 개혁주의학술원, 2012), 107-130.

성령의 관점에서 개혁신학의 발전의 맥락을 더 잘 이해할 수 있을 것이다.

먼저 우리는 『신학요목문답』을 중심으로 우르시누스가 언약으로 묶인 전체 교리 안에서 어떻게 성령을 설명하는지 고찰할 것이다. 그 다음 올레비아누스의 언약신학에서 성령이 어떻게 설명되는지 살핀 후 언약에 관한 몇 가지 주제와 연결해서 성령을 간략하게 다룰 것이다. 마지막 결론에서 두 신학자의 '언약과 성령' 이해를 정리할 것이다.

## II. 자카리아스 우르시누스의 성령론

### 1. 성령과 언약의 구도

우르시누스는 대요리문답서에서 매우 담대한 도전을 한다. 언약을 신학 구도에 연결고리로 가져오는 것이다. 언약론을 단순히 신학의 한 주제(locus)로서 다루는 것이 아니라. 언약을 중심으로 신학 전체를 연결한다. 우르시누스에 의하면 신학은 율법, 복음, 기도, 교회사역으로 구성된다. 그리고 이 각 요소는 언약과 연결되어 있다. 첫째, 율법은 인간이 창조되었을 때 맺은 언약이 무엇인지, 즉 사람이 어떻게 언약을 지켜야 했는지, 그리고 은혜언약 아래서 하나님께 화목된 자가 어떤 삶을 살아야 하는지 알려준다.9 둘째, 복음은 은혜언약을 알려주는데, 즉 영원한 형벌 가운데 있던 인간이 영원한 생명의 소망을 은혜언약으로부터 갖는데, 하나님께서 은혜언약을 맺었다는 사실을 복음으로부터 안다.10 셋째, 기도도 언약과 연결된다. 기도가 은혜언약이 요구하는 예배의

9 Ursinus, "Catechesis, summa theologiae" [10문]; Lang ed., *Der Heidelberger Katechismus und vier verwandte Katechismen,* 153 [이후 인용은 문답을 붙여 소개한 Lang의 글에서 가져온다].

중요한 부분이요, 또 하나님은 선택된 자들이 기도를 통해서 언약을 지키는데 필요한 성령의 은혜를 얻고 보존하기를 원하시며, 마지막으로 하나님을 옳게 부르는 자가 양자의 영을 받고 하나님의 언약 안에 받아들여져서 언약의 증거가 마음에 있기 때문이다.[11] 넷째, 교회사역을 통해서 우리가 하나님의 언약 안에 받아들여지며, 보존되며, 언약 안에 우리가 있고 영원히 거할 것임에 대해 확신하기 때문이다.[12] 이렇게 신학을 구성하는 각 부분이 언약에 연결되어 있다.

교리 전체를 언약으로 묶는 우르시누스의 담대함은 이미 1문에서 나타난다. 하이델베르크 요리문답서와 비슷한 첫 번째 질문 "살아서나 죽어서나 당신의 확실한 위로는 무엇입니까?"에 대한 답은 이렇다.

> 나는 하나님에 의해 그의 형상을 따라 영원한 생명에 이르도록 창조되었습니다. 내가 의지적으로 아담 안에서 이것을 잃어버린 후에, 하나님은 크고 값없는 자비로 나를 자신의 은혜언약 안으로 받으셔서, 육신안으로 보내어진 그의 아들의 순종과 죽음 때문에 믿는 내게 의와 영생을 주셨습니다. 그리고 그의 형상을 따라 나를 다시 만드시고 내 안에서 아바 아버지라 외치는 그의 성령을 말미암아, 그의 말씀과 보이는 그의 언약의 표를 통해, 자신의 이 언약을 내 마음에, 인치셨다는 것입니다.[13]

---

10 [29문, 30문, 34문] Lang ed., *Der Heidelberger Katechismus und vier verwandte Katechismen,* 155-156.

11 [224문] Lang ed., *Der Heidelberger Katechismus und vier verwandte Katechismen,* 184-185.

12 [266문] Lang ed., *Der Heidelberger Katechismus und vier verwandte Katechismen,* 190.

13 "Quod a Deo ad imaginem eius et vitam aeternam sum conditus: et postquam hanc volens in Adamo amiseram, Deus ex immensa et gratuita misericordia me recepit in foedus gratiae suae, ut propter obedientiam et mortem Filii sui missi in carnem, donet mihi credenti iustitiam et vitam aeternam: atque hoc foedus

여기서 그는 인간의 타락 이후의 구원을 은혜 언약의 관점에서 이해한다. 하나님이 은혜언약 안으로 나를 받아들이시기 위해서 하신 일이 두 가지다. 하나는 하나님의 아들의 순종과 죽음 때문에 의와 영생을 주시는 것이며, 다른 하나는 성령님으로 말미암아 말씀과 성례(즉, 언약의 표)를 통해 언약을 우리 마음에 인치시는 것이다. 성령님이 하시는 일은 두 가지로 묘사된다. 하나는 하나님의 형상에 이르도록 새롭게 하는 것(성화)이며 내 안에서 아빠 아버지라 부르는 것(기도)이다. 우르시누스가 대요리문답에서 언약으로 신학 전체 내용을 연결했을 때, 성령은 우리가 언약 안의 삶의 시작, 강화, 기도할 수 있게 하시는 분으로 설명된다. 따라서 이후 설명에서 성령은 우리의 언약의 삶 전체에서 핵심적인 역할을 담당함이 분명해진다.

이 사실이 복음과 믿음을 설명하는 부분에서 더욱 분명하다. 하나님은 모든 사람을 은혜언약으로 부르시지만, 모두가 언약의 참여자가 되는 것은 아니다. 언약의 참여자가 되려면, 참된 믿음으로 그리스도와 그리스도가 베푸시는 모든 것을 받아들여야 한다(37문). 선택받은 자들의 마음에 이 믿음을 일으키시는 분이 성령님이시다. 성령님에 의해 믿음이 일으켜지면, 우리는 그리스도의 살아있는 지체가 되어, 우리 안에 참 사랑이 생기며 우리는 하나님을 부른다(38문).[14]

## 2. 성령과 '창조와 보존'

---

suum in corde meo per Spiritum suum, ad imaginem Dei me reformantem et clamantem in me Abba Pater, et per verbum suum et signa huius foederis visibilia obsignavit." [1문] Lang ed., *Der Heidelberger Katechismus und vier verwandte Katechismen,* 152.

14 "... accensa in electorum cordibus a Spiritu Sancto faciens nos viva Christi membra & gignens in nobis veram dilectionem & invocationem Dei." [1문] Lang ed., *Der Heidelberger Katechismus und vier verwandte Katechismen,* 157.

이후 우리는 사도신경 해설에서 성령론을 만난다. 사도신경은 하나님의 언약 백성이 되기 위해 믿을 내용, 즉 복음 요약이다(39문). 물론 "성령을 믿사오며" 항목에서 긴 성령론을 만나지만, 사도신경 전체 해설 곳곳에서 성령은 가르쳐진다. 우르시누스의 소요리문답서와 하이델베르크 요리문답서는 사도신경의 구분을 성부와 창조, 성자와 구속, 성령과 성화, 이렇게 세 부분으로 구분하지만, 대요리문답서는 각 위격의 언급을 생략하고 창조와 보존, 구속, 성화, 이렇게 세 부분으로 구분한다. 이런 구분 방식은 한 편으로 삼위가 모든 각 부분에 모두 관련되어 있음을 더 드러낸다. 성령은 성화 만이 아니라, 창조와 보존, 구속에도 자기의 자리가 있다.

사도신경의 첫 번째 부분인 창조와 보존은 사도신경의 첫 항목 "전능하사 천지를 만드신 하나님 아버지를 믿사오며"에서 해설된다. 우르시누스는 삼위의 내적관계를 진술한 후, 성부가 아들과 성령과 함께 천지를 창조하시고 보존하시고 다스리신다고 말한다(42문). 따라서 성령은 당연히 창조와 섭리 사역에서 제외되지 않는다. 또 삼위 구분의 방식을 진술하면서 각 위의 내적 사역과 외적 사역을 진술하는데, 성령에 대해서 다음과 같이 진술한다. "성령은 신성의 세 번째 위격이신데, 아버지와 아들에게서 나오신다. 그리고 성령은 그리스도를 믿는 자들의 마음을 거룩하게 하시려고 보내심을 받았다."[15] 성부는 그리스도 안에서 양자 삼으신 신자들의 아버지시고(47문), 성자는 중보자시며, 성령은 신자들을 거룩하게 하시려고 보내어진 자(45문), 곧 말씀과 성례로 언약을 인 치시는 분이시다(1문). 이렇게 삼위는 언약의 구도 안에 있으며, 언약의 인을 치시는 성령의 사역은 삼위 안의 내적 사역인 발출(professio)로서가

15 "Spiritus Sanctus est tertia persona Divinitatis, procedens a Patre & Filio, quae mittitur ad sanctificanda corda credentium in Christum." [45문] Lang ed., *Der Heidelberger Katechismus und vier verwandte Katechismen,* 158.

아니라 외적 사역인 파송(missio)으로 설명된다.

## 3. 성령과 기독론

사도신경의 두 번째 부분인 구속은 기독론에 관한 부분이다. 여기서 성령은 그리스도의 영으로서 곳곳에서 나타난다. 먼저, 그리스도의 구속사역 자체에 성령은 함께 하신다. 그래서 이미 그리스도란 이름의 뜻에서, 즉 기름부음 받으셨다는 의미에서 그 기름부음은 "성령의 모든 은사들의 충만함으로 말미암는다"(Omnium donorum Spiritus sacnti plenitudine)(60문). 성령으로 잉태하사 잉태되는 그 때부터 성령의 능력으로 그리스도의 몸과 영혼은 완전히 거룩하게 되어(69문) 죄가 없다(76문). 그리고 그리스도의 고난과 죽음으로부터 우리에게 오는 열매는 다음과 같다(87문).

> 그것은 단번의 희생 제사였으니, 이로 인해 그는 하나님의 은혜 언약 안으로 우리가 받아들여지도록 해주셨으니, 곧 죄사함, 성령님을 선물로 주심, 의, 그리고 영원한 생명을 우리에게 얻어주셨다.[16]

여기서 우리는 은혜언약 안으로 받아들여진다는 것이 어떤 의미인지 알 수 있게 된다. 은혜언약에 받아들여진다는 것은 죄사함, 성령을 선물로 주심, 의, 영생을 받는 것과 같은 말이다. 즉, 그리스도의 고난과 죽으심으로 인해 우리는 성령을 선물로 받을 수 있게 되었다. 그리스도의 희생제사에서 언약론과 성령론과 기독론이 만난다.

---

16 "Sacrificium est unicum, quo nobis receptionem in foedus gratiae divinae, hoc est, remissionem peccatorum, donationem Spiritus sancti, iustitiam & vitam aeternam meruit." [87문] Lang ed., *Der Heidelberger Katechismus und vier verwandte Katechismen,* 164.

따라서 우르시누스의 기독론에서 신자들을 위해서 일하시는 성령이 이미 가르쳐진다. 중보자 그리스도가 성령을 통해서 일하시기 때문이다. 그리스도는 선지자로서 성령을 통해 우리 마음에 일하시사 하나님의 뜻을 우리에게 계시해주시며(61문), 왕으로서 성령님을 통해 선택받은 자들을 거룩하게 하신다(63문). 예수 그리스도를 믿는다는 것은 위로를 갖는다는 것인데, 가장 앞서는 위로는 왕이신 예수 그리스도가 우리에게 성령을 주시고 우리로 성령의 통치를 받게 하시는 것이다(64문). 그리스도가 고난받고 죽으시고 음부에 내려가신 것을 믿는다는 의미는 우리가 저주와 죽음으로부터 구원받아 복과 영생을 누린다는 사실을 믿는다는 의미만이 아니라, 그리스도의 영을 통해 죄를 죽이는 일(peccati morificatoinem per Spiritum Christi)도 믿는 것이다. 하나님 아버지 우편에 앉으신 그리스도를 믿는다는 것은 그리스도가 우리를 다스리시고 지켜주시며, 성령의 은사들로 우리를 충만케 해주신다는 사실을 믿는 것이다(101문).

## 4. 성령과 성화

사도신경의 세 번째 부분은 성화다. 소요리문답서와 하이델베르크 요리문답서가 이 부분을 성령과 성화라고 규정한 것처럼, 이 부분에 성령에 관한 많은 내용이 있다. 특히 대요리문답서는 "성령을 믿사오며"란 항에서 성령론을 상세히 가르친다. "성령님은 누구신가?"(106문)에 대한 질문에, "성령은 신성의 세 번째 위격이시고, 아버지와 아들과 함께 성령은 참되신 한 하나님이시며, 우리를 하나님의 형상으로 새롭게 하신다."[17]라고 답한다. 무엇보다도 선택받

17 "Est persona divinitatis tertia, verus & unus cum aeterno Patre & Filio Deus, nos ad imaginem Dei reformans." [106문] Lang ed., *Der Heidelberger Katechismus und vier verwandte Katechismen,* 167.

은 자들에 대한 성화는 성령의 일이다. 성화에 해당하는 일들은, 복음의 사역을 통해 하나님의 뜻에 대해 가르침을 받는 것, 중생하는 것, 믿음을 통해 하나님의 성전과 그리스도의 지체가 되어서 육신의 일을 죽이고 새로운 삶을 사는 것, 하나님 안에서 위로와 기쁨을 느끼는 것, 영생에 이르기까지 보호를 받는 것이다(110문).

우리는 여기서 성화와 율법과의 관계를 살펴볼 수 있다. 율법과 복음의 차이에 관한 설명에 따르면, "은혜언약을 포함하는 복음은 율법의 요구가 그리스도 안에서 성취되었음과 성령을 통해 우리 안에서 회복되었음을 알려준다."[18] 우르시누스의 복음의 강조는 칭의에만 있지 않다. 우르시누스의 복음의 강조를 따르면, 복음은 율법의 의가 성령을 통해 우리 안에서 회복됨(restitutio)까지 이며, 이런 의미에서 은혜언약이다. 율법을 온전히 지키지 않는 자는 율법의 저주 아래 있고, 우리의 선한 행위라고 할만한 행위들은 오염되었고 결점이 있어 하나님의 심판대 앞에 설 수 없다(138문). 따라서 우리의 선한 행위는 우리의 의롭다 함에 어떤 보탬도 되지 않는다. 그럼에도 만일 우리에게 어떤 선한 행위도 없다면, 우리는 의롭다함을 받지 못한 것이다(140문). 왜냐하면, 하나님의 언약은 그것을 지키는 자들에게 유효한데, 그리스도를 믿는 자들은 거룩한 삶을 살기 때문이다. 또한, 하나님이 자기 아들을 죽음에 내어주셔서 우리를 은혜로 받은 것은 우리가 죄악에 빠지는 삶을 위해서가 아니라 새로운 삶을 살도록 위함이다.

하나님은 그리스도 때문에 의롭다고 여기시는 자 누구든, 성령에 의해 그들을

18 "Evangelium vero continet foedus gratiae ...: ostendit nobis eius iustitiae, quam Lex requirit, impletionem in Christo, et restitutionem in nobis per Christi Spiritum ..." [36문] Lang ed., *Der Heidelberger Katechismus und vier verwandte Katechismen,* 156.

> 새로운 삶으로 거듭나게 하시기 때문이다. 따라서 그리스도의 영으로 다스림을 받지 않는 자에게는 그리스도의 공로가 전가되지 않는다.[19]

여기서 그리스도의 공로에 근거한 칭의와 성령에 의한 새로운 삶은 분리되지 않고 함께 한다. 우르시누스는 믿음의 열매를 강조한다. 왜냐하면, 믿음의 열매가 없는 사람은 믿음을 자랑치 못하고 언약에 참여한다는 위로도 없기 때문이다(141문).

그렇다면, 은혜언약이 우리에게 요구하는 믿음의 열매는 무엇인가? "하나님께로 돌아가는 참된 회개"(vera ad Deum conversio)다(142문). 그리고 회개는 "육이 죽는 것과 성령에 의해 살아나는 것"이다. 육이 죽는 것은 죄를 미워하는 것이다. 성령에 의해 살아나는 것은, 그리스도를 통해 우리에게 은혜로우신 하나님 안에서 기쁨, 그리고 의를 향한 사랑과 불타는 열망이다(145문). 성령에 의해 살아남에 대한 설명 후에 십계명 해설이 위치한다. 이렇게 해서 율법의 제3사용은 성령론과 직접적으로 연결된다.

## 5. 성령과 교회론

성령의 사역은 선택 받은 자 한 개인에게만 집중하지 않는다. 우르시누스는 "성령의 직무가 무엇인가?"란 질문에 다음과 같이 성령의 사역을 진술한다.

> 선택받은 자들의 성화인데, 이로 인해 선택받은 자들이 그리스도와 그의 은택에 참여한다. 그리고 교회에 은사들을 나누어주심인데, 이 은사들은 교회를 세운

19 "... quia Deus, quoscunque propter Christum iustificat, eosdem Spiritu sancto ad novam vitam regeneret. Qui igitur Spiritu Christi non reguntur, his nec meritum ipsius imputatur." [141문] Lang ed., *Der Heidelberger Katechismus und vier verwandte Katechismen,* 173.

다.[20]

여기서 성령의 사역의 대상은 선택받은 자와 교회다. 성령의 사역은 한 개인의 구원에 해당될 뿐 아니라, 교회에도 해당된다. 자연스럽게 이어지는 항목 "공교회"와 "성도들의 교통"에 대한 고백에서 성령은 중심을 차지한다.

교회는 이제 "하나님에 의해 영생으로 선택받고 성령에 의해 중생한 사람들의 공동체"로 정의된다.[21] 교회가 거룩한 이유는, 교회를 자기 피로 구속하시고 자기 의로 옷입히신 그리스도가 성령으로 새롭게 하시기 때문이다(114문). 여기서 교회의 거룩은 객관적인 면과 주관적인 면으로 말해진 것이다. 객관적인 면에서 교회는 예수 그리스도의 피로 의롭게 되어서 거룩하며, 주관적인 면에서 성령에 의해 새롭게 되기 때문에 거룩하다. 이 주관적인 면의 거룩에 관하여, 현세에서는 시작일뿐이며 완성은 미래에 있을 것이라고 한다.

"성도가 서로 교통하는 것"은 성령 때문에 가능하다. 117문에서 성령이 성도의 교통을 어떻게 가능하게 하는지 자세히 설명한다. 그리스도와 모든 성도들 안에 거하시는 성령은 보이지 않으며 끊어지지 않는 끈이다. 이 끈은 성도들을 그리스도에게 묶고 그들 안에서 영원한 생명과 의를 일으키신다. 이로 인해 두 결과가 생기는데, 하나는 성도들이 그리스도와 연결되는 것이고, 또 하나는 성도들끼리 연결된다는 것이다. 즉, 포도나무와 가지의 비유처럼 이제 성도들은 그리스도와 한 몸을 이루면서 생명과 복을 그리스도에게서 받게 되며, 이들은 성령에 의해 서로 가장 밀접히 연결되어 있다.[22]

---

20 "Sanctificatio electorum, qua Christi & beneficiorum eius fiunt participes; & distributio donorum in Ecclesia, quae ad eius aedificationem faciunt." [109문] Lang ed., *Der Heidelberger Katechismus und vier verwandte Katechismen,* 168.

21 "Coetus est hominum, qui a Deo ad vitam aeternam electi, & renati Spiritu sancto ..." [113문] Lang ed., *Der Heidelberger Katechismus und vier verwandte Katechismen,* 168.

우르시누스는 교회사역을 하나님의 말씀의 공적인 설교, 성례의 실행, 교회 권징으로 본다. 그리스도는 선택받은 자들의 구원을 이루기 위해서 이 세가지 교회봉사를 제정하셨다(264문). 하나님이 교회사역을 제정하신 목적은 우리를 언약 안으로 받으시고 언약 안에서 우리를 지키시고 우리가 언약 안에 지금 또 영원히 언약 안에 머문다는 사실을 확신시키기 위해서다(265문). 교회사역을 통해 우리가 언약 안에 받아들여지고 보존되는 것은 성령 때문이다.

> 왜냐하면, 교회사역은 성령의 도구이기 때문이다. 교회사역으로 성령은 하나님이 자신의 언약 안에서 우리에게 요구하시는 믿음과 회개를 선택받은 자들의 마음 속에서 일으키시며 굳게 하신다.[23]

이어지는 질문 "만일 성화를 교회사역에 돌리면, 성령 자신의 영광을 뺏는 것은 아닌가?"(267문)에 대한 답에서 성령과 교회사역의 관계가 더 상세히 드러난다.

> 뺏는 것이 아니다. 왜냐하면, 우리가 거룩해지는 힘과 효과는 모두 하나님의 영의 것이기 때문이다. 교회 사역은 단지 성령의 도구이다. 성령은 이 도구로

---

22 "Spiritus sanctus qui in Christo habitat, idem in omnibus sanctis habitans, vinculum est arcanum & insolubile, quod ipsos Christo copulat, & vitam ac iustitiam aeternam in illis operatur, similem ei quae in Christo est, ut corpus cum Christo unum facti, ex ipso, velut membra ex capite et palmites ex vite pendeant, vitamque et benedictionem accipiant, et eodem spiritu inter se quam arctissime cohaereant." [117문] Lang ed., *Der Heidelberger Katechismus und vier verwandte Katechismen,* 169 .

23 "Quia intrumentum Spiritus sancti est, quo fidem et conversionem, quam in foedere suo Deus a nobis requirit, in electorum cordibus operatur et confirmat." [266문] Lang ed., *Der Heidelberger Katechismus und vier verwandte Katechismen,* 190.

선택받은 자들의 정신과 마음을 움직이시되, 그 자신이 기뻐하시는 때와 방법으로 하신다. 다르게 하실 수 없기 때문이 아니라, 어리석은 십자가의 설교를 통해 믿는 자들을 구원하시는 것이 하나님의 지혜에 기쁨이 되기 때문이다.[24]

이렇게 언약의 시작과 지속이 교회사역을 통한 성령의 역사로 말미암으며, 교회사역은 독자적인 능력을 갖지 못하고 성령의 도구(instrumentum)이다.

우르시누스가 교회사역의 각 항목을 다룰 때, 성령이 교회사역을 통해 우리에게 역사하시는 일들이 무엇인지 드러난다. 그 일들은 언약과 긴밀하게 연결되어 있다. 먼저 말씀을 통해서 성령이 하시는 일을 다음의 질문(273문)과 답을 통해 가르친다.

그렇다면 성령은 하나님의 말씀 설교를 통해 무엇을 일으키시는가?

첫째, 성령은 우리에게, 하나님이 자기 언약 안에서 우리에게 무엇을 약속하시는지, 또 한편 하나님이 우리에게 무엇을 요구하시는지 가르치신다. 둘째, 성령은 우리가 하나님을 믿고 순종하도록 날마다 더욱더 설득하신다.[25]

설교는 하나님이 언약 안에서 하신 약속과 요구를 가르치신다. 여기서 언약

---

**24** "Non adimitur. Vis enim et efficacia, qua santificamur, omnis est Spiritus divini: Ministerium vero tantum est illius instrumentum, quo movet animos et corda electorum, quando et quomodo ipsi visum est: non quia non possit aliter, sed quia divinae spientiae placuit per stultam praedicationem crucis salvos facere credentes." [267문] Lang ed., *Der Heidelberger Katechismus und vier verwandte Katechismen,* 190.

**25** "Quid efficit Spiritus sanctus per praedicationem verbi Dei? Primum docet nos, quid Deus in foedere suo nobis polliceatur, et quid vicissim a nobis requirat. Deinde, ut illi credamus et obtemperemus, magis magisque indies persuadet." [273문] Lang ed., *Der Heidelberger Katechismus und vier verwandte Katechismen,* 191.

의 약속과 요구는 두 번째 나오는 설득의 내용인 믿는 것과 순종하는 것에 연결된다. 우리는 언약의 약속을 믿고, 요구에 순종하기 때문이다. 정리하면 성령은 설교를 통해 언약의 약속을 가르치시고 믿게하시고, 요구를 가르치시고 순종하게 하신다. 우리가 하나님의 말씀을 듣고 묵상할 때 우리 안에서 성령이 일하시는 목적은 "모든 일에 있어 하나님을 믿고 순종하는 일이다."[26]

교회사역 중 성례도 성령의 중요한 도구이다. "성령은 도구와 같은 성례를 통해 선택받은 자들의 마음에 믿음을 굳게 하신다."[27] 따라서 성령에 의해 거듭난 사람들의 마음에만 역사하신다(279문). "성례는 하나님과 그리스도를 믿는 신자들 사이의 언약의 표 또는 믿음의 의의 인이다."[28] 성례는 말씀과 동일한 은택을, 즉 언약 안에 약속된 것을 증거한다. 성례가 말씀과 같은 은택을 증거한다면, 왜 우리에게 성례를 주셨는가? 우리의 약함 때문이다. 우리의 약함 때문에 같은 내용을 다른 방식으로 약속하신다.

성례에서 흥미로운 사실은 바로 이 성례가 보여주는 은택에 성령의 역사가 포함되어 있다는 점이다. 세례는 씻는 예식을 통해서, 그리스도의 피와 영으로 우리가 하나님과 언약이 시작되었다는 것과 영적으로 씻겨졌다는 것을 우리에게 확신시킨다(288문). 그래서 세례는 은혜언약으로 받아들였다는 표다(284문). 우르시누스는 물로 씻는 예식이 의미하는 바를 그리스도의 피와 그리스도의 영으로 씻는 것으로 구분한다(285문). 그리스도의 피가 씻는다는 의미는

26 "... ut in omnibus illi credamus et obtemperemus." [274문] Lang ed., *Der Heidelberger Katechismus und vier verwandte Katechismen,* 191.

27 "... Spiritus sanctus iis, tanquam organis fidem in cordibus electorum confirmat." [278문] Lang ed., *Der Heidelberger Katechismus und vier verwandte Katechismen,* 192.

28 "Sund signa foederis inter Deum et credentes in Christum, seu sigilla iustitiae fidei." [274문] Lang ed., *Der Heidelberger Katechismus und vier verwandte Katechismen,* 191.

그리스도의 피흘리심 때문에 하나님께서 우리 죄를 용서하신다는 것이다. 그렇다면 "어떻게 성령으로 우리가 씻겨지는가?"(287문)

> 그[성령]를 통해 새로운 생명으로 우리가 중생하면서 [씻겨진다].[29]

여기서 중생(regeneratio)의 의미는 칼빈처럼 성화에 가까운 의미다. 물로 씻음과 성령으로 씻음의 구분은 하이델베르크 요리문답서에도 그대로 나타난다. 그리스도의 피 때문에 죄 사함을 받는다는 것이 물로 씻음에 대한 설명이라면, 성령으로 씻음의 의미는, "나아가 성령을 통해 우리가 새롭게 되고 그리스도의 지체로 거룩하게 된다는 것이다. 그래서 점점 더 죄에 대하여 죽고 거룩하고 흠이 없는 삶을 사는 것을 말한다"(하이델베르크 요리문답서 70문). 이렇게 씻음의 두 구분은 각각 신자가 받는 칭의와 성화의 은택에 연결된다.

비슷한 구분이 성만찬에서도 나타난다. "그리스도의 몸을 먹고 그리스도의 피를 마신다는 것은 무엇인가?"(299문)란 질문에 이렇게 답한다.

> 이것은 '그리스도를 믿는다는 것' 그리고 '믿음과 우리 안에 거하시는 그리스도의 영을 통해 그리스도의 몸의 지체가 된다는 것'이다. 그리하여 죽음에 넘겨진 그리스도의 몸 때문에 우리는 죄사함을 받게 되고, 원천과 머리이신 그리스도로부터 그 안에 거하시는 성령이 우리 안에 부어져서 우리는 그리스도 안에 있는 것과 같은 영원한 생명과 의를 마실 수 있게 되었다.[30]

---

29 "Cum per eum ad novam vitam regeneramur." [287문] Lang ed., *Der Heidelberger Katechismus und vier verwandte Katechismen,* 193.

30 "Est in Christum credere, et per fidem ac spiritum Christi in nobis habitantem fieri membrum corpori Christi, ut propter illud in mortem traditum accipiamus remissionem peccatorum, et ex eo tanquam fonte et capite, effuso in nos sancto Spiritu qui in illo habitat, vitam et iustitiam aeternam, qualis in ipso est,

여기서도 그리스도를 먹고 마심이 '죄사함'과 '성령으로부터 받는 생명과 의를 마시는 것'으로 구분되어서 칭의와 성화에 연결된다. 우르시누스는 이어지는 300문에서도 그리스도를 먹는다는 것을 그리스도의 공로와 성령의 은사에 참여하는 것으로 말한다.

성찬에서 흥미로운 점은 우르시누스가 그리스도의 신성이 신자들 안에 거하신다는 사실만이 아니라 그리스도의 몸과 신자들의 몸이 하나된다고 말한다는 점이다. 그리스도의 몸은 하늘에 있고 우리의 몸은 땅에 있는데 어떻게 이런 일이 가능한가? 바로 성령에 의해서다. 성령은 그리스도의 영혼과 몸에도 거하시며 동시에 땅에 있는 성도들의 영혼과 몸에도 거하시면서 이 둘을 묶는 끈이 되시기 때문이다(301문). 같은 의미에서 우르시누스가 주저자로 참여한 하이델베르크 요리문답서는 우리 몸의 보증이 하늘에 있다고 말한다(하이델베르크 요리문답서 49문).

## Ⅲ. 카스파르 올레비아누스의 성령론

우르시누스 사후 나온 『하이델베르크 요리문답 해설』에서 자세한 성령론을 만날 수 있다. 그는 여기서 삼위일체의 한 위격으로서 성령과 그의 사역들을 조직적으로 자세히 설명한다. 『하이델베르크 요리문답 해설』의 설명이 『신학요목문답』보다 더 자세하며 체계적인데 둘 사이에 근본적인 차이점은 나타나지 않는다. 다만 언약적 구도 안에서 성령의 사역을 설명하는 방식이 『하이델베

hauriamus." [299문] Lang ed., *Der Heidelberger Katechismus und vier verwandte Katechismen*, 195.

르크 요리문답 해설』에서는 거의 나타나지 않는다. 우르시누스가 하이델베르크 요리문답서 18문과 19문을 해설할 때 언약과 언약의 구도를 완전히 포기한 것은 아니다. 그러나 『하이델베르크 요리문답 해설』에서 언약의 구도는 약화된 것은 사실이다.[31] 사실 대요리문답서에서 우르시누스는 "예전의 교리를 하나의 새로운 틀 안에 부어넣었다."[32] 이 새로운 시도가 우르시누스에게서는 어느 정도 멈추었지만, 언약을 교리 전체에 적용하는 작업은 올레비아누스에 의해 계속되어 발전한다.

## 1. 성령과 언약의 구도

올레비아누스는 『사도신경 해설』에서 사도신경을 네 부분으로 구분하여 언약의 구도 아래 배치한다. 첫 번째 부분은 성부에 대한 것인데, 그가 순수한 자비로 창세 전에 우리를 택하셨기 때문이다. 그래서 단순히 창조 만이 아니라 언약과 화목의 첫 번째 원천(prima foederis seu reconciliationis scaturigo)이기에 사도신경의 앞에 있다. 두 번째 부분은 하나님의 아들 예수 그리스도에 대한 것인데, 화목과 언약의 핵심 전체(tota reconciliationis ac foederis summa)가 여기에 있다. 세 번째 부분은 성령에 대한 것인데, 성령은 "믿음을 통해 우리를 그리스도에게 심으심으로 우리를 하나님의 언약자로 만드시며 아버지의 자비로우심과 아들의 구속을 우리에게 적용하신다."[33] 네 번째는 그 결과로 있게 된 하나님과 언약을 맺으신 백성(de populo quo cum Deus foedus percutit), 곧 교회에 대한 것이다. 그래서 언약의 구도 속에서

---

31 Bierma, *The Covenant Theology of Caspar Olevianus*, 147.

32 Bierma, *The Covenant Theology of Caspar Olevianus*, 61.

33 "... per fidem inserendo nos Christo, confoederatos nos facit Deo, Patris misericordiam & Filii redemtionem nobis applicans." Olevianus, *Expositio Symboli Apostolici*, 16.

사도신경은 언약의 원천이신 성부, 언약의 핵심 전체인 예수 그리스도, 우리를 언약자로 만드신 성령, 그리고 하나님과 언약 맺은 백성인 교회, 이렇게 네 부분으로 구성된다. 이 구성에서 성령의 역할을 요약하면 이것이다. 즉, 성령(사도신경의 세 번째 부분)은 언약의 원천인 성부의 자비(첫 번째 부분)와 성자의 구속(두 번째 부분)을 적용하사 선택받은 자들을 언약 백성으로 만드신다(네 번째 부분).

올레비아누스는 하나님 나라와 언약을 연결했으며, 이때 성령은 언약의 실행에서 중심에 있다. 그는 새언약을 이 세상 가운데 있는 그리스도의 나라의 보편 경영으로 소개한다. '그리스도의 나라'란 말이 사용되나, 이 단어는 '하나님의 나라'와 '하늘나라'와 같은 의미다.34 "그리스도 나라의 보편 경영은 새언약이다"(Universa haec regni Christi administratio foedus illud novum est …). 즉, 하나님 나라의 국사(國事)는 새언약이다. 이 땅에서 구원의 일을 실행하는 하나님 나라는 복음을 전하고 세례를 주며 택한 자들을 부르고 모은다. 하나님 나라에서 이 언약의 실행 방식은 다음과 같이 요약된다.

> 제사장과 교회의 왕으로서 그리스도는 자신의 공로로 하나님과 우리 사이에 이 언약을 성취하시고 자신의 효력으로 날마다 우리 안에 실행시키신다.35

제사장이신 그리스도가 자신의 공로로 이 언약을 성취하시고, 왕이신 그리스도가 자신의 효력으로 이 언약을 날마다 우리 안에 실행시키실 때, 성령은 필수적인 핵심적 자리를 차지한다. 그리스도가 자신이 공로로 언약을 성취하실

34 Olevianus, *Expositio Symboli Apostolici*, 3.

35 "Hoc foedus Christus sacerdos & Rex Ecclesiae inter Deum & nos merito suo in aeternum sancivit, & efficacia sua quotidie in nobis administrat ..." Olevianus, *Expositio Symboli Apostolici*, 4.

때, 죄와 율법의 저주와 마귀의 권세로부터 우리를 구하셨을 뿐 아니라 성령을 얻으셨기 때문이다. 그리고 그리스도는 성령을 통하여 우리를 다스리신다.

그리스도께서 왕으로서 그의 효력으로 이 언약을 실행시키실 때는 우리의 양심이 성령으로 조명받을 때다.[36] 따라서 이제 그의 효력으로 언약을 날마다 우리 안에 실행시키시는 일은 성령의 일이다. 이 효력은 다섯 단계로 구분될 수 있다. 1) 왕이신 그리스도는 우리의 마음을 이끌어 우리로 자신의 악을 인식하게 하시고 하나님의 의를 생각하게 하신다. 2) 하나님과 화목하고 하나님께 돌아갈 열망을 우리 안에 만드신다. 3) 우리에게 화목의 말씀을 주시고 믿음을 만드신다. 4) 이 믿음을 통해 그리스도는 자신을 주시고, 신자들이 그리스도의 공로로 얻어진 칭의 때문에 양심의 평화를 누리고 날마다 성령을 통해 새롭게 된다. 5) 하나님과 화목하고 성령을 선사받은 이들은 회개에 합당한 열매를 맺도록 권고를 받는다. 열매를 맺을 때 왕의 영광이 그들 안에서 빛난다.[37] 이 단계들의 일은 모두 성령을 통한 효력(Effficacia)에 해당한다.

이렇게 언약의 구도는 분명하다. 언약의 근원이신 자비로우신 성부가 있으며, 성자가 인성을 취하사 제사장이신 그리스도는 자기의 구속사역으로 언약을 성취하여 성령을 얻으셨고, 왕이신 그리스도께서 성령을 우리에게 적용하셔서 언약을 효력있게 실행하신다. 언약의 실행으로 신자는 언약의 이중은택 곧 칭의와 성화(올레비아누스는 '새롭게 됨'이라 칭하기를 좋아한다)를 누린다.[38] 그 결과로 하나님의 영광이 선포되어진다. 신자가 언약에 들어가고 언약의

---

36 "... dum efficacia ipsius Regis Christi, (is enim ministerium reddit efficax) per spiritum sanctum illuminatur eorum conscientia ...." Olevianus, *Expositio Symboli Apostolici,* 5.

37 Olevianus, *Expositio Symboli Apostolici,* 5.

38 올레비아누스의 이중은택에 대하여 다음을 참고하라: R. Scott Clark, *Caspar Olevian and The Substance of the Covenant – The double Benefit of Christ* (Grand Rapids: Reformation Heritage Books, 2008).

이중은택(칭의와 성화)을 누리는 일이 다 성령으로 말미암는다. 이것이 올레비아누스가 그리는 하나님의 영광이 빛나는 그리스도의 나라 곧 하나님 나라의 모습이다.

## 2. 성령을 통한 언약의 시작 그리고 그리스도와 연합됨

하나님과 우리 사이의 언약이 은혜언약이라 불리는 이유에 성령이 있다. 왜냐하면, 이 언약은 우리의 가치나 공로라는 어떤 조건 위에서 있지 않고 오직 믿음을 통해서만 있기 때문이다. 오직 믿음을 통해 가능한 언약이기 때문에, 이 언약이 값없는 언약 즉 은혜언약이라 불리는 중요한 이유는 성령이다. 올레비아누스는 하나님과 우리 각각에 성령이 어떻게 연결되는지 설명함으로써 '값없는' 언약임을 밝힌다. 먼저 하나님에 관해서, 하나님이 우리와 이 언약을 시작하실 때가 "복음 안에 제공된 값없는 화목의 약속을 성령을 통해 우리 마음에 인치셨을 때"이기 때문이다.[39] 우리에 관해서, "성령이 우리에게 선물로 주어질 때, 우리가 믿음을 통해서 그것을 받기 때문이다."[40] 올레비아누스는 바로 이어서 성령이, 우리가 이 은혜로운 약속을 믿기 원하게 만들고 믿을 수 있게 한다는 의미로 성령의 일을 설명한다. "믿음은 성령의 이런 선물이다."[41] 그래서 하나님께서 은혜로운 약속을 제공하시고 그리스도 자신을 주시는 일도 값이 없고, 하나님 편에서 우리 안에 일으키신 일로 인하여 우리가 믿음으로 받게 되니 이것도 또한 값이 없다.[42] 올레비아누스에게 이 언약은 모든 면에서,

---

39 "... cum promissionem reconciliationis gratuitae in Evangelio oblatam per spiritum suum cordibus nostris obsignat..." Olevianus, *Expositio Symboli Apostolici,* 11.

40 "... a nobis recipitur sola fide, dum nobis gratis donatur spiritus sanctus ..." Olevianus, *Expositio Symboli Apostolici,* 11.

41 "Der Glaub ist ein solche Gab des Heiligen Geistes" Olevianus, *Der Gnadenbund Gottes,* 10.

즉 객관적인 면에서나 주관적인 면에서나 하나님이 시작하신 것이다. 하나님이 성령을 통해서 우리 안에서 시작하신 일을 우리는 믿음이란 반응을 통해서 확인하며, 주신 화목의 약속을 값없이 받을 뿐이다. 그리고 이렇게 성령의 능력에 의해 믿음으로 언약이 시작된다는 말은, 왕이신 그리스도께서 자기 나라를 우리에게 주신다는 말이다.[43] 언약과 나라의 시작이 성령이 주시는 믿음에 달려있다.

올레비아누스가 설명하는 성령의 많은 사역 중 가장 중요한 것은 선택받은 자들을 그리스도와 연합시키는데 있다. 선택받은 자들에게 성령이 주어져서 아버지의 사랑을 증거하고 그리스도를 아는 지식으로 우리의 마음의 눈을 밝힌다. 그다음 믿음을 통해 신자를 그리스도에게 접붙여서 그리스도와 그의 모든 은택에 참여하게 한다. 이렇게 계시, 그다음 믿음을 통해서 그리스도에게 접붙이는 일이 성령의 일이다. 이렇게 성령은 이제 그리스도와 그의 은택을 우리에게 연결하시는 분이다. 성령께서 그리스도의 피를 우리에게 뿌리시고, 그리스도를 우리에게 먹이시고, 그리스도를 우리에게 마시게 하신다. 올레비아누스는 성령의 직무와 목적을 이렇게 요약한다. 믿음을 통해 우리를 그리스도에게 가장 단단하게 연합시키는 것, 또 지체들과 머리 안에 같은 성령이 계시기 때문에 같은 종류, 곧 같은 생명과 같은 영광을 일으키시는 것이다.[44]

이 연합은 성령의 끈에 의해 가능하다. 하나님이 그들의 "머리 그리스도 안에서 은혜와 성령의 끈을 통한 끊어질 수 없는 연결에 의해 자기 자신을 그들에게 결합시킨다."[45] 성령의 끈으로 형성된 이 연합보다 더 견고한 것은

---

42 Olevianus, *Expositio Symboli Apostolici,* 12.

43 Olevianus, *Expositio Symboli Apostolici,* 14.

44 Olevianus, *Expositio Symboli Apostolici,* 174.

45 "... in capite Christo per gratiam & vinculum Spiritus Sancti cum iis indissolubili nexu se uniat ..." Olevianus, *De substantia foederis,* 226-7.

하나님 안에 있는 본질의 연합과 그리스도 안에 있는 위격과 두 본성의 연합밖에 없다.[46] 언약적 관점에서 그리스도와의 연합이 중요한 것은 그리스도 안에서 우리가 하나님과 영원히 화목하기 때문이다. 그래서 올레비아누스는 임마누엘 그리스도 안에서 하나님과 인간의 가장 높은 연합이 있다고 말한다.[47] 이렇게 성령은 우리를 그리스도에게 접붙여 연합시키고, 다시 성령의 끈으로 우리는 하나님과 부서지지 않는 영원한 연합을 그리스도 안에서 갖는다. 그래서 단순히 그리스도와의 교제가 아니라 삼위일체 전체와 함께하는 교제를 갖는다.[48]

## 3. 성령을 믿음의 의미

성령을 믿는다는 것은 하나님의 객관적 계시에 대한 신자의 주관적 부분이다. 올레비아누스는 사도신경 각 항목을 해설하면서 하나님의 계시에 근거한 객관적 내용 즉 믿음의 대상의 해설과 함께 해당 교리에 대한 적용 부분을 '열매'라는 별칭으로 해설하곤 했다. 사도신경의 "성령을 내가 믿습니다"(credo in Spiritum Sanctum)에서 성경구절의 증거를 살핀 후 '내가'에 강조점을 둔 해설을 한다. 따라서 '성령을 믿음'에 관한 해설은 사변적이기보다 적용적 실천에 강조가 있다. 이 점은 우리가 지금까지 살핀대로 올레비아누스의 설명에 있어서, 성령은 단순히 삼위일체 안에서 존재론적으로만 자리하지 않고, 경륜적 사역의 의미를 훨씬 더 많이 가진다는 사실과 연결된다. 성령에 대한 존재론적 설명도 경륜적 사역을 동반한다. 올레비아누스에게 성령의 존재와 경륜은 분리

46 Olevianus, *De substantia foederis,* 227.

47 "... in quo etiam Immanuele ceu fundamento est summa Dei & hominis unitio ..." Olevianus, *De substantia foederis,* 227.

48 Bierma, *The Covenant Theology of Caspar Olevianus,* 74, Olevianus, *De substantia foederis,* 217.

되지 않는다.

올레비아누스는 삼위일체 교리를 설명하며 성령이 참되신 하나님임을 강조한다. 성령이 어떤 움직임이나 생각이나 피조된 어떤 것이 아니라, 한 위격이며 참되고 영원하신 하나님이심을 성경의 예를 통해 증명한다. 성령이 휘피스타메논(ὑφιστάμενον, 독립실체적)이며 본질에서 하나님이심을 먼저 창조와 연결시켜 보여준다(창 1:2; 시 104:30). 구약에서 여호와께서 말씀하신 것을 신약에서 성령이 말씀하신 것으로 지칭하는 예(사 6:9; 행 28:25)는 성령이 여호와라는 확증이다. 하나님께 속한 속성들을 성경이 성령께 돌리고 있음은 성령이 참 하나님임을 증거한다. 성령은 "성자와 동일하게 교회를 의롭게 하고 거룩하게 하고 영생에 이르도록 새롭게 하신다."[49] 이것들을 통해서 우리는 성령이 참되고 영원한 하나님이심을 이해한다.[50] 이렇게 교회를 향한 성령의 경륜적 사역이 존재론적 설명을 위해 함께 한다.

성령이 성부와 성자와 함께 한 하나님이시기 때문에, 올레비아누스에게 성령을 믿지 않음은 하나님 전체에 대한 부정과 마찬가지이다. 성령을 믿지 않는 자는 "아버지와 아들을 믿지 않는 자요 요약해서 말하면 하나님을 믿지 않는 자다".[51] 올레비아누스는 성령에 대한 신앙이 성부와 성자에 대한 신앙과 함께 간다는 사실을 지적하면서 하나님에 대한 신앙에 성령에 대한 신앙이 필수적임을 강조한다. 그 근거는 성부와 성자에 대한 지식에 성령의 역사가 필수적이기 때문이다. 역으로 성령에 대한 신앙이 없다는 것은 성령을 소유하지 못했다는 것이고, 만일 그렇다면 당연히 성부와 성자에 대한 신앙도 없을 것이라는 결론

49 "Iustificat & sanctificat Ecclesiam aeque Filius ..." Olevianus, *Expositio Symboli Apostolici,* 42.

50 같은 내용이 『은혜언약』에도 있다. Olevianus, *Der Gnadenbund Gottes,* 16-17.

51 "Der glaubt auch nicht an den Vater und den Sohn, und in Summa glaubt nicht an Gott." Olevianus, *Der Gnadenbund Gottes,* 17.

이 나온다. 따라서 하나님에 대한 신뢰는 단순히 성부와 성자만에 대한 것만이 아니라, 성령을 향하는 것이 되어야 한다. "나의 신뢰를 성부와 성자에게 두듯이 성령에게도 둔다."[52] 성령이 말씀하신 약속을 우리 안에서 이루시는 분이 바로 성부와 성자로부터 보냄받은 성령이기 때문이다.

따라서 성령을 믿지 않는 것은 하나님을 믿지 않는 것과 같은 위험한 일이 된다. 올레비아누스는 성령을 믿지 않는 위험성에 대하여 다음과 같이 말한다.

> 어떤 이가 성령을 믿지 않는다면 사실 아버지나 아들도 믿지 않는 것이며, 그래서 분명히 하나님을 믿지 않는 것이다. 성령께서 계시하시지 않으면 우리가 아들과 아버지를 알거나 믿을 수 없기 때문이다. 성령은 아버지와 아들에게서 나오고 둘과 똑같은 본질에 속해 있다(요일 4:14). 따라서 "누구든지 그리스도의 영이 없으면 그리스도의 사람이 아니라"(롬 8)는 것이 분명하다. 그리하여 어떤 이가 성령을 알지 못한다면 또한 그를 갖지 못한 것이다. "세상은 능히 저를 받지 못하나니 이는 저를 보지도 못하고 알지도 못함이라 그러나 너희는 저를 아나니 저는 너희와 함께 거하심이요 또 너희 속에 계시겠음이라"(요 14)[53]

여기서 '성령을 믿음'은 '성령을 아는 지식'과 연결되며, 이 지식은 '성령의 소유'와 직접적으로 연결되어 있다. 성령을 믿는 자는 성령을 알며, 성령은 저희 속에 계신다. 올레비아누스는 성령을 믿는 자는 성령을 가지고 있음을 인식할 수 있다고 말한다.[54] 그렇다면 우리가 성령을 소유하고 있음을 어떻게 인식할 수 있을까? 바람을 보지 못하나 그 움직임을 알 듯이, 성령의 사역을 통해서 성령의 일에 참여했음을 알 수 있다. 그렇다면 우리에게 있는 성령의

---

52 Olevianus, *Expositio Symboli Apostolici*, 173.
53 Olevianus, *Expositio Symboli Apostolici*, 43.
54 Olevianus, *Expositio Symboli Apostolici*, 175.

일은 무엇인가? 올레비아누스는 먼저 믿음, 기도, 탄식을 언급한다. 성령의 사역으로 우리는 주님을 알고 믿으며(고전 12:3; 고후 4:13), 하나님을 아버지라 부르며 기도하고(롬 8:15-16), 성령은 말할 수 없는 탄식으로 우리를 위하신다(롬 8:26). 이외에도 올레비아누스는 자기부정, 죄 혐오, 죄와 싸움도 언급한다. 이것들도 우리가 성령을 소유했고 그리스도에게 접붙여졌다는 확실한 증거가 된다. 왜냐하면, 성령을 소유한 자는 육신을 따라 살지 않고 성령을 따라 살기 때문이다.[55] 성령을 믿는 자는 성령을 따라 믿고 살며, 신자는 이 믿음과 생활 때문에 성령이 자기 안에 있음을 인식한다.

## 4. 언약에 관한 여러 주제

### (1) 일방성과 쌍방성, 그리고 성령

언약의 일방성과 쌍방성이라는 관점에서 볼 때, 올레비아누스는 작품마다 조금 다른 방식으로 언약을 설명한다.[56] 『견고한 기초』에서 인간의 구속은 인간이 하나님과 화목하는 것과 같은 의미며, 이 구속 또는 하나님과의 화목은 언약의 방식으로 있게 된다. 여기서 언약은 하나님과 우리 사이의 영원한 평화와 교제이며, 예수 그리스도의 제사를 통해서 이루어진다. 그런데 독생자로 사람이 되게 하신 일은 하나님이 자신의 맹세에 묶이는 방식으로 하신 일이다.[57] 중보자 예수 그리스도가 십자가를 통해 우리를 아버지께 화목시킨 일이 언약을 만드신 일이고, 바로 이 언약에 우리가 성령과 영생을 얻는 일이 함께 포함되어 있다.[58] 즉, 성령이 우리에게 주어지는 일은 그리스도께서 성취하신

---

55 Olevianus, *Expositio Symboli Apostolici,* 176.

56 Bierma, *The Covenant Theology of Caspar Olevianus*, 66.

57 "...mit seinem Eid wollen verpflichten, daß er seinen eingeborenen Sohn wollte lassen Mensch werden ..." Olevianus, *Der Gnadenbund Gottes,* 6.

58 "*Wie hat aber Jesus Christus unser Mittler den Bund gemacht zwischen Gott und*

언약에 포함된 일이다.

그러나 『사도신경 해설』에서는 다르다. 우리가 이미 위에서 본 것처럼 언약의 시작은, 하나님께서 성령을 통해 우리 마음에 약속을 인치시는 때요 동시에 우리가 성령을 선물로 받아 믿음으로 약속을 받을 때이다.59 물론 『견고한 기초』에서도 믿음이 포기되지 않는다. 평화를 누리는 것은 오직 믿음으로 아들을 받아들임을 통해서 가능하기 때문이다. 『견고한 기초』에서는 하나님이 언약을 먼저 시작하시고 우리에게 어떻게 주시는지에 관해서 일방성의 관점에서 바라본다면, 『사도신경 해설』에서는 성령이 우리에게 주어져서 어떻게 우리가 믿음으로 약속을 받아 언약의 은택에 참여하여 열매를 드러내는가의 관점, 즉 쌍방성의 관점에서 바라본다. 그러므로 이 둘은 언약의 근본적 차이가 아니라 관점의 차이일 뿐이다. 일방성의 관점에서 성령이 언약의 약속에 포함되어 우리에게 주어지는 것이며, 쌍방성의 관점에서는 성령이 주어져서 우리가 믿음으로 약속을 받을 때에야 우리가 언약을 누리는 것이다.

### (2) 언약의 통일성과 차이점, 그리고 성령

예수 그리스도의 사역 때문에 시간적으로 언약의 구분이 있다. 올레비아누스는 이 구분을 '옛 언약(또는 유언) 아래서'와 '새 언약(또는 유언) 아래서'(sub veteri foedere[testamento], novo foedere[testamento])로 구분했다.60

---

*uns? Das ist: Wie hat er uns den Vater versöhnet, daß unserer Sünden in Ewigkeit nicht mehr soll gedacht werden, und wir mit dem Heiligen Geist und ewigen Leben begabet werden?* Durch sein Opfer am Kreuz hat er uns dem Vater vollkömmlich versöhnet, und einen ewigen Bund aufgerichtet und bestätiget, wie der Sohn Gottes selbst am Kreuz schreiet ..." Olevianus, *Der Gnadenbund Gottes*, 6.

59 Olevianus, *Expositio Symboli Apostolici*, 11.

60 올레비아누스의 옛언약과 새언약에 대한 논의는 다음을 참고하라: Bierma, *The Covenant Theology of Caspar Olevianus*, 130-140.

이 두 언약에서 동일한 중보자를 믿는 동일한 믿음을 통해 동일한 의와 중생이 주어진다. 그러므로 영원한 하나의 은혜언약 곧 복음(foedus aeternum gratuitum seu Evangelium)이 두 언약 아래서 실행된다.

그런데 이 두 언약에는 차이점이 있다. 이 두 언약의 차이를 누가복음 10:23-38을 해설하면서 다음과 같이 말한다.

> 신구약의 차이가 여기서 주목되어야 하는데, 두 가지 점에서 있다. 은혜의 더 풍성한 계시와 성령의 더 큰 부요함이다. 왜냐하면, 저들은 오실 메시야와 그의 제사를 복음의 약속과 제사들과 다른 성례들에 의해서 멀리서 볼 수 있었기 때문이다(롬 1:2-3). 반면 우리는 복음의 선포와 성례에서 믿음의 시각으로 더 가까이서 나타난 것을 식별한다. 그들에게 성령이 주어졌을지라도 신약에서 더 큰 풍요가 부어졌다(행 2, 욜 2).[61]

여기서 구약과 신약의 차이는 먼저 계시의 풍성함의 차이인데, 이것은 다시 멀리서 봄과 가까이서 식별하는 명확성의 차이이다. 옛 언약 아래 있던 교회는 새 언약 아래 있던 교회보다 덜 명확하게 보았다. 옛 언약에서 형상과 모형으로 알려진 메시야의 희생이 새언약 아래서 십자가를 통해 드러났다.[62] 위 인용에서 이 차이는 다시 성령의 부어짐의 풍요의 차이와 직접적으로 연결된다. 복음

---

61 "Discrimen novi & veteri testamenti hic observandum, quod in duabus rebus consistit. In pleniore revelatione gratiae, & maiore copia Spiritus. Illi enim venturum Messiam cum suo sacrificio, tam in promissione Evangelii quam sacrificiis aliisque sacramentis eminus conspicabantur, ad Rom.1.v.1.2.3. Nos vero in promulgatione Evangelii & Sacramentis propiore fidei intuitu exhibitum cernimus. Ad haec, illis quoque datus fuerat Spiritus sanctus, sed idem maiore copia in novo testamento est effusus: Actor.2. Ioel.2." Olevianus, *Notae Gasparis Oleviani in Evangelia* (Herborn: Typis Christophori Corvini, 1589), 241

62 Bierma, *The Covenant Theology of Caspar Olevianus*, 133.

을 더 분명히 이해함은 성령의 부어짐 때문이다. 성령이 구약의 성도들에게 주어졌지만, 신약에서 성령의 더 큰 풍요가 부어졌다. 즉, 우리에게 역사한 동일한 성령의 역사가 구약에 없었다는 의미가 아니라, 신약에서 더 분명히 식별되는 것이다. 그리고 이것은 성령의 부요함이 구약과 신약에서 다르기 때문이다. 신구약의 모든 신자들이 언약의 본질을 소유할지라도 언약을 누리는 것에는 차이가 있다.[63]

### (3) 언약의 내적 실행과 외적 실행의 구분, 그리고 성령

『언약의 본질에 대하여』를 시작하면서 올레비아누스는 언약의 본질(substantia)과 실행(administratio)을 구분한다. 창세기 17:13에서 "내 언약이 너희 살에 있어 영원한 언약이 되리니와"라고 말씀하셨을 때, 언약의 본질이 저들의 육체 안에 있다는 말씀은 아니기 때문이다.[64] 그래서 언약의 본질이 실행되는가 아닌가에 따라서 다시 외적인 실행과 내적인 실행의 차이가 구분된다. 보이는 교회 모두에게 외적인 실행이 있을지라도 언약의 본질이 내적으로 실행되는 것은 오직 선택받은 자들에게만 해당된다. 외적인 소리와 보이는 표로 하나님과 우리 사이에 상호 언약의 합의가 있고, 내적인 효과로 믿음과 회개의 값없는 선물이 택하신 자들을 향하신 한없는 자비로부터 있게 된다.[65] 언약의 본질이 주어지는 내적실행은 성령을 통해서 일어난다. 선택받지 못한 자들은 말씀과 성례를 통해 외적인 실행에는 참여할지라도, 성령을 통해 언약

---

63 Bierma, *The Covenant Theology of Caspar Olevianus*, 134. Olevianus, *De substantia foederis*, 229-230.

64 "... Foedus meum erit in carne vestra. Certe ipsa foederis substantia non erat in ipsorum carne." Olevianus, *De substantia foederis*, 2.

65 "... facta externe voce, & visibilibus sigillis in testimonium mutui consensus inter Deum & nos, addita vero interna efficacia gratuitum fidei & resipiscentiae donum ex infinita misericordia erga electos ..." Olevianus, *De substantia foederis*, 3.

의 본질이 주어지는 내적인 실행에는 참여하지 못한다.[66] 로마서 주석에서 올레비아누스는 언약의 외적인 끈과 내적인 끈으로 부르기도 한다. 외적인 끈은 말씀과 언약의 표를 통한 하나님의 부르심과 우리의 동의이고, 내적인 끈은 하나님의 은혜로운 선택과 성령이다.[67] 내적인 끈은 끊어질 수 없으나 외적인 끈은 끊어질 수 있다. 유아세례 받은 이들이 커서 언약의 약속을 거절한다면 그는 언약의 외적인 끈은 연결되었으나 내적인 끈은 연결되지 않은 것이다. 즉, 그는 선택된 적도 없고 성령의 은사를 받은 적도 없던 것이다.[68]

## Ⅳ. 결론

우리는 지금까지 우르시누스와 올레비아누스의 성령론을 살폈다. 언약을 중심으로 교리 전체를 묶으려고 했다는 점에서 우르시누스는 중요한 공헌을 했다. 언약의 시작으로서 성부의 자비하심이, 언약의 중보자로서 성자가, 우리 안에 언약을 인치시는 분으로서 성령이 계심으로써 언약의 구도 안에 삼위일체가 있다. 그리고 성령은 교리 전체에 걸쳐서 나타난다.

우리가 살핀 것처럼 성령은 사도신경의 세 부분인 창조와 보존, 구속, 성화에 다 자리한다. 무엇보다도 그리스도가 우리를 위해 구속 사역에서 얻으신 것은 '은혜언약으로 우리를 받으심'이며, 여기에 우리가 성령을 선물로 받음이 죄사함과 의와 영생과 함께 있다. 즉, 우리가 '은혜언약으로 들어감'은 그리스도의

66 "... non addita erga reprobos ..." Olevianus, *De substantia foederis,* 3; Bierma, *The Covenant Theology of Caspar Olevianus,* 104.

67 Olevianus, *In Epistolam D. Pauli Apostoli ad Romanos notae* (Geneve; Eustathius Vignon, 1579), 569.

68 Bierma, *The Covenant Theology of Caspar Olevianus,* 103.

사역으로 획득된 것이며, 여기에 '우리에게 성령을 주심'이 포함되어 있다. 성령이 우리에게 주어져서 우리가 언약에 들어가는 일은 그리스도 구속사역으로 성취된 것이다. 이렇게 기독론과 성령론은 분리할 수 없도록 묶여있다. 성령이 우리에게 주어져서 우리 마음에 언약을 인치신 일, 즉 성령이 의롭게 하는 믿음을 일으키시고 믿음을 굳게 하시어 회개의 삶을 살게 하시는 일은 그리스도의 구속사역의 결과로 얻어진 것이다. 교회론에 가면 성령의 사역의 대상은 선택받은 자와 교회로 말해진다. 우르시누스는 교회사역(설교, 성례실행, 교회권징)을 성령의 도구로 언급한다. 성령이 교회사역을 통해 언약 안에서 요구되는 믿음과 회개를 일으키시기 때문이다.

우르시누스는 성령론이 언약의 관점에서 교리전체에 나타나는 방식으로 가르쳤다. 우르시누스가 앞선 개혁신학자들과 다른 성령론을 가르쳤다는 의미가 아니라, 앞선 개혁신학자들이 시도하지 못했던 것 즉 언약론적 관점에서 교리전체를 묶고 교리전체에 나타나는 성령의 역사를 가르쳤다는 의미다.

우르시누스의 이런 공헌은 올레비아누스에게 지속되고 더 풍성하게 나타난다. 올레비아누스의 언약 구도도 삼위일체 안에 있다. 언약의 원천인 성부의 자비로부터 화목과 언약 전체인 성자의 구속이 있으며, 성령은 이 성자의 구속을 선택받은 자들에게 적용하여 언약백성을 만든다. 하나님 나라에서 이 언약이 실행된다. 언약의 실행으로 하나님 나라에서 신자는 칭의와 성화라는 언약의 은택을 누린다. 올레비아누스에게 성령은 우리 안에 믿음을 일으켜 그리스도와 연합시켜 언약을 시작하게 하시는 분으로 묘사된다. 따라서 믿음이 있는 자는 성령을 소유한 자다. 성령을 믿음은 성부와 성자를 믿음과 함께 하며, 성령을 따라 사는 자가 성령을 믿는 자다.

우리는 언약에 관련한 몇가지 주제를 성령과 연결해서 살폈다. 올레비아누스는 언약의 일방성과 쌍방성 둘 다 생각했는데, 일방성 아래서 성령이 우리에게 주어지는 일은 언약의 은택 자체에 포함된다. 반면 쌍방성 아래서 언약이 시작되는 때는 우리가 성령을 선물로 받아 믿음으로 약속을 받을 때이다. 또 올레비아누스는 신구약의 통일성을 가르쳤고 두 언약의 차이를 계시의 풍성함과 성령의 부요함의 차이로 생각했다. 우리와 동일한 언약이 즉 동일한 계시와 동일한 성령이 구약의 성도들에게도 주어졌으나, 신약의 성도들이 더 풍성하게 언약을 누린다. 올레비아누스는 언약의 본질과 실행을 구분했으며, 실행을 다시 외적 실행과 내적실행으로 구분했다. 언약의 본질이 성령을 통해 내적으로 실행되는 것은 오직 선택받은 자들에게만 해당된다.

올레비아누스가 다루는 성령의 주제들 즉 이중은택, 그리스도와 연합시키는 끈으로서 성령 등은 칼빈에게서도 발견된다. 그러나 올레비아누스는 전체 교리를 언약으로 묶었다는 점에서 차이가 있으며, 우르시누스가 같은 시도를 했으나 올레비아누스에게서 더 풍성하게 꽃을 피웠다. 성령은 하나님이 그리스도 때문에 은혜언약으로 나를 받으셨다는 것으로 우리로 유일한 위로를 얻게 하시며(우르시누스에 의하면), 사람의 행복이 그리스도 때문에 가능하게 된 하나님과의 사귐에 있다는 것을(올레비아누스에 의하면) 가르치신다.

/

# 청교도의 성령론
## 리처드 십스를 중심으로

/

**우병훈**

(고신대학교 조교수, 교의학)

Richard Sibbes(1577-1635)

서울대학교 자원공학과(B.Eng.)와 서양고전학 대학원(M.A 졸업, Ph.D 수학)을 거쳐, 고려신학대학원(M.Div)과 미국의 칼빈신학교(Th.M, Ph.D)에서 공부했다. 저서로 『그리스도의 구원』, 『처음 만나는 루터』, 『기독교 윤리학』, 『청교도의 신앙과 신학』(근간), 번역서로 『교부들과 함께 성경 읽기』(공역) 등이 있으며, 박사논문이 B. Hoon Woo, The Promise of the Trinity: The Covenant of Redemption in the Theologies of Witsius, Owen, Dickson, Goodwin, and Cocceius (Göttingen: Vandenhoeck & Ruprecht, 2018)로 출간되었다. 국내외 저널에 게재한 수십 편의 논문을 calvinseminary.academia.edu/BHoonWoo에서 볼 수 있다. 현재 고신대학교 신학과 교의학 조교수이다.

**우병훈**

## 1. 청교도 성령론의 중요성과 학계의 상황

리처드 십스의 성령론에 대해 박사논문을 썼던 캐리 웨이시거(Cary Weisiger)는 종교개혁 이후 성령에 가장 집중했던 두 세기가 있다면 17세기 청교도들의 시대와 20세기 오순절주의의 시대라고 적었다.[1] 사실상 신학의 역사에서 성령론의 발전에 크게 공헌한 이들이 있다면 청교도들이며, 청교도 신학의 장점이 가장 빛나는 교리를 들자면 성령론을 뽑을 수 있다.[2] 제임스 패커는 "교회의 신학적 유산들 가운데 청교도가 가장 가치 있게 기여한 영역이

---

1 Cary Weisiger, "The Doctrine of the Holy Spirit in the Preaching of Richard Sibbes" (Ph.D. diss., Fuller Theological Seminary, 1984), 1. 이 자료를 비롯하여 리처드 십스와 관련한 주요 논문들을 시간순으로 배열하면 아래와 같다. Bert Affleck, "The Theology of Richard Sibbes" (Ph.D. diss., Drew University, 1969); Mark E. Dever, "Moderation and Deprivation: A Reappraisal of Richard Sibbes," *The Journal of Ecclesiastical History* 43, no. 3 (1992), 396–413; Stephen Paul Beck, "The Doctrine of *Gratia Praeparans* in the Soteriology of Richard Sibbes" (Ph.D. diss., Westminster Theological Seminary, 1994); Ronald Norman Frost, "Richard Sibbes' Theology of Grace and the Division of English Reformed Theology" (Ph.D. diss., University of London, 1996); Mark E. Dever, "The Evangelical Church: Richard Sibbes and the Sufficiency of the Gospel," *Bibliotheca Sacra* 172, no. 685 (2015), 3–11; Brent A. Rempel, "The Trinitarian Pattern of Redemption in Richard Sibbes (1577–1635)," *Journal of Reformed Theology* 13 (2019), 3–25. 이상의 자료들을 직접 구해준 리처드 멀러(Richard A. Muller) 교수에게 감사한다(2020.1.15. 이메일 교환). 아울러 이 논문은 연구자가 쓴 아래 논문에서 십스에 대한 부분을 기초로 하되 1, 2차 자료를 많이 보강하여 작성했음을 밝힌다. 우병훈, "청교도 성령론의 특징: 십스, 굿윈, 오웬, 에드워즈를 중심으로," 『성령론』, 한국조직신학회 기획시리즈 6 (서울: 대한기독교서회, 2017), 187-224.

2 역사신학에서 "청교도"만큼 그 의미를 규정하기 힘든 용어는 없다. 어떤 이는 그 "정신"을 중심으로 규정하고, 어떤 이는 "사건"을, 또 다른 이는 "인물"을 기준으로 규정하기 때문이다. 하지만 편의상 이 글에서는 청교도를 16세기부터 18세기 중반 사이에 영국(잉글랜드와 스코틀랜드)과 뉴잉글랜드에서 일어난 개혁주의 신학과 신앙의 운동으로 규정하겠다. 보다 엄밀한 정의에 대해서는 Joel R. Beeke and Mark Jones, *A Puritan Theology: Doctrine for Life* (Grand Rapids, MI: Reformation Heritage Books, 2012), introduction을 보라. 비키와 존스는 청교도의 시작과 끝을 1558년에서 1689년까지로 생각한다. 1558년은 엘리자베스 1세의 통치가 시작되던 해이고, 1689년은 관용령이 시행된 해이다(같은 책, 1-4쪽 참조). 참고로 비키와 존스의 책은 청교도 연구에 있어서 빼놓을 수 없는 참고서인데, 아래와 같이 우리말 번역이 있으나 이 글에서는 영어본을 참조했다. Joel Beeke and Mark Jones, 『청교도 신학의 모든 것』, 김귀탁 역(서울: 부흥과개혁사, 2015).

바로 성령의 사역"을 다룬 부분이라고 단언했다.[3] B. B. 워필드는 "청교도 신학은 거의 전적으로 성령의 사역에 대한 충실한 연구로 채워져 있으며, 성령론의 몇몇 측면들의 교의학적-실천적인(dogmatico-practical) 설명들 가운데 그 교리의 가장 수준 높은 표현들이 나타난다."라고 주장했다.[4] 그는 "성령론은 가장 예리하게 발전된 형태에 있어서 철저하게 종교개혁의 교리이며, 더욱 구체적으로는 개혁파의 교리이고, 더욱 구체적으로는 청교도의 교리이다."라고 말하였다.[5] 그러면서 칼빈의 성령론은 청교도에게 가장 잘 전달되었으며, 청교도의 후예들 역시도 신학에 있어서 성령론의 중요성을 염두에 두지 않은 적이 없다고 하였다.[6] 조엘 비키와 마크 존스도 동일한 논조를 보인다. 그들은 성령의 인격과 사역에 대해 가장 세밀한 견해를 교회에 물려준 전통이 있다면 바로 청교도 전통이라고 주장한다.[7] 리처드 러블레이스도 (존 오웬과 리처드 십스의 작품을 염두에 두면서) "영국의 청교도들은 성령의 사역에 대해 어떤 언어로 존재하는 연구들 가운데 가장 심오하고 포괄적인 성경적-신학적 연구를 우리에게 전해 주었다."라고 평가하였다.[8] 위에서 언급한 학자들의 말

---

3 J. I. Packer, *A Quest for Godliness: The Puritan Vision of the Christian Life* (Wheaton, IL: Crossway Books, 1990), 179.

4 Abraham Kuyper, *The Work of the Holy Spirit* (New York: Funk & Wagnalls, 1900)에 수록된 B.B. 워필드의 서문(p. xxviii). 워필드는 굿윈의 작품 "The Work of the Holy Ghost in Our Salvation"을 언급한다. 이 작품은 Thomas Goodwin, *The Works of Thomas Goodwin*, vol. 6 (Edinburgh: James Nichol, 1863)에 실려 있다. 이하에서 굿윈의 이 전집은 Goodwin, *The Works of Thomas Goodwin*로 약칭하고 권수와 페이지를 적겠다.

5 Kuyper, *The Work of the Holy Spirit*에 수록된 B.B. 워필드의 서문(p. xxxiii).

6 Kuyper, *The Work of the Holy Spirit*에 수록된 B.B. 워필드의 서문(pp. xxviii, xxxv). 워필드는 그러한 흐름이 네덜란드의 자유개혁교회들의 신학자들에게 이어졌다고 보며, 카이퍼가 그 중에 한 예가 된다고 주장한다(같은 책, p. xxxv).

7 Beeke and Jones, *A Puritan Theology*, 419.

8 Richard Lovelace, *Dynamics of Spiritual Life: An Evangelical Theology of Renewal* (Downers Grove, IL: InterVarsity Press, 1979), 120. Beeke and Jones, *A Puritan Theology*, 419에서 재인용.

이 사실이라면, 신학에서 성령론을 다룰 때 청교도의 성령론을 고찰하는 것은 매우 중요한 일이 아닐 수 없다.

그러나 안타까운 현실은 의외로 청교도의 성령론에 대한 연구서가 아주 희박하다는 점이다. 이때까지 청교도 성령론을 개관적으로 다룬 연구서는 1946년에 나온 지오프리 너톨(Geoffrey F. Nuttall)의 단행본 하나밖에 없는 실정이다.[9] 그럼에도 불구하고 개별 청교도 신학자에 대한 연구서는 박사학위 논문으로 몇 차례 출간되었다. 대표적으로 리처드 십스(1577-1635), 토머스 굿윈(1600-1680), 존 오웬(1616-1683), 조나단 에드워즈(1703-1758)의 성령론에 대한 박사학위 논문이 나왔는데, 사실상 이들은 청교도 성령론의 가장 탁월한 면모를 치밀하게 형성시켰던 청교도들이다.[10] 이들 각각에 대한 박사학위 논문 외에도 청교도의 성령론을 전반적으로 다룬 박사학위 논문이나, 개별 챕터에서 청교도의 성령론을 다룬 책들이 더러 있었는데, 이것이 청교도 성령론에 대한 학계의 현상황이다.[11]

---

9 Geoffrey F. Nuttall, *The Holy Spirit in Puritan Faith and Experience* (Oxford: Blackwell, 1946)로 초판이 출간되었으며, 동일한 책이 다음과 같이 재출간 되었다. Geoffrey F. Nuttall, *The Holy Spirit in Puritan Faith and Experience* (Chicago: University of Chicago Press, 1992). 46년을 두고 동일한 책이 그대로 재출간 되었다는 것은 너톨의 책이 탁월해서 그런 것이기도 하지만, 그 사이의 연구가 거의 공백 상태였음을 또한 보여준다.

10 그 박사 논문들은 아래와 같다. Weisiger, "The Doctrine of the Holy Spirit in the Preaching of Richard Sibbes"; Dale A. Stover, "The Pneumatology of John Owen: A Study of the Role of the Holy Spirit in Relation to the Shape of a Theology" (Ph.D. diss., McGill University, 1967); Paul Blackham, "The Pneumatology of Thomas Goodwin" (Ph.D. diss., University of London, 1995); Robert W. Caldwell, Communion in the Spirit: The Holy Spirit as the Bond of Union in the Theology of Jonathan Edwards, Studies in Evangelical History and Thought (Eugene, OR: Wipf & Stock, 2007). 마지막 책은 칼드웰이 트리니티 복음주의 신학교(Trinity Evangelical Divinity School)에서 2003년에 박사학위를 받은 논문을 출간한 것이다. 국내에서는 이상웅, 『조나단 에드워즈의 성령론』(서울: 부흥과개혁사, 2009)이 있다(2008년 11월, 총신대 대학원에 제출한 박사학위 논문).

11 Garth B. Wilson, "The Puritan Doctrine of the Holy Spirit: A Critical Investigation of a Crucial Chapter in the History of Protestant Theology" (Ph.D. diss., Toronto

청교도 신학의 가장 큰 기여가 성령론에 있음에도 불구하고 이렇게 연구서가 적다는 사실은 이 글의 의의를 자연스럽게 말해준다. 하지만 소논문 길이의 글에서 청교도 성령론의 풍성한 면모를 다 살피는 것은 지면의 한계상 불가능하다. 따라서 이 글에서는 대표적인 청교도 리처드 십스(Richard Sibbes 혹은 Sibbs)를 중심으로 청교도 성령론의 중요한 측면들을 다루겠다. 358명이 넘는 청교도들 가운데 이 글에서 유독 리처드 십스를 중심으로 다루는 이유는, 그의 성령론을 다룬 연구물들이 하나 같이 동의하는 바처럼, 십스야말로 청교도 성령론을 가장 높은 수준에서 제시했기 때문이다.[12]

이 글의 순서는 아래와 같이 전개된다. 먼저, 십스의 생애와 성령론과 관련한 그의 주요 작품들을 소개한다. 그리고 십스의 작품들을 중심으로 그의 성령론의 특징을 성령의 신성, 삼위일체론, 기독론, 그리스도인의 삶과의 관련성 속에서 다룬다. 마지막 결론부에서는 십스로 대표되는 청교도 성령론이 오늘날 한국교회에 주는 의의와 적용점을 제시하겠다. 이 글은 리처드 십스의 성령론을 위주로 다루겠지만, 필요한 경우에 토머스 굿윈, 존 오웬, 조나단 에드워즈와 같은 중요한 인물의 작품들도 언급하겠다.

---

School of Theology, 1978); Beeke and Jones, *A Puritan Theology: Doctrine for Life*, 제27장; Michael J. McClymond and Gerald R. McDermott, *The Theology of Jonathan Edwards* (New York: Oxford University Press, 2011), 17장.

12 358명가량의 청교도들의 작품은 아래 인터넷 사이트에서 무료로 열람 및 다운로드 할 수 있다. http://www.prdl.org/authors.php?a_in=ALL&era=Early%20Modern&tradition=Puritan (2020.2.26. 최종접속) 참고로 리처드 멀러(Richard A. Muller)와 그의 제자들이 만든 이 사이트(Post-Reformation Digital Library, 약어 PRDL)는 16-17세기 연구와 관련하여 가장 방대한 전자 문서들을 제공한다.

## 2. 리처드 십스의 생애와 성령론 작품

리처드 십스는 1577년 토스톡(Tostock)에서 태어났다.[13] 그의 아버지 폴 십스에 따르면, 리처드는 어릴 적부터 장난감보다 책을 더 좋아했다고 한다. 리처드는 18세가 되어 캠브리지 대학의 세인트 존스 칼리지에 입학한다. 거기서 1599년(22세)에 문학 학사학위를, 1602년에 문학 석사학위를 받는다. 그는 폴 베인스(Paul Baynes)의 설교를 듣고 1603년에 회심을 경험한다. 베인스는 당시에 세인트 앤드루스 교회의 설교자였다.[14] 십스의 전기나 설교에서 심각한 영적 갈등 같은 것이 나타나지 않는 것으로 보아 그는 회심 이후에 아주 굳건한 신앙의 확신을 가진 것으로 추정된다.[15]

십스는 1608년에 노르위치에서 영국국교회 사역자가 된다. 1609년에 신학사를 취득하고, 1611-16년에 캠브리지 대학에서 강사와 설교자가 된다. 그리하여 퍼킨스 이후 침체된 캠브리지 대학에 영적인 대각성을 일으킨다. 이후 49세(1626년)에 신학 박사학위를 취득한다. 그는 토머스 굿윈에게 감화를 주어 아르미니우스주의로부터 돌아서게 했고, 또한 존 프레스톤의 설교가 평이하

---

13 리처드 십스를 소개하는 이 부분은 아래 자료들을 주로 참고하면서, 다른 자료들을 인용하기도 했다. Benjamin Brook, *The Lives of the Puritans*, vol. 2 (London: James Black, 1813), 416-20; Joel R. Beeke and Randall J. Pederson, *Meet the Puritans: With a Guide to Modern Reprints* (Grand Rapids, MI: Reformation Heritage Books, 2006), 534-41. 후자의 책은 아래와 같이 번역이 나와 있으나, 이 글에서는 영어본을 참조했다. Joel R. Beeke and Randall J. Pederson, 『청교도를 만나다』, 이상웅, 이한상 공역(서울: 부흥과개혁사, 2010). 리처드 십스에 대한 알렉산더 그로사르트의 110쪽에 달하는 포괄적인 소개는 아래에서 찾을 수 있다. Richard Sibbes, *The Complete Works of Richard Sibbes*, ed. Alexander Balloch Grosart, vol. 1 (Edinburgh; London; Dublin: James Nichol; James Nisbet and Co.; W. Robertson, 1862), xix-cxlii. 이하에서 십스의 이 전집은 Sibbes, *The Complete Works of Richard Sibbes*로 약칭하고, 권수와 페이지를 적겠다.

14 Brook, *The Lives of the Puritans*, 2:416-17.

15 Weisiger, "The Doctrine of the Holy Spirit in the Preaching of Richard Sibbes" 12.

면서도 영적인 설교가 되도록 영향을 주었다.[16]

이후에 십스는 런던에 있는 "그레이즈 인(Gray's Inn)"의 교수가 되는데, 그곳은 당시 잉글랜드에서 법학 연구를 위해 가장 중요한 장소였다. 그의 설교를 듣기 위해서 법학자들이나 변호사들 외에도 많은 귀족들과 시민들이 몰려들었다. 그의 설교를 자주 듣던 윌리엄 가우지(William Gouge)는 십스에 대해서 "그가 설교 시간에 때로 말을 더듬기도 했지만, 사려 깊은 그의 청중들은 여전히 그로부터 드물면서도 탁월한 생각들을 기대했다."라고 적었다.[17] 십스가 자주 설교했던 내용 중에 하나가 그리스도와 성령이었다.[18]

1625년경 십스는 캠브리지 대학 캐서린 칼리지의 학장이 되었는데, 그 학교는 웨스트민스터 총회에서 크게 활약을 한 존 애로우스미스, 윌리엄 스펄스토, 윌리엄 스트롱이 졸업한 학교이다. 1633년에 십스는 찰스 1세의 명을 받아 캠브리지의 홀리 트리니티의 대감독이 되었고, 죽을 때까지 그 자리를 지켰다. 그는 성경을 늘 연구하였으며, 선행에 열심이었다. 그는 하나님과 교제하기를 좋아했으며, 온순하고 조용하고 평화로운 정신의 소유자였다. 그는 다른 사람들의 유익을 위해 힘썼으며 가난한 사람들을 돕기 위해 노력했다.[19]

십스는 결혼을 하지 않고 평생 독신으로 지냈다. 그는 당시 신학자로는 매우 드물게 성공회, 장로교, 회중주의자 모두에게 영향을 미쳤다.[20] 하지만 그는

---

16 굿윈은 십스를 중요한 모범으로 생각했다. Dever, "Moderation and Deprivation: A Reappraisal of Richard Sibbes," 396: "Sibbes became a model for his numerous disciples - among them Thomas Goodwin, John Davenport, John Cotton."

17 Brook, *The Lives of the Puritans*, 2:417.

18 Brook, *The Lives of the Puritans*, 2:418.

19 Brook, *The Lives of the Puritans*, 2:418.

20 "독립파", "분리파", "옹호자들" 등의 용어는 동일한 집단, 즉 회중주의적인 청교도들을 가리키는 용어이다. Beeke and Jones, *A Puritan Theology*, 제39장 각주5를 보면, 그들이 가장 선호한 명칭은 "회중주의자(Congregationalists)"였다. 반대로, 그들은 "독립파"라고 불리기 싫어했는데, 그 명칭이 거만하고 뻔뻔하게 들렸기 때문이다. "Dissenting Brethren", *An Apologeticall Narration* (London: for Robert Dawlman, 1643), 23.

매우 겸손하여 자신의 일을 늘 과소평가하곤 했다.[21] "분열은 분열을 낳는다.", "거룩이 있는 곳에는 중용이 있다."라고 말했던 그는 신학적 논쟁을 극히 삼갔다.[22] 하지만 대주교 로드(Archibishop Laud)와 로마 가톨릭과 아르미니우스파와의 논쟁에 있어서는 매우 적극적이었다.[23]

17세기 중반에 실천신학 분야에서 가장 많이 읽힌 저자가 리처드 십스였다.[24] 그는 매우 탁월한 설교자였으며 사랑과 지성과 영성과 겸손을 겸비한 사람이었다. 그의 설교는 그리스도 중심적이며 또한 경험적이었다.[25] 그는 "설교란 유혹하는 것이다(To preach is to woo)."라고 말했다.[26] 설교자는 청중을 유혹하여 그리스도의 지혜로운 통치를 즐겁게 받아들이도록 하는 것이기 때문이다. 그는 그레이즈 인의 설교자로, 캠브리지 캐서린 칼리지의 학장으로, 홀리 트리니티의 대감독으로서 일평생 헌신적으로 사역하다가, 1635년 7월 5일에 눈을 감는다.

리처드 십스의 작품들 모두에 성령론적 특색이 나타나지만, 특히 그의 전집 제 3권은 성령론의 백미라고 할 수 있다. 거기서 그는 고린도후서 1장을 다루는

---

21 Brook, *The Lives of the Puritans*, 2:418.

22 Beeke and Pederson, *Meet the Puritans*, 535-36.

23 십스는 성찬 시에 무릎을 꿇지 않고, 성복을 거부했으며, 세례 시에 십자가 성호를 긋지도 않았지만, 국교회에 남아 있었다. 하지만 그는 대주교 로드와 지속적으로 마찰을 일으켰다. Dever, "Moderation and Deprivation: A Reappraisal of Richard Sibbes," 396; Dever, "The Evangelical Church: Richard Sibbes and the Sufficiency of the Gospel," 5-11(교회론에 있어서 로드와 견해 차이).

24 Beeke and Pederson, *Meet the Puritans*, 536.

25 청교도 설교에서 "경험적"이라는 말은 성경 말씀이 삶 속에서 적용되도록 적극적으로 힘쓰는 설교를 가리킨다. Tae-Hyeun Park, *The Sacred Rhetoric of the Holy Spirit: A Study of Puritan Preaching in Pneumatological Perspective* (Apeldoorn: Theologische Universiteit, 2005); Beeke and Mark Jones, *A Puritan Theology*, 제42, 43장(특히 700쪽)을 참조하라. 청교도는 "성령이 말씀과 함께 역사하신다(Spiritus cum verbo)"는 것을 매우 실제적으로 이해했다. Beeke and Jones, *A Puritan Theology*, 441.

26 Richard Sibbes, "The Fountain Opened," *The Complete Works of Richard Sibbes*, 5:505.

데, 특히 고후 1:22에 나오는 "보증으로서의 성령"의 사역에 대해서 깊이 있게 다룬다.[27] 그는 성령의 직분과 사역을 나눠서 "보증"과 관련하여 자세히 다룬다. 그의 작품이 워낙 탁월하기에 찰스 스펄전(1834-1892)은 이렇게 말하였다. "십스는 학생들의 시간을 결코 낭비시키지 않는다. 왜냐하면 그는 두 손으로 진주와 다이아몬드를 마구 뿌려주기 때문이다."[28]

## 3. 성령의 신성

리처드 십스의 생애와 작품에서 잘 드러나는 것처럼 그에게는 성령이 목회나 저술에 있어서나 아주 중요했다. 이하에서 청교도 성령론의 대표적인 특징이라고 할 수 있는 주제들을 뽑아서 주로 십스의 작품들을 인용하면서 설명하겠다. 이러한 설명들은 비단 십스의 성령론을 이해하는 것뿐 아니라 청교도 성령론의 핵심 사상을 개관하는 데 있어서 유익을 줄 것으로 기대한다.

첫째는 성령의 신성에 대한 것이다. 청교도 성령론은 언제나 굳건한 삼위일체론적 맥락 속에 위치한다. 이것이 역사 속에 존재했던 다양한 형태의 성령론들과 특별하게 구별되는 지점이다. 특히 오늘날 성령론은 은사론이나 교회부흥신학과 연계되어 고립된 성령중심주의를 야기하는 경우가 허다하다.[29] 하지만

27 Beeke and Pederson, *Meet the Puritans*, 538.

28 C. H. Spurgeon, *Lectures to My Students: Commenting and Commentaries; Lectures Addressed to the Students of the Pastors' College*, Metropolitan Tabernacle, vol. 4 (New York: Sheldon & Company, 1876), 145.

29 이러한 비판에 대해서는 아래 글을 보라. Timothy Keller, *Center Church: Doing Balanced, Gospel-Centered Ministry in Your City* (Grand Rapids, MI: Zondervan, 2012), 58-60. 팀 켈러는 오늘날 교회들이 교회 부흥을 위해서 성령을 사용한다고 비판한다. 유해무, 『개혁교의학』(고양: 크리스찬다이제스트, 1997), 138, 186에서 삼위일체론에서 시작하지 않은 "고립된 신학의 성령화"를 비판한다.

청교도들은 어디까지나 삼위일체론의 맥락 속에서 성령의 인격과 사역을 파악함으로써 균형 잡힌 성령론을 추구했다. 이것은 그들이 활동했던 시대가 소키니우스주의자들(Socinians)이 삼위일체론을 부인했던 시대였던 것과 연관성이 없지 않다.[30] 소키니우스파는 1500년대 후반부터 활동했다.[31] 그들은 사라 모티머가 최근에 연구한 것처럼 영국의 종교개혁 시기에 합리주의적 기독교를 최초로 시도했던 그룹이었다.[32] 십스는 소키니우스파의 위험성을 일찍부터 알고서 그의 신론에서 소키니우스파를 비판하였다.[33]

청교도들의 성령론은 이처럼 소키니우스파의 위협에 대항하여 정통적 삼위일체론을 제시하면서 함께 전개되었다. 청교도들은 특히 성령의 신성을 증명하는 일에 많은 지면을 할애했는데, 이것은 4세기의 교부신학이 성령의 신성을 증명하는 작업에 몰두했던 것과 유사하다.[34] 실제로 청교도들이 성령의 신성을

30 Beeke and Jones, *A Puritan Theology*, 12. 청교도들은 다양성이 있었지만 아르미니우스파, 소키니우스파, 로마 가톨릭을 반대하는 일에는 일치했다. Martin Mulsow and Jan Rohls, eds., *Socinianism and Arminianism: Antitrinitarians, Calvinists, and Cultural Exchange in Seventeenth-Century Europe* (Leiden; Boston: Brill, 2005)도 참조하라.

31 에드워즈에 대해서는 아래를 보라. Michael J. McClymond and Gerald R. McDermott, *The Theology of Jonathan Edwards* (New York: Oxford University Press, 2011), 50.

32 Sarah Mortimer, *Reason and Religion in the English Revolution: The Challenge of Socinianism* (Cambridge: Cambridge University Press, 2010). 소키니우스파의 역사적 의의와 관련 연구서들에 대해서는 아래 논문집과 문헌 모음집을 보라. Lech Szczucki, Zbigniew Ogonowski, and Janusz Tazbir, eds., *Socinianism and Its Role in the Culture of XVI-th to XVIII-th Centuries* (Warsaw: Polish Scientific Publisher, 1983); Philip Knijff, Sibbe Jan Visser, and Piet Visser, eds., *Bibliographia Sociniana: A Bibliographical Reference Tool for the Study of Dutch Socinianism and Antitrinitarianism* (Amsterdam: Doopsgezinde Historische Kring, 2004).

33 J. I. Packer, *A Quest for Godliness: The Puritan Vision of the Christian Life* (Wheaton, IL: Crossway Books, 1990), 333.

34 Beeke and Jones, *A Puritan Theology*, 420-21. 교부신학에서 성령론의 발전 과정과 내용에 대해서는 아래 작품을 보라. Joel C. Elowsky, *We Believe in the Holy Spirit*, Ancient Christian Doctrine, Vol. 4 (Downers Grove, IL: IVP Academic, 2009). 성령의 신성에 대한 고대의 논의에 대해서는 J. N. D. 켈리, 『고대 기독교 교리사』, 박희석 역(고양:

증명했던 아래와 같은 네 가지 전략은 교부신학의 그것과 매우 흡사하다.

첫째, 청교도들은 창조주와 피조물의 이분법을 통해서 성령의 신성을 증명한다. 이것은 이미 교부 바실리우스가 자신의 『성령론』에서 제시했던 것처럼, 다음과 같이 일종의 삼단논법을 이용한 것이다.[35]

A: 성령은 창조되지 않은 하나님이거나 창조된 피조물 둘 중에 하나이다.
B: 그런데 성령은 창조되지 않았다고 성경이 가르친다.
C: 따라서 성령은 하나님이다.

십스가 성령에 대해 가장 자주 사용하는 표현 중에 하나가 "하나님의 영(Spirit of God)"이다.[36] 그의 작품들 전체에 이 표현이 골고루 나타난다.[37] 십스는 하나님의 영이신 성령은 하나님이시라고 주장한다.[38] 그렇기에 하나님의 복(blessing)은 바로 성령의 표출(vent)이다.[39] 십스는 성령이 삼위의 세

---

크리스챤다이제스트, 2004), 제 10장의 2절과 3절을 보라.

35 바실리우스, 『성령론』(*De Spirito Santo*) 20.51를 보라. "따라서 만일 그[=성령]가 피조물이라면 분명히 만물과 함께 섬기는 것이다. '만물이 당신의 종입니다.'라는 말처럼 말이다. 그러나 만일 창조 위에 그가 계시다면 그는 왕권에 함께 참여하시는 것이다("Ωστε εἰ μὲν ἔκτισται, δουλεύει δηλαδὴ μετὰ πάντων. Τὰ γὰρ σύμπαντα, φησί, δοῦλα σά· εἰ δὲ ὑπὲρ τὴν κτίσιν ἐστί, τῆς βασιλείας ἐστὶ κοινωνόν)." 창조주와 피조물 사이에는 거리감은 있을지 몰라도, 중간자적 존재는 없다는 것이 바실리우스의 주장이다. 아래 설명도 보라. Anthony Meredith, S.J., *The Cappadocians* (London: Geoffrey Chapman, 1995), 13: "Secondly, the [Platonic] chain was broken by the consistent refusal of the Cappadocians to allow of any intermediary between creator and creature."

36 굿윈은 영이라고 불리는 것은 하나님에 의해 창조되었든지 아니면 하나님이든지 둘 중에 하나라고 주장한다. 이러한 이분법에서 성령은 신성을 가진 하나님이다. (Goodwin, *The Works of Thomas Goodwin*, 6:161.)

37 Sibbes, *The Complete Works of Richard Sibbes*, 1:60, 143, 154; 2:40, 47; 3:9, 18, 25; 4:12, 43, 71; 5:14, 15, 25; 6:8, 29, 33; 7:9, 20, 53 등.

38 Sibbes, *The Complete Works of Richard Sibbes*, 3:62("the Spirit of God is God"). 참고로 오웬도 성령이 하나님이시라고 가르친다. John Owen, *The Works of John Owen*, ed. William H. Goold, vol. 12 (Edinburgh: T&T Clark, 1862), 334. 이하에서 이 작품은 Owen, *The Works of John Owen*으로 적고 권수와 페이지를 적겠다.

번째 위격이시라고 여러 번 가르쳤다.[40] 그는 "새로운 피조물에 대한 은혜로운 경륜은 성령으로부터 나온다. 만일 성령이 그의 경륜을 거두시고 우리를 모든 거룩한 행위에 있어서 인도하시고 돕지 않으신다면, 우리는 멈춰버리며 더 이상 전진할 수 없다."라고 말한다.[41] 하나님이 영(Spirit)이신 이유는 하나님이 순수하기(pure) 때문이라고 십스는 가르친다.[42] 십스는 또한 성령이 하나님이시라는 가르침을 목회적으로 적용한다. 하나님이신 성령은 우리 영혼이 잠잠하지 못할 때에 우리 양심을 가라앉히시고 잠잠케 하시는 분이시다.[43]

둘째, 청교도들은 창조와 구속의 행위는 하나님만이 할 수 있는데 성령은 그 일들을 하므로 성령은 하나님이라고 주장한다. 십스에 따르면, 구원 사역에서 성부, 성자, 성령은 함께 일하신다. 성부는 우리를 선택하시며, 구원의 모든 작성을 허락하신다. 성자는 그 모든 작정을 끝까지 실행하신다. 성령은 그것을 적용하신다. 특히 십스는 성령의 사역을 아주 자세히 묘사한다. 성령은 우리의 영혼을 하나님께로 이끄셔서 우리가 하나님의 일에 관심을 갖게 하시며, 우리의 영혼을 들어 올려서 하나님의 일을 확신하게 하시며, 성부와 성자와 함께 하는 교제를 양육하시며, 성부와 성자의 인을 우리에게 치신다.[44] 십스는 다음과 같이 적는다.

---

**39** Sibbes, *The Complete Works of Richard Sibbes*, 3:25.

**40** Sibbes, *The Complete Works of Richard Sibbes*, 1:17, 204; 3:443; 4:371-72, 382; 5:444, 488; 7:346, 362.

**41** Sibbes, *The Complete Works of Richard Sibbes*, 7:199.

**42** Sibbes, *The Complete Works of Richard Sibbes*, 5:487.

**43** Sibbes, *The Complete Works of Richard Sibbes*, 6:352. 이러한 십스의 가르침은 다른 청도교들의 가르침과 일치한다. 예를 들어, 오웬에 따르면, 다른 모든 영들은 유한하며 창조되었지만 성령은 그렇지 않다. 오히려 성령은 하나님의 영이라고 불린다. 따라서 성령은 여타 피조물과는 구분되는 하나님이시다. (Owen, *The Works of John Owen*, 3:68.)

**44** Sibbes, *The Complete Works of Richard Sibbes*, 5:439.

> 일반적으로 어떤 일이든지 하나님으로부터 나와서 피조물에게 전해지며, 그리고 그 일들은 창조와 섭리의 일들로서 세상 속에서 행해지며, 또한 성령에 의해서 즉각적으로 행해지며 꾸밈없이 고려되는데, 그분은 성부와 성자로부터 나오시는 제3의 위격이시다. 그리고 그의 교회와 그의 자녀들에게 행해지는 그러한 특별한 행위들 속에서 모든 것들은 성령으로부터 나온다. 하지만 단지 제3의 위격으로만 고려되어서는 안 되는데 왜냐하면 그는 "그리스도의 영"이시기 때문이다. 즉, 먼저 그리스도의 인성을 거룩하게 하시고 채우시는 분이시며, 그리고 그 다음에 우리를 거룩하게 하시고 채우신다. 만일 우리가 우리 죄 때문에 하나님으로부터 분리되어 하나님과 원수가 된 상태라고 한다면 그리스도께서는 우리에게 성령을 즉각적으로 주실 수 없을 것이다. 그러나 그는 먼저 그 죄를 자신에게 가져가셨는데, 그는 자기 죽음과 고난으로 우리를 성부와 화해시키셨으며, 우리를 위하여 성령을 사셨고, 이제 그의 성령을 우리에게 분배하시며 주실 수 있다.[45]

이처럼 십스는 창조와 구속의 사역에 있어서 성령이 제 3의 위격이자, 그리스도의 영으로서 우리를 위해 일하시는 분이라고 주장한다.

셋째, 하나님의 단순성 교리에 의하면 하나님의 영은 곧 하나님 자신이다.[46] 십스는 하나님에 대해 "순수한 영(pure Spirit)"이라고 표현한다.[47] 그리고 하나님의 영은 그 안에 어떤 고통도 없으며 그 활동 모두가 영광스러운 본성에 합당한 "순수한 활동(pure act)"이라고 주장한다.[48] 하나님의 영은 하나님과

---

**45** Sibbes, *The Complete Works of Richard Sibbes*, 4:208.

**46** 존 하우는 "하나님께 속한 모든 것은 하나님이지 다른 어떤 것일 수 없다."라고 말했다. John Howe, "The Principles of the Oracles of God," *The Works of the Rev. John Howe*, ed. Edmund Calamy (New York: John P. Haven, 1838), 2:1094.

**47** Sibbes, *The Complete Works of Richard Sibbes*, 1:64.

**48** Sibbes, *The Complete Works of Richard Sibbes*, 2:46. "The Spirit of God is a pure act, in whom is no suffering but all action, about that that is fit for so glorious a nature."

함께 존재하시는 분이시다.[49] 영이신 분만이 영원한데, 영의 속성은 영원성에 있기 때문이다.[50] 그러므로 성령을 향해 심을 때에 영원한 생명을 추수한다.[51] 이러한 생각은 존 오웬의 사상에서도 드러난다. 오웬은 성령을 하나님의 신적 능력이라고 부르며 그리스도께로 인도하는 분이라고 묘사한다.[52] 그는 성령의 속성을 구체적으로 제시한다. 영원성(히 9:14), 편재성(시 139:7), 전능성(미 2:7, 롬 15:19; 참조. 사 40:28), 예지(행 1:16), 전지성(고전 2:10-11), 주권적 권위(행 13:2, 4, 20:28)가 그것이다.[53]

넷째, 성령은 신성에 붙여지는 이름과 위엄을 갖고 있으므로 하나님이다. 십스는 하나님의 이름으로 말하는 것을 하나님의 영으로 말하는 것과 같은 것으로 적고 있다.[54] 고후 4:12-13에 대한 강해에서 그는 하나님의 영에게 모든 영광과 찬송을 돌려드린다.[55] 그는 영광스러운 영광의 영이 우리 안에 거하시기를 소망한다.[56] 영광의 영이신 성령은 하나님의 영이시다(벧전 4:14).[57] 하나님의 성도들이 영광인 것은 영광의 영이 그들 위에 계시기 때문이다.[58] 십스는 우리가 성령의 사역에 모든 영광을 돌려드려야 한다고 주장한다.[59]

이 점에 있어서는 오웬도 동일한 주장을 제시한다. 오웬은 『성령론』(*Pneumatologia*)의 한 장을 오로지 이 주제에 할애한다.[60] 그는 성령이 신적

---

**49** Sibbes, *The Complete Works of Richard Sibbes*, 4:438.
**50** Sibbes, *The Complete Works of Richard Sibbes*, 5:315.
**51** Sibbes, *The Complete Works of Richard Sibbes*, 4:44.
**52** Owen, *The Works of John Owen*, 22:174.
**53** Owen, *The Works of John Owen*, 3:91.
**54** Sibbes, *The Complete Works of Richard Sibbes*, 2:493.
**55** Sibbes, *The Complete Works of Richard Sibbes*, 4:442.
**56** Sibbes, *The Complete Works of Richard Sibbes*, 5:193.
**57** Sibbes, *The Complete Works of Richard Sibbes*, 5:376.
**58** Sibbes, *The Complete Works of Richard Sibbes*, 2:398.
**59** Sibbes, *The Complete Works of Richard Sibbes*, 4:444.
**60** Owen, *The Works of John Owen*, 3:47-64.

인격에만 붙여질 수 있는 이름을 갖고 있기 때문에 하나님이라고 주장한다.[61] 그는 "루아흐"라는 히브리어 단어가 가진 여러 용례들을 조사한 이후에 신적 위격에만 붙여질 때가 있음을 여러 성경 구절들로 증명한다. 무엇보다 "거룩한 영", "하나님의 영", "아들의 영"이라는 명칭은 신적 위격인 성령에만 붙여지는 이름이다. 오웬은 신자가 성부에게 영광을 돌리듯이 성자에게도 영광을 돌려야 하며, 성령에게도 마찬가지로 영광을 돌려야 한다고 주장한다.[62]

이상에서 보듯이 십스는 여러 가지 방법론을 사용하여 성령의 신성을 증명하고 있다. 그에게는 성령의 신성은 너무나 분명하여 반박의 여지가 없는 것이었다. 그에게 성령은 하나님이시며, 창조와 구속의 영이시다. 성령은 순수한 영이시며, 순수한 활동이시다. 영광의 영이신 성령은 영광과 찬송을 받으셔야 할 하나님이시다.

## 4. 성령과 삼위일체론

십스의 성령론의 특징은 그것이 삼위일체론과 긴밀하게 연결되면서 전개된다는 점에 있다. 17세기에 소키니우스파(Socinianism)와의 논쟁은 청교도들로 하여금 삼위일체적 신학을 더욱 깊이 사유하도록 만들었다.[63] 십스는 서방

61 Owen, *The Works of John Owen*, 2:401-403, 3:72-92.

62 Owen, *The Works of John Owen*, 3:43.

63 Rempel, "The Trinitarian Pattern of Redemption in Richard Sibbes (1577-1635)," 4. 이 주제에 대한 더욱 깊은 토론은 아래 자료들을 보라. Paul C. H. Lim, *Mystery Unveiled: The Crisis of the Trinity in Early Modern England* (Oxford: Oxford University Press, 2012), 16-68; Kelly M. Kapic, "The Spirit as Gift: Explorations in John Owen's Pneumatology," in *The Ashgate Research Companion to John Owen's Theology*, ed. Kelly M. Kapic and Mark Jones (Farnham, UK: Ashgate, 2012), 115-19; Sarah Mortimer, *Reason and Religion in the English Revolution: The Challenge of Socinianism* (Cambridge: Cambridge University Press, 2010).

신학의 "필리오케(*filioque*) 전통"을 따라서 성령이 성부와 성자로부터 나오신다고 주장한다.[64] 그는 필리오케 교리의 성경적 근거가 두 가지가 있다고 보았다. 하나는 마태복음 28장의 삼위일체적 세례문구이며, 다른 하나는 "주의 영"이라는 표현이다(고후 3:17; 사 11:2).[65] 십스는 "성령은 성부와 성자로부터 나오시기에 두 분의 사랑을 증거하시기에 적합하다."라고 주장한다.[66] 또한 "성령은 성부와 하나님이신 성자로부터 나오신다. 그리고 성령은 인간이신 그리스도를 거룩하게 하시는데, 그것은 그가 처녀의 태에서 그렇게 하셨던 것과 같다."라고 말한다.[67] 흥미롭게도 십스는 다음과 같이 주장한다.

> 우리는 성부와 성자를 소유하기 전에 성부와 성자로부터 나오신 성령을 먼저 소유함이 틀림없다. 그렇기에 성령의 교통이라고 불리는 것이다. 왜냐하면 성부와 성자의 영이신 성령이 성부를 우리들의 아버지로, 성자를 우리들의 구세주로 나타내시기 때문이다.[68]

이 글에서 십스는 삼위의 내재적 혹은 존재론적 측면에 있어서는 성령이 성부와 성자로부터 나오시지만, 하나님을 신자가 인식하는 일에 있어서는 성령께서 성부와 성자를 증거하신다고 주장한다. 또 다른 한편으로 십스는 구원 경륜에 있어서 하나님은 성자를 먼저 보내시고 성령을 보내신다고 가르친다. 그에 따르면,

---

64 Sibbes, *The Complete Works of Richard Sibbes*, 4:208.

65 Sibbes, *The Complete Works of Richard Sibbes*, 4:294, 5:412. Rempel, "The Trinitarian Pattern of Redemption in Richard Sibbes (1577–1635)," 12.

66 Sibbes, *The Complete Works of Richard Sibbes*, 4:144.

67 Sibbes, *The Complete Works of Richard Sibbes*, 4:206.

68 Sibbes, *The Complete Works of Richard Sibbes*, 4:326.

하나님은 자신의 아들을 먼저 주셨다. 그리고 성부와 성자로부터 나오시는 성령을 주셨다. 요한복음 6장과 7:39에 나오듯이 성자의 부활과 승천이 있기까지 성령은 주어지지 않았다. 왜 그런가? 성령은 그분을 보내신 하나님의 선한 의지의 선언이시므로, 아들의 죽음으로써 모든 원수들이 온전히 지배당하고, 그의 부활로써 그들이 지배당했음이 증언되기 전까지는 성령은 그렇게 온전히 주어질 수 없었기 때문이다.[69]

여기에서 십스는 구원역사적인 측면에서 성령의 오심을 조명한다. 그는 성부께서 자신의 아들을 먼저 주신 후에 아들이 그에게 맡겨진 사역을 다 완수하고, 그러고 나서 성부께서 성령을 보내주신 것으로 설명을 한다. 왜냐하면 성령은 성자의 사역을 통해 최종적으로 드러난 성부의 선한 의지를 선언하시는 분이기 때문이다. 그런가 하면 십스는 위에서 다룬 바와 같이 성부와 성자와 성령의 순서대로 구원 경륜을 설명하기도 했다. 그에 따르면 성부는 작정하시고, 성자는 작정을 온전히 이루시며, 성령은 그 작정을 신자에게 적용하신다.[70]

이처럼 십스는 본체적 삼위일체론과 경륜적 삼위일체론, 그리고 신자의 인식과 구원경험에 있어서의 삼위일체론을 성령을 중심으로 하여 설명한다. 성령은 본체적 삼위일체에 있어서는 성부와 성자로부터 나오시며, 경륜적 삼위일체에 있어서는 성자의 사역이 완수된 다음에 주어지시며, 신자의 인식론적 삼위일체론에 있어서는 성부와 성자보다 먼저 주어져서 성부와 성자를 증거하시며, 신자의 구원경험에 있어서는 성부와 성자께서 마련하신 구원을 최종적으로 적용하신다.

흥미로운 점은 십스가 필리오케 교리에서부터 출발하여 기독론으로 설명해

---

**69** Sibbes, *The Complete Works of Richard Sibbes*, 5:329.
**70** Sibbes, *The Complete Works of Richard Sibbes*, 5:439.

나아가는 부분이다. 그는 이렇게 적고 있다.

> 성령은 성부의 영이신 동시에 성자의 영이시다. 성령은 성부와 성자로부터 나오신다. 인간으로서 그리스도는 성령을 받으신다. 성부 하나님과 성자 하나님은 성령을 그리스도의 인성 위에 두신다. 그리하여 그리스도는 여러 측면에서 성령을 주시기도 하고 받으시기도 하는 것이다. 하나님으로서 그리스도는 성령을 주시고 보내신다. 성령을 보내시고 내쉬시는 것은 성부에게서와 마찬가지로 그리스도에게서도 그러하다. 하지만 인간으로서 그리스도는 성령을 받으신다.[71]

이 인용문에서 십스는 기독론에서 중요한 교리인 그리스도의 신인성 교리를 성령의 측면에서 설명한다. 성자 하나님으로서 그리스도는 성령을 발출하시며, 성령을 보내시는 분이다. 동시에 인간으로서 그리스도는 성령을 받으시는 분이다.

특히 십스는 경륜적 측면에서 볼 때에 성부와 성자의 관계가 성부와 성령의 관계 그리고 성자와 성령의 관계에서 적용된다는 점을 가르친다. 이것은 교부들이 성령의 신성을 증명할 때에 강조했던 부분이다. 가령 바실리우스는 성부와 성자와 성령의 "에네르게이아(*energeia*; 능력 혹은 작용)"가 동일하기에 성령도 역시 신적 본성을 가진다고 주장하였다.[72] 그와 유사하게 십스도 하나

---

71 Sibbes, *The Complete Works of Richard Sibbes*, 1:17. "The Spirit is his Spirit as well as the Father's. The Spirit proceeds from them both. Christ, as man, receives the Spirit. God the Father and the Son put the Spirit upon the manhood of Christ; so Christ both gives and receives the Spirit in diverse respects. As God, he gives and sends the Spirit. The spiration and breathing of the Spirit is from him as well as from the Father, but as man he received the Spirit."

72 여기에서 "에네르게이아(ἐνέργεια)"는 신적 능력 혹은 작용을 뜻한다. 아리스토텔레스 철학에서 "에네르게이아"는 현실태의 상태나 조건, 완전한 현실태나 작용을 뜻했다. 교부들과 중세 신학자들은 이 개념을 삼위일체론에 적용하여 신학화 했다. 라틴어 번역은 "악투스(actus)"이다. 바실리우스는 자신의 『편지』, 189.6-7에서 이렇게 적고 있다. "작용이 동일하면 본성이 동일하다고 결론내리는 것은 필연적이다. ... 따라서 성부와 성자와 성령의 경우에 작용의 동일성이 분명하게 본성의 불변성을 보여준다(ἀνάγκη τῇ ταὐτότητι τῆς ἐνεργείας

님의 사랑을 드러내는 데 있어서 성부와 성자와 성령 사이의 사역적 동일성이 나타난다고 가르친다.

> 그리스도는 성부의 사랑을 우리에게 드러내신다. 성부는 그리스도를 성령으로 드러내신다. 성부는 우리에게 그의 성령을 주신다. 성자는 우리에게 그의 사랑인 그의 성령을 주신다. 하나님의 사랑은 언제나 하나님의 성령과 함께 한다. 성령은 성부로부터 나오며 성부의 사랑은 언제나 그의 성령과 함께 한다. 우리를 거룩하게 하시며, 또한 우리에게 증언하시는 그 동일한 성령이 바로 사랑의 성령이시다. 이제 그리스도는 이것을 드러내신다. 우리는 그리스도께서 우리에게 자신을 드러내시기를 기도해야 할 뿐만 아니라, 또한 어떻게 드러내시는지 알아야 한다.[73]

십스는 삼위의 내적인 페리코레시스적인 관계성(perichoretic relationship)을 사랑이신 성령을 중심으로 설명한다.[74] 여기에서 십스는 성부가 성자를 드러내듯이, 성자 역시 성령을 드러낸다고 가르친다. 또한 성령은 성부와 성자를 드러내시는 분이시다. 경륜적 측면에서 성부와 성자의 관계가 성부와 성령의 관계 그리고 성자와 성령의 관계에서 동일하게 나타나는 것이다. 십스에 따르면, 성령은 사랑의 성령이자 동시에 하나님께서 드러내시는 사랑 자체이기도 하다. 따라서 성부와 성자가 사랑을 드러낼 때 그것은 곧 성령이 자신을 드러내는 것과 같은 것이 된다. 사랑을 보여주시는 사역에 있어서 성부와 성자와 성령이 일치성을

---

τὸ ἡνωμένον τῆς φύσεως συλλογίζεσθαι. ... Οὐκοῦν ἡ τῆς ἐνεργείας ταὐτότης ἐπὶ Πατρός τε καὶ Υἱοῦ καὶ Πνεύματος Ἁγίου δείκνυσι σαφῶς τὸ τῆς φύσεως ἀπαράλλακτον)." Richard A. Muller, *Dictionary of Latin and Greek Theological Terms: Drawn Principally from Protestant Scholastic Theology*, 2nd ed. (Grand Rapids, MI: Baker, 2017), 106을 보라.

**73** Sibbes, *The Complete Works of Richard Sibbes*, 6:394.

**74** 하지만 연구자가 찾은 바로는 십스가 "페리코레시스"라는 단어를 쓴 적은 없었다.

이룬다. 이러한 설명은 성령이 하나님이심을 분명히 보여줄 뿐만 아니라, 삼위일체론과 성령론의 밀접한 관련성을 또한 가르쳐준다.

여기에서 한 가지 짚고 갈 것은 청교도들은 삼위의 페리코레시스적인 교제를 피조물까지 확대하지는 않았다는 점이다. 이 점이 위르겐 몰트만(Jürgen Moltmann)과 같은 현대의 사회적 삼위일체주의자들과 다른 점이다.[75] 가령, 토머스 굿윈은 삼위의 내적인 페리코레시스적인 교제는 우리 피조물과 나누는 교제와 구분되는 것으로서, 우리와는 별개로 삼위 안에서만 이뤄지는 아주 고유한 교제라고 주장하였다.[76] 페리코레시스적 교제는 피조물에게 '전달불가능한 혹은 비공유적인'(incommunicable) 형태의 교제라는 것이다. 아우구스티누스의 『삼위일체론』을 연상시키는 한 구절에서 굿윈은 성령은 "삼위일체의 끈(*vinculum Trinitatis*)"이라고 부른다. 성령이 성부와 성자로부터 발출하는 것은 사랑의 방식을 통한 것이라고 주장한다. 이러한 것은 인간이 도무지 흉내 낼 수 없는 것이라고 굿윈은 주장한다.[77]

십스는 '하나님의 세 위격들 중에서 왜 특히 성령께서 사랑으로 신자들을 인치시는가?'에 대해 답을 한다. 그는 "왜 성령이 우리에게 은혜와 위로를 주시며, 우리에게 인치시며, 모든 것을 하셔서 우리를 세우시는가?"라고 묻는다.[78]

---

75 이에 대한 보다 자세한 논의와 비판은 연구자의 박사논문을 개정하여 출간한 B. Hoon Woo, *The Promise of the Trinity: The Covenant of Redemption in the Theologies of Witsius, Owen, Dickson, Goodwin, and Cocceius* (Göttingen: Vandenhoeck & Ruprecht, 2018), 5.2.2.2("The Holy Spirit as the Applier of the New Covenant") 항목을 참조하라.

76 Goodwin, *The Works of Thomas Goodwin*, 4:369. 굿윈은 성부와 성자의 연합도 역시 신자가 그리스도와 연합하는 것과는 다른 초월성을 가진다고 주장한다. Goodwin, *The Works of Thomas Goodwin*, 4:405("we must now extricate the person of Christ also from the like entanglements, and vindicate the transcendency of his union with God, and distance of his person from ours. And then all unions left below him are left free for us to attain, and shall be obtained by us.")

77 Goodwin, *The Works of Thomas Goodwin*, 4:50, 4:362-363.

78 Sibbes, *The Complete Works of Richard Sibbes*, 3:477.

그에 대해서 십스는 우선 우리 인간이 타락했기에 우리 스스로 은혜와 위로를 만들어 낼 수 없기 때문이라고 답한다. 그렇다면 왜 특히 성령께서 그런 사역을 하시는가에 대해서 십스는 성령이 성부와 성자로부터 나오셨기 때문이라고 대답한다. 그는 이러한 성령의 발출이 성부와 성자의 사랑을 증거하기에 적합하다고 주장한다. "왜냐하면 성령은 성부와 성자의 가슴에 계시며, 두 분으로부터 나오시기에, 그는 우리를 향한 성부의 비밀스런 사랑을 알고 계시며, 우리에게 중보자가 되시는 그리스도 예수의 사랑 또한 알고 계시기 때문이다."라고 십스는 적는다.[79] 그는 우리를 향한 성부의 사랑과 예수 그리스도의 사랑을 알고 계시는 하나님의 성령이야말로 "담보(earnest)"가 되시며, "인(seal)"이 되시기에 적합하다고 주장한다.[80] 또 다른 작품에서 십스는 성령이 성부와 성자로부터 나오시기에 우리를 성부와 성자께로 이끄실 수 있는데, 이것은 하늘에서 오신 분이 하늘로 이끄실 수 있는 것과 같은 이치라고 가르친다.[81]

이상에서 충분히 나타난 것처럼 십스의 성령론은 삼위일체론과의 밀접한 관계성을 가지면서 전개되었다. 이러한 신학적 진술이 낳는 결과는 다양하겠지만 한 가지만 언급한다면, 무엇보다 성령이 하나님으로 인식되면서 성부와 성자의 외적 사역(*opera ad extra*)이 성령에게도 돌려지게 되었다는 점이다. 볼프-디이터 하우쉴트에 따르면, 이렇게 하나님의 사역에 대한 신앙의 규칙을 성부, 성자, 성령의 삼원론적으로 이해한 것은 오리게네스의 『원리들에 대하여』(*De principiis*, I.3)에서 시작된 전통이다.[82] 그러한 전통을 아우구스티누

**79** Sibbes, *The Complete Works of Richard Sibbes*, 3:477.

**80** Sibbes, *The Complete Works of Richard Sibbes*, 3:477.

**81** Sibbes, *The Complete Works of Richard Sibbes*, 7:545.

**82** Wolf-Dieter Hauschild, *Lehrbuch der Kirchen- und Dogmengeschichte*, vol. 1, Alte Kirche und Mittelalter, 2nd ed. (Gütersloh: Gütersloher Verlagshaus, 2000), 21(1999년에 나온 이 책의 1판에도 21쪽에 그런 내용이 나온다).

스는 『삼위일체론』에서 "하나님의 외적 사역은 분리 불가하다(*Opera ad extra non divisa sunt*)."는 표현으로 정리해 내었고 이것은 이후에 정통적 삼위일체 신학의 중요한 공식이 되었다.[83] 이상에서 보듯이 리처드 십스는 성령의 사역이 성부와 성자의 사역과 분리되지 않고 오히려 일치성을 이룬다는 사실을 여러 곳에서 강조함으로써, 정통적 삼위일체론과 연속성 상에서 신학 작업을 하고 있음을 보여주었다. 십스뿐만 아니라 굿윈, 오웬, 에드워즈 등의 작품에도 하나님의 외적 사역의 분리불가성에 대한 원리가 잘 나타난다.[84] 이처럼 청교도들은 성령론을 삼위일체론과의 연속성 속에서 다룸으로써 두 교리의 상호풍요화(cross-fertilization)를 충분히 보여주었다.

## 5. 성령과 그리스도

리처드 십스의 성령론은 삼위일체론뿐 아니라 기독론과도 매우 밀접한 관련성을 지닌다.[85] 조엘 비키와 마크 존스는 성령의 사역을 기독론적 배경 하에서 이해한 것이야말로 청교도가 매우 탁월하게 제시한 분야이며, 또한 그들이 기독교 신학에 독보적으로 기여한 부분이라고 주장한다.[86] 이러한 특징이 십스의 성령론에서도 잘 드러난다. 청교도들은 특별히 "두 본성 기독론(two-nature Christology)"이

83 아우구스티누스, 『삼위일체론』, 1.8.15에 대표적으로 나온다. 이에 대한 자세한 설명은 아래를 보라. 우병훈, "존 오웬의 삼위일체론과 아우구스티누스-아퀴나스적 신론 전통," 『종교개혁과 하나님』, 개혁주의 신학과 신앙 총서, 제 12집(2018): 257-87(특히, 266-29쪽에 나오는 3. 아우구스티누스의 "삼위의 분리불가적인 작용에 대한 교리").

84 십스, 굿윈, 오웬, 에드워즈의 작품에 "삼위의 분리불가적인 외적 사역에 대한 교리"는 암시적으로 전제되어 있지만 다음 작품에 명시적으로 제시되어 있다. Owen, *The Works of John Owen*, 2:18; Goodwin, *The Works of Thomas Goodwin*, 6:11.

85 십스의 기독론에 대해서는 Affleck, "The Theology of Richard Sibbes," 제1장(24-113쪽)을 보라.

86 Beeke and Jones, *A Puritan Theology*, 423.

가지는 단점을 청교도 고유의 "영-기독론(Spirit-Christology)"을 통하여 극복하고자 했다. 여기서 말하는 "두 본성 기독론"이란 칼케돈 신조에 표명된 기독론을 말하며, "영-기독론"이란 성령이 그리스도의 지상 사역 가운데 그의 인격과 사역을 유지하도록 활동하였다는 사상을 뜻한다.[87] "영-기독론"은 때로 "입양설(adoptionism)"과 같은 이단적 사상으로 흐르기도 하였지만, 신학의 역사에서 성경적이고 건전한 형태의 "영-기독론"은 교부신학 때부터 늘 이어져 내려온 전통이다.

"입양설" 혹은 "그리스도 범부론(凡夫論)"이란 비잔티움의 무두장이 테오도레투스의 신학에서 볼 수 있는 주장이다.[88] 비잔티움의 테오도레투스는 190년경 로마에서 활동했다. 교회사가 에우세비우스에 따르면, 그는 그리스도가 단순한 인간이라고 주장했다가 로마의 주교 빅토리우스 주교에 의해 추방되었다.[89] 이것은 히폴뤼투스의 증언과 일치한다. 그에 따르면, 비잔티움의 테오도레투스는 예수가 동정녀에게 태어났지만 평범한 인간으로 살다가 요단강에서 세례 받을 때에 그리스도를 받았다고 주장했다. 그리스도라는 말로서 비잔티움의 테오도레투스는 신적인 영(*Geist*)을 생각했을 것이다.[90] 히폴뤼투스는 비잔

87 일반적으로 "영-기독론"이란 기독론에서 성령의 역할을 주목하면서 그리스도의 인격과 사역을 성령론적 관점에서 이해하고자 추구하려는 이론을 뜻한다. 자세한 내용은 아래 문헌을 보라. Ralph Del Colle, *Christ and the Spirit: Spirit-Christology in Trinitarian Perspective* (New York: Oxford University Press, 1994), 3-4; Oliver D. Crisp, *Revisioning Christology: Theology in the Reformed Tradition* (Burlington, VT: Ashgate, 2011), 93.

88 입양설에 대해서는 Wolf-Dieter Hauschild and Volker Henning Drecoll, *Lehrbuch der Kirchen- und Dogmengeschichte*, vol. 1, Alte Kirche und Mittelalter, 2nd ed. (Gütersloh: Gütersloher Verlagshaus, 2016), 59-60을 보라. 드레콜이 개정한 이 책에서는 "입양설(*Adoptianismus*)"보다는 "그리스도 안에서 하나님의 내주(*Einwohnung Gottes in Christus*)"라는 표현을 더 선호한다.

89 Eusebius, *Historia ecclesiastica*, 5,28,6. Hauschild and Drecoll, *Lehrbuch der Kirchen- und Dogmengeschichte* (2016), 1:59에서 재인용.

90 Hippolytus, *Refutatio omnium haeresium*, 7,35,1-2. Hauschild and Drecoll, *Lehrbuch der Kirchen- und Dogmengeschichte* (2016), 1:60에서 재인용.

티움의 테오도레투스가 단 한 번도 그리스도를 신으로 여기지 않았다고 전하지만, 이는 논쟁 상황에서 나온 표현으로 봐야 한다. 사실상 비잔티움의 테오도레투스가 무슨 주장을 했는지 불확실하다. 한편, 비잔티움의 테오도레투스는 또한 '멜기세덱 신학'을 발전시켰다고도 전해진다. 이에 따르면 멜기세덱은 신적인 위인이었는데[91] 그리스도 안에서 나타났다. 그리고 그 그리스도가 예수의 세례 시에 그에게 임재했다.[92] 이처럼 입양설 혹은 그리스도 범부론은 정통 기독교의 가르침과는 정면으로 배치되는 사상이며, "영-기독론"이 잘못되면 이러한 사상으로 흐를 수 있다.

청교도들이 제시했던 "영-기독론"은 입양설 혹은 그리스도 범부론과는 무관하다.[93] 오히려 그들은 "두 본성 기독론"의 단점을 보완하면서도 정통적인 "영-기독론"을 제공하였다. 그렇기에 "두 본성 기독론"이 다각도로 비판받고 있는 현대 신학계에서 유용한 관점을 제공한다. 20세기 신학의 기독론 영역에 있어 가장 혹독하게 비판받은 것은 칼케돈 기독론이었다.[94] 특히 위르겐 몰트만의 비판이 대표적이다. 그는 크게 네 가지 이유를 들어서 "두 본성 기독론"을 비판했다.

---

91 헤르마스, 『목자』 7.3 참조.

92 Hippolytus, *Refutatio omnium haeresium*, 7,36,1. Hauschild and Drecoll, *Lehrbuch der Kirchen- und Dogmengeschichte* (2016), 1:60에서 재인용.

93 존 오웬은 입양설이나 그리스도 범부론을 분명히 거부한다. 예를 들어 그가 쓴 대교리문답 제 10장의 제 1문답에 대한 부가적 설명에서 그는 그리스도가 "성육신하신 하나님이시고, 신성화된 인간이 아니다(God incarnate,—not a man deified)"라고 주장한다. Owen, *The Works of John Owen*, 1:478.

94 사라 코클리는 문제가 되는 지점들을 아래 문헌에서 잘 정리하고 있다. Sarah Coakley, "What Does Chalcedon Solve and What Does It Not? Some Reflections on the Status and Meaning of the Chalcedonian 'Definition,'" in *The Incarnation: An Interdisciplinary Symposium on the Incarnation of the Son of God*, ed. Stephen T. Davis et al. (Oxford: Oxford University Press, 2002), 143–63. 이 주제에 대해서 Woo, *The Promise of the Trinity*, 5.2.1.4("Harmony of 'Two-Nature Christology' and 'Spirit-Christology'")를 참조하라.

첫째, 만일 영원한 로고스가 비위격적 인성(non-personal human nature)을 취했다고 한다면 그는 역사적 인물로 볼 수가 없고, 따라서 우리는 더 이상 나사렛 예수를 말할 수 없게 된다.

둘째, 만일 영원한 로고스가 죄 없는 인성을 취하셨다면, 그는 신성에 따라서 불멸할 뿐 아니라, 인성에 있어서도 역시 죽을 수 없다. 죽음이라는 것은 죄의 결과이기 때문이다.

셋째, "두 본성 기독론"의 틀 안에서는 그리스도의 낮아지심에 대한 모든 표현들 예를 들어 그의 인성, 고난, 십자가 죽음 등은 그의 인성에 연관되며, 승귀와 승리와 같은 것은 그의 신성에 대한 표현들로 환원되고 말 것이다. 그리하여 결과적으로 그리스도의 인성과 신성은 애매하게 결합되거나 분리되어 사고되거나, 혹은 인성이 신성 쪽으로 흡수되어 버린다.

넷째, "두 본성 기독론"에서는 세상에 대한 형이상학적 관점을 취하게 됨으로써, 그리스도의 사랑의 고난과 고통을 위한 그의 역량이 더 이상 예수의 특정 역사 속에서 서술될 수 없게 된다.95 비록 몰트만의 "두 본성 기독론"이 칼케돈 기독론을 정당하게 다루고 있는 것은 아니라 할지라도 그의 비판은 "두 본성 기독론"이 조심해야 할 지점들을 잘 지적해 주고 있는 것만은 사실이다.96

"두 본성 기독론"에 대한 이러한 비판 때문에 그 대안으로 "영-기독론"이 새롭게 조명 받게 되었다. 청교도 기독론에 대한 해석도 "두 본성 기독론"의

---

95 Jürgen Moltmann, *The Way of Jesus Christ: Christology in Messianic Dimensions*, trans. Margaret Kohl (London: SCM, 1990), 51-2, 74.

96 몰트만의 "두 본성 기독론" 비판에 대하여 아래에 실린 응답들을 보라. Stephen T. Davis et al., eds., *The Incarnation: An Interdisciplinary Symposium on the Incarnation of the Son of God* (Oxford: Oxford University Press, 2002); Stephen T. Davis, Daniel Kendall, and Gerald O'Collins, eds., *The Redemption: An Interdisciplinary Symposium on Christ as Redeemer* (Oxford: Oxford University Press, 2004).

관점에서 해석되던 여러 청교도들의 작품들이 최근에는 "영-기독론"의 관점 쪽에서 재해석되고 있다. 예를 들어 올리버 크리스프(Oliver Crisp)는 존 오웬이 아주 견실한 "영-기독론"을 형성했다고 주장한다.[97] 또한 스티픈 홈즈(Stephen R. Holmes)나 에이미 플란팅가-포(Amy Plantinga-Pauw)는 에드워즈의 기독론이 "영-기독론"이라고 주장한다.[98] 그러나 이들 학자들은 오웬과 에드워즈의 기독론이 가지는 "두 본성 기독론"적 특징을 무시하거나 약화시키는 경향이 있다. 하지만 여타 다른 청교도들처럼 오웬과 에드워즈는 "두 본성 기독론"을 기본적으로 인정하고 있음을 기억해야 한다.

이 점에 있어서 리처드 십스도 예외가 아니다. 그는 "두 본성 기독론"의 기본 명제들을 받아들이며, 그리스도의 양성(兩性; two natures)을 자주 언급한다. 그리스도는 자신의 인성(人性)을 신성(神性)으로써 하나님께 제사로 바치셨고, 그것이 우리의 양심을 죽은 행실에서부터 깨끗하게 한다(히 9:14).[99] 십스는 흥미로운 비유를 써서 신성과 인성을 묘사한다. "그리스도의 인성이 나무라면, 그것을 담고 있는 그의 신성은 금이다."[100] 십스는 그리스도의 신성과 인성의 연합을 "연합의 은혜(the grace of union)"라고 표현한다. 그리스도께서 인간의 본성을 선택하신 것은 너무나 은혜롭고 영광스러우며 은혜에서 기인한 일이기 때문이다.[101] 십스는 그리스도의 신성과 인성의 연합을 통하여 "한 인격(one person)"을 이룬다고 주장한다.[102] 그는 그것을 "위격적 연합

---

**97** Crisp, *Revisioning Christology*, 91-109.

**98** Stephen R. Holmes, *God of Grace and God of Glory: An Account of the Theology of Jonathan Edwards* (Edinburgh: T&T Clark, 2000), 136–42; Amy Plantinga-Pauw, *"The Supreme Harmony of All": The Trinitarian Theology of Jonathan Edwards* (Grand Rapids, MI: Eerdmans, 2002), 145–48. 위에서 언급했던 올리버 크리스프도 역시 에드워즈의 기독론이 "영-기독론"이었다는 견해에 동의한다.

**99** Sibbes, *The Complete Works of Richard Sibbes*, 3:227.

**100** Sibbes, *The Complete Works of Richard Sibbes*, 3:370.

**101** Sibbes, *The Complete Works of Richard Sibbes*, 1:10, 4:326.

(personal union)"이라고 표현한다.[103] 이렇게 하여 "한 인격 안에 있는 두 본성"이라는 "칼케돈의 정식(the Chalcedonian Formula)"을 따른다. 그러면서도 십스는 신성이 없다면 인성은 무가치하다고 주장하면서, 신성을 인성보다 우위에 둔다. 하지만 신성과 인성 모두 중요하다고 주장한다.[104] 이것은 알렉산드리아의 키릴루스(Cyril of Alexandria)에 가까운 입장으로 볼 수 있겠다. 하지만 십스는 두 본성 즉 하나님과 인간이 한 인격 안에 있음은 모든 것이 신비라고 주장한다.[105] 그리스도의 탁월성은 하나님과 인간 사이의 "위격적 연합의 은혜(the grace of his personal union of God and man)"에 기인한다.[106] 그리스도의 고난이 탁월한 가치가 있는 것 역시 위격적 연합에 근거한다.[107]

주목할 만한 점은 그리스도의 신성과 인성의 연합에 성령의 사역을 개입시킨 점이다. 십스는 이렇게 주장한다.

> 그리스도의 인성을 거룩하게 하신 그 동일한 성령께서 인성을 그리스도의 신성에 맞춰 넣으시고, 그의 지체들을 거룩하게 하시며, 그들이 은혜와 성화 안에서 부요하게 하시는데, 그것이야말로 가장 좋은 풍부함이다.[108]

---

102 Sibbes, *The Complete Works of Richard Sibbes*, 4:206. 십스는 "한 인격 안에 있는 하나님과 인간"이라는 표현도 쓴다(Sibbes, *The Complete Works of Richard Sibbes*, 5:86). 십자가에서 그리스도는 한 인격으로서 죽으신 것이다(Sibbes, *The Complete Works of Richard Sibbes*, 5:326).

103 십스의 작품에서 "위격적 연합(personal union)"이란 표현은 총 3번 나온다. Sibbes, *The Complete Works of Richard Sibbes*, 2:139, 147; 7:361.

104 Sibbes, *The Complete Works of Richard Sibbes*, 4:409.

105 Sibbes, *The Complete Works of Richard Sibbes*, 5:464. "In Christ, all is mysteries: two natures, God and man, in one person; mortal and immortal; greatness and baseness; infiniteness and finiteness, in one person."

106 Sibbes, *The Complete Works of Richard Sibbes*, 2:139.

107 Sibbes, *The Complete Works of Richard Sibbes*, 2:147.

108 Sibbes, *The Complete Works of Richard Sibbes*, 4:501-2. "The same Spirit that

이처럼 십스는 그리스도 안에서 신성과 인성의 연합은 다름 아닌 성령을 통해 이뤄진 사역이라고 묘사한다. 그에 따르면, 그리스도의 인성과 신성 사이의 연합은 그리스도의 인성이 가진 모든 은혜들의 원인이 된다. 그와 마찬가지로 우리를 그리스도께로 연합시키시는 하나님의 영은 우리 안에 있는 모든 은혜의 원인이 되신다. 만일 우리가 "그리스도의 영"을 갖지 못했다면 우리는 아무도 그에게 속하지 못했다.[109] 그리스도의 인성과 신성의 연합, 그리고 그리스도께서 받으신 직분은 모두 하나님과 우리를 화해시키기 위한 것이었다.[110]

이상에서 보듯이 십스는 "두 본성 기독론"을 기본적으로 인정한다. 하지만 그와 동시에 "영-기독론"의 특징을 드러낸다. 이제 십스의 기독론이 가진 영-기독론적 특색을 살펴보겠다. 가장 먼저, 십스는 성령을 "그리스도의 영"이라고 부른다.[111] 우리는 "그리스도의 영"이신 성령이 우리 안에서 역사하시기 전까지는 그리스도를 참되게 믿을 수 없다.[112] "그의 영"이 우리 안에 더 많이 거할수록 우리가 더 많이 낮아져서 섬길 수 있도록 하신다.[113] 우리의 영이 "그리스도의 영" 아래에 있으면 그에 의해 다스림을 받으며, 그것이 그리스도에 의해 다스림을 받는 한 우리는 은혜의 통치 아래에 있게 된다.[114] 그리스도인은 왕이며(계 1:6), 적절한 때 모든 죄를 이길 승리하시는 "그리스도의 영"이 그 안에 있다.[115] 갈라디아서 2:19를 설명하면서 십스는 신자가 구원의 확신을

---

sanctified his human nature and knit it to his divine, it sanctifieth his members, and makes them rich in grace and sanctification, which is the best riches."

109 Sibbes, *The Complete Works of Richard Sibbes*, 7:111.
110 Sibbes, *The Complete Works of Richard Sibbes*, 7:119.
111 Sibbes, *The Complete Works of Richard Sibbes*, 1:182.
112 Sibbes, *The Complete Works of Richard Sibbes*, 1:civ.
113 Sibbes, *The Complete Works of Richard Sibbes*, 1:9.
114 Sibbes, *The Complete Works of Richard Sibbes*, 1:78(약간 의역했음).
115 Sibbes, *The Complete Works of Richard Sibbes*, 1:325.

가지도록 권면한다. 그리하여 "그리스도의 영"이 우리 안에 계시며, 우리의 육적 경향성들을 거룩하게 변화시켜 그리스도와 같이 만드시도록 해야 한다고 가르친다.[116] 신자의 마음 안에 잔류하는 죄는 너무나 혐오스럽기에 하나님께 속한 사람들은 옛 아담을 조금씩 태우고 없애버리는 불과 같은 "그리스도의 영"을 가져야 한다.[117] 정원(garden)에 있어 바람과 같은 존재가 영혼에 있어서는 "그리스도의 영"이시다.[118] 그리스도의 목소리는 말씀 사역에서 바깥에서 역사하고, "그리스도의 영"은 심령 가운데 안에서 역사하는데, 이 둘은 "자연적으로 결합되어(connatural)" 있으며 서로에게 적합하다.[119]

"그리스도의 영"은 그리스도의 형상을 영혼에 새긴다.[120] 그리스도를 닮은 자는 은혜롭고, 겸손하며, 불쌍히 여기며, 자비롭고, 순종하는 경향성을 갖게 된다.[121] "그리스도의 피"[122]는 죄의 죄책, 곧 죄의 분노와 악의를 고치시며, "그리스도의 영"으로써 그는 상처 자체를 치유하시는데, 병들고 죄짓는 수액(humour)을 조금씩 성화를 통해 정화시키신다.[123] 그리스도 안에 있는 자는 그리스도의 영을 가진 자이다. 이 두 가지 현상 중에 하나만 생길 수는 없다.

---

116 Sibbes, *The Complete Works of Richard Sibbes*, 1:342.
117 Sibbes, *The Complete Works of Richard Sibbes*, 1:358.
118 Sibbes, *The Complete Works of Richard Sibbes*, 2:7.
119 Sibbes, *The Complete Works of Richard Sibbes*, 2:56.
120 Sibbes, *The Complete Works of Richard Sibbes*, 2:175.
121 Sibbes, *The Complete Works of Richard Sibbes*, 2:506.
122 십스는 "그리스도의 피(the blood of Christ)"라는 표현을 자신의 작품에서 총 165회 사용한다(로고스 바이블 소프트웨어[Logos Bible Software]로 검색함). 그의 신학에서 "그리스도의 피"는 매우 중요한 개념이기에, 이에 대한 연구는 또 다른 논문을 요구한다. 참고로 "그리스도의 피"에 대한 다음의 글들은 아주 탁월한 수작(秀作)이다. Karl Barth, *Church Dogmatics*, IV/1, trans. Geoffrey Bromiley (Edinburgh: T&T Clark, 1956), 305-11; George Hunsinger, *Disruptive Grace: Studies in the Theology of Karl Barth* (Grand Rapids, MI: Eerdmans, 2000), 361-63.
123 Sibbes, *The Complete Works of Richard Sibbes*, 2:301. 영혼의 정화를 질병의 치료로 비유하는 것은 고대 교부 때부터 자주 사용되던 것이다.

그리스도의 영을 가진 자는 성령의 맛을 낸다. 즉, 그들의 생각, 말, 행동, 대화가 모두 성령의 맛이 나게 된다.[124] "그리스도의 영"을 가지기 전까지 사람은 결코 죄를 미워할 수 없다.[125] 영혼 없는 몸이 죽은 것 같이, "그리스도의 영"이 없으면 신자는 아무 것도 행하지 못한다.[126] 우리가 믿음으로 그리스도께 접붙여지면 우리는 "그리스도의 영"이 우리 안에서 우리의 모든 자연적 부패들을 점점 더 이기신다는 사실을 안다.[127]

십스는 독특하게도 그리스도의 "신성이 인성에 흘러들어간다"는 표현을 종종 사용한다. 그에 따르면, 그리스도의 육체가 하나님의 정의를 충족시킬 수 있는 이유는 그의 신성이 인성에 흘러들어가서 그의 인성이 영광스럽게 되었기 때문이다.[128] 또 다른 곳에서 십스는 성령이 그리스도의 인성 안에서 모든 것의 모든 것이 되신다고 주장한다. 그리하여 그리스도께서 행하신 것은 무엇이든지 성령 충만의 결과라고 주장한다.[129] 십스에 따르면, 그리스도께서 우리의 구원자가 되실 수 있었던 것은 바로 그의 신성이 인성과 결합하여 하나의 인격을 이루고 있었기 때문이다.[130] 그는 "그리스도께서 우리의 인성을 취하신 것은 우리가 그의 신성에 참여할 수 있도록 하기 위해서이다. 따라서 그것은 연합을 위한 사역인데, 그리하여 우리가 그와 영광스런 교제를 갖도록 하기

---

**124** Sibbes, *The Complete Works of Richard Sibbes*, 2:363.

**125** Sibbes, *The Complete Works of Richard Sibbes*, 2:391.

**126** Sibbes, *The Complete Works of Richard Sibbes*, 2:405.

**127** Sibbes, *The Complete Works of Richard Sibbes*, 2:479.

**128** Sibbes, *The Complete Works of Richard Sibbes*, 5:353. "But then **his divine nature did flow into his human nature**; and then his human nature became glorious, so glorious as it was capable of what he did for us." (강조는 필자의 것)

**129** Sibbes, *The Complete Works of Richard Sibbes*, 4:205-6. "The Spirit is all in all in the human nature of Christ; and whatsoever he doth, he doth, as it were, being full of the Spirit, in himself."

**130** Sibbes, *The Complete Works of Richard Sibbes*, 3:27.

위함이다."라고 말한다.[131] 하지만 그리스도는 영이시며 영원하시며 영혼보다 크신 분이시기에, 그리스도의 성육신으로 말미암아 그의 신성이 약화되지는 않는다.[132]

십스는 그리스도의 사역을 성령론적 측면에서 기술한다. 마리아의 몸에서 예수께서 잉태되신 것은 성령을 통해 이뤄진 것이다.[133] 그리스도는 성령으로 설교를 하신다.[134] 하나님은 그리스도 안에서 성령으로 우리를 고치신다.[135] 성령의 직무는 그리스도를 보내시고, 그리스도 안에서 하나님의 호의와 자비를 주시는 것이다.[136] 예수 그리스도께서 죽은 자를 살리시는 것도 성령을 통해서 그렇게 하실 수 있다.[137] 성령은 그리스도를 죽음에서부터 부활시키셨다.[138]

이상에서 보듯이 리처드 십스는 기본적으로는 "두 본성 기독론"의 전제를

---

**131** Sibbes, *The Complete Works of Richard Sibbes*, 4:333. "He took our human nature that we might partake of his divine nature; and therefore labour for union, that we may have gracious communion with him." 이 표현은 아타나시우스가 "하나님의 아들이 인간이 되신 것은 우리가 신이 되도록 하기 위해서이다."라고 말한 것을 생각나게 한다. 아타나시우스, 『성육신론』(*De incarnatione verbi dei*) 54, 3(*Patrologia Graeca* 25, 192B). 여기서 "우리가 신이 되도록 하기 위해서이다(θεοποιηθῶμεν)"라는 표현은 인간이 진짜 하나님이 된다는 것보다는 신의 성품에 참여하는 것으로 해석함이 바람직하다. Athanasius of Alexandria, "On the Incarnation of the Word," in St. Athanasius: Select Works and Letters, ed. Philip Schaff and Henry Wace, trans. Archibald T. Robertson, vol. 4, *A Select Library of the Nicene and Post-Nicene Fathers of the Christian Church*, Second Series (New York: Christian Literature Company, 1892), 65n3을 보라. 임대웅, 『간추린 신격화 교리』(서울: 기독교문서선교회, 2019), 57-67에는 아타나시우스의 신격화 교리가 잘 설명되어 있다. "아타나시우스에게 신격화란 삼위일체 하나님의 거룩한 삶에 참여하여 성자 안에서 성령을 통하여 하나님을 아버지라 부르며 삼위 하나님의 불멸을 나누어 받는 것이다(앞 책, 66-67쪽)."

**132** Sibbes, *The Complete Works of Richard Sibbes*, 5:315.

**133** Sibbes, *The Complete Works of Richard Sibbes*, 7:111.

**134** Sibbes, *The Complete Works of Richard Sibbes*, 5:39.

**135** Sibbes, *The Complete Works of Richard Sibbes*, 2:301-2.

**136** Sibbes, *The Complete Works of Richard Sibbes*, 5:420.

**137** Sibbes, *The Complete Works of Richard Sibbes*, 7:510.

**138** Sibbes, *The Complete Works of Richard Sibbes*, 5:147, 171.

받아들이면서도 거기에 더하여 "영-기독론"의 장점을 살려내고 있다. 청교도 "영-기독론"의 가장 중요한 주장은 그리스도의 신성이 바로 성령이라고 설명하는 것이다. 로마서 1:4는 청교도들의 "영-기독론"이 형성되는 데 있어서 매우 중요한 구절이다. 십스는 이 구절을 주석하면서 성령은 바로 그리스도의 신성을 뜻한다고 주장한다. 왜냐하면 로마서 1:4에서 그리스도가 거룩함의 영으로 죽은 자들 가운데서 부활하셨다고 하기 때문이다.[139] 그는 그리스도께서 다시 죽지 않으신다고 말한다(롬 6:8 이하). 그리스도의 생명은 끝이 없다. 왜냐하면 그리스도의 신성이 인성으로 흘러들어가기 때문이다. 그리스도의 영이 그를 계속해서 활동하게 하시기 때문에 그리스도의 생명은 영원하다고 십스는 주장한다.[140] 그는 그리스도께서 사람으로서 하신 일은 무엇이든지 성령으로 말미암아 하신 것이라고 주장한다.[141]

이처럼 십스의 성령론은 기독론과 밀접한 관련성을 가진다. 한편으로는 그는 "두 본성 기독론"을 따름으로써 칼케돈 신학을 받아들인다. 신성과 인성이 그리스도의 한 인격 안에서 연합되어 죄인을 하나님과 다시 화해시키는 사역을 하신다는 것을 가르친다. 다른 한편으로 십스는 "영-기독론"이 가지는 장점을 십분 활용한다. 그는 그리스도의 성육신, 사역, 부활 등을 성령의 역사로 설명하였다. 그는 그리스도의 신성을 성령으로 보았으며, 그리스도의 모든 구원 사역이 성령의 중재로 이뤄짐을 강조하였다.

---

**139** Sibbes, *The Complete Works of Richard Sibbes*, 5:487.

**140** Sibbes, *The Complete Works of Richard Sibbes*, 5:336. "Christ never dies again, Rom. 6:8, seq. He rose to a life that shall never end; for **the divine nature doth flow into his human nature**, and doth immediately inspire such a spiritual life into it, as it lives for ever, by virtue of the Spirit of Christ actuating, and stirring, and moving him, as his natural life did here, when he was upon the earth."

**141** Sibbes, *The Complete Works of Richard Sibbes*, 1:102.

## 6. 성령과 그리스도인의 삶

"영-기독론"의 장점은 그리스도를 닮아가는 삶을 더욱 역동적으로 묘사할 수 있다는 점이다. 리처드 십스는 그리스도 안에 있는 생명의 성령은 이제 우리가 그리스도와 연합할 때에 우리 안에서는 성화의 성령으로 역사한다고 주장한다. 그리하여 성령은 우리의 본성을 바꾸고 우리의 마음 안에 그리스도의 성향과 같은 성향을 조성하신다. 이제 신자는 성령의 사역 때문에 그리스도처럼 판단내리고 선택하며 하나님의 영광을 지향한다(빌 2:5; 고전 15:28).[142] 십스는 "하나님의 성령이 우리에게 신성을 주입시켜 준다. 그 신성이란 다름 아닌 성령인데, 모든 은혜의 씨앗이 된다."라고 요약한다.[143]

십스는 우리 안에 계신 성령은 또한 그리스도 안에 있는 성령이라고 주장한다. 그는 다음과 같이 말하였다.

> 우리는 이렇게 이해해야 한다. 곧 그리스도에게 합당한 영예와 존경을 돌리고, 우리가 갖고 있는 모든 것이 어디서 왔는지 알아야 한다. 그러므로 여기서 첫째로 성령이 그리스도에게 임하는 것으로 말해진다. 우리는 하나님에게서 직접 오신 성령을 소유하는 것이 아니고, 도리어 그리스도를 먼저 거룩하게 하고 그 다음에 우리를 거룩하게 하신 성령을 소유한다. 그리고 성령이 우리 안에서 행하시는 일은 무엇이나 그리스도에게 먼저 동일하게 행하시는 일이며, 성령은 그리스도 안에서 행하셨기 때문에 우리 안에서 그렇게 행하신다. 그래서 요한복음 16:14, 15에서 그리스도께서는 그[=성령]가 내 것을 가질 것이라고 말한다. 성령이 우리 안에서 역사하는 것은 무엇이든 그리스도에게서 먼저 취하신 것이다.[144]

142 Sibbes, *The Complete Works of Richard Sibbes*, 5:243.
143 Sibbes, *The Complete Works of Richard Sibbes*, 4:441.
144 Sibbes, *The Complete Works of Richard Sibbes*, 1:18.

이 말을 좀 더 풀어서 설명하면 비키와 존스가 말했듯이 그리스도께서 믿음을 갖고 계시지 않았더라면 그의 백성들은 불신앙 상태에 그대로 남아 있었을 것이며, 그리스도께서 의롭게 되고, 아들이 되고, 거룩하게 되고, 영화롭게 되지 아니했다면 그의 택함 받은 자도 그러한 복을 못 받게 되었을 것을 뜻한다. 성령은 이러한 복이 먼저 그리스도께 부여되었기 때문에 그의 교회에도 부여한다.[145]

십스가 제시한 그리스도 중심적인 성령론은 그리스도인의 삶을 이해할 때에 직접적인 영향을 미친다. 우리가 그리스도 안에 있는 하나님의 사랑과 자비를 상실한 저주 받은 상태에 있음을 보게 되는 것은 성령을 통해서이다. 마찬가지로 성령으로 말미암아 우리는 그리스도 안에 있는 하나님의 사랑을 확신하게 된다. 그리하여 하나님을 다시금 사랑하게 되고, 그의 자비를 의지하고, 그분을 사랑함에서부터 모든 즐거운 순종을 감당할 수 있게 된다.[146]

십스에 따르면, 인간의 마음이 비참함에 대한 감각으로 무너져 내릴 때, 오직 거룩하신 영께서 그리스도의 피를 그의 양심에 뿌리시면, 그리스도의 피가 죄책보다 그의 양심을 더 크게 울리시며, 인간을 회복시키신다. 하나님의 성령만이 양심에 다시금 위로를 주실 수 있다. 왜냐하면 그분만이 양심보다 더 크시기 때문이다. 인간은 위로를 말할 수는 있지만, 사실 그리스도의 성령만이 유일한 위로자이시다.[147]

십스는 아담과 그리스도와의 대조를 통해서 성령의 사역을 더욱 분명히 설명한다. 만일 우리가 아담 안에 서 있고 그 안에서 은혜를 구한다면 얻지 못할 것이다.[148] 그는 단지 인간일 따름이기 때문이다. 그러나 만일 우리가 "하나님

---

**145** Beeke and Jones, *A Puritan Theology*, 424.

**146** Sibbes, *The Complete Works of Richard Sibbes*, 1:24.

**147** Sibbes, *The Complete Works of Richard Sibbes*, 1:39.

이자 사람(신[神]-인[人]; God-man)"이신 "둘째 아담"에게서 은혜를 구한다면 영광스러운 은혜를 얻게 될 것이다. 사실 그 은혜는 성령을 통해서 주어지는 것이다. 모든 다른 피조물들도 성령으로부터 그들의 탁월성을 얻는다. 성령은 성부와 성자로부터 나오실 뿐만 아니라, 또한 우리의 본성을 통과해 오셔서 우리 본성을 성자 하나님과 연합시키시고, 그분과 하나가 되게 하시며, 우리에게 오셔서 우리 안에서 역사하신다.[149] 따라서 영혼 없는 몸이 죽은 것 같이, 그리스도의 영이 없으면 신자는 아무 것도 행하지 못한다.[150]

성령과 기도에 대해서도 십스는 많은 설교들과 글들을 남겼다.[151] 그 중에 한 가지만 소개하겠다. 십스는 로마서 8:26을 설명하면서 우리가 어떤 방식과 표현으로 주님께로 돌아가야 하는지 모를 때에 하나님은 성령을 보내셔서 우리가 무엇을 말해야 할지 알려주신다고 한다. 그리하여 성령은 더 이상 우리의 생명 없고 죽은 언어가 아니라 말할 수 없는 탄식으로 하나님께 나아가시며, 그때 하나님은 성령의 요구들을 친히 들으시게 된다. 그리스도도 마찬가지로 우리에게 어떻게 기도해야 할지를 가르쳐 주신다. 우리는 그리스도의 기도를 배우며, "기도의 영(a spirit of prayer)"을 받는다. 이것은 마치 위대한 사람이 자기에게 어떻게 말해야 할지를 직접 가르쳐 주는 것과 같다. 이 모든 것이 하나님의 은혜로움에 기인하며, 하나님께서 죄인을 그리스도 안에서 자비롭게 받으시는 방식이 된다.[152]

---

**148** 십스의 인간론에 대해서는 Beck, "The Doctrine of *Gratia Praeparans* in the Soteriology of Richard Sibbes," 제4장(123-54쪽); Frost, "Richard Sibbes' Theology of Grace and the Division of English Reformed Theology," 제5장(122-44쪽)을 보라.

**149** Sibbes, *The Complete Works of Richard Sibbes*, 4:208.

**150** Sibbes, *The Complete Works of Richard Sibbes*, 2:405.

**151** 십스는 "성령과 기도(Spirit and prayer)"에 대해서 자신의 작품에서 적어도 244번 이상이나 다루었다(로고스 바이블 소프트웨어[Logos Bible Software]로 검색함).

**152** Sibbes, *The Complete Works of Richard Sibbes*, 2:258.

십스는 때때로 하나님께서 우리 양심에 내밀하게 말씀하신다고 가르친다. 그에 따르면, 사람의 마음과 양심은 부분적으로 신적이고 부분적으로 인간적이다. 특히 그 사람이 거룩하면 더욱 신성을 양심 안에 가질 것이다. 그때 하나님이 말씀하시면 마음도 말한다. 하나님께서 그 마음에 말씀하시고, 그 마음은 우리에게 말한다. 때때로 우리는 우리에게 말하는 양심의 소리를 듣는 데도 불구하고 무시할 때가 있다. 아우구스티누스가 "하나님께서 때로 나에게 말씀하셨으나, 저는 무시하였나이다."라고 말할 때처럼 말이다.[153]

십스의 성령론이 신자의 삶과 관련하여 이렇게 역동적으로 전개됨에도 불구하고 그것이 신비주의로 빠지지 않았던 가장 큰 이유는 그가 언제나 성령을 말씀과의 밀접한 연관성 속에서 보았기 때문이다.[154] 십스는 성령의 직접적인 영감을 통해서 성경 저자들이 성경을 기록했다고 주장했다.[155] 성경의 저자들에게 영감을 주신 바로 그 성령이 지금 우리 안에 역사하여 하나님의 말씀이 하나님의 말씀임을 확신시키신다.[156] 청교도들은 하나님의 말씀을 "성령의 검"이라고 부르는 에베소서 6:17을 자주 인용했다.[157] 굿윈은 하나님의 말씀이 그리스도께서 그렇게 하신 것처럼 성령의 손에 들린 검이 되지 못하면 아무런 의미가 없다고 주장한다.[158] 오웬은 설교가 바로 성령의 검이 되어 사람의

---

**153** Sibbes, *The Complete Works of Richard Sibbes*, 6:114. 십스는 아우구스티누스의 말이라고만 언급하고 구체적인 작품은 말하지 않는데, 편집자는 『고백록』의 앞부분이라고 각주를 제시한다.

**154** Nuttall, *The Holy Spirit in Puritan Faith and Experience*, 제1장("The Spirit and the Word"); Affleck, "The Theology of Richard Sibbes," 188-203("Spirit and Word")을 참조하라.

**155** Sibbes, *The Complete Works of Richard Sibbes*, 3:337.

**156** Sibbes, *The Complete Works of Richard Sibbes*, 3:427.

**157** Sibbes, *The Complete Works of Richard Sibbes*, 4:367, 5:136; Goodwin, *The Works of Thomas Goodwin*, 6:36, 229; Jonathan Edwards, *The "Blank Bible": Part 1 & Part 2*, ed. Stephen J. Stein and Harry S. Stout, vol. 24, *The Works of Jonathan Edwards* (New Haven; London: Yale University Press, 2006), 355, 919 등등을 보라. 이하에서 조나단 에드워즈의 이 편집본 시리즈는 WJE로 약칭한다.

영혼을 확신시키고 회심시킨다고 주장한다.[159] 십스는 성령의 성화 사역을 성령의 말씀 사역과 동일한 것으로 여긴다.[160] 하나님은 성령을 통해서 동시에 하나님의 말씀을 통해서 신자를 인도하시기 때문이다.[161] 그는 성령은 계시의 영인 동시에 성화의 영이라고 주장한다. 성령은 성부와 성자의 사랑을 우리에게 개시(開始)해 주시고, 우리가 은혜로써 성부와 성자와 함께 교제하도록 적합하게 해 주는 분이시다.[162]

특히 십스는 설교 사역을 중요하게 생각했다. 그는 설교 사역은 "하나님의 성령의 능력 있는 도구(a potent instrument of the Spirit of God)"라고 주장했다.[163] 이것은 다른 청교도들과 결을 같이 하는 생각이었다. 에드워즈는 설교자들은 하나님의 말씀을 철저하게 설교해야 하며, 성령의 검을 다룰 때에 우레의 아들들처럼 되어서 사람들의 양심을 일깨워야 한다고 권면한다.[164] 오웬은 성도는 언제나 하나님의 성령의 원리에 따라, 즉 성령 안에서 행해야 한다고 주장한다.[165] 이처럼 리처드 십스를 비롯한 청교도들은 성령을 깊이 체험하는 신앙을 추구했지만, 언제나 하나님의 말씀의 테두리 안에서 순종하고 행하는 신앙을 함께 강조했다. 십스가 설교를 전하기 전에 행한 다음과 같은 기도에는 성령을 강하게 의지하는 그의 태도가 잘 나타난다.

> 은혜롭고 거룩하신 아버지여! 주님은 이 날을 주님 자신을 섬기고 예배드리도록

---

158 Goodwin, *The Works of Thomas Goodwin*, 6:36.
159 Owen, *The Works of John Owen*, 4:483.
160 Sibbes, *The Complete Works of Richard Sibbes*, 3:263.
161 Sibbes, *The Complete Works of Richard Sibbes*, 3:350.
162 Sibbes, *The Complete Works of Richard Sibbes*, 5:444.
163 Sibbes, *The Complete Works of Richard Sibbes*, 3:370.
164 Edwards, WJE, 4:423.
165 Owen, *The Works of John Owen*, 17:541.

성별하셨습니다. 그리하여 저희가 구원의 길에서 더욱 정진하게 하셨습니다. 주님은 가장 은혜로운 약속을 하셨으니, “두세 사람이 주님의 이름으로 모인 곳에는 주님께서도 그들 중에 있느니라.”는 말씀입니다[마 18:20]. 이제 이러한 주님의 약속이 저희에게 이뤄지도록 간구하오니 허락하소서. 저희는 주님의 이름으로 모였나이다. 주님께 기도하며, 주님의 거룩하고 복된 말씀을 듣고 말하고자 하나이다. 지금 이 시간 주님의 성령으로 저희 마음을 거룩하게 하소서. 그리하여 저희가 이 거룩한 예배를 주님의 영광과 저희 자신의 위로를 위하여 드릴 수 있게 하소서. 저희는 저희 본성의 죄들 때문에, 그리고 저희 삶의 죄들 때문에 주님의 지극히 거룩한 존전에 나아가기에 부적합합니다. 주님의 복된 진리에 대한 지식을 가졌음에도 불구하고 그러합니다. 저희는 마땅히 그러해야 함에도 불구하고 거룩한 진리를 환대하지도 않았고, 그것을 고백하지도 않았습니다. 오히려 주님의 말씀과 성령으로 저희 마음에 밝히신 그 빛에 때때로 저항하여 많은 죄들을 지었습니다. 여타의 죄악들 중에서도, 저희가 주님의 명령을 거슬러 지은 죄들을 고백합니다. 저희는 그 명령에 순복하도록 마음을 준비시키지 않았습니다. 저희가 마땅히 했어야 하며 할 수 있었는데도 불구하고 그 명령을 행함으로 유익을 얻지 못했습니다. 저희에게 주신 주님의 거룩하신 명령을 불경스럽게 다루어서 주님의 위엄을 손상시켰습니다. 그러나 주님은 예수 그리스도 안에서 저희에게 은혜로우시고 자비로우신 아버지가 되십니다. 그리스도 안에서 저희가 주님께로 나아가며 주님을 찾으오니, 그리스도의 연고로 이러한 내적이고 영적인 판단들에 저희를 내어주지 마옵소서. 오히려 저희에게 저희 상태에 대한 참된 통찰을 허락하시고, 더 이상 저희 영혼을 속이지 않게 하시며, 참된 겸손으로 이끄소서. 그리하여 주님께서 주님의 그리스도 안에서 저희에게 평화를 말씀하시도록 주님을 찾게 하소서. 주님이 저희의 구원이심을 저희의 영혼에 성령으로 말씀하소서. 그리하여 저희가 주님의 은택 안에 있음을 보다 분명하게 증거하시도록 저희로 하여금 성령의 복된 사역을 구하게 하소서. 성령께서는 저희의 이해를 열어주시며, 저희의 판단을 깨끗하게 하시며, 저희의 정서에

불을 지피시고, 저희의 부패를 발견하게 하시며, 주님께서 즐거워하시고 기뻐하실 모든 길을 형성해 주십니다. 그리고 주님께서는 주님의 거룩하신 말씀이 "우리 발에 등이요 우리 길과 여정에 인도와 방향"이 되도록 정하셨고[시 119:105], 또한 주님 자녀의 복된 자유를 위하여 죄와 사탄의 노예상태로부터 점점 더 벗어나게 하는 강력한 수단이 되게 정하셨습니다. 그러므로 주님께 구하오니, 주님의 말씀에 복을 주사 이 모든 것들과 그 외에 주님께서 정하신 다른 목적들과 목표들이 이뤄지게 하소서. 그리고 주님께 구하오니, 이제 이 시간 말씀으로부터 주님의 거룩하신 뜻을 저희가 배우게 하소서. 그리하여 저희 삶을 그 말씀을 따라 형성하게 하시어, 주님께 가장 크게 영광이 되며 저희에게 가장 큰 위로가 되게 하소서. 이 간구를 주님의 유일하신 아들이자 저희의 복된 구세주이신 예수 그리스도에 의지하여 드립니다. 아멘.[166]

## 7. 리처드 십스의 성령론의 의의

캠브리지 대학에서 오래 사역하였던 "그레이즈 인"의 설교자 리처드 십스의 성령론은 다음과 같은 특징들을 드러낸다.

첫째, 십스의 성령론은 성령의 신성을 분명히 견지한다. 십스는 삼위일체론을 부인했던 소키니우스파를 배격하고 성령의 신성을 강력하게 설파하였다. 성령은 피조물이 아닌 하나님이시다. 성령은 하나님의 영이시다. 성령은 창조와 구속의 사역을 행하신다. 성령은 순수한 영이시며, 신성에 걸맞은 이름과

166 Sibbes, *The Complete Works of Richard Sibbes*, 7:337. 편집자 알렉산더 그로사르트(Alexander B. Grosart)에 따르면, 십스가 설교를 하기 전에 항상 이 기도만 드린 것은 아닌 것 같다. 하지만 이 기도는 매우 유명하여 여러 사람들의 사랑을 받았다. Frost, "Richard Sibbes' Theology of Grace and the Division of English Reformed Theology," 9에서는 이 기도가 십스의 신학의 주요 요소들과 우선적 측면들을 잘 보여준다고 적고 있다.

위엄을 갖고 계신다.

둘째, 십스는 삼위일체론의 맥락에서 성령론을 파악한다. 십스는 필리오케(*filioque*) 전통을 받아들이고 그것을 더욱 확장시킨다. 그는 성령이 성부와 성자로부터 나오시기에 두 분의 사랑을 증거하시기에 적합한 분이라고 가르친다. 그는 본체적 삼위일체론과 경륜적 삼위일체론, 그리고 신자의 인식과 구원 경험에 있어서의 삼위일체론을 성령론적 맥락에서 설명한다. 그러면서도 현대 사회적 삼위일체주의자들이 빠지는 오류에 빠지지는 않는다.

셋째, 십스의 성령론은 기독론과의 밀접한 관련성 속에서 전개된다. 그는 칼케돈 정식에 따른 "두 본성 기독론"의 토대 위에서 "영-기독론"의 장점을 수용한다. 그리하여 칼케돈 기독론이 자칫 빠지기 쉬운 위험성을 극복한다. 특히 그리스도의 신인성의 결합과 그리스도의 사역을 성령론적으로 설명한 것은 백미(白眉)다.

넷째, 십스는 실천적인 성령론을 전개하였다. 청교도 신학은 실험신학(experimental theology) 혹은 경험신학(experiential theology)의 특징을 지닌다. 십스의 신학도 예외가 아니다. 성령론에서 그는 그리스도 안에 계신 성령과 우리 안에 계시는 성령의 유사성을 바탕으로 심도 깊은 경험신학을 전개했다. 하지만 말씀 중심의 신학을 견지함으로써 주관화와 신비주의로 경도되지는 않았다.

이상과 같은 십스의 성령론은 지나친 은사주의, 삼위일체론 및 기독론으로부터 탈리(脫離)된 성령 중심의 신학, 말씀과 성령의 분리 현상, 성령에 대한 무관심 등 현대 한국교회에 나타나는 다양한 형태의 성령론적 문제들을 대응하는 신학적 기초를 든든하게 마련해 준다.

마지막으로 한 가지 지적하고 싶은 부분은 십스의 성령론이 그의 설교들에서 가장 건실하면서도 풍부하게 드러나고 있다는 점이다. 이것은 현대 교회의 강단에서 행해지는 설교가 보다 깊은 신학적 토대 위에서 이뤄질 때 성도들에게 보다 큰 유익을 줄 수 있음을 시사한다. 청교도 신학이 오늘날 우리들에게 여전히 필요한 까닭도 거기에 있다.

/

# 기스베르투스 푸티우스의 성령론

/

**권경철**

(총신대학교 개혁신학연구센터 연구원, 새한교회 교육목사)

Gisbertus Voetius(1589 - 1676)

총신대학교와 총신대학교 신학대학원을 졸업하고, 미국 필라델피아 근교에 위치한 웨스트민스터 신학교(Westminster Theological Seminary)에서 17세기 제네바 신학자 프랑수아 투레티니(Francis Turretin)에 대한 논문으로 역사신학 박사학위(Ph.D.)를 취득하였다. 현재는 총신대학교 신학대학원 강사요 총신대학교 개혁신학연구센터 연구원으로 재직하는 동시에, 서울 잠실에 위치한 새한교회 교육목사로 사역하고 있다.

**권경철**

## Ⅰ. 들어가는 말

푸티우스는 17세기 네덜란드 개혁파 정통주의 신학을 대표하는 신학자 중 한 사람이며,[1] 따라서 그에 대한 연구도 제법 있는 편이다. 그러나 푸티우스의 신학적 공헌에 대해서 논할 때, 그의 성령론을 특별히 관심있게 다루는 경우는 사실상 없었다. 그도 그럴 것이, 푸티우스는 성령론을 중점적으로 다루는 저서를 후대에 남기지 않았다. 하지만 개혁파 정통주의자이면서 동시에, 소위 "제2의 종교개혁"(*Nadere Reformatie*)이라고 부르는 네덜란드판 청교도 운동(Puritanism) 혹은 네덜란드식의 개혁파 경건주의 운동(Pietism)에 헌신하였던 그가, 성령론에 대해서 침묵으로 일관하였을리는 없다. 비록 푸티우스가 개혁주의 성령론에 한 획을 그을만한 특별한 공헌을 남긴 것은 아니지만, 그래도 그의 작품 곳곳에서는 성령 하나님에 대한 언급과 설명이 심심치 않게 등장하고 있다. 이 글에서 필자는 푸티우스의 방대한 작품에 흩어져 있는 성령 하나님에 대한 푸티우스의 생각을 모으고 정리하여 독자들에게 소개하려고 한다. 그럼으로써 독자들은 푸티우스의 성령론이 개혁주의 전통에 충실하면서도 단순히 전통주의로 끝나지 않고 당시 점증하고 있던 해외선교와 개혁파 경건주의 운동에 적용될 가능성을 염두에 두고 구체적이고도 실제적으로 제시되었음을 볼 수 있을 것이다.

---

1 푸티우스를 위시하여 17세기 유럽 대륙에서 꽃피웠던 개혁파 정통주의 신학에 관해서는 권경철, 『뿌리내리는 정통주의 신학: 동일한 신앙고백, 다양한 신학논쟁』 (군포: 다함, 2018)을 참고하시오. 개신교 스콜라주의라고도 부르는 개혁파 정통주의 신학과 푸티우스, 그리고 푸티우스 학파에 대해서 좀 더 전문적인 내용을 원하는 독자는 Gyeongcheol Gwon, *Christ and the Old Covenant: Francis Turretin(1623-1687) on Christ's Suretyship under the Old Testament* (Göttingen: Vandenhoeck&Ruprecht, 2019), 19-23; Gwon, "Petrus van Mastricht on Christ's Suretyship in the Old Testament," in Adriaan C. Neele ed. *Petrus van Mastricht: Text, Context, and Interpretation* (Göttingen:Vandenhoeck&Ruprecht, 2020), 71-88등을 보시오.

## II. 생애와 시대배경

푸티우스의 성령론을 본격적으로 다루기 전에, 먼저 그의 생애와 시대배경을 간단히 다루어야 할 것이다. 푸티우스는 1589년 네덜란드 훼스덴(Heusden)에서 태어나 1604년부터는 레이든(Leiden) 대학 장학생으로 예과 공부를 시작하였고, 1607년부터는 도르트 대회(Synod of Dordrecht)의 영웅이요 당시 레이든 대학교 교수였던 프란치스쿠스 고마루스(Franciscus Gomarus, 1563-1641) 밑에서 신학을 공부하였다. 푸티우스는 고마루스에게서 큰 신학적 감화를 받았고, 평생 그를 존경하고 따르며 아르미니우스주의(Arminianism)를 배격하게 된다.

공부를 마치고 1610년부터 레이든 대학의 예과 조교로서 논리학을 가르치기도 했던 젊은 푸티우스는, 1611년 학교를 떠나 목회의 길로 나가기로 결심하게 된다. 그리하여 같은 해 9월 25일부터 푸티우스는 고향 훼스덴 근교에 있는 플리어먼(Vlijmen)이라는 곳에서 설교자로 일하기 시작했고, 그 이듬해에는 델리아나 판 디스트(Deliana van Diest, 1591-1679)라는 자매와 백년가약도 맺게 된다. 결혼 이후 얼마간 더 플리어먼에 머물던 푸티우스는 마침내 1617년에 고향 훼스덴으로 돌아와서 설교사역을 감당하게 된다. 후에 푸티우스가 신학교에서 가르치면서 실천적인 경건을 강조한 것도 그의 목회경험과 무관하지 않을 것이다.

차근차근 목회경험을 쌓고 있던 푸티우스에게 1618년은 잊을 수 없는 해로 남게 되었다. 바로 1618년 10월부터 11월까지 델프트(Delft)에서 열린 대회(synod)로부터 시작하여 같은 해 11월부터 1619년 5월까지 열렸던 도르트 대회와 나아가서는 1619년 7월과 8월에 걸쳐서 개최된 레이든 대회에 이르기까지, 푸티우스가 남부 홀란드(Zuid-Holland) 대표로 참석하게 된 것이다. 아직 30세도 되지 않은 젊은 목회자가 남부 홀란드주를 대표하여 아르미니우스주의 항론파 타도의 최일선에 서게 되었다는 사실은, 그가 이미 촉망받는 신학자로 인정받고 있었으며 그에 대해 주변 사람들이 거는 기대도 상당했음을 미루어 짐작할 수 있도록 해준다. 푸티우스는 도르트 대회에서 아르미니우스주의를 지지했던 항론파 세력들(Remonstrants)에 반대했을 뿐만 아니라, 해외 선교에 대한 그의 관심을 드러내기도 했다.[2]

1620년대의 푸티우스는, 도르트 대회의 정통신학에 경건주의적인 색채를 입히려는 시도를 본격적으로 하기 시작한다. 푸티우스는 먼저 1527년에 『악어의 눈물 제거하기, 즉 야코부스 부르수스의 안식일 결의에 대한 언급과 비방 제거하기』라는 책을 통하여 도르트 대회가 주일성수의 중요성을 강조한 것은 정당했으며 비난받을 일이 아니라는 주장을 하였으며,[3] 이어서 1628년에 『하나님의 실재를 맛보며 묵상함』이라는 책을 써서 도르트의 정통신학을 경건과 정통실천을 통해서 증명하는 삶을 살아야 한다고 강조하였다.[4] 이와 같은 정통주의와 경건주의의 조화 이면에는, 아르미니우스주의에 반대했던 고마루스, 요하네스 쿠크리누스(Johannes Kuchlinus, 1546-1606), 그리고 페스투스 호미우스(Festus Hommius, 1576-1642)의 정통주의 신학과, 퍼킨스(William Perkins, 1558-1602) 등의 영국 청교도주의, 그리고 소위 네덜란드의 "두 번째 종교개혁"이라고 알려져있는 개혁파 경건주의 운동이 형성되는

2 푸티우스의 선교신학에 대해서는, Johan Kommers, "A Plea for the Honour of God: Gisbertus Voetius' Mission Proposal at the National Synod of Dordrecht and His Mission Theory," *In die Skriflig* 53/3 (2019): 1-10. http://doi.org/10.4102/ids.v53i3.2448를 참고하시오.

3 Gisbertus Voetius, *Lachrymae crocodili abstersae, hoc est, notae & castigationes in threnum Sabbathicum Jacobi Bursii* (n.p: 1627), 9.

4 Voetius, *Proeve en Meditatie over de Godtsalicheyt* (Amsterdam, 1628).

데에 기여하였던 빌렘 테이링크(Willem Teelinck, 1579-1629)와 그의 친동생 에우바우트 테이링크(Eeuwout Teelinck) 등이 골고루 있었다. 1624년에 초판이 나온 빌렘 테이링크의 대표저서 『하늘문을 여는 우리 경건의 핵심』중 제3권은,"성령의 도우심"에 의해서 그리스도와의 연합이 이루어질 수 있다는 내용을 담고 있다.[5] 푸티우스가 테이링크 형제를 개혁교회의 토마스 아 켐피스(Thomas à Kempis, 1380-1471)라고까지 부르면서 높이 평가하였고,[6] 또 테이링크가 성령의 역사에 관한 글을 남겼다는 점을 염두에 둔다면, 영국 청교도주의와 개혁파 경건주의를 고마루스로 대표되는 정통주의와 조화시키는 과정에서 푸티우스는, 개인의 내면을 변화시키고 성화시키는 성령 하나님의 사역에 대해서 생각을 가다듬어 나갔을 것이고, 이것이 푸티우스가 정통신학과 교리의 틀 안에서 내면을 변화시키시는 성령 하나님의 사역을 강조한 배경이라고 할 수 있다.

보통 경건주의가 교리에는 도무지 관심이 없고 정통주의 신학과 상극인 것처럼 선입견을 가지는 경우가 많은데, 푸티우스의 경우를 보면 경건주의 색채를 더해갈수록 신학적 정통에 대한 열심 역시도 증가하게 되었다. 그리하여 푸티우스는 경건주의에 대한 관심을 거두지 않으면서도, 신학적인 정확성을 계속해서 추구하며 오류를 논박하였다. 그가 1630년부터 1635년까지 루뱅(Louvain) 대학의 가톨릭 신학자요 어거스틴의 원죄와 예정 교리를 통해 예수회를 비판한 얀센주의(Jansenism)의 창시자 코르넬리우스 얀세니우스(Cornelius Jansenius, 1585-1638)에 맞서서 가톨릭 영지에서의 개신교 선

5 Willem Teellinck, *Sleutel der Devotie Ons opende de Deure des Hemels* (Utrecht: 1655), 81; 에르네스트 슈투플러, 『경건주의 초기역사』, 송인설, 이훈영 역 (서울: 솔로몬, 1993), 224.

6 W. J. op 't Hof, "Gisbertus Voetius en de gebroeders Willem en Eeuwout Teellinck," in J. van Oort, C. Graafland, A de Groot, O. J. de Jong ed., *De Onbekende Voetius* (Kampen: Kok, 1989), 94.

교활동의 정당성을 주장한 것과, 르네 데카르트(René Descartes)의 이성주의 철학에 반대한 것, 그리고 신비주의적인 경건과 분리주의로 사람들을 모았던 장 드 라바디(Jean de Labadie, 1610-1674)에 대해서 부정적인 견해를 피력한 것이 그 대표적인 예이다.[7]

특히 푸티우스의 성령론을 이해하려면, 신비체험과 타계적 종말론을 강조했던 라바디에 대한 푸티우스의 반응을 살펴보는 것이 필요할 것이다. 라바디는 프랑스인으로서 원래 예수회에서 교육을 받고 자랐고 얀센주의의 영향을 받았으나, 칼빈의 『기독교 강요』를 접하면서 개신교로 개종하게 되었고 그 후 제네바, 런던, 네덜란드 등지에서 활동하였다. 라바디는, 성령충만이야말로 거듭남의 표지 중 하나라고 생각하였고, 네덜란드 등지를 떠돌다가 푸티우스가 가르치던 우트레흐트(Utrecht)에도 와서 푸티우스에게 교회개혁에 대한 자신의 의견을 피력하기도 하였다.[8]

흥미로운 것은, 푸티우스가 얀세니우스나 데카르트에 대해서는 초지일관 비판적인 태도를 유지했던 반면, 라바디에 대해서는 적어도 초창기에는 호감을 가지고 있었다는 것이다.[9] 물론 푸티우스는 라바디의 천년왕국론과 열광주의적인 성향에는 동의하지 않았으며, 결정적으로 라바디가 개혁교회의 판결과 치리에 복종하지 않고 분리주의적인 성향을 보이자 그에게 등을 돌렸다.[10] 하지만 그 이후로도 푸티우스는 라바디파를 원수처럼 생각하지는 않았던 것으

7 "Voetius," in Wiep van Burge, Henri Krop, Bart Leeuwenburgh, Paul Schuurman, Han van Ruler, Michel Wielema ed., *The Dictionary of Seventeenth and Eighteenth-Century Dutch Philosophers* (New York: Thoemmes Continuum, 2003), 2:1030-1039.

8 슈투플러, 『경건주의 초기역사』, 272, 275.

9 A. C. Duker, *Voetius* (Leiden: Brill, 1897), 3:208; J. C. Trimp, "Voetius en Lodensteyn," in *De Onbekende Voetius*, 195.

10 Duker, Voetius , 3:223; J. C. Trimp, "Voetius en Lodensteyn," 195.

로 보인다. 실제로 그의 친애하는 후배 설교자요 경건주의자였던 요도쿠스 판 로덴스테인(Jodocus van Lodensteyn, 1620-1677)이 기쁨과 신비체험에 대해서 강조하는 라바디에게 상당히 동정적인 모습을 보일 때에도, 그것을 엄하게 책망하기보다는 부드럽게 설득해서 라바디파에 가입하지 않도록 인도해주기도 하였다.[11] 푸티우스가 처음에는 라바디의 교회개혁 시도에 대해서 동정적이었고 또한 이후에도 라바디에게 끌리는 그의 제자 로덴스테인을 이해하면서 부드럽게 지도했던 점으로 미루어 볼 때, 비록 푸티우스가 성령론에 대한 자세한 글은 남기지 않았어도 성령론에 대해 상당한 관심을 가지고 있었을 것이라고 짐작해볼 수 있다.

마지막으로, 푸티우스의 개혁파 경건주의에서 성령론이 차지하는 비중이 미미하지만은 않다는 것을 암시하는 책이 있다. 바로 그가 목회 일선을 떠나 우트레흐트에서 가르치면서 학생들에게 도움을 주려고 1664년 출간한 『수도 혹은 경건연습』(*Ta Asketica sive exercitia pietatis*)이라는 책이다.[12] 이 책은 그의 10계명 윤리강해 및 교회정치론과 더불어 푸티우스의 실천신학을 잘 대변해주는 책으로서,[13] 신학 교육과정이 어떠해야 하는지, 신학생의 신앙 훈련은 어떠해야 하는지에 대해서 다루고 있는데, 그 과정에서 성령 하나님에 대한 언급이 곳곳에 많이 등장하는 것을 볼 수 있다. 이 책에서 나오는 성령 하나님에 관한 언급은 이 글 뒷부분에서 살펴볼 것이므로, 여기서는 푸티우스가 우트레흐트에서 가르치는 동안에도 성령론에 관심이 없지 않았다는 것만 짚고 넘어가도록 하겠다.

지금까지 필자는 푸티우스에게 성령론이 비중이 없는 분야가 아니며, 역사

---

11 Trimp, "Voetius en Lodensteyn," 197.

12 Voetius, *ΤΑ ΑΣΚΗΤΙΚΑ sive exercitia pietatis* (Gorinchem, 1664).

13 W. van' T Spijker, "Voetius Practicus," in *De Onbekende Voetius*, 244.

적으로 성령론에 대해서 그의 주의를 환기시켰을만한 몇 가지 사건들이 있었음을 지적하였다. 이제부터는 그의 작품에 이리저리 흩어져있는 성령론을 모아서 구체적으로 푸티우스가 어떤 성령론을 주장했는지에 대해서 알아보도록 하겠다.

## Ⅲ. 이론: 푸티우스의 정통주의 신학적 성령론

푸티우스의 개혁파 정통주의 신학은 토요일마다 열렸던 그의 신학토론강좌를 모아서 출판한 책인 『신학논쟁선집』(*Selectae disputationes theologicae*)에 집대성 되어있다. 이 책은 총5권으로 되어있으며, 서론부터 종말론에 이르기까지 조직신학 전분야에 걸쳐서 다양한 주제들을 다루고 있다. 비록 여기서도 성령론이라는 주제가 따로 다루어지지는 않고 있지만, 성령 하나님에 대한 언급은 곳곳에 등장하고 있다.

먼저 푸티우스는 서론 혹은 성경론에 있어서 성령 하나님의 역할을 잘 인지하고 있다. 성경은 성령의 감동으로 영감되었으며, 그러한 사실을 깨닫게하시는 분도 성령님이다. 성령님이야말로 무오한 전체 성경을 보존하여 우리에게 전달해준 "거룩한 필경사(*amanuenses*)"와도 같다.[14] 그러면서도 성령님은 성경의 인간저자들을 기계적인 방식이 아닌 유기적인 방식으로 사용하셔서 그들로 하여금 그들이 이전에 그들이 알았던 것들을 올바르게 생각하고 기억하

14 "Sic tota scriptura tanquam divina & infallibilis historia a nobis recipitur propter authoritatem historice, nempe Spiritus S. per quem acti eam nobis tradiderunt amnuenses sacri." Voetius, *Selectarum Disputationum Theologicarum* (Utrecht and Amsterdam: 1655-1669), 1:31.

도록 하셨다.[15] 그리고 성령님께서는 학문 여부와 귀천을 불구하고 성경 각권 저자들의 독특한 문체들을 사용하시되, 구약 히브리어 모음까지도 세밀하게 영감하셨다.[16] 성경의 이러한 영감성에 대해서 내적으로 가장 잘 알 수 있는 방법은 그 어떤 이론이 아니라 바로 성령의 조명에 의한 감화이다.[17] 심지어는 회심하지 않고 구원받지 못한 사람이 구원과는 무관하게 성경을 일부 깨닫는 경우가 생길 수 있는데, 그것 역시도 "조명하고 확신시키는 성령의 일반적 도움 혹은 일종의 일반 은총"에 의해서 가능한 일이다.[18] 여기서 푸티우스는 많은 다른 정통주의 신학자들과 더불어, 성령의 내적조명이 성경의 영감성을 확신할 수 있는 확실한 길이라고 했던 종교개혁자 존 칼빈(John Calvin, 1509-1564)의 전통을 계승하면서도,[19] 동시에 구약성경 원문 모음부호의 영감을 주장함으로써 칼빈보다 더 구체적인 분야에까지 성경영감론을 확장시켰다.

그 다음으로 푸티우스는 신론, 특히 삼위일체론을 다루면서 성령 하나님에 대해서 많이 언급을 한다. 네덜란드 아르미니우스주의 항론파 및 소키누스파의

---

15 "Contra tenendum est Spir. S. immediate & extraordinario dictasse omnia scribenda & scripta...." Voetius, *Selectarum Disputationum Theologicarum*, 1:32; "An conceptum& memoriam eorum , quae antea didicerant, aut per revelationem cognorant, de novo scribentibus ingesserit Spir. S. R. Aff...." Voetius, *Selectarum Disputationum Theologicarum* 1:46; 하인리히 헤페, 『개혁파정통교의학』, 이정석 역 (고양: CH북스, 2007), 47.

16 Voetius, *Selectarum Disputationum Theologicarum*, 1:33; 헤페, 『개혁파정통교의학』, 57.

17 "...sic certitudo ejusdem subjectiva, seu conceptus formalis autoritatis scripturae nobis nullus est nisi a Deo interius per spiritum sanctum illuminante ac persuadente." Voetius, *Selectarum Disputationum Theologicarum*, 5:14; 헤페, 『개혁파정통교의학』, 55.

18 Voetius, *Selectarum Disputationum Theologicarum*, 5:9; 헤페, 『개혁파정통교의학』, 65.

19 John Calvin, *Instit.*, I.ix.1-3.

비방과는 달리,[20] 삼위일체 교리는 기독교 신앙에 있어서 필수적인(*necessitate*) 가르침일 뿐만 아니라, 유용한 교리(*utilitate dogmatis*)이기도 하다.[21] 삼위일체 하나님께서는 그 본질과 속성에 있어서는 동일하시고 동등하시지만, 그 위격에 있어서는 구분된다.[22] 성령 하나님이 삼위일체 하나님 중에 한 분이시라는 것은 고린도후서 13:13 등에서 증명된다.[23] 성경이 말씀하는대로, 성부 하나님께서는 창조하시고, 성자 하나님께서는 구속하시고, 성령 하나님께서는 위로하신다는 사실을 믿어야 한다.[24] 삼위일체 교리를 믿어야지만, 그리스도께서 성부의 보냄을 받고 성육신하여 속죄사역(*satisfactio*)을 이루셨으며, 성부와 성자가 성령 하나님을 보내어 조명, 즉 성화와 위로의 사역을 하게 하셨다고 믿을 수 있다.[25]

하나님께서는 피조물을 대상으로 역사하실 뿐만 아니라(외적사역, *ad extra*), 자기 자신만을 상대로도 일을 하신다(내적사역, *ad intra*).[26] 하나님의 내적사역은 바로 삼위일체 하나님이 서로를 사랑하시는 것이다. 즉 성부 하나님께서는 자신을 사랑하시면서 또한 성자 하나님을 사랑하시고, 성부와

---

20 Voetius, *Selectarum Disputationum Theologicarum*, 1:472.

21 Voetius, *Selectarum Disputationum Theologicarum*, 1:467.

22 "Esse tres revera distinctos, partem sc. filium, & Spirt. s. non distinctos ut nomina, aut attributa, aut ut operationes, officia, seu munera unius ejusdemque personae; sed sic distinctos ut sint & possint dici alius & alius: hoc est, esse distinctas hypostases." Voetius, *Selectarum Disputationum Theologicarum*, 1:467.

23 Voetius, *Selectarum Disputationum Theologicarum*, 1:471.

24 "Si Deum patrem secundum scripturas agnoscimus & credimus creatorem, filium redemptorem, Spir. s. consolatorem." Voetius, *Selectarum Disputationum Theologicarum*, 1:478.

25 "Sed tale dogma de Trinitate. Inde enim pendent dogmata, de Missione filii, de adventu ejus in carnem, de djus satisfactione; de suscitatione sui ipsius & aliorum, de missione Sp. s. & divinis ejusdem operibus, illuminatione scil. sanctificatione, consolatione." Voetius, *Selectarum Disputationum Theologicarum*, 1:472.

26 "Jus proprie dictum est vel ad intra, vel ad extra. Ad intra est, quod terminatur in solo Deo...." Voetius, *Selectarum Disputationum Theologicarum*. 1:341.

성자는 성령 하나님을 사랑하신다.[27] 성령께서는 성부와 성자로부터 발출되시며,[28] 성부와 성자와 성령은 동일본질(ὁμοουσιος)이므로,[29] 하나님은 성령을 경외하지 않고 훼방하거나, 혹은 성자를 경외하지 않고 훼방하도록 지시하실 수 없다.[30]

그러면서 푸티우스는 삼위일체론이 결코 실생활과 동떨어진 메마른 신학논쟁의 대상이 아님을 강조한다. 요 16:7, 13, 롬 8:5, 16, 고전 1:22, 엡 4:30등이 말씀하듯이, 성령 하나님의 위격과 신성에 대해서 묵상하며 그분의 위로하심, 즉 진리로 인도하심과 인치심, 그리고 우리의 영과 함께 증언하시며 영원토록 함께 계심에 대해서 묵상하는 것은, 경건을 증진시키는데 도움이 된다.[31] 경건훈련이라는 것 자체가 바로 성령을 슬프시게 하지 않고(엡 4:30) 그분을 거스르지 않는 것(히 3:12, 13, 18)이기 때문이다.[32]

구원론에 있어서는 성령님의 사역이 더욱 부각된다. 하나님의 말씀이 믿음

27 "Illo modo jure potest & tenetur Deus amare seipsum : isto modo tenetur Pater amare filium & vicissim: uterque Spirt. S. & vicissim. " Voetius, *Selectarum Disputationum Theologicarum*, 1:341. 후에 조나단 에드워즈도 푸티우스와 유사하게, 삼위일체론을 하나님의 자기 사랑이라는 측면에서 재해석한 적이 있다. *The Works of Jonathan Edwards* (New Haven: Yale, 1989), 8:144.

28 "Spir. s. per processionem a patre & filio." Voetius, *Selectarum Disputationum Theologicarum*, 1:468

29 Voetius, *Selectarum Disputationum Theologicarum*, 1:471, 476.

30 "Non potest mandare aut velle mandare ut omnes ac singuli homines & angeli abnegent ac blasphement Filium ac Sp. S. eosque non honorent; sicut honorant patrem; imo abnegent, blasphement, odio habeant Deum unum & trinum, quod ad personas, attributa omnia & opera tum essentialia tum personalia." Voetius, *Selectarum Disputationum Theologicarum*, 1:373.

31 "Ad praxim pietatis facit consideratio personae & deitatis Spirit. sanct. Consolationis est, quod datus sit nobis ut nos ducat in veritatem, nos obsignet, testetur cum spiritu nostro & nobiscum in aeternum maneat." Voetius, *Selectarum Disputationum Theologicarum*, 1:481.

32 "Exercitationis ad pietatem est, quod non debemus illum contristari Ephs. 4. 30. ei resistere Hebr,. 3. 12. 13. 18." Voetius, *Selectarum Disputationum Theologicarum*, 1:481.

의 외적 원리요 외적 부르심의 도구라고 할 것 같으면, "우리의 정신에 초자연적인 빛"을 주입해주시는 성령 하나님의 조명계시야말로 믿음의 내적 원리요 내적소명의 동인이다.[33] 그리스도와 연합되어 칭의되고, 화목되고, 양자가 되도록 구원을 적용시키는 것은 우리 스스로 할 수 있는 일이 아니라, 성령 하나님께서 해주시는 일이다.[34] 엄밀히 말해서, 창조의 동력인이 삼위일체 하나님이듯이,[35] 중생의 동력인(*causa efficiens*)도 삼위일체 하나님이지만(약1:18과 엡 2:1, 3-5),[36] 구체적인 중생과 성화는 모두, 요3:3,6이 증거하는대로, 성령님을 통하여 이루어진다.[37] 중생과 성화는 특별 은혜를 주시고 새로운 의지 혹은 새로운 피조물이 되도록 하시는 성령님의 역사에 달려있기 때문이다.[38]

---

33 "III. Principium fidei duplex est, ex quo seu externum; & quo seu per quod sive internum. Illud posset dici priuncipum objectivum; istud principium formale. Illud est verbum Dei; istud illuminatio Spir. S. seu lumen supernaturale menti nostrae infusum." Voetius, *Selectarum Disputationum Theologicarum*, 1:2; Elco van Burg, "Petrus van Mastricht and the External and Internal Call," in *Petrus van Mastricht: Text, Context, and Interpretation*, 66.

34 "Nisi quod juxta primo primam regenerationem & sanctificationem Spir. S. ponenda sit in illis propior quaedam salutis applicatio; union scil. cum Christo, justificatio, reconciliatio, & adoptio, non tantum activa, sed etiam passiva quodammodo...." Voetius, *Selectarum Disputationum Theologicarum*, 2:407.

35 "Efficiens est Deus Pater, Filius, Spir. S; & quidem Solus Deum esse creatorem patet ex historia creationis, aliisque Scripturae testimoniis...." Voetius, *Selectarum Disputationum Theologicarum*, 1:555.

36 "Causa efficiens regenerationis (passiv scil.) prima & summa est Deus pater, filius, Spiritus S. Jacob 1.18 Eph. 2. 1. 3. 4. 5. Approprietate autem tribuitur patri 1 Pet. 1:3. quia ab illo est principium & origo perationum ad extra: & alio respectu Spiritui S. Johann 3. 3. 6. quia sanctificator dicitur." Voetius, *Selectarum Disputationum Theologicarum*, 2:438.

37 "Regenitus dicitur 1. quo in foedere Dei natus, ab utero matris sanctificatus est per Spiritum S...."Voetius, *Selectarum Disputationum Theologicarum*, 2:403; 2:438.

38 "Quippe qui a Spiritu regenerante atque excitante per specialem gratiam, & a voluntate novis sanctitatis seu novae creaturae habitibus nunc informata proficiscuntur." Voetius, *Selectarum Disputationum Theologicarum*, 2:452.

유아들에게도 거듭남이 가능하다. 믿음이 있는 부모를 통해 하나님과의 언약 안에 있게 되고 택함을 입은 유아들에게는, 성령으로 말미암은 거듭남이 허락될 수도 있기 때문이다.[39]

흥미로운 것은, 푸티우스가 그의 신학토론강좌에서 매우 실천적이요 실제적인 주제이며 오늘날 성령론 논쟁의 핵심에 있는 주제들, 즉 기적과 표적, 축귀,[40] 그리고 성령의 은사와 열매 등에 대해서도 다루었다는 점이다. 푸티우스는 로마 가톨릭에서 기적과 축귀와 예언이 나타나는 것은 거짓 기적이요 거짓 은사이라고 단언한다.[41] 참된 기적은 하나님께로부터 오며, 참된 은사와 참된 예언은 성령 하나님께서 주시는 것이므로, 거짓 기적과 거짓 은사에 빠지지 않도록 영들을 분별하는 것이 중요하다.[42] 이러한 대전제를 가지고 푸티우스는 성령의 은사들에 대해서 구체적으로 분석하기 시작한다.[43]

푸티우스는 먼저 은사란 무엇인지에 대해서 언급한다. 롬 1:5등의 성경에서 말하는"은사"란, 곧 하나님께서 그 기쁘신 뜻을 따라 사람들에게 선물로 거저 주시는 것이다.[44] 성경에서 은사라는 말은 다양하게 사용된다. 어떤 곳에서는 은사라는 단어가 하나님의 선하심과 관련된 문맥에서 쓰이기도 하고(롬 6:23; 고전 1:7; 벧전 4:10), 십자가를 전제하는 문맥에서 사용되기도 한다(빌 1:29 ).[45] 그렇다면 신학자들은 전통적으로 은사를 무엇이라고 정의해왔는가? 푸티

---

39 Voetius, *Selectarum Disputationum Theologicarum*, 2:142; 헤페, 『개혁파정통교의학』, 770.

40 2권에서는 기적과 표적 및 성령의 은사에 대해서 다루고, 3권에서는 유대 신비주의, 마술, 그리고 축귀 등에 대해서 다루고 있다.

41 "nedum ope mimica daemonum fallacia & aequivoca charismata substituenda & pro veris venditanda: uti in Papatu non infrequenter factum. Vide disp. de Miraculis & Prophetia."Voetius, *Selectarum Disputationum Theologicarum*, 2:1090.

42 Voetius, *Selectarum Disputationum Theologicarum*, 2:999, 1055.

43 Voetius, *Selectarum Disputationum Theologicarum*, 2:1091-1099.

44 Voetius, *Selectarum Disputationum Theologicarum*, 2:1087.

우스는 신학자들의 은사에 대한 견해를 네 가지-가장 넓은 의미에서의 정의, 좀 덜 넓은 의미에서의 정의, 엄밀한 정의, 가장 엄밀한 정의-로 나누어서 살펴본다. 가장 넓은 의미에서 은사란, 거저주시는 하나님의 은혜의 선물을 말한다.[46] 그보다는 덜 넓은 의미에서 보면, 은사란 자연적인 것에 덧붙여주시는 하나님의 선물을 말한다.[47] 좀 더 엄밀히 말하자면, 은사란 오직 하나님으로 말미암아 자연에 덧붙여지는 초자연적 선물이다.[48] 마지막으로 가장 엄밀한 의미에서의 은사란 오직 하나님으로 말미암아 초자연적인 선물을 이성을 가진 피조물에게 주입시켜 주시는 것으로서, 하나님께 감사를 돌리며 영생을 얻을 수 있도록 하는 것이다.[49]

그러면서 푸티우스는 중세의 은사론, 특히 토마스 아퀴나스(Thomas Aquinas, 1225-1274)의 은사론을 도마위에 올려놓고 비판한다. 그에 따르면, 아퀴나스는 은사를 세 번째 의미, 즉 엄밀한 정의에 따라서 규정한 후에, 그 은사를 다시금 세부적으로 나누어 지성, 도덕, 신학이라는 3가지의 덕과 7개의 영적 은사, 그리고 팔복과 12개의 영적인 열매로 구분한다.[50] 하지만 푸티우스가 보기에 이러한 구분은 정확하지도 않고 필요하지도 않다.[51] 푸티우스는 자신의 주장을 강화하기 위해 윌리엄 에임스(William Ames, 1576-1633) 역시도 그의 대표저서 『신학의 정수』에서 이미 아퀴나스의 은사론의 문제점을 지적했다고 한다. 또한 한 걸음 더 나아가서 푸티우스는 중세와 로마 가톨릭 전통 안에서도 둔스 스코투스(Duns Scotus, 1266-1308) 같은

45 Voetius, *Selectarum Disputationum Theologicarum*, 2:1091-1099.
46 Voetius, *Selectarum Disputationum Theologicarum*, 2:1087.
47 Voetius, *Selectarum Disputationum Theologicarum*, 2:1087.
48 Voetius, *Selectarum Disputationum Theologicarum*, 2:1087.
49 Voetius, *Selectarum Disputationum Theologicarum*, 2:1087.
50 Voetius, *Selectarum Disputationum Theologicarum*, 2:1087.
51 Voetius, *Selectarum Disputationum Theologicarum*, 2:1087.

인물들이 이미 이 부분에서 아퀴나스에게 반기를 들었었다고도 언급한다.[52]

푸티우스는 후에 "은사와 팔복과 성령의 열매에 대한 토마스의 제1-2부 68, 69, 70번 질문을 탐구함"이라는 제목의 신학논고에서 이러한 문제의식을 더욱 구체적으로 드러낸다.[53] 아퀴나스는 그의 대표저서 『신학대전』에서, 일반적인 은사와는 구별되는 성령의 일곱가지 초자연적 "덧붙여진 은사"(*donum supperaditum*)와 성령의 열두가지 열매가 존재한다고 주장하지만,[54] 푸티우스가 보기에 그것은 옳지 않다. 일단 아퀴나스의 주장은 성경의 은사 개념과 맞지 않다. 벧후 1:2은 구원에 이르게 하는 모든 선한 역사와 모든 덕을 일컬어 일괄적으로 "은사"라고 부르고 있는데,"지성, 지식, 지혜, 하나님을 경외함"(사 11:2) 뿐만 아니라 성령으로 말미암은 하나님의 은혜 역시도 모두 베드로가 말하는"생명과 경건에 속한"것에 속한다고 볼 수 있다.[55] 그리고"지식, 지성, 지혜"등도 믿음의 덕에 포함되어야 하는 은사의 일종이라면, 은사를 믿음의 덕과는 별도로 생겨나는 초자연적이고 특별한 성향(habitus)이라고 생각해서는 안 될 것이다.[56] 사11:2뿐만 아니라 고전12:4과 고후4:13를 보아도, 덧붙여진 은사를 따로 구별하기 위하여 특별성향과 일반성향을 나누는 경우를 찾을 수 없다.[57] 덧붙여진 초자연적인 은사 및 성향을 따로 떼어놓는 아퀴나스의 발상은"절반 펠라기우스주의자 혹은 열광주의자들이 하는 말"과 유사할 뿐이다.[58]

---

52 Voetius, *Selectarum Disputationum Theologicarum*, 2:1087.

53 "Disquisitio ad Thomae I. 2. Quaest 68, 69, 70, de Donis, Beatitudinibus, & Fructibus Spiritus." Voetius, *Selectarum Disputationum Theologicarum*, 4:729-739.

54 Thomas Aquinas, *Summa Theologiae*, pars I-2, quastio 68-70.

55 Voetius, *Selectarum Disputationum Theologicarum*, 4:731.

56 Voetius, *Selectarum Disputationum Theologicarum*, 4:731.

57 Voetius, *Selectarum Disputationum Theologicarum*, 4:732.

58 Voetius, *Selectarum Disputationum Theologicarum*, 4:733.

푸티우스는 로마 가톨릭이나 열광주의는 배격하면서도, 성경적인 성령론에 대해서는 상당한 관심을 보이고 있다. 푸티우스는 균형잡힌 성령론을 정립하기 위한 노력의 일환으로 아퀴나스의 은사론 논박을 넘어 은사의 구체적인 기원과 그 목적에 대해서 탐구하였는데, 그 과정에서 그는 당시 표준 공식처럼 여겨지던 고대 그리스 철학자 아리스토텔레스의 네 가지 원인론의 용어를 일부 가져온다. 은사를 가능하게 하는 동력인(*causa efficiens*)은 바로"새언약의 창시자이며 구속주이신 삼위일체 하나님"이시다.[59] 이러한 삼위일체적인 측면 덕분에 성경에서는 은사가 때로는 성자 예수님이 주시는 것으로 묘사되기도 하고, 때로는 성령 하나님이 주시는 것으로 묘사되기도 한다.[60] 은사의 도구적 원인(*causa intrumentalis*)은 내적으로는 믿음, 외적으로는 도덕이다.[61] 그리고 세례도 믿고 세례를 받은 이후에 성령이 임하는 경우가 성경에 기록되어 있으므로 무시할 수 없는 도구적 원인에 가깝다고도 할 수 있다.[62] 은사의 목적인(*causa finalis*)은 신앙 전파, 그리고 교회의 덕 세움이다. 더 구체적으로 말하면, 은사는 회심을 이끌어내며 믿음을 굳게 하는 일에 유익을 주기 위해 주어졌을 뿐만 아니라, 신약교회의 성립과 발전을 목적으로 주어지기도 하였던 것이다.[63] 이러한 목적이 있기 때문에, 불신하고 믿음이 흔들리는 이들에게 믿음을 주고 교회로 이끌기 위한 목적으로 성경에서나 역사 속에서나 귀신쫓음, 기적, 방언 등의 은사가 나타나기도 했다(고린도전서14:22).[64]

하나님께서 은사를 주시는 것이기에, 하나님의 말씀을 거부하는 사람은 은

59 Voetius, *Selectarum Disputationum Theologicarum*, 2:1088.
60 Voetius, *Selectarum Disputationum Theologicarum*, 2:1088.
61 Voetius, *Selectarum Disputationum Theologicarum*, 2:1088.
62 Voetius, *Selectarum Disputationum Theologicarum*, 2:1089.
63 Voetius, *Selectarum Disputationum Theologicarum*, 2:1089.
64 Voetius, *Selectarum Disputationum Theologicarum*, 2:1089.

사를 받을 수 없다. 은사를 받기 위해서는, 신앙의 진리를 받아들이는 것이 필요하다(막16:17).[65] 삼위일체 하나님 사이에 일치가 있듯이, 성령의 은사와 은혜는 서로 상충되지 않고 같은 신앙 안에서 화합되고 일치된다(요일 5:6; 고전 2:12, 13, 15; 요일 2:27).[66] 물론 이 말은 은사를 받은 사람이 모두 구원받는다는 뜻은 아니다. 은사가 곧 구원을 보증하지는 못한다(마 7:22-23; 10:1, 8).[67] 가룟유다의 경우에서 잘 나타나듯이, 능력을 행해도 구원을 받지 못하는 경우가 있다.[68] 왜냐하면 사랑 및 구원에 이르는 믿음과 은사는 차이가 있을 수 있기 때문이다.[69]

구원과 달리, 은사는 영원하지 않다. 은사는 교회의 유익을 위해 사용하도록 주어졌고, 영생을 누릴 때에는 그칠 것이다(고전 13:8).[70] 은사가 언제 어디서나 통상적으로 주어지는 것이라고 생각할 수는 없는데, 왜냐하면 그것은 사도들과 초대교회에 주어진 특권이기 때문이다.[71] 사도시대 이후, 사도적인 은사는 "완전히 그리고 최종적으로"그쳤다고 할 수 있다.[72] 푸티우스에 따르면, 이것이 바로 사도시대처럼 안수만 하면, 혹은 구하기만 하면, 바로 성령의 은사를 받는 경우가 드문 이유이다.[73] 하지만 복음을 한 번도 들어보지 못한 이방인들의 경우에는 그들을 믿음으로 인도하기 위해 특별한 은사가 허락될 가능성을 완전히 차단할 수는 없다.[74] 진리를 아는 우리의 지식은 무오하지

65 Voetius, *Selectarum Disputationum Theologicarum*, 2:1089.
66 Voetius, *Selectarum Disputationum Theologicarum*, 2:1089.
67 Voetius, *Selectarum Disputationum Theologicarum*, 2:1090.
68 Voetius, *Selectarum Disputationum Theologicarum*, 2:1090.
69 Voetius, *Selectarum Disputationum Theologicarum*, 2:1090.
70 Voetius, *Selectarum Disputationum Theologicarum*, 2:1090.
71 Voetius, *Selectarum Disputationum Theologicarum*, 2:1090.
72 Voetius, *Selectarum Disputationum Theologicarum*, 2:1090.
73 Voetius, *Selectarum Disputationum Theologicarum*, 2:1090.
74 Voetius, *Selectarum Disputationum Theologicarum*, 2:1090.

않기 때문에, 푸티우스는 은사에 대해서 우리가 완전히는 알 수 없고 서로간에 의견차이가 있을 수 있다는 점을 전제하면서 이와 같이 온건한 사도적 은사 중지론을 조심스럽게 설파한다.[75]

이어서 푸티우스는 하나님께서 주권적으로 은사를 허락하신다면, 그것을 받는 사람의 자세는 어떠해야 하는가에 대해서 다룬다. 하나님께서는 자기의 기쁘신 뜻대로 구원의 은혜 뿐만 아니라 은사도 더하여 주시는 사역을 하신다.[76] 사람이 할 일은 그 은사를 사모하고 주시는 대로 그것을 받아 신앙에 유익하도록 사용하며 하나님께 감사하는 것이다(고전 14:1, 5, 12, 31, 39).[77] 물론 은사를 사모한다는 것이 성령의 은사를 가져올 수 있도록 하는 공로가 될 수 없다. 은사는 하나님의 역사하심과 성령의 운행하심에 기인한 것이지 사람이 노력하고 움직여서 가질 수 있는 것이 아니다.[78] 사람이 은사를 억지로 쟁취하려고 하는 것은 월권행위이며, 자칫하면 교황주의자들처럼 악령이 주는 거짓은사를 받게 될 위험만 높아진다(행8:18).[79]

푸티우스는 고린도전서 12장에 있는 성령의 은사에 대해서도 구체적인 해설을 곁들인다. 고린도전서 12장을 가지고 은사의 종류를 구분하는 것은 스콜라주의자들 사이에서 흔한 일이었다.[80] 그런데 아퀴나스의 경우, 성경본문 그대로 은사를 나열하지 않고 그것을 세 종류의 덕이라는 범주 안에 종류별로 넣어 구분했다.[81] 첫번째 종류의 덕은 하나님에 대한 것들을 인지하도록 하는 은사들, 즉 믿음과 지식과 지혜이다. 두번째 종류의 덕은 하나님의 일을 확인시켜주

---

75 Voetius, *Selectarum Disputationum Theologicarum*, 2:1090.
76 Voetius, *Selectarum Disputationum Theologicarum*, 2:1090.
77 Voetius, *Selectarum Disputationum Theologicarum*, 2:1090.
78 Voetius, *Selectarum Disputationum Theologicarum*, 2:1090, 1092
79 Voetius, *Selectarum Disputationum Theologicarum*, 2:1092.
80 Voetius, *Selectarum Disputationum Theologicarum*, 2:1091.
81 Voetius, *Selectarum Disputationum Theologicarum*, 2:1091.

고 나타내 보여주는 것들로서, 병고침, 능력행함, 예언, 영분별이 여기에 해당된다. 마지막 세번째 종류의 덕은 하나님의 일들을 바르게 설명할 수 있는 도구로서의 은사들이며, 방언들 말함과 말씀들 통역 혹은 해석의 은사가 여기에 포함된다. 푸티우스는 아퀴나스의 이와 같은 구분법에 반대하면서, 고린도전서 12장의 은사를 하나씩 나열한다. 푸티우스에 따르면 지혜의 말씀이란, 하나님에 대한 것들을 이해하고 적절하게 전달 및 적용하는 은사를 말한다고 한다.[82] 그리고 지식의 말씀이란 성경의 참된 의미를 이해할 수 있도록 하는 은사이다.[83] 한편 믿음의 은사는 기적을 행할 수 있는 믿음을 말한다.[84] 병고침의 은사는 아픈 사람을 기적적으로 낫도록 하는 것이며, 능력행함의 은사는 여러가지 기적을 행하는 은사, 특히 병들고 약해진 이들을 낫게 하는 것을 가리킨다.[85] 예언의 은사의 경우 아퀴나스는 미래 일을 예측하는 것이 예언이라고 보지만, 푸티우스는 로마서 12장과 고린도전서 14장을 언급하면서 예언의 은사란 가르치는 은사라고 볼 수도 있다는 의견을 내놓는다.[86] 이렇게 보면 지혜의 말씀의 은사와 비슷한 면도 있겠으나, 예언의 은사는 신학적으로 옳게 해석하고 사리분별력이 있게 적용하는 것에 주안점을 두는 은사라는 점에서 지혜의 은사와 다소 차이가 있다고 본다.[87] 영들 분별함의 은사는 참된 교리를 거짓된 가르침 및 악령의 술법과 구분해 낼 수 있도록 해주는 은사이다.[88] 각종 방언들을 말한다는 것은 다양한 경우에 다양한 언어를 성령께서 운행하시는대로 말하는 것을 가리키며, 마지막으로 통역 혹은 해석의 은사는 방언들을

82 Voetius, *Selectarum Disputationum Theologicarum*, 2:1091.
83 Voetius, *Selectarum Disputationum Theologicarum*, 2:1092.
84 Voetius, *Selectarum Disputationum Theologicarum*, 2:1093.
85 Voetius, *Selectarum Disputationum Theologicarum*, 2:1093.
86 Voetius, *Selectarum Disputationum Theologicarum*, 2:1093.
87 Voetius, *Selectarum Disputationum Theologicarum*, 2:1094.
88 Voetius, *Selectarum Disputationum Theologicarum*, 2:1094.

통역할 뿐만 아니라 성경 말씀의 명확하지 않은 부분을 이해할 수 있도록 해석해주는 역할도 한다고 푸티우스는 말한다.[89]

마지막으로 푸티우스는 성령의 은사라는 주제와 관련하여 남은 질문들 및 제기될 수 있는 반론에 답을 하면서 은사에 대한 그의 고찰을 마무리한다. 그 중에서 주목해볼 만한 것은, 은사들을 받는 것이 곧 성화의 성향과 덕이 주입된 것이라고 할 수 있는지, 아니면 은사들을 받는 것이 단지 성령의 특정한 운행하심에 의해 그것들을 전수받는 행위로만 봐야 하는지에 관한 질문이다.[90] 푸티우스 당시의 대표적인 로마 가톨릭 신학자였던 로베르투스 벨라미누스(Robertus Bellarminus, 1542-1621)의 경우, 지혜, 지식, 믿음, 방언, 통역이라는 다섯가지 은사는 내면화되어 머물고, 그 외 네가지 은사, 즉 병고침, 능력행함, 예언, 영분별의 경우는 전수받는 것에 그친다고 생각하였다.[91] 하지만 아퀴나스나 그 외 대부분의 스콜라 신학자들은 그렇게 생각하지 않고, 거저 주어지는 은혜와 감사를 올리도록 하는 은혜를 구분하며 전자는 단회적인 감동이요 후자는 영속적인 성향이라고 주장하였다.[92] 한편 푸티우스는 사도들에게 나타났던 은사와 그 외 신자들에게 나타난 은사, 그리고 위선자들에게 나타난 은사를 구별해야 한다고 전제하면서도, 모든 은사는 상호 관련된 영적 표징이요 표적이자 내재하는 특권임을 분명히 하였다.[93] 푸티우스에 따르면 사도들과 일반 신자들이 누렸던 은사는 그 본질에 있어서는 동일했고, 단지 그 범위와 정도상에 차이가 있었다. 동시에 그는 사도와 장로와 집사라는 섬김의 직분들도 그 존엄성에 있어서 성령의 은사에 필적하는 귀한 것들이라고 보았다.[94]

---

89 Voetius, *Selectarum Disputationum Theologicarum*, 2:1094.
90 Voetius, *Selectarum Disputationum Theologicarum*, 2:1094.
91 Voetius, *Selectarum Disputationum Theologicarum*, 2:1094.
92 Voetius, *Selectarum Disputationum Theologicarum*, 2:1094.
93 Voetius, *Selectarum Disputationum Theologicarum*, 2:1094.

이제까지 살펴본 것처럼, 푸티우스는 초자연적이고 사도적인 성령의 은사에 대해서 은사중지론에 가까운 입장을 취하면서도, 오늘날 불신 이교도들에게 복음을 믿도록 하기 위하여 그러한 은사들이 일부 나타날 수 있을 가능성을 아주 부정하지 않고 있다. 비슷한 맥락에서, 푸티우스는 온건한 은사중지론을 말하면서도 성령 하나님을 경홀히 여기는 어리석음을 범하면 안된다는 것을 강조한다. 그는 성령을 소멸치 말라는 살전 5:19의 권면을 인용하기도 하고, 성도는 성령의 전임을 잊지말라는 고후 6:19-20의 말씀도 언급한다. 그리고 성령님의 신성을 증명하는 성경구절인 고후13:13을 언급하면서 성령론에 대해서 더 자세히 알고 싶은 사람은 자신의 글 외에도 다른 글을 참고하라고도 한다. 그는 먼저 자신의 스승 고마루스의 "성령님의 위격"(*Disputationum theologicarum sexta de persona Spiritus Sancti*)을 추천한다. 여기에서도 우리는 다시금 고마루스가 푸티우스에게 얼마나 큰 영향을 미쳤는지를 재확인할 수 있다. 거기에 더하여 푸티우스는"성령의 파송에 대하여"라는 설교를 읽으라고 권하고, 또한 오늘날의 조직신학서라고 할 수 있는 보편신학논제(*loci communes*) 책에서 다루어지는 성령의 위격 부분, 그리고 고린도후서 13:13 "주석과 설교"를 읽어보라고 권한다.[95]

푸티우스의 이와 같은 성령론은 전체적으로 종교개혁자 칼빈의 성령론과 상당히 유사하다. 비록 푸티우스가 칼빈을 인용하지는 않기 때문에 푸티우스가

---

**94** Voetius, *Selectarum Disputationum Theologicarum*, 2:1094.

**95** "Eum exstinguere 1. Thssal. 5. & quod debemus ei nos totos tanquam sancta illius templa consecrare 1. Corinth. 6. 19. 20. ejus communionem desiderare & precari 2. Corinthi. 13. 13. Quae amplificata vide in patrum & recentiorum concionibus de Missione Spiritus s. & in loc. comm. de Persona Spir. sanct. ut & in commentariis ac concionibus ad loc. cit." Voetius, Selectarum Disputationum Theologicarum, 1:481-482; "De variis significatis vocis spiritus in scriptura consulendi thesari&claves scripturarias, imprimis Disp. Gomarus de personae spiritum S." Voetius, *Selectarum Disputationum Theologicarum*, 2:1040.

성령론에 있어서 칼빈에게 얼마나 영향을 받았는지는 정확히 알 수 없다. 하지만 푸티우스가 칼빈을 잘 알고 있었다는 것은 의심의 여지가 없는 사실임에 틀림없다. 앞에서 언급한 것처럼 푸티우스와 칼빈은 공통적으로 성령의 내적 조명에 대해서 강조한다. 또한 푸티우스가 은사의 동력인은 삼위일체 하나님이라고 했던 것과 유사하게, 칼빈은 은사가 성령 하나님 뿐만 아니라 삼위일체 하나님으로부터 온다고 하였다.96 그리고 푸티우스가 로마 가톨릭의 신비주의를 배격하면서 사도적인 은사가 그쳤다고 함으로써 성령의 은사를 기적보다는 통상적인 말씀 전함과 교회 세움에 초점을 맞춰서 설명했던 것처럼, 칼빈 역시도 사도들의 안수를 통해 기적적인 능력이 나타났고 전수되었던 것은 새로 도래한 그리스도의 나라를 빛나게 하고 그것을 증거할 목적으로 일시적으로 나타났던 비범한 것이라고 하는 동시에,97 그의 설교를 듣는 회중들이 동일한 성령께서 비범한 은사를 대신하여 오늘날도 주시는"통상적인"은사를 감사함으로 받아누리지 않고 게으름에 빠져있다고 책망하기도 함으로써 비교적 온건한 은사중지론을 설파하였다.98

그렇지만 푸티우스가 칼빈의 입장을 그대로 반복만 한 것은 아니다. 푸티우스는 선교지에서 교회를 세우기 위한 목적으로 오늘날에도 비슷한 은사를 주실

---

96 H. H. van Alten, "John Calvin on the Gifts of the Holy Spirit in His Commentary on Acts," *Koers-Bulletin for Christian Scholarship* 82/2 (2017), 3. http://doi.org/10.19108/ KOERS.82.2.2350.

97 "Assuredly the Holy Spirit is still present with the people of God...But those miraculous powers and manifest operations, which were distributed by the laying on of hands, have ceased. They were only for a time. For it was right that the new preaching of the Gospel, the new kingdom of Christ,should be signalised and magnified by unwonted and unheard-of miracles. When the Lord ceased from these, he did not forth with abandon his Church, but intimated that the magnificence of his kingdom, and the dignity of his word, had been sufficiently manifested." Calvin, Instit., 4.19.6; 4.19.18.

98 Van Alten, "John Calvin on the Gifts of the Holy Spirit," 10.

가능성을  전적으로 차단하지 않음으로써, 칼빈의 입장보다 한걸음 더 나아갔다. 개혁파 정통주의가 전성기에 이르렀던 시대의 네덜란드는, 칼빈 시대보다 훨씬 더 많은 해외 항해 경험을 자랑하고 있었다. 많은 항해와 무역으로 인해 네덜란드는 부강하게 되었고, 소위 "황금시대"를 누리게 되었다. 또한 네덜란드는 나날이 신장되는 국력을 바탕으로 동인도 및 서인도 회사를 세우고 무역사업과 식민지 개척에 앞장섰을 뿐만 아니라, 유럽 밖의 세계에 사는 해외 이교도들에게 어떻게 복음을 전하고 교회를 세울 것인지에 대한 관심도 가지게 되었다. 이미 도르트 대회 당시에도 선교에 대한 관심을 표명한 바가 있는 푸티우스는 이러한 상황을 염두에 두고, 교회가 없는 곳에 교회를 세우는 일이 급선무인 선교지에서 성령의 특별한 은사가 나타나지 않을 것이라고 어떻게 단정할 수 있겠느냐는 입장을 표명하였던 것이다.

지금까지 푸티우스의 정통주의 신학체계에서 성령론이 어떻게 다루어졌는지를 간단히 살펴보았다. 비록 푸티우스가 성령론을 심도있게 따로 다루지는 않았어도, 그의 성경론과 삼위일체론 그리고 구원론에서 성령론이 비중있게 다루어지고 있음을 우리는 잊지 말아야 할 것이다. 또한 성령론에 대해서 깊이 있게 다루었던 고마루스의 제자였던 푸티우스가 성령론에 관심을 갖는 것은 자연스러운 일이었을 것이다. 이 모든 것들을 종합해볼 때, 비록 푸티우스가 성령론을 고마루스만큼 충분히 다루지는 못했어도, 그의 신학은 성령론적인 관심을 상당히 반영하고 있다고 평가할 수 있겠다. 따라서 푸티우스의 정통신학에서 성령론이란, 충분히 다루어지지는 못했더라도 최소한 낯설지는 않은 분야였다고 보는 것이 타당할 것이다.

## Ⅳ. 실천: 푸티우스의 개혁파 경건주의적 성령론

푸티우스가 1630년대와 1640년대에서부터 시작하여 1660년대에 이르기까지『신학논제선집』에 실린 다양한 글들을 통해서 나타냈던 성령론에 대한 이론적이면서도 실천적인 관심은, 1664년 『수도 혹은 경건연습』에서 한층 더 실제적으로 나타나게 된다. 이 책에서 푸티우스는 어떻게 하면 하나님 나라의 백성인 그리스도인이 내면의 유혹과 시험을 이기고 깨어 그리스도를 본받고 영적 전투에서 승리하는 경건한 체험신앙을 간직하며 살 수 있을것인가에 대해서 자신의 의견을 개진하고 있는데, 그 과정에서 성령 하나님에 대한 언급이 곳곳에 등장하고 있다.

푸티우스는 먼저 기도와 묵상이 결코 열광주의자들의 전유물이 아님을 주장하면서, 토마스 아켐피스와 그 외 중세 신학자들이 묵상에 대해서 무엇이라고 했는지를 살펴보는데, 그 과정에서 "성령님과 그리스도의 생명은 게으르고 쓸모없는 실체가 아니"라고 했던 요한 타울러의 말을 비중있게 인용한다.[99] 그리고 기도할 때에는 "성령 하나님도 성부 및 성자 하나님과 동일본질이시므로" 삼위 하나님을 엄격히 구분하지 않아도 된다고 하였다.[100] 이 성령 하나님으로부터 성화와 위로의 은혜가 주어진다.[101] 여기서 우리는 신비주의와 열광

---

99 "Certe Spiritus Sanctus neque ociosa aliqua & inutilia, neque vitae Christi aut sacris literis repugnantia, in quocunque etiam homine operatur." Voetius, *exercitia pietatis*, 78.

100 "Promiscue compellare licet Deum unum & trinum, & personam aliquam trinitatis, patrem scil. aut filium, aut Spiritum S...Probatur de Spiritu S.: quia est persona *ομοουσιος*...Sunt qui addunt ex 2 Corinth. 13-13." Voetius, *exercitia pietatis*, 105.

101 "...ut patri creatio, Sp. S. sanctificatio, & consolatio; ab illis personis peti possunt ex. gr. sanctificatio a Spiritu S: aut pro iis ipsi gratiae agi...." Voetius, exercitia pietatis, 106.

주의를 경계하면서도, 경건에 유익한 것이라면 전통에서든 교리에서든 받아들이고 순화시켜 실생활에 적용하는 푸티우스의 태도를 엿볼 수 있다.

그 다음으로 푸티우스는 성령님이 성도의 신앙생활과 내면세계에서 실제적으로 어떤 일을 하시는가에 대해서 살피면서 경건생활을 증진시킬 방안을 모색한다. 그리스도와 성도를 연합시키시는 분은 성령 하나님이시다.[102] 성령님은 성도가 하나님의 사랑에 달콤하게 젖어들도록 위로해주시는 분이시며,[103] 성도와 영원히 함께 계시며 가르침을 주시는 분이시기도 하다(요14장).[104] 물론 이러한 가르침에는 말씀선포, 기적, 예비하심 등 내면에 경건한 두려움을 자아내는 경우도 있지만,[105] 그래도 성령님은 기쁨을 주시는 분이기에, 버림받은 사울왕이 겪은 것(삼상 16:14, 23; 18:10-11)과 비슷한 종류의 우울함과 두려움을 성령의 손길과 혼동해서는 안된다.[106] 신앙을 고취시키기 위해서는, 성령께서 인정하시는 참된 온유함(갈 6:1-4)이 있는 심방 혹은 경건한 모임이 필요한데, 왜냐하면 거짓된 온유함은 주님께서 기뻐하시지 않기 때문이다(요 11:33).[107]

---

102 "...tum gratiae sanctificatis per Christi obedientiam nobis promeritae, & per Spiritum Sanctum nobis collatae ac conferendae...." Voetius, *exercitia pietatis*, 209.

103 "Spiritus Sanctus qui consolationibus suis suaviter amorem Dei in corda diffundendo illabitur." Voetius, *exercitia pietatis*, 238.

104 "...in Spiritus Sancti Doctoris & Consolatoris gratia; qui datus est nobis, ut aeternum nobiscum maneat. Joh. 14." Voetius, *exercitia pietatis*, 374.

105 "...timor vero est a Spiritu Sancto per externam causam sive impulsivam, sive instrumentalem, verbum scil. praedicatum, miracula, apparitiones...." Voetius, *exercitia pietatis*, 461.

106 "spiritus vero melancoliae minime, nisi Spiritus Sanctus peculiariter hanc infirmitatem & complexionem sibi sanctificaverit, eaque ad spiritualium promotionem usus fuerit. Considera examplum Saluis...." Voetius, *exercitia pietatis*, 463.

107 "Sed talis lenitas, seu mavis lentitudo (uti Ethici appellant) a Spiritu S. redarguitur...Joh. 11.v.33....." Voetius, *exercitia pietatis*, 753.

성도의 몸은 성령의 전이기에,[108] 시험에 들지 않으려면 성령께 대하여 죄를 짓는 것을 피해야 한다.[109] 영적 침체 혹은 메마름(*desertio*)의 원인 중 하나는 성령께 대하여 죄를 짓는 것(*peccato in Spiritum Sanctum*)이다.[110] 성령께 대해서 죄를 지었을지도 모른다는 의심에 시달리는 사람이 있다면, 그의 죄를 슬퍼하고 그를 위해 진지하게 기도해주면서, 관련된 성경구절(히6:3,6; 요일 5; 마12:31; 시 51:17)을 살펴보도록 해야 한다.[111] 이처럼 성도의 생활은 위험에 노출되어 있으나, 그래도 성도의 회심이 취소되지 않고 끝내 완전히 완성될 것을 믿을 수 있는 근거와 이유는, 바로 하나님의 기뻐하심이 그리스도 안에서 확실하기 때문인 동시에 성령 안에서 평안과 희락을 누리기 때문이다.[112] 그러면서 푸티우스는 구주 예수님 및 성부 하나님과 성령 하나님에 대한 경배의 기도로 그의 작품을 마무리짓는다.[113]

여기서 우리는 푸티우스의 성령론이 단순히 이론에 머무르지 않고, 경건을 증진시키는 도구로 사용되고 있음을 발견할 수 있다. 푸티우스에게는 성령님의 사역에 대해 바르게 믿고 묵상하는 것과 그분을 기쁘게 하는 것이 별개의 일이

108 "...corpora quae templa Spiritus Sancti I Cor. 6. vers. 19." Voetius, *exercitia pietatis*, 395.

109 "an peccato in Spiritum Sanctum obnoxius, aut saltem proximus sit." Voetius, *exercitia pietatis*, 507.

110 Voetius, *exercitia pietatis*, 531.

111 "Quomodo eximenda est opinio seu suspicio, de peccato in Spiritu Sancto" Voetius, *exercitia pietatis*, 551-552.

112 푸티우스는 앞에서도 이와 유사하게, 하나님 나라 백성이 내면으로 누리는 복에 대해서 설명하면서 로마서 14:17을 인용한 적이 있다. "Est enim regnum Dei pax & gaudium in Spiritu Sancto, quod non datur impiis." Voetius, *exercitia pietatis*, 39.

113 "Quando&quomodo conversio mea ad Deum peracta sit? Quae certitudo dilectionis Dei in Christo, quae pax & laetitia in Spiritu S. &c." Voetius, exercitia pietatis, 820; "...Exaudi nos per Filium dilectionis tuae unicum Servatorem nostrum, cui cum Patre & Spiritu Sancto sit laus, honor & gloria in saecula. Amen." Voetius, *exercitia pietatis*, 830, 879.

아니었다. 성화의 은혜를 주시는 성령님에 대해서 바로 아는 것은, 경건한 삶을 사는 것과 밀접하게 연관되어 있다. 푸티우스의 성경론과 삼위일체론과 구원론에서 나타났던 성령님에 대한 이론적 지식은, 실천의 영역에서도 빛을 발하여 "제 2의 종교개혁"에 필요한 자양분을 공급함으로써, 성화와 선교를 선도하게 되었던 것이다.

## V. 결론

푸티우스는 실천적이고 선교적인 관심을 가지고, 종교개혁자 칼빈과 도르트 대회의 영웅 고마루스의 성령론을 계승하였다. 푸티우스는 오늘날의 기준으로 보면 온건한 은사중지론이라고 할 수 있는 입장을 피력함으로써 로마 가톨릭의 신비주의를 논박하고 열광주의자들과 다른 입장을 취했지만, 동시에 성령의 은사가 오늘날에도 의미없는 것이 아니며 신앙을 고취시키며 교회를 세우는 일에 유익하다는 것을 밝혔다. 그에게는 성령론이 결코 메마른 학문이 아니었다. 푸티우스에게는 성령론이야말로 아르미니우스 항론파 등으로 대표되는 잘못된 교리를 버리고 정통교리를 지탱하도록 하는 원동력이요, 성화를 촉진시키며 경건을 고취시키는 실천적인 능력이었다.

이렇게 볼 때, 푸티우스가 1646년 우트레흐트 학교에 부임하면서 경건과 학문을 어떻게 조화시킬 것인가에 대해서 취임특강을 한 것은 우연이 아니었다. 그의 성령론 역시도 경건과 학문의 조화를 추구하고 있다. 그에게서 우리는 초대교회 및 중세와 종교개혁을 아우르는 신학 및 경건의 전통이 개혁파 정통주의의 입장에서 계승되고 조화되고 순화되어 실천적으로 적용되는 것을 볼 수 있으며, 궁극적으로 볼 때 그러한 조화와 적용은 경건과 거룩을 고취시키는 역할을 하는 그의 성령론 덕분에 가능했다고도 볼 수 있겠다. 푸티우스 신학사상의 이러한 특성은 그의 후계자인 페트루스 판 마스트리히트(Petrus van Mastricht, 1630-1706)의 『이론-실천신학』(*Theoretico-practica theologia*)으로 계승되고 발전되었고, 마스트리히트의 신학은 조나단 에드워즈에게 큰 감화를 주어 18세기의 신앙부흥에 간접적으로 기여하게 되었다.

/

# 프란시스 튜레틴의 성령론

/

**이신열**

(고신대학교 교수, 조직신학)

Francis Turretin(1623-1687)

고신대학교 신학과에서 교의학을 교수이며, 개혁주의학술원 원장으로 섬기고 있다. 저서로는 『칼빈신학의 풍경』,『종교개혁과 과학』, 『개혁신학의 관점에서 본 기독교윤리학』이 있으며, 역서로는 낸시 피어시(Nancey Pearcey)와 찰스 택스턴(Charles Thaxton)이 공저한 『과학의 영혼』(*The Soul of Science*), 『성찬의 신비』(저자:키이스 매티슨), 『구약 윤리학 - 구약의 하나님은 윤리적인가?』(저자:폴 코판) 등이 있다. 기독교와 과학의 관계, 오순절 및 은사주의 신학에 대한 개혁주의적 비판, 칼빈신학의 현대적 함의 등이 주요 연구 분야이다.

**이신열**

## Ⅰ. 시작하는 말

프란시스 튜레틴(Francis Turretin, 1623-1687)은 1558년에 칼빈에 의해 설립되었던 제네바 아카데미에서 교수로 활동했던 대표적 개혁파 정통주의 신학자이었다.[1] 그동안 국내외에서 그의 신학에 대한 다양한 주제들에 관한 연구들이 진행되어 왔다.[2] 그런데 이 연구들의 경우 초기(1980년 - 2010년)에

1 그의 생애에 대한 간략한 소개 및 그의 신학적 특징과 공헌에 관해서는 다음을 참고할 것. 김은수, "프란시스 튜레틴의 개혁주의 정통 기독론: '예수 그리스도의 인격론'을 중심으로," 『종교개혁과 그리스도』, 이신열 (편), 개혁주의 신학과 신앙 총서 13 (부산: 개혁주의학술원, 2019), 201-209; Jack B. Roguers & Donald K. McKim, *The Authority and Interpretation of the Bible: A Historical Approach* (New York: Harper & Row, 1979), 172-87.

2 이은선, "프랜시스 투레틴의 성경관," 「신학지평」 11 (1999), 185-200; 이은선, "튜레틴의 〈변증신학강요〉의 신학방법론; 신학서론(Prolegomena)의 분석," 「역사신학논총」 2 (2000), 63-80; 공현배, "튜레틴의 성경관 연구: 그의 〈논박신학강요〉를 중심으로," 계명대학교 박사학위논문 (2010); 문병호, "프란시스 뚤레틴의 그리스도의 위격적 연합 교리 이해: 칼빈의 계승과 심화라는 측면을 덧붙혀," 『칼빈 이후의 개혁신학자들』, 이상규 (편), 개혁주의 신학과 신앙 총서 7 (부산: 개혁주의학술원, 2013), 208-32; 유정모, "프란시스 튜레틴의 섭리론: 죄의 원인에 대한 이해를 중심으로," 「개혁논총」 44 (2017), 149-97; Richard A. Muller, "Scholasticism Protestant and Catholic: Francis Turretin on the Object and Principles of Theology," *Church History* 55/2 (1986), 193-205; Stephen R. Spencer, "Francis Turretin's Concept of the Covenant of Nature," in *Later Calvinism: International Perspectives*, ed. W. Fred Graham (Kirksville, MO: Sixteenth Century Journal Publishers, 1994), 71-91; J. W. Maris, "Rationaliteit en existentialiteit bij Franciscus Turretinus: Het geloofsbegrip in de "Institutio Theologiae Elecncticae," in *Om de kerk: Opstellen aangeboden aan prof. dr. W. van't Spijker* (Leiden: Groen en zoon, 1997), 63-77; Sebastian Rehnman, "Alleged Rationalism: Francis Turretin on Reason," *Calvin Theological Journal* 37 (2002), 255-69, idem, "Theistic Metaphysics and Biblical Exegesis: Francis Turretin on the Concept of God," *Religious Studies* 38/2 (2002), 167-86; J. Mark Beach, *Christ and the Covenant: Francis Turretin's Federal Theology as a Defense of the Doctrine of Grace* (Göttingen: Vandenhoeck & Ruprecht, 2007); James E. Bruce, *Rights in the Law: The Importance of God's Free Choice in the Thought of Francis Turretin* (Göttingen: Vandenhoeck & Ruprecht, 2013); HyunKwan Kim, "Francis Turretin on Human Free Choice : Walking the Fine Line Between Synchronic Contingency and Compatabilistic Determinism," *Westminster Theological Journal* 79 (2017), 25-44; Steven Duby, "Receiving No Perfection from Another: Francis Turrretin on Divine

는 주로 신학서론, 즉 신학방법론과 성경론, 그리고 언약론 등에 관한 연구를 중심으로 진행되다가 몇 년 전부터는 신론, 섭리론, 인간론 그리고 기독론 등으로 다양화되기 시작했다. 이런 상황에서 그의 성령론을 고찰하는 것은 지금까지 진행되어 온 튜레틴 연구의 폭을 넓히는 시도 중에 하나에 해당된다고 볼 수 있다.

이 글에서는 그의 성령론을 성령의 존재, 성령의 사역, 성령과 그리스도, 그리고 성령의 은사라는 네 가지 주제로 나누어서 고찰하되 그의 『변증신학강요』(*Institutio theologiae elencticae*, 1679-86)[3]를 중심으로 살펴보고자 한다.

## II. 성령의 존재

### 1. 비인격체인가?

튜레틴은 창 1:2에 대한 논의에서 하나님의 영이 사물 또는 물체, 구체적으로 '대기(air)' 또는 '바람(wind)'이 아니라고 보았다.[4] 왜냐하면 창 1:2이 둘 다 아직 하나님에 의해 피조되지 않았던 상태이었기 때문이었다. 성령은 또한 의인화(prosopopoeia)된 사물을 가리키지 않는다. 이 의인화된 물체의 주체

---

Simplicity," *Modern Theology* 35/3 (2019), 522-30.

3 Fraciscus Turretinus, *Institutio theologiae elencticae*, 3 vols. (Geneva: Samuel de Tournes, 1679-86). 이 글에서는 이 책의 영역본이 사용되었다. Francis Turretin, *Institutes of Elenctic Theology*, 3 vols, trans. George Musgrave Giger & ed. James T. Dennison, Jr. (Philipsburg, NJ: P & R, 1992-97). 이하 IET로 약칭하여 사용하며 권과 페이지 번호를 아울러 제시하며, 괄호 안에 주제, 질문, 답변의 번호를 각각 주어지게 됨.

4 IET 1:274 (3.26.5).

는 일반적으로 어떤 형체를 지닌 사물로서 생명과 의식이 결여되어 있으므로 살아계신 하나님이신 성령을 지칭할 수 없기 때문이다.[5]

또 다른 경우에는 성령은 가시적 형태를 지닌 물체 또는 생명체로 비유되기도 한다. 그리스도께서 세례 요한에게 요단강에서 세례를 받으실 때 성령은 비둘기로 형상화되었다(마 3:16). 그리스도께서는 성령으로 세례를 베푸시는데 여기에서 성령은 하나님의 소유물이 아니라 하늘에서 내려오셔서 그리스도에게 임하시는 행위의 주체로서의 인격체를 가리킨다.[6]

또한 오순절 다락방에 모인 120명의 제자들에게 임한 성령은 불의 혀처럼 갈라지는 것들로 묘사되었다(행 2:3). 그러나 성령은 이런 가시적 물체 또는 생명체와 동일시되지 아니한다. 왜냐하면 이런 가시적 형태를 취할 수 있는 주체는 인격체(persons)이지 비인격체가 아니기 때문이다.[7]

## 2. 하나님의 능력 또는 효능(efficacy)인가?

창 1:2에 대한 논의에서 튜레틴은 하나님의 영이 하나님의 능력 또는 효능이 될 수 없다고 보았다. 이 구절에서 능력 또는 효능은 사물의 풍성함을 가능하게 하는 원인을 뜻한다.[8] 자신의 힘으로 존재하는 물체에 해당하는 세상에 물리적 영향력을 행사하는 어떤 능력으로부터 성령은 구분된다. 그렇다면 어떤 이유에서 성경은 성령을 하나님의 능력, 또는 '지극히 높으신 이의 능력'(눅 1:35)이라고 부르는가? 튜레틴은 이 표현에 나타난 능력이 성령의 존재를 가리키는 것이 아니며 그의 속성을 가리킨다고 말한다.[9] 이 표현에 나타난 능력은 성령께서

---

5 IET 1:303 (3.30.4).
6 IET 1:267 (3.25.7).
7 IET 1:304 (3.30.8).
8 IET 1:274 (3.26.6).
9 IET 1:306 (3.30.13).

마리아에게 임하여서 그의 태에서 그리스도의 잉태라는 놀라운 기적을 행하실 능력의 존재임을 암시한다. 성경은 여러 곳에서 성령과 그의 능력을 구분하여 언급하는데 이것이 더 일반적인 경우에 해당된다고 볼 수 있다. 예를 들면 "오직 성령이 너희에게 임하시면 너희가 권능을 받고 ... "(행 1:8)라는 구절에 언급된 능력은 어떤 행동의 결과를 가리키는 반면, 성령은 이 결과의 원인과 원천(source)에 해당된다.[10]

## 3. 신적 존재(divine person)인가?

성령은 다양한 행위를 행하시는데 여기에 가르침(요 14:26), 증거함(요 15:26), 미래 일을 계시함(딤전 4:1), 하나님의 깊은 것을 궁구함(고전 2:10), 어떤 사람들을 정하여 특별한 명령에 의해서 그들을 사역자로 보내심(사 61:1; 행 13:2; 20:28), 창조함(창 1:2), 처녀를 잉태케 함(눅 1:35), 사람들에게 일반적인 은사와 특별한 은사를 부여함(고전 12:11) 등이 포함된다.[11] 이런 사역은 그가 성부 하나님과 동일한 질서와 능력을 지닌 신적 존재가 아니라면 행할 수 없는 것이다. 그가 신적 존재로서 행하시는 일을 그에게 부여된 다음의 몇 가지 명칭을 통해서 확인할 수 있다.

첫째, 그는 우리를 모든 진리로 인도하며 하나님에 의해 가르침(theodidaktos, 요 6:45; 14;17;16:13)을 받도록 이끄시는 스승이시다.[12] 그리스도와 더불어 우리의 보혜사 (parakletos)가 되시는데(요 14:26;요일 2:1), 이 단어는 그가 스승이라는 뜻도 지니고 있다.[13]

---

10 IET 1:305 (3.30.11).
11 IET 1:303 (3.30.4).
12 IET 2:622 (15.17.17)
13 IET 2:484 (14.15.8).

둘째, 그는 신앙과 중생의 실행자(effector) 로서(요일 3:9)[14] 축복을 통해서 경건한 자들을 하나님으로부터 태어나게 하신다(ek tou theou).[15] 그는 우리 안에 영생을 제공하며 항상 우리 안에 거하신다.[16] 성령의 이런 축복을 받은 결과로 하나님의 택함을 받은 자들은 이제 죄의 지배로부터 해방되어 사망에 이르는 죄악을 짓지 않게 된다.[17]

셋째, 그는 우리를 위로하시는 위로자(comforter)이시다.[18] 그는 우리 안에서 우리 연약함을 도우시며 말할 수 없는 탄식으로 우리를 위해 중재의 기도를 드리시는 분이시다(롬 8:26).[19]

어떻게 기도할지 알지 못했던 자가 그의 도우심으로 기도할 수 있게 되며 위로자이신 성령을 통해 모든 진리로 인도함을 받게 된다(요 14:26;16:13). 이제 이 위로자를 통해서 성자 하나님과 성부 하나님의 임재가 우리에게 현실화된다.

## Ⅲ. 성령의 사역

성령의 다양한 사역이 있으나 여기에서는 성경, 회심, 그리고 신앙이라는 세 가지 주제로 나누어서 고찰하고자 한다. 한 가지 주목할 만한 사실은 이 여섯 가지에 창조가 포함되지 않았다는 점이다. 왜냐하면 튜레틴이 『변증신학

14 IET 2:586 (15.14.13).
15 IET 2:340 (13.11.4).
16 IET 2:605 (15.16.25).
17 IET 1:651 (9.14.18).
18 IET 2:484 (14.15.8).
19 IET 2:536 (15.4.39).

강요』의 다섯 번째 주제로 본격적으로 고찰함에 있어서 성령론적인 고찰이 예상보다 훨씬 적기 때문이다. 삼위 하나님의 사역으로 이루어졌다는 사실을 한 차례 언급할 때 성령이 언급되며[20] 땅에 대한 설명에 있어서 성령이 이를 품고 계셨다는 사실에 대한 설명을[21] 제외하고는 창조론에 있어서 성령의 역할이 거의 최소화되었기 때문이다.

## 1. 성경

성경은 성령의 사역으로 도출된 하나님의 기록된 말씀이다. 튜레틴은 성경과 관련하여 신자들이 성령을 통하여 하나님으로부터 가르침을 받는다(theodidaktoi)는 맥락에서 성령은 스승이라고 주장한다.[22] 성경의 존재가 성령의 사역을 불필요한 것으로 만드는 것이 아니다. 성령은 새로운 계시를 제공하시는 것이 아니라 이미 기록된 말씀을 우리 마음에 새기는 사역에 임하신다. 그 결과는 성령이 성경으로부터 분리되지 않는 것이라고 주장한다(사 59:21). "성경은 객관적으로 사역하고, 성령은 내부로부터 마음을 여신다."[23]

튜레틴은 성령이 또한 성경의 두 가지 의미, 즉 문자적 의미(the literal sense)와 신비적 의미(the mystical sense)를 정의하는 사역을 행하신다고 밝힌다. 첫째, '문자적' 의미는 여기에서 독특하게도 성령의 의도에 의해서 결정되는 의미를 가리킨다. 문자적 의미는 성경의 특정한 문장을 구성하는 단어들에서 직접 도출되지 아니한다. 왜냐하면 한 단어가 복수적 의미를 지닐 수 있기 때문이다. 성령께서 이런 복수의 의미 가운데 단지 하나의 의미를

20 IET 1:435 (5.2.8).
21 IET 1:448 (5.6.6).
22 IET 1:59 (2.2.9).
23 IET 1:59 (2.2.9).

갖도록 의도하신다.[24] 둘째, '신비적' 의미란 성경이 지닌 거룩한 의미로서 성경의 저자들을 통해서 성령에 의해 제공된 의미를 가리킨다.[25] 이 의미는 신앙의 교리를 증명하는 능력을 지니고 있는데 이는 성령에 의해서 의도된 것이다. 그러나 신비적 의미는 성경의 모든 부분에서 발견되는 것이 아니라 단지 성령께서 기회와 정초(foundation)를 제공하시는 경우에만 적용된다.[26] 튜레틴은 성경에서 신비적 의미가 사용된 경우를 찾기 위해서 성령의 의도라는 한계를 초월하지 않아야 한다고 강조한다. 왜냐하면 만약 그렇게 될 경우, 이 의미의 참된 모습을 상실할 수도 있기 때문이라고 말한다.[27]

## 2. 회심

튜레틴은 먼저 회심을 두 종류로 분류하는데 이는 성향적(habitual) 또는 수동적(passive) 회심과 실제적(actual) 또는 능동적(active) 회심으로 구분된다.[28]

먼저 성향적 회심이란 성령께서 초자연적 성향을 주입하심으로서 발생하는데 여기에서 '성향'(habit)은 원래 마음의 성향을 가리키는데 이는 다시 지식과 신앙, 그리고 가정적(supposing) 성향으로 나누어진다.[29] 이 가운데 헬라 철학자 아리스토텔레스(Aristoteles)에게 중요하게 간주했던 것은 지식의 성향인데 이는 다시 다음의 5가지로 분류된다: 지성(intelligence), 지식

24 IET 1:150-51 (2.19.3 & 9).

25 IET 1:152 (2.19.15). 이 신비적 의미의 실제적 예는 요 3:14, 고전 10:1-4, 갈 4:22, 그리고 벧전 3:21에서 주어진다.

26 IET 1:152-53 (2.19.16).

27 IET 1:153 (2.19.16).

28 IET 2:522-23 (15.4.13).

29 IET 1:18 (1.6.1).

(knowledge), 지혜(wisdom), 신중함(prudence), 그리고 예술(art). 튜레틴은 앞서 언급된 아리스토텔레스의 어떤 성향도 신학의 종류(genus)에 직접적으로 해당되지 않지만 그래도 이 가운데 가장 가까운 것으로는 지혜가 해당된다는 사실을 언급한다.[30]

그렇다면 이 지혜의 성향은 어떻게 회심에 작용하는가? 성령께서 영혼 속에 들어가셔서 성향을 주입하실 때, 그 영혼에게 지혜라는 능력이 부여되어 그가 원래 지니고 있던 내재적 타락으로부터 점차적으로 해방되는 결과를 낳는다.[31] 달리 말하면, 이 성향의 작용으로 영혼은 타락된 경향과 편견을 치유하고 영적이며 구원을 받는 행위를 위한 원리들을 표방하게 되는 결과가 초래된다. 이제 영혼은 서서히 회복되어 원래 지녔던 지적 능력을 되찾게 되어 고침을 받게 되는데 이는 전적으로 하나님께서 행하시는 일로 이해된다. 즉 인간이 하나님에 의해 회심되는 것을 가리킨다. 이제 성향적 또는 수동적 회심은 사실상 새로운 출생, 즉 중생에 해당된다고 볼 수 있다.[32]

이와 달리 실제적 회심은 성향적 회심에 기초하고 이를 활용하여 신앙과 회심의 행위들을 표출하는 것을 가리킨다. 즉 인간이 이런 행위들을 통해서 자신을 하나님께로 향하게 하며 이에 상응하는 행위, 즉 신앙과 회개를 행하는 것이 곧 실제적 또는 능동적 회심에 해당된다.[33] 이런 행위가 가능한 것은 하나님께서 신앙이나 회개와 같은 행위의 직접적 원인이 아니라 주요(principal) 원인으로, 그리고 인간은 근접적(proximate)이며 간접적(immediate)인 원인으로 작용하기 때문이다. 튜레틴은 인간의 이런 행위들은

**30** IET 1:18-20 (1.6.2-7).
**31** IET 2:524 (15.4.16).
**32** IET 2:522 (15.4.13).
**33** IET 2:522 (15.4.13).

성령에 의해 자극을 받았기 때문에 가능한 것이라고 보았다.[34] 성령 하나님은 인간의 이런 행위의 주요 원인이실 뿐 아니라 인간이 이 행위에 임하도록 그를 자극하신다는 차원에서 유효적(efficient) 원인에도 해당된다. 이런 맥락에서 성령을 개별적 회심의 행위에 있어서 주요하고 유효적인(principal efficient) 원인으로 적절하게 지목했다고 볼 수 있다.[35] 한 마디로, 실제적 또는 능동적 회심은 성향의 주입을 통한 성령의 능력에 의해서 발생한다고 정리될 수 있을 것이다.

그렇다면 회심이 실제로 어떻게 발생하며 여기에 성령의 역할은 무엇인가? 투레틴은 회심이 두 가지 방식을 통해서 발생한다고 보았는데 이는 이 두 가지 방식의 실질적 작용을 위해서 이중적(a twofold) 은혜가 필수적인 것을 뜻한다.[36] 첫째는 객관적이며 외형적인 은혜로서 하나님으로부터 주어지는 은혜이며, 둘째는 이 객관적 은혜를 인간이 수용하도록 만드는 즉각적이며 주관적인 은혜를 가리킨다. 튜레틴은 이 두 가지 은혜가 모두 성령의 사역에 의해서 주어진다고 보았다.[37] 달리 말하자면, 성령의 사역 방식 두 가지는 말씀으로 작용하는 방식과 마음에 작용하는 방식을 가리킨다. 성령께서 말씀의 설파(preaching)를 통해서 신자들에게 그들의 의무를 명령하실 뿐 아니라, 친밀하게 그리고 즉각적으로 그들에게서 유순함과 순종을 이끌어 내는 방식으로 사역하신다.[38] 말씀을 통해서 외적으로 발생하는 사역은 객관적이며 도덕적인 차원을 지닌 반면, 성령을 통해서 내적으로 주어지는 사역은 효과적인 방식으로 발생한다.[39] 여기에서 어떤 사람들에 의해서 튜레틴은 말씀과 성령, 내적 및

34 IET 2:523 (15.4.15).
35 IET 2:524 (15.4.17).
36 IET 2:527 (15.4.23).
37 IET 2:527 (15.4.23).
38 IET 2:536 (15.4.38).

외적 사역을 지나치게 날카롭게 구분하는 이원론적 사고를 지닌 것으로 평가될 수도 있을 것이다. 그러나 그는 이런 이원론적 사고를 다음과 같이 배제한다.

> "성령이 결코 말씀 없이 우리에게 즉각적으로 사역하지 않으시므로, 그의 움직임은 야만적이며 비이성적인 것으로 불리워질 수 없으며, 항상 지식과 빛에 연결된 것이다. … 성령은 우리에게 즉각적으로 사역하시는데 이는 말씀 전후에 이루어지는 것이 아니라 그와 함께 이루어진다."[40]

그의 주장은 말씀을 통한 성령의 사역으로 부르심에 대한 효력이 발생하여 회심이 일어나는 것을 뜻한다.[41] 이와 관련하여 튜레틴은 회심에 있어서 말씀만이 역사하며 성령의 능력이 사용되지 아니한다는 항론주의자들(the Remonstrants)이 내세웠던 주장을 부인한다.[42] 이들은 말씀이 중생의 유일한 씨앗이므로 성령의 역할이 필요 없다고 밝혔던 것인데 대표적 항론주의자로서 도르트총회(1618-19)에도 참여했던 시몬 에피스코피우스(Simon Episcopius, 1583-1643)도 이런 입장을 적극적으로 취했다.[43]

---

39 IET 2:541 (15.4.51).

40 IET 2:540 (15.4.50), 526 (15.4.21): "그러므로 성령의 전능하고 유효적인 사역은 하나님께서 규례, 격려, 그리고 이와 같은 종류의 다른 것들을 통해서, 그리고 비록 하나님께서 자기 자신의 방식을 따라 행하심에도 불구하고 그가 우리의 방식을 따라, 행하시는 달콤한 방식에 반대되지 않는다."

41 IET 2:526 (15.4.23).

42 IET 2:528 (15.4.25).

43 Simon Episcopius, "Disputationum theologicorum," 46, in *Operum theologicorum*, pars altera [1665], Pt II, 437; "Whether any immediate action of the Spirit upon the will or mind is necessary or promised in the Scriptures, in order that anyone may be able to believe the word externally presented? We maintain negative.", IET 2:528 (15.4.25)에서 재인용. 에피스코피우스에 대해서는 다음을 참고할 것. Frederick Calder, *Memoirs of Simon Episocpius: The Celebrated Pupil of Arminius* (London: Hayward and Moore, 1838). 그는 레이든 (Leiden) 대학의 신학교수로 약 7년간 봉직했는데 이에 대한 간략한 설명으로는 다음을 참고할 것. 이신열, "레이든 대학의 신학교육", 이신열

여기에서 효력이 발생하는 곳은 바로 인간의 이성적 본성인데 이해력과 의지, 그리고 도덕적 경향과 판단력이 주어진다. 이와 달리 후자는 앞서 작용한 말씀을 통한 그의 사역이 실제로 발생할 수 있도록 마음에 선한 경향성을 주입하고, 새로운 마음을 창조하는 것을 가리킨다.[44] 이 사역은 전능하고 효능적인 성령의 사역에 의해서 발생하는데 이는 앞서 언급된 말씀에 의한 성령의 사역과 모순되지 아니한다. 이 사역이 가장 탁월한 은혜 또는 능력을 동반해야 하는 이유는 이런 은혜의 위대함 없이는 우리 마음속에 너무 깊숙하게 뿌리내리고 있는 죄가 극복되며 소멸되지 아니하기 때문이다.[45]

이렇게 성령의 사역이 말씀과 함께 발생하지만, 성령의 사역은 말씀을 통하여 중재적으로(mediately) 발생하지는 않는다. 즉 그의 사역은 말씀을 통하여 즉각적으로(immediately) 영혼 안에서 발생한다.[46] 이는 말씀의 사역이 성령의 즉각적 사역 없이는 충분하지 않음을 뜻한다.

왜 말씀의 사역만으로는 그 효력이 충분히 발휘되지 않는가? 튜레틴은 이 질문에 대한 대답을 다음과 같이 제시한다. 말씀의 사역이 성령의 사역과 동시에 발생하지 않을 때는 저항의 대상이 될 수 있기 때문이다. 그러나 실제로는 말씀의 사역이 항상 성령의 사역과 함께 발생하므로 이 사역을 통해 주어지는 은혜는 결코 그 효력을 상실하지 않는다.[47]

## 3. 신앙

성령은 모든 세대에 걸쳐 말씀과 더불어 신앙이 생성되고 유지되는 수단으로

(편), 『종교개혁과 교육』 (부산: 개혁주의학술원, 2017), 216-17.

**44** IET 2:527 (15.4.23).

**45** IET 2:525 (15.4.19).

**46** IET 2:526 (15.4.23).

**47** IET 2:558 (15.7.34).

간주된다.[48] 먼저 신앙의 생성과 관련하여 중요한 역할을 담당하는 것은 말씀이다. 신앙은 말씀을 들음에서 비롯되는데(롬 10:17), 이런 이유에서 튜레틴은 말씀의 신앙의 대상(object)으로 간주한다. 그렇지만 말씀이 신앙을 불러일으킨다고 할 때 성령의 역할이 전적으로 배제되는 것은 아니다. 말씀은 다시 기록된 말씀과 기록되지 않은 말씀으로 나누어지는데 신앙을 생성시키는 것은 기록되지 않은(agraphon) 말씀에 해당된다.[49] 이 기록되지 않은 말씀이 하나님에 의해 영감될 때 기록화된(engraphon) 말씀이 되어서 결국 기록된(graphon) 말씀이 된다. 튜레틴이 주장하는 '하나님에 의해 영감된'(theopneuston)이라는 표현이 의도하는 바는 성령의 역사를 지칭하는데 이에 대해서 튜레틴은 다음과 같은 설명을 제공한다. "즉각적 영감과 성령의 내적 충동(impulse)에 의해 (성경의) 저자들이 영향을 받았는데 이는 그들에게 (성경을 쓰라는) 명령을 대신하는 것이었다. 따라서 바울은 성경을 하나님에 의해 영감된(theopneuston, 딤후 3:16)이라 말하고 … ."[50] 이런 방식으로 성령은 말씀의 기록과 관계함으로서 말씀이 신앙을 생성함에 대해서도 간접적으로 영향력을 행사한다고 볼 수 있다. 또한 유아(infants)의 신앙에 관한 설명을 제공하면서 튜레틴은 이들이 지닌 신앙을 씨앗의(seminal) 신앙이라고 불렀다. 여기에서 성령은 신앙의 씨앗(seed of faith)으로 이해되는데, 그 이유는 성령이 신앙의 원인자로서 뿌려진 유아가 지닌 신앙의 씨앗을 싹트게 하며 더 나아가서 행동하도록 만드는 존재로 파악되기 때문이다.[51]

신앙의 유지와 관련한 성령의 역할은 주로 신앙의 견인(perseverance)이라

---

**48** IET 2:596 (15.16.11).
**49** IET 2:573 (15.11.10).
**50** IET 1:60 (2.3.3).
**51** IET 2:586 (15.14.13).

는 항목(16문)에서 다루어진다. 신앙의 견인에 대해서 다루기에 앞서 튜레틴은 먼저 일시적 신앙에 대해서(15문) 먼저 설명하는데 이는 생성된 신앙이 유지되지 못하고 도중에 그 신앙이 중단되는 경우에 해당된다. 성령은 구원하는 신앙의 원리로서 중생의 영과 양자의 영으로(요 3:5; 롬 8:15) 언급되지만 일시적 신앙의 원리는 조명(illumination)의 영(히 6:4)으로 정의된다.[52] 여기에서 '조명의 영'이란 성령의 어떤 모습을 가리키는가? 칼빈은 성령께서 택함 받지 못한 자들의 마음에도 빛을 비추어 작용하지만, 그 빛이 그들의 마음에 중생이라는 열매를 맺지 못하는 경우를 가리킨다고 보았다. 칼빈은 이런 역사를 '더 낮은 차원의 성령의 역사'라고 불렀다.

> "하나님의 택하신 자들과 일시적 신앙을 지닌 자들 사이에는 아주 비슷하고 유사한 점이 많지만, ... 그렇다고 해서 이보다 더 낮은 차원의 성령의 역사가 유기된 자들에게도 나타나는 일이 방해를 받는 것은 절대로 아니다."[53]

유기된 자에게 성령의 역사가 조명의 방식으로 임한다고 주장하는 칼빈과 달리 튜레틴은 유기된 자에게는 성령의 사역이 제공되지 않고 단지 말씀의 외적 사역이 임할 따름이며 이는 구체적으로 그들의 임무와 약속된 혜택, 그리고 그들이 범한 죄의 악랄함(heniousness)과 이에 대한 처벌의 정당성을 깨닫게 하는 것을 가리킨다고 보았다.[54]

히 6:4에 대해 설명하면서 튜레틴도 성령의 조명을 통해 복음의 탁월함을

---

52 IET 2:588 (15.15.4).

53 Inst. 3.2.11: "... quanvis magna sis similitudio et affinitas inter Dei electos, et qui fide caduca ad tempus donantur... Sed hoc minime obstat quin illa inferior Spiritus operatio cursum suum habeat etiam in reprobis." (OS IV, 21)

54 IET 2:515 (15.3.20).

깨달았음에도 불구하고 오히려 이를 거절하는 자리에 이르게 된다고 다음과 같이 밝힌다.

> "한 때 복음을 고백했던 자들이, 그 이후에 복음의 탁월함과 달콤함에 대한 확신을 주었던 성령의 조명에 대항하여, 증오와 완악한 마음에서 복음을 경멸하고 이에 대한 전쟁을 선포한다. 이는 하나님의 아들과 그의 피를 발아래 짓밟는 것이며 그 결과 하나님의 모든 언약을 부인하게 된다."[55]

그렇다면 신앙을 유지하는 성령의 역사는 성도가 신앙의 길에서 끝까지 참고 견디는 견인에서 어떤 역할을 담당하는가? 튜레틴은 신앙이 유지되고 신자가 이에서 떨어지지 않도록 함에 있어서 성령의 역할을 성령의 보호하심(guardianship)이라고 보았다.[56] 이 보호하심은 성령의 지속적 임재(perpetual presence)가 성도들에게 약속되었는데(요 14:16) 이는 성령의 내주 하심(indwelling)으로도 이해된다. 이 보호하심의 사역은 신자들에게 구원의 확실성(certainty)을 제공하며 견인을 위한 토대로 작용한다. 이런 확실성은 두 가지로 나누어지는데 이는 계시된(revealed) 확실성과 체험적(experimental) 확실성에 해당된다.[57] 전자는 하나님의 말씀과 그의 약속에 근거한 것으로서 이는 절대적이며 무오할 뿐 아니라 이에 의해서 모든 의심과 두려움이 제외된다. 후자는 희망 또는 신뢰에 대한 확실성으로도 표현되는데 이는 두 가지 토대 위에 세워져 있다. 하나님 편에서의 신적 약속과 인간 편에서의 그가 지닌 경향성(disposition)이 이에 해당된다.[58] 다시 말하면, 전자는

55 IET 1:652 (9.14.19).
56 IET 2:602 (15.16.20).
57 IET 2:627-28 (15.17.27).
58 IET 2:617 (15.17.3).

말씀이 제공하는 확실성으로 파악될 수 있는데 후자는 인간의 마음에 주어지는 확실성을 가리킨다. 인간의 마음에 확실성이 주어지기 위해서 성령은 진리를 증거하는 방식으로 역사하신다.[59] 이런 맥락에서 성령은 진리의 영 (14:17; 16:13)으로 불리워지며 이를 가르치는 스승으로 이해된다. 롬 8:16에 대해서 투레틴은 성령께서 객체(the object)의 확실성을 확증하실 뿐 아니라 주체(the subject)에 해당하는 신자에게 확실성을 생성하신다고 밝히는데 이것이 곧 증거의 정의에 해당된다.[60] 성령의 이런 증거는 신앙의 확실성을 제공함에 있어서 모든 의심을 물리치게 되는데 이 사실에 대해서 튜레틴은 다음과 같이 크리소스톰(Chrysostom)을 인용한다.

> "여기에 어떤 의심이 남아 있는가? 만약 사람 또는 천사가 약속한다면, 아마도 어떤 사람들이 의심할 것이다. 그러나 만약 우리를 기도하게 하시는 최고의 본질, 즉 하나님의 영이 기도하는 그들에게 약속하시고, 약속을 제공하시고, 우리에게 내적으로 증거를 주신다면, 의심을 위한 공간이 어디에 있는가?"[61]

성령의 보호하심의 사역이 그의 인치심과 진리를 증거하심을 통해서 신자의 신앙에 확실성을 제공하는데 이는 성령의 인치심(sealing)으로도 이해된다. 튜레틴은 인치심에 대해서 "교부들은 인을 'akatalyton'(파괴될 수 없는)이라고 불렀는데 이는 우리에게 감동을 주는 것으로서, 특정한 시기만이 아니라 "구속의 날"까지 주어지는 것이다. ... "라고 주장한다.[62]

---

59 IET 2:622 (15.17.17).

60 IET 2:623 (15.17.17).

61 Chrysostom, "Homily 14", *On Romans*, NPNF1, 11:442; PG 60.527. IET 2:623 (15.17.17)에서 재인용.

62 IET 2:602 (15.16.20), 623 (15.17.17).

마지막으로 신앙의 확실성을 증가시키기 위한 방편으로 성령께서는 미래의 악에 대한 두려움을 활용하신다. 왜냐하면 이 두려움은 신자의 마음에 염려와 경계심을 불러 일으켜서 그로 하여금 이런 악에 빠지지 않도록 보호해주기 때문이다. 이 두려움은 성령께서 신자의 삶에서 요구하시는 두려움에 해당된다.[63]

## Ⅳ. 성령과 그리스도

### 1. 양자의 삼위일체론적 관계

튜레틴은 그의 삼위일체론에서 성령과 그리스도의 관계를 필리오케(filioque)의 관점에서 간략한 설명을 제공한다.[64] 필리오케는 비록 성자는 단지 성부로부터만 출생(generation)하지만, 성령은 성부와 성자 모두로부터 발출(spiration)한다는 삼위일체론적 주장에 해당된다. 투레틴은 필리오케를 언급하면서 동방교회는 서방교회가 니케아신조(Nicene Creed)에 filioque를 삽입했다고 비난했지만, 동방교회도 아타나시우스신조(Athanasian Creed) 제 7 항에 monou를 추가하는 오류에 빠졌다는 사실을 지적했다.[65] 비록 1439년에 개최되었던 플로렌스공의회(the Council of Florence)에서는 두 교회가 필리오케를 둘러싼 차이를 극복하기 위해서 성령이 성부로부터 그리고 성자를 통해서 발출한다는 일종의 절충안에 합의했지만, 튜레틴은 성자

63 IET 2:630 (15.17.33).

64 IET 1:280 (3.27.16), 309 (3.31.3).

65 PG 28.1581, 1585, 1587, 1589: “apo tou monou patros”, IET 1:309 (3.31.4) 에서 재인용.

께서 부활하신 후 제자들에게 성령을 불어 넣으신 사건(요 20:22)을 언급하면서 15세기에 작성된 절충안을 부인한다. 튜레틴은 필리오케가 선호되는 이유를 다음의 4가지 차원에서 제공한다.[66] 첫째, 성령은 성부와 성자로부터 보내심을 받았다(요 16:7). 그러므로 성령이 성자로부터 발출하지 않는다면 성자에 의해서 보냄을 받을 수 없기 때문에 그는 성자로부터 발출해야 한다. 둘째, 그는 성부의 영으로 불리워질 뿐 아니라 성자의 영으로도 불리워진다(갈 4:6). 셋째, 성령이 소유한 것은 무엇이든지, 성부로부터 받지 않은 것이 없는 것과 마찬가지로 성자로부터 받지 않은 것이 없다(요 16:13-15). 넷째, 성자는 그의 제자들에게 성령을 불어 넣으셨다(요 20:22). 이는 성자가 영원 전부터 성령을 불어 넣으셨다는 사실을 말한다. 왜냐하면, 일시적 발출은 영원한 발출을 가정하기 때문이다. "성부와 성자는 성령을 불어 넣으시되 서로 다른 두 원리로서가 아니라(불어 넣는 힘은 양자에게 동일한 것이므로), 이 발출에 있어서 두 자존적(self-existent, supposita) 행위가 동일한 능력에 의해서 동시에 발생하게 된다."[67]

그리스도는 자신이 메시아로 간주되는 것을 인정하셨는데(사 61:1,2; 눅 4:21) 이는 그가 아버지와 성령에 의해 보내심을 받은 자임을 보여준다.[68] 튜레틴은 이 사실을 통해서 삼위일체의 신비가 계시되는 것이 분명해진다고 주장한다.

## 2. 그리스도의 세례 받으심과 성령

튜레틴은 삼위일체가 그리스도께서 세례 요한에 의해서 요단강에서 받으셨

66 IET 1:309-10 (3.31.5).
67 IET 1:310 (3.31.6).
68 IET 1:276 (3.26.10).

던 세례(마 3:16, 17)에 의해 증명된다고 주장한다. 다음과 같은 주장을 인용하면서 이 사실이 고대교회에서 빈번하게 언급되었던 점을 상기시킨다. "아리아누스여, 요단강으로 가시오. 그러면 거기에서 삼위일체를 만나게 될 것이다."[69]

그렇다면 그리스도께서 성령의 능력에 의해서 세례 받으신 이유는 무엇인가? 이 질문에 대한 답변은 먼저 그의 직분(office) 과 관련이 있다. 이는 그리스도께서 하나님과 인간 사이의 중보자로서 성령에 의해서 기름 부으심을 받으셨음을 증거한다.[70] 마 3:17에 언급된 그리스도의 세례 받으심은 그의 직분 가운데 구체적으로 제사장으로 부르심을 받은 것을 가리키는데,[71] 이 세례를 통하여 그는 성부 하나님에 의해서 사랑 받는 그의 아들로 인정받았으며 그에게 성령이 한량없이 주어졌던 것이다(요 3:34).[72] 이렇게 그에게 성령이 한량없이 주어졌다는 것은 성령께서 그리스도에게 그의 직무 수행에 필요한 모든 지혜로서 충분히 가르치셨다는 사실을 또한 보여준다.[73] 이런 맥락에서 이사야 선지자는 성령께서 그 위에 머무르시되 "지혜와 총명의 영", "모략과 재능의 영", 그리고 "지식과 여호와를 경외하는 영"으로서 그 위에 임하실 것이라는 표현을 사용했던 것이다(사 11;1,2). 이제 그리스도는 이런 모든 성령의 은사들로 채워져서 자신에게 주이진 제사장직을 수행하시기에 아무런 부족함이 없을 것이다.[74]

---

**69** IET 1:267 (3.25.7).

**70** IET 2:391 (14.5.1). 칼빈은 그리스도의 세례가 성령의 기름 부으심에 대한 가시적 상징이라고 보았다. Inst. 2.15.5 (OS.III.477):"Huius sacrae unctionis visibile symbolum in Christi baptismo ostensum fuit, dum super eum requievit Spiritus in specie columbae"

**71** IET 2:404 (14.8.6).

**72** IET 3:400 (19.16.8).

**73** IET 2:395 (14.6.4).

**74** 사 11:2에 대한 구약학자 영의 다음 주해를 참고할 것. Edward J. Young, *The Book of Isaiah, Vol. 1/Chapters 1-18* (Grand Rapids: Eerdmans, 1965), 381: "This Spirit of Yahweh is the Spirit who brings all these gifts. Some of these gifts have

그리스도께서 받은 세례는 이렇게 인간을 하나님과 화해시키는 중재자로서 역할을 감당하시기 위해서 받은 세례로서 또한 이 세례는 그리스도께서 제사장으로서 행하시는 지상사역의 시작을 알리는 일종의 취임식(inauguration)으로 이해된다. 튜레틴은 그리스도의 세례가 취임식으로 이해될 수 있다는 사실을 다음과 같은 비유를 들어서 설명한다.[75] 마치 새로 즉위하는 왕이 자신의 선왕으로부터 왕위를 승계하게 되었을 때 많은 사람들에게 자신이 이제 왕이 되었다는 사실을 알리기 위해서 취임식을 행하는 것과 마찬가지로, 그리스도께서도 아주 예외적인 방식으로 이 취임식을 치르신 것이라는 설명이 제공된다.

자기 아들의 이 취임식에 대해서 성부 하나님은 무척 기뻐하셨고 우리 또한 이 사실을 즐거워함으로서 하나님에게 받아들여진다는 해설(엡 1:6) 또한 아울러 제공된다.[76] 튜레틴이 그리스도의 취임식으로서 세례와 성도의 선택을 연관시켜 설명하는 이유는 그리스도께서 아버지의 사랑을 받은 자이실 뿐 아니라, 그의 중보자적 작분 수행을 통하여 그 안에 있는 자들이 하나님과 화해되어 하나님에 의해서 받아들여짐에 있어서 첫째 원인으로 작용하심에 놓여 있다.[77]

## 3. 그리스도의 삼중직과 성령

칼빈이 『기독교 강요』에서 내세웠던 그리스도의 삼중직 이해에 있어서 선지

---

appeared in indvidual men individuallly, but all of them appear to gather in Immanuel, the Messiah, and all of them serve as a remarkable preparation for fulfilling the duties of the Messianic office."

**75** IET 2:391-92 (14.5.4).

**76** IET 2:392 (14.5.6).

**77** IET 2:708 (17.4.11) Cf) 1:296 (3.29.11): "If it is said to have been a delight to the Father, is not Christ "the beloved Son" (huios agapetos, Mt. 3:17)? If ordained and anointed by the Father, was not Christ forordained before the foundation of the world and anointed for the meditorial office (1 Pet. 1:20)?"

자직과 왕직에는 성령에 대한 언급이 다소 등장하지만, 제사장직과 관련해서는 성령에 대해서는 전혀 다루어지지 않았다.[78] 칼빈의 삼중직 이해에 근거하여 이를 발전시켜 나간 튜레틴은 이 세 가지 직분을 모두 성령의 사역과 관련하여 설명을 제공한다.

먼저 튜레틴은 그리스도의 세 가지 직분을 다음과 같이 성령을 통하여 정의하는데 이는 인간의 세 가지 비참함, 즉 무지, 죄책, 그리고 폭정과 종됨에 바추어 본 정의에 해당된다. "선지자는 조명의 영에 의하여 마음을 비추신다; 위로의 영에 의하여 제사장은 마음과 양심에 평정을 제공하신다; 성화의 영에 의해서 왕은 반항적인 사랑을 제압하신다."[79]

또한 튜레틴은 하나님의 세 가지 속성, 즉 지혜, 자비, 그리고 능력과 관련하여 그리스도의 세 가지 직분에 대해서도 다음과 같은 성령론적 정의를 제공한다. "지혜의 영으로서의 성령은 예언의 효과이며, 위로의 영으로서 성령은 제사장 직분에 대한 열매이며, 능력과 영광의 영으로서 성령은 왕의 은사이다."[80]

이렇게 그리스도의 세 가지 직분이 성령론적으로 정의될 수 있는 이유는 튜레틴의 다음과 같은 직분에 대한 정의에서 발견될 수 있다. "그리스도의

---

78 Inst. 2.15.1-6. 먼저 그리스도의 선지자직에 대해서 칼빈은 사 61:1-2에 대해서 설명하면서 그리스도께서 성령에 의해서 성부의 은혜에 대한 전령(herald)과 증인(witness)으로 기름 부으심을 받았다고 밝힌다(2.15.1). 그의 왕직에 대해서 칼빈은 천상의 삶에 관해서 성령을 제외하면 우리에게 활기가 제공되지 않는다고 말하면서, 성령께서 그리스도를 자신의 자리로 선택하셔서 그로부터 우리가 필요로 하는 천상의 부요함이 풍부하게 흘러나온다는 설명을 아울러 제공한다. 칼빈의 의도는 우리가 악령을 이기고 승리하는 삶을 사는 것은 왕으로서의 그리스도의 통치를 받아야 가능함을 뜻하며 이는 또한 천상의 삶을 사는 것을 뜻하는데 이를 위해서 성령께서 그리스도로 하여금 이에 필요한 모든 것들을 풍성하게 제공하게 하신다는 사실을 가리킨다.

79 IET 2:393 (14.5.8).

80 IET 2:394 (14.5.13). 은혜언약에 대한 논의에서 튜레틴은 그리스도의 세 가지 직분에 대해서 다음과 같은 묘사를 제공한다. IET 2:181 (12.2.21). "자신의 교리의 빛으로서 구원을 계시하는 선지자로서, 자신의 공로로서 구원을 획득하신 제사장으로서, 그리고 획득된 구원을 성령의 효능으로 적용하시는 우리의 왕으로서 그 (아들)는 우리 것이 되신다."

직분은 하나님과 인간 사이의 중재 외에는 아무 것도 아닌데, 이는 그가 성부로부터 세상으로 보내심을 받고 성령으로부터 기름 부으심을 받은 바를 수행하기 위한 것이다."[81]

그렇다면 세 가지 직분이 개별적으로 어떻게 성령론적으로 이해되었는가?

먼저 선지자 직분에 대해서 튜레틴은 먼저 성령이 한량없이 그리스도에게 주어짐으로서(요 3:34) 직분이 가능하다는 사실을 지적한다.[82] 구약의 다른 선지자들에게도 성령이 주어졌지만, 모든 예언의 완성자이신 그리스도에게는 특별히 성령의 모든 은사가 그의 직분을 행하기에 아무런 부족함 없도록 충분히 주어졌던 것이다.

튜레틴은 그리스도의 선지자 직분을 가르침이라는 관점에서 볼 때 그 시행이 두 가지 방식을 통해서 이루어진다고 보았다. 첫째는 직접적이며 간접적인 방식이며 둘째는 외적이며 내적인 방식이 이에 해당된다.[83] 여기에서 외적인 방식과 내적 방식에 대한 설명에 있어서 말씀이 사람들의 귀에 들려지는 것이 전자의 방식이며, 성령께서 사람들의 마음을 열어서 진리에 이르도록 이끄시는 것(요 16:13)이 후자의 방식이라고 보았다. 이렇게 내적 방식으로 역사하시는 성령은 자신의 말이나 진리를 증거하지 않으시고 그리스도의 말씀의 의미를 깨닫도록 인도하시므로 이 사역이 그리스도의 선지자적 사역이라는 사실을 잊지 않게끔 해 주신다.

이런 이유에서 튜레틴은 성령을 '목적을 달성시키는(telesiourgikon) 원리(the end-accomplishing principle) 이자 성부에 의해 시작되고 성자에 의해 수행된 사역을 완성하시는 분으로 간주했다.[84]

---

**81** IET 2:391 (14.5.3).
**82** IET 2:321 (13.8.1), 347 (13.12.2), 402 (14.7.17).
**83** IET 2:400 (14.7.12).

그러나 제사장과 왕의 직분에 대한 해설을 제공함에 있어서 투레틴은 선지자 직분에 대해서 표명했던 것보다 상대적으로 이에 대한 성령론적 진술이 더 적은 것이 사실이다. 제사장 직분에 대해서 그리스도께서 성령을 통해서 천상적 미덕과 더불어 이에 봉직되었다고 주장한다.[85] 이 직분에 대한 성령의 역할이 무엇인가에 대하여 칼빈과 마찬가지로 튜레틴도 더 이상 상세한 설명을 제공하지 않는 것으로 보인다. 그리스도께서 수행하신 선지자와 왕의 직분과 비교하면 제사장 직분에 대한 해설은 상대적으로 훨씬 더 많은 분량을 차지함에도 불구하고,[86] 그리스도의 이 직분 수행에 있어서 성령의 역할은 드물게 언급될 따름이다.

또한 왕의 직분과 관련해서도 성령의 역할에 대한 언급은 최소한의 수준에 그친다. 튜레틴은 그리스도의 왕직 또는 왕국에 대한 정의를 다음과 같이 제공한다. "중보자적 직분의 세 번째 부분은 그의 왕국인데, 이는 그가 말씀과 성령으로서 교회를 다스리심에서 있어서 동반되는 위엄과 권위를 가리킨다."[87] 그리고 그리스도의 왕직 수행의 방식에 대해서 설명하면서 이 방식이 영적이며 그의 영에 의해서 이루어진다(슥 4:6; 호 2:18; 고후 10:4) 는 일반적인 설명이 추가될 따름이다.[88]

## V. 성령과 은사

---

84 IET 1:269 (3.25.12).

85 IET 2:407 (14.9.4).

86 제2권의 14번째 주제에서 그리스도의 제사장 직분은 질문 8에서 질문 15에 걸쳐서 상세하게 논의된다. IET 2:403-490.

87 IET 2:486 (14.16.1).

88 IET 2:488 (14.16.9).

## 1. 은사에 대한 삼위일체론적 이해

튜레틴의 은사에 대한 논의는 먼저 삼위일체론에서 발견된다. 삼위일체가 자연의 빛이 아니라 오직 계시를 통해서만 증명될 수 있다는 주장에 있어서 그는 개별 성경구절을 들어서 이를 고찰한다. 성경적 고찰에 있어서 선택된 구절들은 요일 5:7, 고후 13:14, 그리고 요 15:26, 그리고 고전 12:4-6이다.[89]

사도 바울이 은사의 다양성을 다루는 마지막 구절에 대해서 투레틴은 먼저 은사는 다양하지만 오직 한 분 하나님에 의해서만 주어진다고 다음과 같이 주장한다. "이제 다름 아닌 하나님만이 은사, 직분(operatons), 그리고 사역(administrations)의 저자이심이 명백하기 때문에, 성령, 주님, 그리고 성부 하나님이 한 분 하나님이심이 필요하다."[90] 고린도교인들이 소유한 것이 은사이든, 직분이든, 기적적 사역이든 간에 이 모든 것이 한 분 하나님으로부터 비롯되었다고 밝힌다. 그러나 이 은사들은 한 분 하나님으로부터 비롯되지만, 또한 이들은 "부분적으로(partly) 성령에 의해서, 부분적으로 주 예수에 의해서, 부분적으로 성부(탁월함에 의해서 하나님으로 불리워지는)에 의해서 시여된다."[91]

여기에서 은사의 시여에 대한 튜레틴의 묘사는 약간 더 상세한 설명을 요구하는 것으로 보인다. 왜냐하면 본문이 제시하는 바는 은사(charismata)와 직분(diakoniai), 그리고 사역(energemata)이 각각 성부, 성자, 성령에 의해서 시여된다고 표현하기 때문이다. 이 세 가지, 즉  은사, 직분, 그리고 사역에

---

89 IET 1:268-70 (3.25.9-13).

90 IET 1:270 (3.25.13).

91 IET 1:270 (3.25.13). Cf) 리처드 개핀, 『성령은사론』, 권성수 역 (서울: 기독교문서선교회, 1999), 58: "어쨌든 고린도전서 12:4-6(엡 4:4-6 참조)은 성령은사를 주는 일에 있어서 분명히 삼위일체적 관점, 삼위일체로서의 하나님을 보여준다. 은사는 성령의 것만이 아니라 성자의 것이요 성부의 것이다."

대해서 랄프 마틴(Ralph Martin)은 다음과 같은 설명을 제공한다. "은사는 신적 은혜가 구체화되는 방법을 제시하며, 직분은 실제에 있어서 은사가 현실화되는 것을 가리키며, 마지막 용어는 구체적 결과로 드러나는 사역을 각각 가리킨다."[92] 마틴이 제시하는 은사에 대한 이해는 삼위 하나님의 역할이 상호적으로 깊이 연관되어 있으므로 이를 날카롭게 구분하기 보다는 다양한 은사들이 신격 내에서 차별없이 나온다는 견해이다.

## 2. 은혜와 은사

은사에 대한 튜레틴의 기본적 입장 이해를 위해서 먼저 그의 은혜 개념을 살펴볼 필요가 있다. 은혜는 두 가지 방식으로 이해되는데 하나는 감성적인(affective) 접근 방법이며 또 다른 하나는 효과적인(effective) 방법을 들 수 있다.[93] 전자는 하나님의 내적 행위를 가리키는 반면에, 후자는 피조물을 향하여 외연적으로 효과 또는 결과를 발생시키는 차원에 관한 것이다. 전자는 우리를 위한 하나님의 호의로서 우리는 이 은혜에 대해서 객관적인 입장에 놓이게 되는데 여기에 하나님께서 베푸시는 다양한 은혜들이 언급될 수 있다. 예를 들면, 선택의 은혜나 은혜에서 비롯되는 평화를 들 수 있다. 반면에 후자는 우리 안에 주어지는 은혜로서 우리는 이에 대해서 주관적인 입장을 취하게 된다. 이 후자에 해당하는 효과 또는 결과의 은혜란 다름 아닌 성령의 은사(charismata)를 가리키는데 이는 우리에게 값없이 주어지는 것이다. 흥미롭게도 튜레틴은 이런 은혜로서 이해되는 은사에 일반적인 은사로서 믿음, 소망, 사랑이라는 구원의 덕목을 포함시킨다. 이는 구체적으로 성령의 인치심

---

92 Ralph Martin, *The Spirit and the Congregation: Studies in 1 Corinthians 12-15* (Grand Rapids: Eerdmans, 1984), 11.

93 IET 1:242-43 (3.20.7-8).

(sealing) 또는 후견인되심(guardianship)을 통해서 하나님의 선택을 받은 자들이 은혜 언약에 근거해서 누리게 되는 은사인데 이는 일시적인 것이 아니라 영원한 것이다.[94]

이 은사에 특별하고 기적적인 은사도 포함되는데 이는 교회의 공통적 교화(edification)를 위해서 주어진 것(고전 12:4,7,8 & 엡 4:7) 으로 이해된다. 중세 스콜라주의자들은 이 은사를 값없이 주어지는 은혜(gratiae gratis datae)라고 불렀지만 다른 이들에 의해서는 하나님께 수용되도록 만드는 은혜(gratiae gratum facientis)로 명명되기도 했다. 튜레틴은 일반적인 은사들도 특별한 은사들과 마찬가지로 값없이 주어진 것일 뿐 아니라 특별한 은사가 우리를 하나님께 수용되도록 만들지 못한다는 이유에서 이 은사를 값없이 주어지는 은사로 간주했던 중세스콜라주의자들의 주장은 잘못된 것이라고 올바르게 지적했다.[95]

그렇다면 은사는 성령론적 관점에서 어떻게 올바로 정의될 수 있는가? 은사는 성령을 통해서 우리에게 값없이 주어지는 은혜로서 여기에는 일반적 은사와 특별한 은사가 모두 포함된다고 볼 수 있다.

## 3. 성령과 은사의 구분

성령께서 하시는 다양한 사역 가운데 하나는 인간에게 일반적 및 특별한 은사를 제공하시는 것이다(고전 12:11).[96] 그는 여기에서 은사 제공의 주체이

---

94 IET 2:602 (15.16.20). 은혜 언약은 12번째 주제에서 논의된다. IET 2:169-269. 이에 관한 해설로는 다음을 참고할 것. Beach, *Christ and the Covenant*, 148-339; Peter J. Wallace, "Doctrine of the Covenant in the Elenctic Theology of Francis Turretin," *Mid-America Journal of Theology* 13 (2002), 143-79.

95 IET 1:243 (3.20.8).

96 IET 1:303 (3.30.4).

신데 여기에서 전제되는 것은 그가 신적 인격체(divine person)라는 사실이다. 만약 그가 인격체가 아니라면 성령께서 은사를 주신다는 사실은 성립되지 않을 것이다. 그런데 성경은 종종 성령에 대해서 상징적인(figurative) 표현을 사용하여 그를 물, 불, 기름, 바람, 또는 인(seal) 등으로 표현하기도 하며 때로는 가시적 형태를 지닌 모습으로 묘사하기도 한다. 예를 들면 성령이 비둘기의 모습으로 나타났다거나(마 3:16), 오순절에 불의 혀 같은 모습(행 2:3) 으로 나타난 것 등을 들 수 있다.

또한 어떤 경우에는 성령을 하나님의 은사라고 칭하기도 하는데 성령은 이런 맥락에서 은사이기도 하며 은사의 제공자이기도하다.[97] 이렇게 성령이 동시에 은사이자 은사의 제공자로 간주되는 것은 항상 모순이 아니라고 튜레틴은 주장한다. 이 논증에 있어서 그는 그리스도 또한 분명히 신적 인격체로서 제 2위 하나님이시지만, 또한 하나님의 은사 또는 선물로 간주되었던 (요 3:16; 4:10; 사 9:6) 사실을 상기시키면서 동일한 방식으로 성령 또한 은사의 주체임과 동시에 은사 자체에 해당된다고 보았던 것이다.[98]

그러나 성령은 이렇게 가시화된 사물 또는 생명체와는 분명히 구별될 뿐만 아니라 또한 그가 제공하는 은사와도 구별되는 신적 인격체이시다. 성경은 성령이 단순히 하나님의 은사와 동일시되지 않는다는 사실이 조심스럽게 제시된다. 그 이유는 비록 어떤 곳에서 그가 은사로서 표현되기도 하지만, 또 다른 곳에서는 분명하게 이 은사의 저자이자 유효적 원인(efficient cause)으로 간주되기도 한다.[99]

---

97 IET 1:307 (3.30.17).

98 IET 1:307 (3.30.17). 다른 곳에서 튜레틴은 이 개념을 아들의 은사와 성령의 은사가 서로 분리될 수 없다고 주장한다. IET 2:465-66 (14.14.24).

99 IET 1:305 (3.30.11).

## 4. 그리스도의 승천과 은사

부활하신 그리스도는 지상에서 40일을 지내신 후 "모든 하늘 위에"(엡 4:10) 오르셨다. 그의 승천의 목적은 모든 공간을 자신의 무소부재의 임재로 채우시는 것이었다. 여기에서 '채우다'라는 동사는 우선적으로 '주권의 행사를 통해 지배하다'는 의미를 지니고 있다.[100] 어떻게 그리스도께서 자신의 통치를 온 우주에서 행사하시는가? 이는 모든 장소를 자신의 몸으로 채우시는 것으로 이루어지지 않고 교회의 구성원들에게 성령의 은사들로 채우시는 방식으로 이루어진다.[101]

그리스도에게 성령이 한량없이 주어졌는데(요 3:34) 이는 마치 하나님의 지혜와 지식이 헤아릴 수 없을 만큼 많은 것처럼 절대적으로 한정 없이 많은 수가 주어졌음을 뜻하는 것은 아니다. 성령의 은사는 모든 교회의 성도들, 즉 그리스도의 몸된 자들에게 주어질 때 비교할 수 있을 정도로 (comparatively) 주어진다. 성도들에게 은사가 주어지는 것은 원래 그리스도에게 충만히 주어졌던 은사가 이제 나누어져서 분배되는 차원을 지니게 됨을 뜻한다. 달리 말하자면, 성도들에게 분배되어지기 전의 성령의 은사는 그리스도에게서 하나로 충만한 상태에 놓여 있음을 뜻한다. 성도들이 받은 은사들은 완전하지 않고 불완전하지만, 분배되기 전에 그리스도께서 지니신 은사는 그 자체로서 가장 완전한 것이다.

여기에서 주목할 만한 사실 가운데 하나는 성령께서 그의 은사들을 성도들에게 주시되 승천하신 그리스도의 선물 또는 은사의 분량에 따라서(kata to metron tes doreas tou Christou, 엡 4:7) 주신다는 점이다.[102] 여기에서

100 Peter T. O'Brien, *The Letter to the Ephesians* (Grand Rapids: Eerdmans, 1999), 296.

101 IET 2:368 (13.18.7), 2:329 (13.8.30).

그리스도의 은사란 이런 방식으로 은사가 주어지되 또한 사람들에게 풍성하게 부어졌다는 사실 또한 아울러 지적된다(엡 4:8).[103]

## VI. 마치는 말

지금까지 튜레틴의 성령론에 대해서 성령의 존재, 성령의 사역, 성령과 그리스도 그리고 성령과 은사라는 네 가지 주제로 나누어서 다음과 같이 고찰했다.

첫째, 성령이 누구인가라는 질문에 대해서 튜레틴은 다양하게 답변하고 있지만 여기에서는 그가 비인격체가 아니라 인격체이며 하나님의 능력이라는 표현이 성령의 속성을 가리킨다는 사실을 살펴보았다. 또한 성령은 다양한 이름, 즉 스승, 신앙과 중생의 실행자, 그리고 위로자로 불리워진다.

둘째, 성령의 사역은 크게 나누어서 성경, 회심, 그리고 신앙으로 나누어서 고찰되었다. 먼저 성경에 있어서 성령의 역할은 신자들에게 성경을 가르치는 스승과 같은 역할을 담당한다고 보았다. 또한 성령은 회심에 있어서 주요하고 유효적인 원인으로 작용하여 하나님에 은혜에 기초하여 하나님에 의해 택함을 받은 자들의 마음을 열어 죄를 회개하고 하나님께로 향하게 하신다. 인간에게 회심이 발생하는 곳은 이성적 본성이라고 주장하는데 여기에서 그가 지닌 합리론적 사고의 한 단면이 드러난다고 볼 수 있다. 마지막으로 튜레틴은 신앙이 생성되고 유지되는 수단으로서 성령과 말씀을 내세운다. 말씀을 통해서 신앙이 형성됨에 있어서 성령은 간접적으로 영향력을 행사하시는데 이는 주로 말씀의

102 IET 2:330 (13.8.32).
103 IET 2:333 (13.9.3).

기록과 관계된다. 신앙의 유지에 관해서는 신앙의 견인이라는 주제에서 다루어졌는데 여기에서 성령은 성도를 보호하심을 통해서 성도가 신앙에서 떨어지지 않도록 하시는데 이는 구체적으로 그의 임재하심 또는 내주하심을 뜻한다. 또한 이 보호하심의 사역은 구원의 확실성을 제공함으로서 성도의 견인에 있어서 토대와 같은 역할을 담당한다.

셋째, 성령과 그리스도의 관계는 먼저 삼위일체적 관점에서 조명되었다. 또한 그리스도의 세례 받으심에 있어서 성령이 그에게 한량없이 주어졌을 뿐 아니라 그의 은사 또한 풍성하게 주어졌다. 그리스도의 삼중직에 대해서 튜레틴은 다양한 방식으로 성령론적 정의를 제공한다. 인간의 비참함과 하나님의 속성의 관점에서 그리스도의 세 가지 직분에 대해서 내려지는 정의는 흥미롭고도 유익하다.

넷째, 성령과 은사에 대해서도 튜레틴은 먼저 이에 대한 삼위일체적 고찰을 제공한다. 은사는 성령의 전유물이 아니라 삼위 모두에 의해서 교회에 주어졌다는 사실이 강조된다. 또한 은혜와 은사의 관계에 대해서는 은사가 성령을 통해서 우리에게 값없이 주어지는 은혜로서 이는 일반적 은사와 특별한 은사가 모두 포함된다는 해석이 제공된다. 성경에서 그리스도가 선물 또는 은사로 불리워지는 것과 마찬가지로 성령은 종종 은사로 불리워지기도 한다. 그러나 성령께서 베푸시는 은사와 성령 자신은 동일시되지 아니하며 성령은 은사를 베푸시는 주체에 해당된다. 마지막으로 승천하신 그리스도께서 이 땅에 자신의 영이신 성령으로 내려오셔서 교회의 모든 구성원들에게 은사를 베푸시는데 이는 그의 주권적 사역이며 이를 통해서 그는 온 세상을 가득 채우신다.

# 양자의 영으로 읽는 헤르만 비치우스의 성령론

박재은
(총신대학교신학대학원 외래교수, 조직신학)

Hermann Witsius(1636-1708)

총신대학교(B.A. 신학과)와 총신대학교 신학대학원(M.Div.)을 졸업하고, 미국 칼빈 신학교 (Calvin Theological Seminary)에서 조직신학 전공으로 신학석사(기독론, Th.M.)와 신학박사(구원론, Ph.D.) 학위를 취득했다. 박사논문 출판본은 네덜란드 개혁신학 전통의 칭의론과 성화론을 논구한 *Driven by God: Active Justification and Definitive Sanctification in the Soteriology of Bavinck, Comrie, Witsius, and Kuyper*(Vandenhoeck & Ruprecht, 2018)이다. 지은 책은 『삼위일체가 알고 싶다』(넥서스CROSS, 2018), 『질문하는 성도, 대답하는 신학자』(디다스코, 2018), 『칭의, 균형 있게 이해하기』(부흥과개혁사, 2016), 『성화, 균형 있게 이해하기』(부흥과개혁사, 2017)가 있으며, 번역과 해제를 담당한 책은 헤르만 바빙크, 『계시 철학: 개정·확장·해제본』(다함, 2019), 번역한 책은 웨인 그루뎀, 『성경 핵심 교리』(솔로몬, 2018) 등이 있다. 한국복음주의신학회 신진학자상(2018년)을 수상한 바 있으며, 국내외 주요 저널에 다양한 신학 주제로 소논문을 게재했다. 출판된 소논문들은 https://calvinseminary.academia.edu/JaeEunPark에서 전문을 읽을 수 있다. 현재는 총신대학교 신학대학원과 국제신학대학원대학교에서 조직신학 과목을 강의하고 있다.

**박재은**

## Ⅰ. 들어가는 말

성령 하나님에 대한 학문인 성령론(聖靈論, pneumatology)은 다양한 영역들 가운데 고찰할 수 있다.[1] 예를 들면, 전통적인 조직신학 논제들(*loci*)의 순서를 따라 서론(계시론) 영역에서는 성령의 영감(靈感, inspiration)으로, 신론 영역에서는 삼위일체 하나님의 세 번째 위격의 존재와 사역으로, 인간론 영역에서는 인간의 창조와 영혼에 관한 논의로, 기독론 영역에서는 성령의 기름 부음 받은 그리스도의 삼중직 사역으로, 구원론 영역에서는 구원의 순서(the *ordo salutis*)의 적용 사역으로, 교회론 영역에서는 성령과 그리스도 안에서의 성도의 교제로, 종말론 영역에서는 전 우주적인 구원의 회복·완성으로서의 성령의 사역에 대해 논할 수 있다.[2]

특별히 성령 하나님은 구원론 영역에서 큰 역할을 감당하는데 그 이유는 성령 하나님은 성자 그리스도께서 이루신 속죄 사역의 구원의 열매들을 신자들에게 적용하는 역할을 하시기 때문이다.[3] 성령의 적용 사역을 구원의 순서로 도식화하면 부르심, 중생(거듭남), 회심(회개와 믿음), 칭의, 양자, 성화, 견인,

---

1 성령론에 대한 개혁신학적 필독서들은 다음을 참고하라. R. C. Sproul, *The Mystery of the Holy Spirit* (Wheaton: Tyndale House Publishers, 1990); Sinclair B. Ferguson, *The Holy Spirit* (Downers Grove: InterVarsity Press, 1996); Abraham Kuyper, *The Work of the Holy Spirit* (New York: Funk & Wagnalls, 1900); John Owen, *Pneumatologia or, a Discourse Concerning the Holy Spirit. Wherein an Account is Given of His Name, Nature, Personality, Dispensation, Operations, and Effects* (Glasgow: W. & E. Miller, 1791).

2 조직신학 각론들의 개괄적인 이해를 위해서라면 박재은, 『질문하는 성도, 대답하는 신학자: 성도를 위한 조직신학』 (서울: 디다스코, 2018)을 참고하라.

3 이런 이유로 구원론은 전통적으로 성령론의 영역 안에서 고찰되었다. 네덜란드 개혁신학자였던 헤르만 바빙크(Herman Bavinck, 1854-1921)의 『개혁 교의학』(*Reformed Dogmatics*)에서도 구원의 순서를 성령의 사역 가운데 획득되는 언약의 다양한 유익들로 논하고 있다. Herman Bavinck, *Reformed Dogmatics*, 4 vols. trans. John Vriend, ed. John Bolt (Grand Rapids: Baker Academic, 2008), 4:29-270을 참고하라.

영화 등으로 이해할 수 있다.[4]

이처럼 구원의 유익은 다채롭지만 이런 다양한 구원의 유익들을 논함에 있어 양자 교리(the doctrine of adoption)[5]는 상대적으로 신학자들의 주목을 덜 받아왔다. 특히 중생, 회심, 칭의, 성화의 본질과 속성에 관한 논쟁은 지금까지도 끊임이 없는 반면[6], 양자 교리에 대한 논의는 거의 전무하다시피한 현 상황에 대해 의아함마저 든다. 개혁신학 진영에서 조직신학 교본으로 삼고 있는 구원론 책들도 상황은 마찬가지다.[7] 신자로서 마땅히 믿어야 할 바를 요약·정리하고 있는 신앙고백서들도 상황이 별반 크게 다르지는 않다. 장로교회의 표준 신앙고백 문서인 웨스트민스터 신앙고백서(the Westminster Confession of Faith)에서도 양자 교리는 짧게 언급될 뿐이며,[8] 개혁교회

---

4 구원의 순서는 딱딱한 기계적인 순서로 이해하기보다는 구원의 다양하고도 풍성한 적용들 혹은 유익들로 이해하는 것이 더 좋다. 이에 대한 논의로는 Louis Berkhof, *Systematic Theology* (London: Banner of Truth Trust, 1966), 415-422를 참고하라.

5 개혁신학 입장에 서서 양자 교리를 개괄한 Tim J. R. Trumper, *An Historical Study of the Doctrine of Adoption in the Calvinistic Tradition* (Thesis, University of Edinburgh, 2001); R. A. Webb, *The Reformed Doctrine of Adoption* (Grand Rapids: Eerdmans, 1947) 등을 참고하라.

6 예를 들면 칭의와 성화 같은 경우 다양한 관점들을 서로 비교 분석하는 다양한 형태의 연구서들이 존재한다. James K. Beilby & Paul R. Eddy, eds., *Justification: Five Views* (Downers Grove: IVP Academic, 2011); Donald Alexander, ed., *Christian Spirituality: Five Views of Sanctification* (Downers Grove: InterVarsity Press, 1988); Melvin E. Dieter, et al., *Five Views on Sanctification* (Grand Rapids: Zondervan, 1996) 등을 참고하라.

7 예를 들면 Anthony A. Hoekema, *Saved by Grace* (Grand Rapids: Eerdmans, 1989)에서는 칭의의 결과로서 양자 됨의 원리가 소량 언급될 뿐이며, Bavinck, *Reformed Dogmatics*나 Berkhof, *Systematic Theology*에서도 양자 교리에 대한 본격적인 언급은 없다.

8 "하나님께서는 의롭다 하심을 얻은 모든 자들을 그의 외아들 예수 그리스도 안에서 그리고 그 분 때문에 자녀로 삼으시는 은혜에 참여하게 하신다. 그것에 의해 그들은 하나님의 자녀들의 수에 들어가며 그들의 자유와 특권들을 누리고, 그의 이름이 그들 위에 붙여지며 양자의 영을 받고, 담대히 은혜의 보좌에 나아가고, '아바 아버지'라 부를 수 있게 되고, 아버지와 같이 그에 의해 불쌍히 여김을 받으며 보호함을 받으며 공급함을 받으며 징계를 받고, 그러나 결코 버림을 당하지 않으며 구속의 날까지 인치심을 받고 영원한 구원의 상속자들로서 그 약속들을 이어 받는다." Philip Schaff, ed., "The Westminster Confession of Faith," in *The Creeds of Christendom with A History and Critical Notes*, 3 vols. (New York: Harper

교리문답서인 하이델베르크 교리문답(*Heidelberger Katechismus*)이나 벨직 신앙고백(*Confessio Belgica*)에서는 양자 교리가 명시적으로 언급되지 않는다. 이뿐만 아니라 양자 교리는 양자의 영(πνεῦμα υἱοθεσίας, 롬 8:15)[9], 즉 성령론과 밀접한 관련이 있음에도 불구하고 양자 교리를 논하는 글 가운데서도[10] 성령 하나님에 대한 논의는 풍성하지 않다.[11]

하지만 다행스럽게도 이 모든 부족함과 아쉬움은 17세기 개혁파 정통주의(Reformed orthodoxy)[12] 시대를 살았던 신학자 헤르만 비치우스(Herman Witsius, 1636-1708)[13]의 글 속에서 어느 정도 해소 가능하다. 비치우스는

---

& Brothers, 1919), 3:628 (WCF, 12.1).

9 "너희는 다시 무서워하는 종의 영을 받지 아니하고 양자의 영을 받았으므로 우리가 아빠 아버지라고 부르짖느니라"(οὐ γὰρ ἐλάβετε πνεῦμα δουλείας πάλιν εἰς φόβον ἀλλ' ἐλάβετε πνεῦμα υἱοθεσίας ἐν ᾧ κράζομεν· Αββα ὁ πατήρ). 앞으로 인용되는 모든 한글 성경 구절은 개역개정역이다.

10 예를 들면 로마서 문맥에서 양자의 영을 고찰한 비교적 근간인 Robert Brian Lewis, *Paul's "Spirit of Adoption" in Its Roman Imperial Context* (London: T & T Clark, 2016)에서도 로마의 정치·종교적 상황 아래서 양자의 영을 다루지 성령 하나님의 맥락에서 양자의 영을 다루지는 않는다. 바울서신에 나타난 입양 메타포에 대한 폭넓은 논의는 Trevor J. Burke, *Adopted into God's Family: Exploring a Pauline Metaphor* (Downers Grove: InterVarsity Press, 2006)을 참고하라.

11 후크마는 칭의의 결과적 맥락에서 양자 교리에 대해 짧게 다루지만 양자 교리를 성령 하나님과 밀접하게 연결 시키지는 않는다. Cf. Hoekema, *Saved by Grace*, 185-187. 웨스트민스터 신앙고백서도 양자 교리의 의미에 대해 상술하면서 성령 하나님과 양자 됨의 원리를 밀접하게 연결 시키지 않는다.

12 종교개혁 후기 개혁파 정통주의에 대한 깊이 있는 이해를 위해서는 Richard A. Muller, *Post-Reformation Reformed Dogmatics: The Rise and Development of Reformed Orthodoxy, Ca. 1520 to Ca. 1725*, 4 vols. (Grand Rapids: Baker Academic, 2003)을 참고하라.

13 비치우스의 생애와 신학에 대한 개관으로는 J. van Genderen, "Herman Witsius (1636-1708)," in *De Nadere Reformatie: beschrijving van haar voornaamste Vertegenwoordigers*, ed. T. Brienen et al. ('s-Gravenhage: Boekencentrum, 1986), 193-218; idem, *Herman Witsius: bijdrage tot de kennis der gereformeerde theologie* (s'Gravenhage: Guido de Bres, 1953); Joel R. Beeke & Randall J. Pederson, "Herman Witsius," in *Meet the Puritans with a Guide to Modern Reprints* (Grand Rapids: Reformation Heritage Books, 2006), 807-823 등을 참고하라.

언약 신학자로 세간에 보다 더 널리 알려져 있지만[14], 그의 언약에 관한 글 속에는 성령 하나님에 대한 깊이 있는 이해 역시 농도 짙게 서려 있다.[15] 비치우스는 양자 교리를 자신의 언약 신학적 틀 가운데 성경적인 성령론 안에서 탄탄하게 펼치고 있음에도 불구하고 이와 관련된 선행 연구는 비치우스 학계에 거의 전무하다시피하다. 그러므로 본고는 크게 두 가지의 목적을 지닌다. 첫째는 비치우스의 글을 통해 성령론 안에서 양자 교리가 어떤 구조와 내용으로 펼쳐지는지에 대해 살펴보는 것이고, 둘째는 언약 신학으로 다소 치우쳐 있는 비치우스 학계의 방향성에 성령론이라는 또 다른 방향성을 첨가하여 보다 더 풍성한 관점으로 비치우스를 해석하고 바라보는 것이다. 이런 측면에서 본고는 비치우스의 성령론 전체를 포괄적으로 조망하기보다는 구원의 적용 사역[16]인 성령의 사역에 집중하면서 특별히 현 학계 속에서 잊혀지고 있는 성령 하나님과 양자 교리 사이의 관계성을 비치우스의 빛 가운데 다시금 재조명하는 성격을 지닌다. 그러므로 본고의 연구 범위는 다소 제한적이다.

비치우스는 자신의 주저인 『하나님께서 인간과 맺은 언약의 경륜』(*De*

---

14 비치우스의 언약 신학에 관한 자료들은 다음을 참고하라. Richard A. Muller, "The Covenant of Works and the Stability of Divine Law in Seventeenth-Century Reformed Orthodoxy: A Study in the Theology of Herman Witsius and Wilhelmus à Brakel," *Calvin Theological Journal* 29, no. 1 (April 1994), 75-100; J. Mark Beach, "The Doctrine of the *Pactum Salutis* in the Covenant Theology of Herman Witsius," *Mid-America Journal of Theology* 13 (2002), 101-142; Jeffrey Scott, "Herman Witsius and the Economy of the Covenant of Works: A Sketch of His Doctrine," *Mid-America Journal of Theology* 22 (January 2011), 145-159.

15 삼위일체의 세 번째 위격인 성령 하나님 뿐 아니라, 두 번째 위격인 성자 하나님에 대한 논의도 비치우스의 글 가운데서 깊이 있게 등장한다. 비치우스의 기독론에 관해서라면 박재은, "헤르만 비치우스의 기독론," 『종교개혁과 그리스도』, 개혁주의 신학과 신앙 총서 제13권 (부산: 개혁주의학술원, 2019), 255-283을 참고하라.

16 구원의 적용 사역 중 비치우스의 칭의론과 성화론에 대한 논의는 필자의 박사논문 출판본인 Jae-Eun Park, *Driven By God: Active Justification and Definitive Sanctification in the Soteriology of Bavinck, Comrie, Witsius, and Kuyper* (Göttingen: Vandenhoeck & Ruprecht, 2018), 159-180을 참고하라.

*oeconomia foederum Dei cum hominibus*, 1685)[17] 3권 11장에서 양자의 영(*De Spiritu Adoptionis*)이란 제목 하에 성령 하나님과 양자 교리에 대해 논하고 있다.[18] 이 장을 통해 비치우스가 생각하는 성령 하나님의 정의(定義), 구약 성경에 나타난 성령 하나님의 역할, 양자의 영의 사역, 양자의 영의 사역 결과 등에 대해 포괄적으로 파악할 수 있다.[19]

본고의 진행 순서는 다음과 같다. 먼저 비치우스가 생각하는 양자의 영의 정의를 성경적 주해를 통해 살펴본 후, 구약 성경에 나타난 성령 하나님의 역할과 사역에 대해 살펴볼 것이다. 그 후 양자의 영인 성령 하나님의 사역과 그 사역의 결과들에 대해 살펴본 후 논의한 내용들을 토대로 적용적 고찰을 하도록 하겠다. 마지막으로 모든 논의들을 요약·정리하며 본고를 마무리 짓도록 하겠다.

이 모든 작업을 통해 양자의 영인 성령 하나님의 존재와 사역이 다시금 만방에 드러나게 될 것이며, 양자의 영을 우리에게 보내신 성부와 성자 하나님께[20] 무한한 영광이 돌려지게 될 줄 믿어 의심치 않는다.

---

17 Herman Witsius, *De oeconomia foederum Dei cum hominibus, libri quatuor* (Leeuwarden: J. Hagenaar, 1685). 이후부터는 *De oeconomia foederum Dei*로 줄여 권·장·절과 함께 표기하도록 하겠다. 영역본은 Herman Witsius, *The Economy of the Covenants between God and Man. Comprehending a Complete Body of Divinity*, trans. William Crookshank, 2 vols. (Edinburgh, 1803)으로 *Economy*로 줄여 표기하도록 하겠다. 인용 시 모든 한글 번역은 필자의 번역이며, 후속 연구자의 편의를 위해 라틴어본과 영역본 서지 정보 둘 다를 동시에 명기하도록 하겠다.

18 Witsius, *De oeconomia foederum Dei*, 428-441(3.11.1-41); *Economy*, 1:459-472.

19 양자의 영에 대한 비치우스의 논의는 바로 이전의 양자 교리(Witsius, *De oeconomia foederum Dei*, 414-428[3.10.1-35]; *Economy*, 1:446-459)와 바로 이후의 성화 교리(Witsius, *De oeconomia foederum Dei*, 441-499[3.12.1-135]; *Economy*, 2:1-55) 사이에 위치함으로 양자 교리와 성화 교리 사이를 연결하는 교두보를 마련하는 형세를 취한다.

20 Cf. A. Edward Siecienski, *The Filioque History of a Doctrinal Controversy* (New York: Oxford University Press, 2010).

## II. 헤르만 비치우스가 논하는 양자(養子)의 영(πνεῦμα υἱοθεσίας)

### 1. 양자의 영

비치우스는 갈 4:6[21]과 롬 8:9[22], 15에 등장하는 그 아들의 영(πνεῦμα τοῦ υἱοῦ), 하나님의 영(πνεῦμα θεοῦ), 그리스도의 영(πνεῦμα Χριστοῦ)이란 표현들을 성령 하나님으로 이해한다. 비치우스는 이 성령이야말로 구원받은 신자 속에 내주하시는 양자의 영(πνεῦμα υἱοθεσίας)이라는 사실에 주목한다.[23] 비치우스는 양자의 영인 성령을 다음과 같이 정의 내린다. "하나님을 사랑하고 하나님께 사랑 받는 하나님의 아들이 되기에 알맞은 것들을 택자 안에서 행하시는 분이다."[24] 이 문장을 이끌어가는 주어는 성령(*Spiritus Santus*)이다.[25] 즉 성령 하나님께서 택자들 안에서 사랑 가운데 능동적·적극적으로 자신의 일을 행하시는 것이다.[26]

비치우스는 택자 안에서 능동적으로 일하시는 성령 하나님을 "종의 영"(πνεῦμα δουλείας)과 날카롭게 구별한다.[27] 즉 비록 성령 하나님께서 택자들의

---

21 "너희가 아들이므로 하나님이 그 아들의 영을 우리 마음 가운데 보내사 아빠 아버지라 부르게 하셨느니라"("Ότι δέ ἐστε υἱοί, ἐξαπέστειλεν ὁ θεὸς τὸ πνεῦμα τοῦ υἱοῦ αὐτοῦ εἰς τὰς καρδίας ἡμῶν κρᾶζον· Αββα ὁ πατήρ).

22 "만일 너희 속에 하나님의 영이 거하시면 너희가 육신에 있지 아니하고 영에 있나니 누구든지 그리스도의 영이 없으면 그리스도의 사람이 아니라"(ὑμεῖς δὲ οὐκ ἐστὲ ἐν σαρκὶ ἀλλ' ἐν πνεύματι, εἴπερ πνεῦμα θεοῦ οἰκεῖ ἐν ὑμῖν. εἰ δέ τις πνεῦμα Χριστοῦ οὐκ ἔχει, οὗτος οὐκ ἔστιν αὐτοῦ). 이 본문은 하나님의 영(πνεῦμα θεοῦ)과 그리스도의 영(πνεῦμα Χριστοῦ)을 등치 시키고 있는 본문이다.

23 Witsius, *De oeconomia foederum Dei*, 428-429(3.11.1-3); *Economy*, 1:459-460.

24 Witsius, *De oeconomia foederum Dei*, 428(3.11.1); *Economy*, 1:459.

25 Witsius, *De oeconomia foederum Dei*, 428(3.11.1); *Economy*, 1:459.

26 비치우스는 이 논리를 자신의 성화론에서 보다 더 구체화 시킨다. Witsius, *De oeconomia foederum Dei*, 441-499(3.12.1-135); *Economy*, 2:1-55를 참고하라.

27 Witsius, *De oeconomia foederum Dei*, 428(3.11.1); *Economy*, 1:460.

삶 속에서 능동적·적극적으로 일하시긴 하지만, 그 능동적 일하심이 마치 독재자처럼 택자의 자유 선택 의지를 거칠게 말살한 채 성령 혼자 독단적으로 일하지 않으신다는 사실에 대해 비치우스는 항변하고 있는 것이다.[28] 비치우스는 만약 양자의 영이 종의 영, 즉 속박의 영이라면 이런 속박의 영은 하나님의 본성에 대한 이해를 심각하게 왜곡시킬 수밖에 없다고 생각했다. 비치우스는 이런 생각을 다음과 같이 밝힌다.

> 속박의 영은 하나님을 완고한 주인[*severum Dominum*]이나 끔찍한 심판자[*terribilem judicem*]로 묘사한다 … 이런 영에 의해 움직이는 자들은 자신의 주인의 명령들을 두려움과 공포 가운데 행할 수밖에 없다.[29]

비치우스는 양자의 영인 성령을 속박의 영과 날카롭게 구별하면서 성령의 일하심에는 어떤 형태의 악(惡)감정에 사로잡힌 공포나 두려움이 피어날 공간이 없다고 못 박았다. 비치우스는 이를 아버지의 사랑으로 풀어나간다. 비치우스는 만약 우리가 양자의 영에 대해 올바로 이해한다면, 이런 이해 가운데 성부 하나님은 "상냥하고 너그러운 아버지"(*blandum ac indulgentem Patrem*)로 발견될 수밖에 없다고 보았다.[30] 이에 대한 비치우스의 구체적인 설명은 다음과 같다.

---

28 사실 기독교 신학 가운데서 인간의 자유 선택 의지를 거칠게 말살한 채 하나님의 독단적인 강제성만 건조하게 드러내는 신학은 없다. 이 점에 대해 고찰한 박재은, "속죄와 윤리: 데니 위버의 만족설 비판과 조안 브라운의 '신적 아동 학대' 모티브에 대한 비판적 고찰," 「기독교사회윤리」 30 (2014), 161-193도 참고하라.

29 Witsius, *De oeconomia foederum Dei*, 428(3.11.2); *Economy*, 1:460.

30 Witsius, *De oeconomia foederum Dei*, 428(3.11.1); *Economy*, 1:460. 비록 비치우스에 의해 직접적으로 인용되지는 않지만 상냥하고 너그러운 성부 하나님의 이미지를 잘 반영할 수 있는 성경 구절은 눅 11:11이다. "너희 중에 아버지 된 자로서 누가 아들이 생선을 달라 하는데 생선 대신에 뱀을 주며."

[하나님을 상냥하고 너그러운 하나님 아버지로 반영하는 양자의 영인 성령은] 신자의 영혼에 하나님의 사랑에 대한 확신을 주며, 앞으로 받을 유산[*futurae haereditatis*]의 소망을 달콤히 간직하게 만들 뿐 아니라, 가족을 향한 경외에 대한 활발하고도 고귀한 감정과 함께 애정 어린 아버지인 하나님[*Deo ut dilecto Patri*]께 기꺼이 순종할 수 있게 만들어 준다.[31]

비치우스는 이 문장에서 하나의 건강한 가정에서 일반적으로 사용될 수 있는 언어 표현들을 한가득 사용하고 있다. 만약 아버지가 완고한 주인이나 끔찍한 심판자가 아니라면[32], 모든 자녀들은 아버지의 참사랑을 한가득 느끼게 될 것이며 이런 사랑 가운데서 가족 구성원들은 서로를 아껴주며 배려하게 될 것이다. 서로를 경외하는 가정 안에는 어떤 형태의 강제적 명령이나 억지스러운 순종은 없을 것이다. 자녀들은 앞으로 받을 유산에 대한 달콤한 소망 가운데 감사함으로 기꺼이 아버지의 말에 순종할 것이다. 비치우스는 이런 모든 일이 택자들 안에서 능동적으로 일하시는 성령 하나님의 사역으로 가능하게 될 것이라고 천명한다.[33]

비치우스는 모든 신자들이 언제나 하나님의 신실한 자녀들이었다고 설명한다.[34] 이런 측면에서 비치우스는 갈 4:6과 롬 8:9 말씀은 언제 어디서나 적용

---

31 Witsius, *De oeconomia foederum Dei*, 428(3.11.2); *Economy*, 1:460. 비치우스는 Witsius, *De oeconomia foederum Dei*, 433(3.11.14); *Economy*, 1:464에서도 갈 2:20 (내가 그리스도와 함께 십자가에 못 박혔나니 그런즉 이제는 내가 사는 것이 아니요 오직 내 안에 그리스도께서 사시는 것이라 이제 내가 육체 가운데 사는 것은 나를 사랑하사 나를 위하여 자기 자신을 버리신 하나님의 아들을 믿는 믿음 안에서 사는 것이라)을 해석하며 그리스도의 영인 성령 하나님의 보살피심에 대해 논의한다.

32 Cf. Witsius, *De oeconomia foederum Dei*, 428(3.11.1); *Economy*, 1:460.

33 Witsius, *De oeconomia foederum Dei*, 428-429(3.11.1-3); *Economy*, 1:459-460.

34 "*omnes* omnium temporum *fideles filii Dei* fuerint." Witsius, *De oeconomia foederum Dei*, 429(3.11.3, 강조는 원문); *Economy*, 1:460.

가능한 말씀이라고 주장한다. 즉 만약 어느 시대를 살았든지 예수 그리스도를 믿었다면 그 신자는 아들의 영, 즉 그리스도의 영을 받게 되고 그 그리스도의 영(혹은 양자의 영)을 통해 하나님의 자녀가 된다는 설명이다.[35] 비치우스는 이를 요 3:5-8[36]을 근거로 중생(重生, regeneration)의 맥락에서 이해한다. 거듭난 모든 사람은 육이 아닌 성령으로 다시 태어난 것이다.[37]

비치우스는 성령의 9가지 열매를 논하고 있는 갈 5:22-23[38]을 언급하면서 그 어떤 성령의 열매들보다 반드시 우선시 되어야 할 것을 성령 하나님으로 명시하고 있다.[39] 비치우스는 신자의 삶 속에 사랑, 의로움, 평화, 거룩이 존재할 수 있는 이유를 신자 자신에게서 찾지 않고 오히려 성령 하나님으로부터 찾았다. 비치우스가 세우는 논리는 다음과 같다. 즉 신자들이 성령 하나님을 통해 하나님의 자녀들로 입양되었기(… *fuerunt filii Dei adoptivi*) 때문에 성령의 열매를 갖고 있는 것이지, 그 반대는 절대 될 수 없다는 것이다.[40] 이런 측면에서 비치우스는 양자의 영인 성령 하나님이야말로 신자의 삶의 양태를 규정하는 궁극적인 원천으로 이해했다.[41] 그 이유는 성령께서 신자의 삶에 하나님의 양자 됨의 권리를 부여하시는 분이기 때문이다.

---

35 Witsius, *De oeconomia foederum Dei*, 429(3.11.3); *Economy*, 1:460.

36 "예수께서 대답하시되 진실로 진실로 네게 이르노니 사람이 물과 성령으로 나지 아니하면 하나님의 나라에 들어갈 수 없느니라 육으로 난 것은 육이요 영으로 난 것은 영이니 내가 네게 거듭나야 하겠다 하는 말을 놀랍게 여기지 말라 바람이 임의로 불매 네가 그 소리는 들어도 어디서 와서 어디로 가는지 알지 못하나니 성령으로 난 사람도 다 그러하니라."

37 중생(거듭남)에 대한 비치우스의 입장은 Witsius, *De oeconomia foederum Dei*, 327-344(3.11.1-28); *Economy*, 1:360-376에 잘 드러나 있다.

38 "오직 성령의 열매는 사랑과 희락과 화평과 오래 참음과 자비와 양선과 충성과 온유와 절제니 이같은 것을 금지할 법이 없느니라."

39 Witsius, *De oeconomia foederum Dei*, 429(3.11.3); *Economy*, 1:460.

40 Witsius, *De oeconomia foederum Dei*, 429(3.11.3); *Economy*, 1:460.

41 Cf. Witsius, *De oeconomia foederum Dei*, 414-428(3.10.1-35); *Economy*, 1:446-459.

본 장을 요약해보도록 하자. 비치우스는 여러 성경 구절들을 근거로 양자의 영을 성령 하나님으로 적시했다. 성령 하나님은 속박의 영과는 다르게 신자들에게 사랑의 아버지 하나님을 경험할 수 있게끔 만들어 주며, 거듭남의 열매를 허락하는 궁극적 원천으로 작용하시는 분이다.

## 2. 구약에서 성령의 역할

앞에서 살펴보았듯이 비치우스는 양자의 영인 성령을 설명하며 신약 성경을 주로 많이 인용한다. 하지만 비치우스의 성경 인용은 제한적이지 않다. 그 이유는 비치우스의 논의의 방향성이 신약 성경뿐만 아니라 구약 성경 속에 나타난 양자의 영의 역할에 대한 논의로 대대적으로 움직이기 때문이다.

비치우스는 느 9:20[42]을 인용하며 하나님의 자녀들에게 나타나는 '당신의 [하나님의] 선한 영'(*spiritum tuum bonum*)을 성령 하나님으로 적시한다.[43] 특별히 느헤미야 본문에 등장하는 선한 영은 하나님의 자녀들이 주리거나 목마르지 않게 만들기 위해 때를 따라 돕는 은혜인 만나와 물을 허락하는 생명의 원천이다. 비치우스는 시 143:10[44]에 등장하는 다윗의 기도를 인용하며 느헤미야 본문에 등장하는 선한 영의 본질을 다시금 확증하고 있다. 특별히 비치우스는 시 51:10-12[45]에 주목하고 있는데 그 이유는 이 본문에서 성령 하나님에 대한 구체적인 묘사가 등장하기 때문이다. 비치우스는 시 51:10-12을 근거로

---

42 "또 주의 선한 영을 주사 그들을 가르치시며 주의 만나가 그들의 입에서 끊어지지 않게 하시고 그들의 목마름을 인하여 그들에게 물을 주어."

43 Witsius, *De oeconomia foederum Dei*, 429(3.11.4); *Economy*, 1:460.

44 "주는 나의 하나님이시니 나를 가르쳐 주의 뜻을 행하게 하소서 주의 영은 선하시니 나를 공평한 땅에 인도하소서."

45 "하나님이여 내 속에 정한 마음을 창조하시고 내 안에 정직한 영을 새롭게 하소서 나를 주 앞에서 쫓아내지 마시며 주의 성령을 내게서 거두지 마소서 주의 구원의 즐거움을 내게 회복시켜 주시고 자원하는 심령을 주사 나를 붙드소서."

'주의 성령'을 '정직한 영'과 등치 시키고 있다. 정직한 영은 구원의 즐거움을 회복시키는 영이며 자원하는 심령을 허락하는 영이다.

비치우스는 선한 영, 정직한 영, 자원하는 심령을 허락하는 영을 양자의 영으로 이해한다. 그 근거가 바로 사 63:8, 11[46]이다. 이 본문은 독특한 본문인데 그 이유는 이스라엘 백성을 가리켜 '자녀'라 부를 뿐 만 아니라, 그 자녀들 가운데 '성령을 두다'라는 표현도 등장하기 때문이다. 그러므로 비치우스는 사 63:8, 11을 양자 교리의 구약적 근거로 보았다.[47] 왜냐하면 하나님께서 자신의 언약 자녀들에게 성령을 보내사 그들 마음에 양자의 영을 내주하도록 한다는 의미가 정확히 서려 있는 본문이기 때문이다.

비치우스는 구약 성경 속에서 성령의 사역이 시대별로 구별된 경륜 하에(*ad distinctas seculorum oeconomias*) 이루어졌다고 보았다.[48] 비치우스는 아담과 하와의 타락으로 말미암아 죄가 인류에 들어오게 되었지만, 하나님의 은혜 언약은 인류를 간과하지 않았고 그 은혜 언약의 내용들이 족장들의 가르침을 통해 전수되었다고 보았다. 비치우스에 의하면 이 때 양자의 영의 사역이 활동했고 그 활동의 구체적인 내용은 다음과 같다.

> 양자의 영의 직분 중 한 부분은 신자들의 마음을 자극시키는 것이었고, 구원의 은혜에 대한 앎[*cognitionem*], 숙려[熟慮, *meditationem*], 파악[*apprehensionem*]을 신자들로 하여금 깨닫게 만드는 것이었다.[49]

---

46 "그가 말씀하시되 그들은 실로 나의 백성이요 거짓을 행하지 아니하는 자녀라 하시고 그들의 구원자가 되사 … 백성이 옛적 모세의 때를 기억하여 이르되 백성과 양 떼의 목자를 바다에서 올라오게 하신 이가 이제 어디 계시냐 그들 가운데에 성령을 두신 이가 이제 어디 계시냐."

47 Witsius, *De oeconomia foederum Dei*, 429(3.11.4); *Economy*, 1:460.

48 Witsius, *De oeconomia foederum Dei*, 429(3.11.5); *Economy*, 1:460.

49 Witsius, *De oeconomia foederum Dei*, 429(3.11.5); *Economy*, 1:461.

비치우스는 이 문장에서 성령론과 관련된 중요한 단어 세 가지를 언급하는데 앎, 숙려, 파악이 바로 그것들이다. 비치우스는 양자의 영인 성령께서 구약의 족장들에게 임해 구원의 은혜를 깨닫게 만들어 주었고, 매일의 삶 속에서 그 은혜를 묵상하게 만들어 주었을 뿐 아니라, 그 구원 은혜의 본질과 속성에 대해서도 파악할 수 있게 해주었다고 기록한다. 이는 성령의 조명(照明, illumination) 사역을 말하는 것으로 성령 하나님의 사역 중 가장 중요한 사역이다.[50]

족장 시대 이후에는 하나님께서 선지자들을 통해 외적으로(*quae externe*) 신탁(神託, *oraculum*)을 보여주셨는데, 하나님의 백성들은 이 신탁 속에서 하나님의 신적인 사랑을 경험할 수 있었다.[51] 비치우스는 이런 신적 사랑의 나타남이 처음에는 풍성하지 않았지만, 이후에는 보다 더 풍성해졌다고 언급한다(*parcius primum, mox uberius*).[52] 비치우스는 이 모든 신탁 사역을 양자의 영인 성령의 사역으로 본다. 이런 성령의 사역의 결과에 대해 비치우스는 다음과 같이 기록한다.

> 이런 방식을 통해 공포와 두려움, 즉 영혼 안에 피어오른 율법의 공포, 죄책감, 신적 앙갚음에 대한 인식이 제거된다. 성령께서 이 일을 하실 때 하나님의 자녀들의 마음에 열정을 북돋아 하나님을 사랑하고 하나님께 순종하도록 우리를 이끈다. 더 이상 형벌의 두려움이 아니라 순수하고 신실한 감정을 가지고 자신들의 가장 사랑스러운 아버지께 넉넉한 경외심을 품게 된다. 자발적이고도 활발한 마음을 가지고 하나님의 자녀가 된다.[53]

---

**50** Cf. 박재은, 『질문하는 성도, 대답하는 신학자』, 36-38.
**51** Witsius, *De oeconomia foederum Dei*, 429-430(3.11.5); *Economy*, 1:461.
**52** Witsius, *De oeconomia foederum Dei*, 430(3.11.5); *Economy*, 1:461.
**53** Witsius, *De oeconomia foederum Dei*, 429-430(3.11.5-6); *Economy*, 1:461.

비치우스는 이스라엘 백성들이 구약 선지자들로부터 구체화 된 신탁을 경험함을 통해 율법의 공포와 두려움을 극복할 수 있었다고 표현한다. 이는 양자의 영이신 성령의 조명 사역으로 이제는 더 이상 율법이 주는 형벌의 두려움 때문이 아니라 하나님을 사랑하는 마음으로 자원하는 심정을 가진 채 하나님의 자녀로서의 삶을 성령 안에서 기쁨으로 사는 것이다. 이는 율법의 제3용법을 뜻하는 것으로[54] 비치우스는 하나님의 자녀가 된 자의 삶의 양태와 체계를 성령의 동행의 맥락 가운데 구체적으로 묘사하고 있다.[55]

비치우스는 구약 성경에 나타난 양자의 영의 유익들을 크게 세 가지로 요약·정리한다. 첫째는 하나님의 자녀들에게 입양자가 가진 가장 위대한 사랑을 설득하는 것이고, 둘째는 새로운 아버지의 본성과 의지에 사랑으로 순종하게 만드는 것이며, 셋째는 유산에 대한 기대감을 갖게 만드는 것이다.[56] 비치우스는 이를 시편 말씀으로 풀이하고 있는데 특별히 비치우스는 시 4:7,[57] 31:7,[58] 81:1,[59] 31:19[60] 등을 예로 들면서 양자의 영이 주는 유익들에 대해 논하고

54 일반적으로 율법의 제1용법은 거울로서 죄를 깨닫게 하는 기능, 제2용법은 시민법의 기능, 제3용법은 구원 받은 신자가 성령 하나님과의 동행 가운데 자발적으로 기쁨 가운데 하나님의 법을 지킴으로 하나님을 기쁘시게 만드는 기능으로 이해된다. 비치우스는 이 부분에서 구체적으로 율법의 용법들에 대해 논의하고 있지는 않지만, 비치우스의 논의는 율법의 제3용법과 매우 유사한 논의의 결을 지닌다. 율법의 용법들에 대해 잘 논구하고 있는 존 칼빈(John Calvin, 1509-1564)의 가르침에 대한 논의로는 I. John Hesselink, *Calvin's Concept and Use of the Law* (Thesis, Universitat Basel, 1961); Ralph R. Sundquist, *The Third Use of the Law in the Thought of John Calvin: An Interpretation and Evaluation* (Ann Arbor: University Microfilms, 1972) 등을 참고하라.

55 Witsius, *De oeconomia foederum Dei*, 441-499(3.12.1-135); *Economy*, 2:1-55.

56 "I. Persuasio de summa caritate adoptantis. II. Obedientia amoris, componens se ad leges familiae, in quam quis adscitus est, & ad mores nutumque novi parentis. III. Exspectatio haereditatis." Witsius, *De oeconomia foederum Dei*, 430(3.11.8); *Economy*, 1:461. 양자가 받을 유산에 대한 논의는 Witsius, *De oeconomia foederum Dei*, 433(3.11.15); *Economy*, 1:464에서도 등장한다.

57 "주께서 내 마음에 두신 기쁨은 그들의 곡식과 새 포도주가 풍성할 때보다 더하니이다."

58 "내가 주의 인자하심을 기뻐하며 즐거워할 것은 주께서 나의 고난을 보시고 환난 중에 있는 내 영혼을 아셨으며."

있다. 이 시편 구절들은 전부 하나님으로부터 오는 '신령한 기쁨'을 말하고 있는 본문으로 양자의 영인 성령 안에서 아버지 하나님의 사랑과 값없는 유산의 소망을 직접 목도하고 경험한 자녀들이 자연스럽게 가질 수밖에 없는 감정을 기쁨이라는 수사로 가감 없이 표현한 것이다.

지금까지 살펴본 것처럼 비록 비치우스는 구약 성경에 나타난 양자의 영에 대해 충실하게 논증하고 있기는 하지만, 그럼에도 불구하고 비치우스의 입장은 신약 성경에 비해 구약 성경 속에서는 양자의 영인 성령의 발자취가 비교적 약하게 나타난다고 보았다. 이에 대한 비치우스의 입장은 다음과 같다.

> 하지만 구약 성경 속에 나타난 자유롭고 고귀한 영의 사역들은 신약 성경에 비해 보다 더 희귀했고[*rariores*] 더 많은 두려움 가운데 역사했다는 사실을 부인할 수 없다. [구약 성경에서] 은혜 언약은 보다 더 어둡게[*obscurius*] 드러났고 보다 더 수수께끼 같은 애매함[*aenigmatum ambage*] 가운데 드러났다 … 성령의 고귀한 사역들도 신약 성경 속 활기찬 풍성함과 비교해서는 좀 더 흐릿했다.[61]

하지만 비치우스는 그 다음 문단에서 두 가지의 불필요한 오해를 불식시키고 있다. 첫째는 구약 시대 때 성령의 사역이 다소 희미하게 나타났다고 해서 구약 시대 때 성령의 존재가 부재(不在)했다는 의미로 이해해서는 안 된다는 것이며, 둘째는 신약 시대의 성령 강림 사건 때에야 비로소 성령께서 우리에게 임한 것으로 이해해서는 안 된다는 것이다.[62] 비치우스는 오히려 이를 앞에서

59 "우리의 능력이 되시는 하나님을 향하여 기쁘게 노래하며 야곱의 하나님을 향하여 즐거이 소리칠지어다."

60 "주를 두려워하는 자를 위하여 쌓아 두신 은혜 곧 주께 피하는 자를 위하여 인생 앞에 베푸신 은혜가 어찌 그리 큰지요."

61 Witsius, *De oeconomia foederum Dei*, 431(3.11.10); *Economy*, 1:462.

살펴본 대로 시대별로 구별된 경륜 하에서(*ad distinctas seculorum oeconomias*) 이해해야 한다고 보았다.[63] 즉 비치우스는 구약 시대 때는 그리스도께서 성육신하시기 이전 시대였기 때문에 비교적 성령의 존재와 사역이 선명히 드러나지 않았을 뿐이며, 그리스도께서 성령의 잉태로 성육신하신 후 성령의 가득하고 찬란한 현현(*plena & illustris Spiritus exhibitio*)이 신약 시대 속에서 그리스도를 통해 이루어졌다고 보았다.[64]

비치우스는 이를 좀 더 구체화하기 위해 의미 있는 표현을 하나 사용하고 있는 그 표현은 다름 아닌 '약속하다'(*promitto*)라는 동사이다. 비치우스는 성령 하나님이 구약 시대 속에서 약속되었고, 그 약속이 신약 속에서 성취되었다고 설명한다.[65] 비치우스는 이를 다양한 구약 성경을 인용하며 논증하고 있는데 대표적인 본문이 사 35:6-7,[66] 44:3,[67] 겔 34:26-27,[68] 욜 2:28,[69] 슥 14:8[70] 등이다. 이 본문들이 가진 주요 논조는 쾌활함, 생동감, 풍성함, 경쾌함 등이다. 특히 대·소선지서 등을 통해 성령의 부어짐이 약속되었고 그

---

62 Witsius, *De oeconomia foederum Dei*, 431(3.11.10); *Economy*, 1:462.

63 Witsius, *De oeconomia foederum Dei*, 429(3.11.5); *Economy*, 1:460.

64 Witsius, *De oeconomia foederum Dei*, 431(3.11.10); *Economy*, 1:462.

65 Witsius, *De oeconomia foederum Dei*, 431(3.11.11); *Economy*, 1:462.

66 "그 때에 저는 자는 사슴 같이 뛸 것이며 말 못하는 자의 혀는 노래하리니 이는 광야에서 물이 솟겠고 사막에서 시내가 흐를 것임이라 뜨거운 사막이 변하여 못이 될 것이며 메마른 땅이 변하여 원천이 될 것이며 승냥이의 눕던 곳에 풀과 갈대와 부들이 날 것이며."

67 "나는 목마른 자에게 물을 주며 마른 땅에 시내가 흐르게 하며 나의 영을 네 자손에게, 나의 복을 네 후손에게 부어 주리니."

68 "내가 그들에게 복을 내리고 내 산 사방에 복을 내리며 때를 따라 소낙비를 내리되 복된 소낙비를 내리리라 그리한즉 밭에 나무가 열매를 맺으며 땅이 그 소산을 내리니 그들이 그 땅에서 평안할지라 내가 그들의 멍에의 나무를 꺾고 그들을 종으로 삼은 자의 손에서 그들을 건져낸 후에 내가 여호와인 줄을 그들이 알겠고."

69 "그 후에 내가 내 영을 만민에게 부어 주리니 너희 자녀들이 장래 일을 말할 것이며 너희 늙은이는 꿈을 꾸며 너희 젊은이는 이상을 볼 것이며."

70 "그 날에 생수가 예루살렘에서 솟아나서 절반은 동해로, 절반은 서해로 흐를 것이라 여름에도 겨울에도 그러하리라."

약속은 신약 시대에 이르러서야 비로소 그리스도를 통해 성취된다. 구약 시대 때부터 약속된 영적인 쾌활함, 생동감, 풍성함, 경쾌함이 양자의 영인 성령을 통해 그리스도 안에서 성취되고 구체화 된 것이다.[71]

본 장을 요약해보도록 하자. 비치우스에 의하면 양자의 영인 성령 하나님은 구약 시대 전반에 걸쳐 시대별로 구별된 경륜의 사역 가운데 약속의 영으로 서로 다른 강도로 계시 되었다. 비록 신약 시대에 비해 그 빛의 강도가 덜하긴 하지만, 성령의 약속은 대·소선지서를 중심으로 뚜렷하게 계시 되었다. 구약 시대 때 약속된 양자의 영이 가진 성품은 영적으로 생동감과 경쾌함이 있는 살리는 영이다. 이는 신약 시대 때 그리스도 안에서 성취 되었다.

## 3. 양자의 영의 사역

비치우스는 구약 시대 때부터 약속되었고 신약 시대의 그리스도를 통해 그 약속이 본격적으로 성취된 양자의 영인 성령의 사역을 크게 세 가지로 이해한다.[72] 양자의 영을 통해 성부 하나님을 아바 아버지로 부를 수 있게 되며,[73] 우리가 하나님의 자녀라는 사실을 증언해줄 뿐 아니라,[74] 우리의 의식 속에서 증거를 갖게 되는 것이 바로 그것들이다.[75] 비치우스는 이 세 가지의 양자의 영의 사역을 롬 8:15-16[76]을 중심으로 논한다. 지금부터 이에 대해서 하나씩 살펴보도록 하겠다.

71 Witsius, *De oeconomia foederum Dei*, 431(3.11.11); *Economy*, 1:462.
72 Witsius, *De oeconomia foederum Dei*, 433-436(3.11.17-28); *Economy*, 1:465-467.
73 Witsius, *De oeconomia foederum Dei*, 433-435(3.11.17-23); *Economy*, 1:465-466.
74 Witsius, *De oeconomia foederum Dei*, 435-436(3.11.24-25); *Economy*, 1:466-467.
75 Witsius, *De oeconomia foederum Dei*, 436(3.11.26-28); *Economy*, 1:467.
76 "너희는 다시 무서워하는 종의 영을 받지 아니하고 양자의 영을 받았으므로 우리가 아빠 아버지라고 부르짖느니라 성령이 친히 우리의 영과 더불어 우리가 하나님의 자녀인 것을 증언하시나니."

첫째, 양자의 영의 사역은 신자들로 하여금 성부 하나님을 '아바 아버지'(Αββα ὁ πατήρ)라 부를 수 있게 만든다. 비치우스는 갈 4:6에서 사용된 '부르다'를 의미하는 헬라어 동사(κραζω)에 주목하면서 이 동사는 마음속으로만 소극적으로 속삭이는 것이 아니라, 오히려 큰 목소리로 확신에 찬 채 부르짖는 의미라고 설명한다(*clara voce confidenter proclamant*).[77] 비치우스는 히 4:16[78]을 인용하면서 양자의 영을 받은 신자들은 은혜의 보좌 앞으로 담대히, 자유롭고, 용기 있게 나아갈 수 있다고 언급한다.[79]

비치우스는 고대 시대의 종들을 예로 들며 비교한다. 고대 시대 종들은 자신의 주인을 향해 감히 아바 아버지라 부를 수 없었다는 것이다.[80] 하지만 비치우스는 신구약 시대의 하나님의 자녀들은 양자의 영인 성령의 사역을 통해 성부 하나님을 향해 아바 아버지라 부를 수 있는 특권을 누리게 되었다고 설명 한다.[81]

비치우스는 캠브리지 대학의 부총장이기도 했으며 후기 히브리 랍비 언어에 조예가 깊었던 존 라이트풋(John Lightfoot, 1602-1675)[82]을 언급하며 아바(Αββα)의 뜻을 좀 더 깊이 있게 살핀다.[83] 비치우스는 막 14:36[84]을 해석하는

77 Witsius, *De oeconomia foederum Dei*, 434(3.11.19); *Economy*, 1:465.

78 "그러므로 우리는 긍휼하심을 받고 때를 따라 돕는 은혜를 얻기 위하여 은혜의 보좌 앞에 담대히 나아갈 것이니라."

79 Witsius, *De oeconomia foederum Dei*, 434(3.11.19); *Economy*, 1:465.

80 Witsius, *De oeconomia foederum Dei*, 434(3.11.20); *Economy*, 1:465.

81 Witsius, *De oeconomia foederum Dei*, 434(3.11.20); *Economy*, 1:465.

82 Richard A. Muller, "Lightfoot, John (1602-1675)," in *Historical Handbook of Major Biblical Interpreters*, ed. Donald K. McKim (Downers Grove: InterVarsity Press, 1998), 208-212; Jace R. Broadhurst, *What is the Literal Sense?: Considering the Hermeneutic of John Lightfoot* (Eugene: Pickwick Publications, 2012) 등을 참고하라.

83 Witsius, *De oeconomia foederum Dei*, 434-435(3.11.21); *Economy*, 1:466.

84 "이르시되 아빠 아버지여 아버지께는 모든 것이 가능하오니 이 잔을 내게서 옮기시옵소서 그러나 나의 원대로 마시옵고 아버지의 원대로 하옵소서 하시고."

라이트풋을 언급하며 *Abbi*와 *Abba*를 구별하고 있다. 라이트풋에 의하면 *Abbi*는 생물학적인 아버지를 지칭하기도 하지만, 동시에 법적인 아버지, 장로, 주인, 관료 교사 등도 지칭 가능하다고 보았다. 하지만 *Abba*는 *Abbi*와는 다르게 오직 생물학적인 아버지 혹은 양부(養父)만을 지칭 가능하다고 보았다. 비치우스는 이런 라이트풋의 의견에 동의를 표하며 그리스도께서 막 14:36에서 성부 하나님께 "아빠 아버지"라고 부르셨을 때는 *Abbi*의 맥락이 아닌 *Abba*의 맥락에서 부르셨다고 부연하고 있다.[85] 비치우스는 만약 그리스도께서 성부 하나님을 *Abba*라고 부르셨다면 그리스도와의 연합 가운데 양자의 영을 받은 신자들도 똑같이 성부 하나님을 *Abbi*가 아닌 *Abba*로 부를 수 있다고 주장한다.

비치우스는 성부 하나님을 아바 아버지로 부를 수 있는 성령의 사역이 단순히 입술 안에만 건조하게 머물러서는 안 된다고 지극한 경계를 표한다. 비치우스를 이를 다음과 같이 기록한다.

> [아바 아버지라는] 이런 호칭은 마치 하나님을 입술로만 아첨하듯이 단순히 말로만[*in nudis verbis*] 머물러서는 안 된다. 만약 우리가 진정 양자 됨의 참여자라면, 이 양자 됨은 믿음으로 나타나야 하며, 믿음에 대한 완전한 확신으로 나타나야 한다. 마음 속에서 믿음을 고백함으로 하나님께 영광을 돌려야 하며, 하나님의 은혜의 영광을 찬양해야 한다 … 성령에 의해 아바 아버지라고 부르는 것을 통해 우리는 성령 하나님이 믿음, 담대함, 고백, 경건, 그리고 신실한 순종의 저자라는 사실을 깨닫게 된다.[86]

85 Witsius, *De oeconomia foederum Dei*, 435(3.11.21); *Economy*, 1:466.
86 Witsius, *De oeconomia foederum Dei*, 435(3.11.23); *Economy*, 1:466.

비치우스는 양자의 영인 성령 하나님께서 신자들에게 성부 하나님을 아바 아버지로 부를 수 있는 특권을 주셨다면, 이 특권이 단순히 입술 안에만 혹은 마음속에만 건조하게 머무를 수 없고 오히려 손과 발을 통해 밖으로 표출되고 발현될 수밖에 없다 보았다. 즉 비치우스는 양자의 영을 통해 성부 하나님의 가정에 새롭게 입적된 양자들의 삶 속에 경건과 신실한 순종이 뚜렷하게 나타날 수밖에 없다고 생각했다.[87]

둘째, 양자의 영의 사역은 신자들이 하나님의 자녀라는 사실을 증언하는 사역을 감당한다. 비치우스는 이를 위해 롬 8:16에 등장하는 "우리의 영"(τῷ πνεύματι ἡμῶν)과 롬 8:15에 등장하는 "양자의 영"(πνεῦμα υἱοθεσίας)을 비교한다. 우리의 영은 상대적으로 낮은 등급의 영이고, 하나님의 아들의 영인 양자의 영은 가장 높은 등급의 영이다.[88] 비치우스는 요일 3:20[89]을 근거로 우리의 영과 양자의 영을 비교하고 있다. 비치우스는 "하나님은 우리 마음보다 크시고 모든 것을 아시기 때문"(요일 3:20b)에 우리의 영은 양자의 영 보다 질적으로 낮다고 생각했다.[90]

비치우스는 양자의 영인 성령 하나님께서 상대적으로 부족한 우리의 영에 내주하셔서 우리의 영적인 소속이 사탄의 가문이 아니라 하나님의 가문이라는 사실을 일깨워 줄 뿐 아니라, 보다 더 새롭게 거듭난 하나님의 자녀로서의 삶을 살도록 우리를 북돋아 준다고 설명한다.[91] 비치우스는 이를 롬 9:1[92]을

---

87 Witsius, *De oeconomia foederum Dei*, 414-428(3.10.1-35); *Economy*, 1:446-459.

88 "Alter inferioris ordinis est, *spiritus noster*; supremi alter, *Spiritus Adoptionis*, qui filii Dei est." Witsius, *De oeconomia foederum Dei*, 435(3.11.24, 강조는 원문); *Economy*, 1:466.

89 "이는 우리 마음이 혹 우리를 책망할 일이 있어도 하나님은 우리 마음보다 크시고 모든 것을 아시기 때문이라."

90 Witsius, *De oeconomia foederum Dei*, 435(3.11.24); *Economy*, 1:467.

91 Witsius, *De oeconomia foederum Dei*, 435(3.11.23-24); *Economy*, 1:466-467.

92 "내가 그리스도 안에서 참말을 하고 거짓말을 아니하노라 나에게 큰 근심이 있는 것과 마음에

중심으로 풀이하고 있는데 특히 "내 양심이 성령 안에서 나와 더불어 증언하노니"라는 표현에 주목하고 있다. 비치우스는 성령의 증언의 특성을 크게 두 가지로 보고 있는데 첫째는 확실함이고 둘째는 진리 안에서의 선명함이다.[93]

비치우스는 성령의 증언이 확실하고 선명한 이유를 하나님의 말씀에서부터 찾는다. 그 이유는 "오직 하나님의 말씀만이 일곱 차례 깨끗하게 되고 정련된 은"[94]이기 때문이다. 수차례 정화되고 정련된 하나님의 말씀은 언제 어디서나 신자들에게 그리스도 안에 있는 모든 자들은 다 하나님의 자녀라고 증언한다. 비치우스에 의하면 우리 신자들은 하나님의 말씀을 통해 "가장 부지런하게 우리 자신에 대해 숙고"(*diligentissimum nostri scrutinium*) 할 수 있게 된다.[95] 비치우스에 의하면 이런 자아 점검은 우리 스스로 할 수 있는 것이 아니라 성령께서 우리 마음속에서 역사하시는 성령의 사역이다.

이 모든 일들이 일어나는 이유는 성령께서 신자들 안에 내주하셔서 우리가 하나님의 자녀라는 사실을 끊임없이 일깨워주기 때문이다.[96] 즉 롬 8:16과 같이 "성령이 친히 우리의 영과 더불어 우리가 하나님의 자녀인 것을 증언"하시기 때문이다.

셋째, 양자의 영의 사역은 우리의 의식 속에서 양자의 영 스스로가 스스로를 증거하는 사역이다. 비치우스는 양자의 영을 받은 신자의 의식은 양자의 영을 받지 못했을 때와 비교해서 완전히 변화된다고 설명한다.[97] 비치우스는 그 변화의 내용을 "일종의 영혼의 선한 태도[혹은 양상]"(*boni quidam habitus*

---

그치지 않는 고통이 있는 것을 내 양심이 성령 안에서 나와 더불어 증언하노니."

93 Witsius, *De oeconomia foederum Dei*, 436(3.11.26); *Economy*, 1:467.

94 "Solum Dei verbum est argentum defaecatum & purgatum septies." Witsius, *De oeconomia foederum Dei*, 436(3.11.27); *Economy*, 1:467.

95 Witsius, *De oeconomia foederum Dei*, 436(3.11.27); *Economy*, 1:467.

96 Witsius, *De oeconomia foederum Dei*, 414-428(3.10.1-35); *Economy*, 1:446-459.

97 Witsius, *De oeconomia foederum Dei*, 436(3.11.28); *Economy*, 1:467.

*animae*)의 변화로 이해한다.[98] 엡 2:3이 증거하는 바와 같이 모든 인간은 "본질상 진노의 자녀"였다. 즉 양자의 영을 받기 전의 영혼의 상태는 악독과 거짓과 권모와 술수로 기울어져 있는 상태가 죄인의 의식이 갖고 있는 의식의 흐름이었다. 하지만 비치우스는 양자의 영을 받은 결과 이런 영혼의 태도와 양상, 성향 등이 완전히 변화된다고 이해한다.[99] 즉 신자의 의식의 흐름이 성부 하나님께로 극적으로 기울기 시작한 것이다.[100]

비치우스는 이런 의식의 변화가 신자의 경건한 삶으로 체현된다고 보았다.[101] 즉 논리 구조는 다음과 같다. 사탄을 향해 기울어져 있던 의식의 죄악된 성향이 양자의 영을 소유함을 통해 성부 하나님께로 기울어지며, 그 영적인 기울어짐이 신자의 삶의 방향성 전반에 결정적으로 영향을 미쳐 신자의 삶이 경건한 삶을 향해 정진할 수 있는 원동력을 얻게 된다는 것이다.[102] 비치우스는 이런 신자의 삶을 통해 양자의 영인 성령 하나님이 신자들 안에서 스스로를 만방에 증거하신다고 보았다.[103]

본 장을 요약해보도록 하자. 비치우스는 양자의 영인 성령 하나님의 사역을

---

98 Witsius, *De oeconomia foederum Dei*, 436(3.11.28); *Economy*, 1:467. 영역본에서는 *habitus*를 habit or disposition으로 번역함으로 좀 더 '성향'의 변화를 강조했다.

99 Witsius, *De oeconomia foederum Dei*, 327-344(3.11.1-28); *Economy*, 1:360-376.

100 Witsius, *De oeconomia foederum Dei*, 436-437(3.11.28-29); *Economy*, 1:467-468.

101 Witsius, *De oeconomia foederum Dei*, 441-499(3.12.1-135); *Economy*, 2:1-55.

102 이는 마치 성화론에서 논의하는 결정적 성화(definitive sanctification) 개념과 점진적 성화(progressive sanctification) 개념의 맥락과도 유사하다. 즉 그리스도와의 연합을 통해 신자의 삶과 의식이 결정적으로 거룩하게 되고, 그 결정적 거룩함의 신적 원동력을 통해 신자의 삶 평생에 걸쳐 거룩한 삶을 점진적으로 살아내는 결정적·점진적 이중 구조와 유사한 결을 갖고 있다. 이에 대한 구체적인 논의로는 박재은, 『성화, 균형 있게 이해하기: 하나님의 주권 대 인간의 역할, 그 사이에서 바라본 성화』 (서울: 부흥과개혁사, 2017)을 참고하라. Cf. Witsius, *De oeconomia foederum Dei*, 441-499(3.12.1-135); *Economy*, 2:1-55.

103 Witsius, *De oeconomia foederum Dei*, 436-437(3.11.28-29); *Economy*, 1:467-468.

크게 세 가지로 요약·정리하는데 먼저 양자의 영은 신자들로 하여금 성부 하나님을 아바 아버지로 부를 수 있는 특권을 허락하며, 신자들이 하나님의 자녀임을 증언할 뿐 아니라, 신자의 의식의 흐름을 변화시킴으로써 신자의 삶을 통해 성령 하나님 스스로의 존재와 사역을 증거하는 분이시다.

## 4. 양자의 영의 사역 결과

비치우스는 양자의 영을 다루는 『하나님께서 인간과 맺은 언약의 경륜』 3권 11장 마지막 부분에서 양자의 영이 하신 사역의 결과를 심도 있게 다룬다.[104] 비치우스는 양자의 영의 사역 결과를 크게 다섯 가지로 구분해 설명하고 있다. 하나님의 자녀들이 성부 하나님을 닮게 되며, 새로운 삶을 살게 되고, 하나님을 진정으로 사랑하게 되며, 아버지를 경외함으로 순종하게 될 뿐 아니라, 형제·자매들을 사랑하게 된다는 것이 바로 그것들이다. 지금부터 하나씩 살펴보도록 하겠다.

첫째, 양자의 영인 성령의 사역의 결과로 신자들은 성부 하나님을 닮아가게 된다.[105] 비치우스는 그 이유를 예수 그리스도에게서 찾는다. 비치우스는 특히 히 1:3[106]에 주목하면서 그리스도야말로 하나님의 영광의 광채요 그 본체의 형상이라는 사실을 강조한다. 양자의 영, 즉 그리스도의 영을 소유하게 될 때 하나님의 영광의 광채요 그 본체의 형상이신 분과 연합되기 때문에 우리 또한 그리스도와 성부 하나님을 닮아 갈 수 있게 된다.[107] 이 부분에서 비치우

104 Witsius, *De oeconomia foederum Dei*, 436-441(3.11.29-41); *Economy*, 1:467-472.

105 Witsius, *De oeconomia foederum Dei*, 436-437(3.11.29); *Economy*, 1:467.

106 "이는 하나님의 영광의 광채시요 그 본체의 형상이시라 그의 능력의 말씀으로 만물을 붙드시며 죄를 정결하게 하는 일을 하시고 높은 곳에 계신 지극히 크신 이의 우편에 앉으셨느니라."

107 Witsius, *De oeconomia foederum Dei*, 436-437(3.11.29); *Economy*, 1:467-468.

스는 다양한 성경 구절들을 인용하고 있는데 특히 창 5:3[108]의 "형상," 엡 4:24[109]의 "새 사람을 입으라," 롬 8:23[110]의 "양자 될 것," 요일 3:2[111]의 "우리가 지금은 하나님의 자녀라 … 그가 나타나시면 우리가 그와 같을 줄을 아는 것은"과 같은 표현에 주목하고 있다.[112] 비치우스가 주목하고 있는 성경 구절을 요약·정리하면 양자의 영을 통해 그리스도의 형상을 닮아가게 되고, 새 사람을 입어, 궁극적으로 완전한 부활체를 덧입게 될 것이다.[113]

둘째, 양자의 영인 성령의 사역의 결과로 신자들은 새로운 삶을 살게 될 것이다.[114] 비치우스는 이를 롬 8:2[115] 말씀에 근거하여 풀이하고 있다.[116] 양자의 영을 소유한 자들은 "생명의 성령의 법"(νόμος τοῦ πνεύματος τῆς ζωῆς)을 갖게 되어 그 생명의 성령의 법이 죄와 사망의 법에서 하나님의 자녀들을 해방 시킨다. 비치우스는 이 생명의 성령의 법이야말로 가장 훌륭한 삶의 원리라고 생각했다. 비치우스는 시 51:12[117]을 인용하면서 생명의 성령의 법

---

108 "아담은 백삼십 세에 자기의 모양 곧 자기의 형상과 같은 아들을 낳아 이름을 셋이라 하였고." 비치우스는 이 부분에서 *gignens*라는 표현을 사용하면서 형상의 낳아짐(begetting)에 대해 논구하고 있다.

109 "하나님을 따라 의와 진리의 거룩함으로 지으심을 받은 새 사람을 입으라."

110 "그뿐 아니라 또한 우리 곧 성령의 처음 익은 열매를 받은 우리까지도 속으로 탄식하여 양자 될 것 곧 우리 몸의 속량을 기다리느니라."

111 "사랑하는 자들아 우리가 지금은 하나님의 자녀라 장래에 어떻게 될지는 아직 나타나지 아니하였으나 그가 나타나시면 우리가 그와 같을 줄을 아는 것은 그의 참모습 그대로 볼 것이기 때문이니."

112 Witsius, *De oeconomia foederum Dei*, 436-437(3.11.29); *Economy*, 1:467-468.

113 종말에 경험하게 될 부활체에 대한 논의로는 박재은, 『질문하는 성도, 대답하는 신학자』, 201-204를 참고하라.

114 Cf. Witsius, *De oeconomia foederum Dei*, 441-499(3.12.1-135); *Economy*, 2:1-55.

115 "이는 그리스도 예수 안에 있는 생명의 성령의 법이 죄와 사망의 법에서 너를 해방하였음이라."

116 Witsius, *De oeconomia foederum Dei*, 437(3.11.30); *Economy*, 1:468.

117 "주의 구원의 즐거움을 내게 회복시켜 주시고 자원하는 심령을 주사 나를 붙드소서."

의 내용을 구체화하는데, 그 구체화의 내용은 구원의 즐거움을 회복시키는 법이며 동시에 자원하는 심령을 갖게 하는 법이다. 하나님의 자녀들은 억지로 이끌려 수동적인 삶을 사는 것이 아니라, 자원하는 마음과 기쁜 마음으로 능동적으로 새로운 영적인 삶을 적극적으로 살아내는 것임을 비치우스는 강력히 항변하고 있다.[118]

셋째, 양자의 영인 성령의 사역의 결과로 신자들은 하나님을 참되고 신실하게 사랑하게 된다. 비치우스는 이런 결과를 당연한 결과로 보고 있다.[119] 즉 만약 참된 친아들이라면 자신의 아버지를 사랑하지 않을 수 없다고 보는 것이다. 비치우스는 이를 성문법이 아닌 자연법으로 이해한다(*Est haec non scripta, sed nata lex*).[120] 하지만 아무리 자연법의 맥락이라고 하더라도 하나님을 우리 스스로의 힘으로 자연스럽게 사랑할 수 있는 것은 아니다. 그러므로 비치우스는 요일 4:19[121]를 인용하며 우선 순위를 보다 더 명확히 한다. 즉 우리가 하나님을 사랑할 수 있는 이유는 하나님이 먼저 우리를 사랑하셨기 때문이다.[122] 그러므로 비치우스는 신적인 사랑이 먼저 우리에게 비췄기 때문에 그 사랑이 우리 안에 반영되어 우리도 성부 하나님을 사랑 할 수 있게 되었다고 옳게 지적한다.

넷째, 양자의 영인 성령의 사역의 결과로 신자들은 성부 하나님을 경외하며 그의 말씀에 순종할 수 있다. 비치우스는 말 1:6[123]을 인용하며 성부 하나님을

---

**118** Cf. Park, *Driven By God*, 209-220.

**119** "Verus ac sincerus Dei amor. Hoc ipsa natura docet." Witsius, *De oeconomia foederum Dei*, 437(3.11.31); *Economy*, 1:468.

**120** Witsius, *De oeconomia foederum Dei*, 437(3.11.31); *Economy*, 1:468.

**121** "우리가 사랑함은 그가 먼저 우리를 사랑하셨음이라."

**122** Witsius, *De oeconomia foederum Dei*, 437(3.11.31); *Economy*, 1:468.

**123** "내 이름을 멸시하는 제사장들아 나 만군의 여호와가 너희에게 이르기를 아들은 그 아버지를, 종은 그 주인을 공경하나니 내가 아버지일진대 나를 공경함이 어디 있느냐 내가 주인일진대 나를 두려워함이 어디 있느냐 하나 너희는 이르기를 우리가 어떻게 주의 이름을 멸시하였나

경외해야 할 당위성에 대해 설명하고 있다.[124] 신자가 하나님을 반드시 공경해야 하는 이유는 하나님이야말로 우리에게 양자의 영을 베푸신 우리의 아버지이기 때문이며 동시에 우리의 주인이기 때문이다. 그러므로 비치우스는 양자의 영을 소유하고 있는 신자들은 반드시 여호와 하나님을 두렵고 떨림 가운데 대해야 하며 그의 말씀에 반드시 순종해야 한다고 권면한다.[125] 비치우스는 벧전 1:17[126]을 해석하면서 양자의 영을 소유한 자가 반드시 가져야 할 두려움에 대해 부연한다. 신자의 아버지인 성부 하나님은 "외모로 보시지 않고 각 사람의 행위대로 심판하시는 이"(벧전 1:17a)이기 때문에 그를 반드시 두렵고 떨림 가운데 경외하는 심경으로 대해야 한다는 것이다. 비치우스는 그렇다고 해서 마치 하나님을 잔인한 폭군이나 난폭한 독재자로 여겨서는 안 된다고 주의를 표한다.[127] 오히려 비치우스는 성부 하나님의 얼굴은 복되고 자애스럽다는 사실을 반드시 유념하며 스스로의 죄악 됨을 먼저 돌아본 후 하나님의 얼굴을 대해야 한다고 당부한다.

다섯째, 양자의 영인 성령의 사역의 결과로 신자들은 형제와 자매들을 주 안에서 꾸밈없이 사랑할 수 있게 된다.[128] 비치우스는 이 부분에서 창 45:14-15[129]에 등장하는 요셉과 베냐민의 형제 사랑을 언급한다. 비치우스는 요셉이 베냐민의 목을 껴안고 서로 우는 장면을 꾸밈없는 사랑으로 이해하며 이 사랑의 근거를 인간으로부터 찾지 않고 하나님으로부터 찾는다. 비치우스는

---

이까 하는도다."

124 Witsius, *De oeconomia foederum Dei*, 437-438(3.11.32); *Economy*, 1:468-469.

125 Witsius, *De oeconomia foederum Dei*, 438(3.11.32); *Economy*, 1:469.

126 "외모로 보시지 않고 각 사람의 행위대로 심판하시는 이를 너희가 아버지라 부른즉 너희가 나그네로 있을 때를 두려움으로 지내라."

127 Cf. 박재은, "속죄와 윤리," 161-193.

128 Witsius, *De oeconomia foederum Dei*, 438(3.11.33); *Economy*, 1:469.

129 "자기 아우 베냐민의 목을 안고 우니 베냐민도 요셉의 목을 안고 우니라 요셉이 또 형들과 입맞추며 안고 우니 형들이 그제서야 요셉과 말하니라."

하나님의 사랑과 인간적 사랑은 서로 절대 분리될 수 없는 성질을 갖고 있다 보았다.[130] 비치우스는 요일 4:19[131]을 인용하며 하나님을 사랑하는 것과 형제·자매를 사랑하는 것을 같은 것으로 보고 있다. 그 이유는 보이는 형제를 사랑하지 않는 사람은 보이지 않는 하나님도 사랑할 수 없기 때문이다.[132]

비치우스는 이 다섯 가지의 결과들이야말로 양자의 영인 성령의 내주하심의 가장 뚜렷한 증거요 표지라고 생각했다.[133] 비치우스에게 있어서 이 다섯 가지 결과들이야말로 하나님의 자녀의 본질, 속성, 행위, 열매를 규정하는 가장 강력한 증언이라고 보았다.[134]

본 장을 요약해보자. 비치우스는 양자의 영인 성령을 소유한 하나님의 자녀들은 반드시 그에 합당한 증거와 표지를 갖고 있어야 한다고 주장했다. 즉 비치우스는 성부 하나님을 닮아가며, 생명의 성령의 법 아래서 새로운 삶을 살아가고, 참되고 신실하게 하나님을 사랑할 뿐 아니라, 두렵고 떨림 가운데 하나님을 경외하고, 주 안에서 형제·자매를 사랑하는 결과가 하나님의 자녀들의 삶 구석구석에서 뚜렷하게 드러나야 할 것을 설득력 있게 천명했다.

## III. 적용적 고찰

지금까지의 논의에 비추어 총 세 가지의 적용적 고찰을 내려보도록 하겠다.

---

130 Witsius, *De oeconomia foederum Dei*, 438(3.11.33); *Economy*, 1:469.

131 "누구든지 하나님을 사랑하노라 하고 그 형제를 미워하면 이는 거짓말하는 자니 보는 바 그 형제를 사랑하지 아니하는 자는 보지 못하는 바 하나님을 사랑할 수 없느니라."

132 Witsius, *De oeconomia foederum Dei*, 438(3.11.33); *Economy*, 1:469.

133 Witsius, *De oeconomia foederum Dei*, 439-440(3.11.37); *Economy*, 1:470.

134 Witsius, *De oeconomia foederum Dei*, 414-428[3.10.1-35]; *Economy*, 1:446-459.

첫째, 비록 비치우스가 양자의 영의 맥락 하에 성령 하나님에 대해 성경적, 신학적으로 설득력 있게 논증하고 있긴 하지만, 비치우스의 논의를 통해 성령 하나님에 대해 완벽히 다 알 수 있다고 자부하거나 교만해서는 안 된다. 그 이유는 성령 하나님에 대한 지식은 궁극적으로 우리가 다 알 수 없는 불가해(不可解, incomprehensible)의 영역에 위치한 지식이기 때문이다.[135] 그러므로 비치우스는 양자의 영에 대해 다루는 『하나님께서 인간과 맺은 언약의 경륜』 3권 11장을 마무리하면서 양자의 영에 대한 논의는 "신비한 주제"(*materia mystica*)[136]라는 옳은 말을 남겼다. 비치우스의 이런 평가는 옳다. 왜냐하면 요 3:8[137]에 기록된 것처럼 성령 하나님의 사역은 바람과도 같아 어디로 왔다가 어디로 가실지 알 수 없기 때문이다. 하지만 비치우스는 비록 성령 하나님에 대한 지식이 인간의 유한한 지성으로 온전히 이해하기에는 참으로 신비한 주제이기는 하지만, 그럼에도 불구하고 신자들은 성경 계시를 통해서 성령 하나님에 대한 충분한 지식을 누릴 수 있다고 생각했다.[138] 이런 측면에서 평가할 때 성령 하나님에 대한 비치우스의 인식론은 건조한 불가지론(不可知論, agnosticism)[139]은 아니다. 그 이유는 비치우스에게 있어서 성령론은 신비한 주제이긴 하지만 우리의 인식 영역 밖에 위치한 초월적인 주제는 아니라고

135 불가해한 하나님의 신비를 기독교 신학의 전 영역에서 풀어낸 K. Scott Oliphint, *The Majesty of Mystery: Celebrating the Glory of an Incomprehensible God* (Bellingham: Lexham Press, 2016)을 참고하라. 사실 성령 하나님뿐만 아니라 삼위일체 하나님, 성육신, 섭리, 기도, 영생 등 모든 것들이 다 인간의 이성으로는 온전히 이해 못할 불가해한 신비이다.

136 Witsius, *De oeconomia foederum Dei*, 441(3.11.41); *Economy*, 1:472.

137 "바람이 임의로 불매 네가 그 소리는 들어도 어디서 와서 어디로 가는지 알지 못하나니 성령으로 난 사람도 다 그러하니라."

138 Witsius, *De oeconomia foederum Dei*, 441(3.11.41); *Economy*, 1:472. 그러므로 비치우스의 양자의 영에 대한 논의 대부분은 성경 주해로 채워져 있다.

139 불가지론에 대한 짧은 개론서로는 Robin Le Poidevin, *Agnosticism: A Very Short Introduction* (Oxford: Oxford University Press, 2010)이 유익하다.

보았기 때문이다.[140]

둘째, 교회 역사 가운데 성령론은 늘 왜곡된 지식 가운데 혼탁스러웠다.[141] 잘못된 은사주의 운동이나 부흥운동으로 성령의 얼굴이 일그러지기 일쑤였다. 성령 하나님이 지나치게 주관화되어 인간의 감정이나 의식의 흐름 안에 갇혀 버렸던 일들도 다반사였다. 이런 상황 속에서 비치우스의 성령에 대한 이해는 매우 유의미하다. 비치우스는 양자의 영을 중심으로 펼친 성령 하나님에 대한 지식을 "내적 기독교의 정수"(*medulla interioris Christianismi*)[142]라고 표현했다. 비치우스는 만약 기독교가 객관적인 계시의 말씀에 근거해 우리의 의식과 감정과 마음속에 올바로 내재화되어야 한다면, 그런 내적 기독교의 정수는 반드시 성령 하나님에 대한 바른 관점으로부터 시작되어야 한다고 항변했다.[143] 만약 우리의 내적 감정과 의식이 성령 하나님과 별개로 움직인다면 그 감정과 의식은 늘 불완전하며 늘 왜곡될 수밖에 없다. 하지만 성령 하나님께서 신자의 내적 요소들을 굳건히 붙잡고 계신다면 그때야 비로소 우리의 내적인 전인(全人)이 성령의 사역으로 새롭게 거듭날 수 있다. 비치우스는 이 사역을 양자의 영인 성령께서 친히 하신다고 보았다. 비치우스의 이런 강조는 여전히 혼탁한 성령론이 즐비한 현시대 가운데 성령론에 대한 유의미한 방향성을

---

140 바빙크 역시 자신의 『계시 철학』에서 모든 것들의 전제, 토대, 비밀을 계시로 이해했다. 즉 바빙크 역시 많은 것들이 불가해한 영역에 위치하지만 그럼에도 불구하고 여전히 계시를 통해 인식론적인 돌파구를 찾을 수 있다고 보았다. 헤르만 바빙크, 『계시 철학: 개정·확장·해제본』, 코리 브록 & 나다니엘 수탄토 편, 박재은 역·해제 (군포: 다함, 2019), 61-95.

141 영국 비국교도 전통 속에 나타난 성령에 대한 서로 다른 이해들을 다룬 William H. Brackney, *The Spirit Among the Dissenters: Other Voices in Understanding the Spirit of God* (Eugene: Cascade Books, 2019)을 통해 성령 하나님에 대한 다양한 목소리를 들을 수 있다.

142 Witsius, *De oeconomia foederum Dei*, 441(3.11.41); *Economy*, 1:472.

143 바빙크는 『계시 철학』 8장에서 '계시와 종교경험' 사이의 바른 관계성에 대해 논구하고 있는데 바빙크의 핵심 표현은 "주관적 종교(*religio subjectiva*) 앞에는 항상 객관적 종교(*religio objectiva*)가 선행한다"라는 표현이다. 바빙크, 『계시 철학』, 383.

넌지시 던지는 귀한 가르침이다.[144]

셋째, 현 시대는 온갖 형태의 반(反)율법주의형 값싼 은혜가 횡행한 시대이다.[145] 즉 특권은 있지만 의무는 사장되었으며, 은혜는 갈구하지만 책임과 역할은 경시하는 시대이다. 이런 반율법주의 형태의 균형 잃은 신앙관에 대해 비치우스는 양자의 영에 대한 충실한 논의를 통해 철퇴를 가하고 있다. 사실 비치우스는 17세기 당시에도 횡행했던 반율법주의자들과 전심으로 싸운 인물들 중 하나였다.[146] 앞에서 살펴본 것처럼, 비치우스는 양자의 영을 받은 하나님의 자녀들이 반드시 살아내야만 하는 경건한 삶의 내용을 상대적으로 길게 논술하고 있다.[147] 이를 그 당시 상황에 미루어 짐작하면, 비치우스가 반율법주의자들과 치열한 항전을 벌이면서 양자의 영을 소유한 신자들의 경건한 삶을 보다 더 강조했다고 볼 수 있을 것이다.[148] 하지만 비치우스가 신자들의 경건한 삶을 아무리 강조했다하더라도 그 강조가 신(新)율법주의형 신앙관, 즉 인간 스스로가 주체가 되어 인간 스스로의 순종적 행위가 구원의 조건이 되는 구조로 흐르지 않았다.[149] 오히려 앞에서 살펴본 것처럼, 비치우스의 강조는 양자의

---

**144** 성령 하나님을 창조의 영, 구속의 영, 종말의 영 등으로 묘사한 후 성령 세례와 구원의 선물의 맥락 하에서 성령을 풀이한 Michael Scott Horton, *Rediscovering the Holy Spirit: God's Perfecting Presence in Creation, Redemption, and Everyday Life* (Grand Rapids: Zondervan, 2017)도 성령 하나님에 대한 건전한 이해를 위해 유익하다.

**145** 박재은, 『칭의, 균형 있게 이해하기: 하나님의 주권 대 인간의 역할, 그 사이에서 바라본 칭의』 (서울: 부흥과개혁사, 2016), 26-33.

**146** 비치우스와 비치우스 당대의 반율법주의자들 사이에서 벌어진 항전에 대해서라면 Gerrit A. van den Brink, *Herman Witsius en het Antinomianisme: met tekst en vertaling van de Animadversiones Irenicae* (Apeldoorn: Instituut voor Reformatienderzoek, 2008); D. Patrick Ramsey, "Meet Me in the Middle: Herman Witsius and the English Dissenters," *Mid-America Journal of Theology* 19 (2008):143-164; Park, *Driven by God*, 159-162 등을 참고하라.

**147** Witsius, *De oeconomia foederum Dei*, 436-441(3.11.29-41); *Economy*, 1:467-472.

**148** Park, *Driven by God*, 163-170.

**149** 박재은, 『칭의, 균형 있게 이해하기』, 33-36.

영을 받은 신자의 삶의 궁극적 주체자가 인간이 아니라 신자 안에 내주하고 계신 성령 하나님이었다.[150] 즉 양자의 영이신 성령 하나님께서 우리의 영과 더불어 우리의 의지적 삶의 전체를 통해 친히 스스로를 증거하고 증언하고 계시는 것이다.[151] 이런 측면에서 살펴 볼 때 비치우스의 성령론은 반율법주의적 신앙관과 신율법주의적 신앙관 사이에서 바른 균형을 잡게끔 도와주는 균형자의 역할을 감당할 수 있다.[152]

## Ⅳ. 나가는 말

비치우스의 『하나님께서 인간과 맺은 언약의 경륜』은 넓게는 언약 신학에 관한 책이고, 좁게는 구원론에 관한 책이다.[153] 하지만 앞에서 살펴본 것처럼, 비치우스의 신학은 그의 성령에 대한 이해와도 밀접하게 맞물려 돌아간다. 그 증거가 바로 지금까지 살펴본 『하나님께서 인간과 맺은 언약의 경륜』 3권 11장 1-41절에 등장하는 양자의 영에 대한 내용이다. 비치우스가 전개하는 양자의 영, 즉 성령 하나님에 대한 내용은 크게 네 부분으로 구성되었는데 양자의 영의 성경적 정의, 구약에 나타난 성령의 역할, 양자의 영의 사역 내용, 양자의 영의 사역 결과 등이었다. 비치우스는 양자의 영을 다루는 부분 속에서 신구약의 언약적 관계성의 맥락 하에 성령 하나님을 다루고 있고, 성령 하나님

150 Witsius, *De oeconomia foederum Dei*, 428(3.11.1); *Economy*, 1:459.

151 Witsius, *De oeconomia foederum Dei*, 327-344(3.11.1-28); *Economy*, 1:360-376.

152 Park, *Driven by God*, 159-180.

153 Joel R. Beeke & Patrick D. Ramsey, *An Analysis of Herman Witsius's the Economy of the Covenants Between God and Man, Comprehending a Complete Body of Divinity* (Grand Rapids: Reformation Heritage Books, 2002), iii-xxiv.

의 위격적 경륜의 역할 및 내용, 결과들을 포괄적으로 다루고 있다. 이를 종합 정리하면 결국 비치우스는 성령론의 포괄적 틀 가운데 언약과 구원을 폭넓게 조망하고 있다고 평가할 수 있다.

이런 측면에서 바라볼 때 현재의 언약 신학계와 구원론 학계는 좀 더 성령론에 관심을 기울일 필요가 있으며, 동시에 언약 신학과 구원론 사이를 건전히 연결시킬 건설적인 신학적 매개체로 성령론을 새롭게 조망할 필요가 있다. 앞에서 살펴보았듯이 이미 17세기에 비치우스는 이 작업을 면밀하게 수행하고 있었으며 이제는 다시 한 번 후학들이 이 일에 전념할 필요가 있다. 바로 앞의 적용적 고찰에서도 살펴보았듯이 성령론의 포괄적 틀 가운데 언약신학과 구원론을 동시에 살필 때 비로소 객관적 기독교에 근거한 건전한 형태의 객관-주관적 기독교[154]가 싹틀 수 있게 되며, 동시에 반율법주의와 신율법주의 사이의 극단적 시소게임에서도 신학적 우위를 점할 수 있게 된다. 그 이유는 양자의 영이신 성령 하나님께서 객관적인 계시 말씀을 우리에게 조명해 깨닫게 만들어 줄 뿐만 아니라, 우리의 영혼과 의식 속에 역사하셔서 우리의 삶이 하나님의 자녀로서의 삶에 합당한 삶이 될 수 있도록 하나님의 자녀들을 적극적·능동적으로 이끌어주시고 북돋아 주시기 때문이다.[155]

비치우스의 양자의 영에 대한 논의를 진지하게 숙고할 때 이처럼 신비로운 성령 하나님의 사역이 은혜 가운데 더 깊고 넓게 이해될 줄 믿어 의심치 않는다.

154 객관-주관적 기독교라는 표현이 가진 의미는 언제나 객관적인 계시에 근거해 우리의 내적인 영혼의 의식과 주관적 감정이 변화될 필요가 있다는 의미이다.

155 Witsius, *De oeconomia foederum Dei*, 441-499(3.12.1-135); *Economy*, 2:1-55.